Medicina Intuitiva

REAÇÕES EMOCIONAIS, PSICOLÓGICAS E ESPIRITUAIS
QUE PROPICIAM A SAÚDE E A CURA

C. Norman Shealy, M.D., Ph.D.
Caroline M. Myss, M.A.

Medicina Intuitiva

REAÇÕES EMOCIONAIS, PSICOLÓGICAS E ESPIRITUAIS QUE PROPICIAM A SAÚDE E A CURA

Introdução de
BERNIE S. SIEGEL, M.D.,
autor de *Love, Medicine & Miracles*

Tradução
PATRÍCIA BRETAS DOS SANTOS

EDITORA CULTRIX
São Paulo

Título do original:
The Creation of Health
The Emotional, Psychological, and Spiritual Responses that Promote Health and Healing

Edição	Ano
1-2-3-4-5-6-7-8-9	97-98-99-00

Impresso em nossas oficinas gráficas.

Sumário

Introdução 9

Prefácio 11

Agradecimentos 13

I: Compreenda a Natureza da Energia Para Criar a Saúde 15

1. Como Mudar Nossa Opinião Sobre a Causa da Doença 17
   Padrões que produzem doença
   As questões do poder, da responsabilidade, da sabedoria e do amor
   A medicina tradicional *versus* a diagnose intuitiva
   A origem real da doença
   Cura alternativa

2. A Medicina Tradicional se Aproxima da Holística 40
   O efeito da personalidade
   A importância da prevenção
   A visão holística

3. O Surgimento da Medicina Intuitiva 52
   Sintomas e criatividade
   Diagnose intuitiva
   Cayce, Leichtman, Bach, Saraydarian e Myss
   A diagnose intuitiva funciona

4. A Diagnose Intuitiva e o Sistema Energético Humano 68
   O que é e como a energia flui
   Efeitos da tensão positiva e negativa
   As questões da vida refletidas nos chakras
   Onde se encaixa o karma?
   Efeitos do ambiente e da violência

5. Como Nós Curamos 98
Autotransformação
A dor do ego *versus* a dor da alma; eu pessoal *versus* eu impessoal
Religião *versus* espiritualidade; a vontade de viver *versus* a vontade de curar
O tempo *versus* o momento presente
A doença como mestre

II: Como Nossos Atos e Atitudes Geram a Doença 113

6. A Maneira Mais Comum de Morrer: Doenças do Coração, Derrame Cerebral e Câncer 115
Análise energética das doenças do coração, com estudos de casos
Análise energética do derrame cerebral, com estudos de casos
Análise energética do câncer, com estudos de casos

7. Por Que Contraímos Doenças Graves e Sofremos Acidentes? 138
Análise energética das doenças agudas, das infecções e do sistema imunológico
AIDS, herpes, herpes-zoster e outras doenças agudas
Por que ocorrem acidentes? Estudos de casos

8. Como a Tensão Causa a Doença Crônica.................................. 160
Epilepsia, esclerose múltipla (EM), esclerose lateral amiotrófica (ELA) e outras doenças crônicas
Estudos de casos de padrões negativos crônicos

9. Por Que Temos Dor Crônica? 181
Análise energética da síndrome da dor crônica
Exemplos de dor – enxaqueca e outros tipos de dores fortes
Estudos de casos de pessoas com dor crônica

10. Origem das Doenças Mentais e Emocionais.......................... 195
Análise energética das doenças emocionais
Relação da tensão com problemas mentais e emocionais
Estudos de casos do mal de Alzheimer, dependentes de drogas e álcool e síndrome do pânico

III: Tensão: O Denominador Comum a Todas as Doenças 215

11. A Baixa Auto-estima Leva a Conflitos Sexuais 217
Hipocrisias sociais causam tensão
Tensão resulta de baixa auto-estima

12. A Doença Psicossomática é Doença de Tensão 226
Efeitos do ciclo da tensão
Doença resultante de tensão
Até mesmo um placebo funciona
Somos aquilo que pensamos

IV: Como Criar a Saúde 239

13. Mantenha-se Saudável 241
Tenha uma boa alimentação
Faça exercícios físicos
Adote atitudes mentais sintonizadas com atitudes espirituais
Outras alternativas para permanecer saudável

14. Tornar-se um Espírito Elevado 256
Compreendendo nossa situação planetária
Escolhendo a vida
Uma olhada no futuro

Introdução

Os conceitos apresentados em *Medicina Intuitiva* são bastante apropriados para a cura nos tempos de hoje. Defrontamos atualmente com ameaças de guerra nuclear e com a AIDS, que não têm soluções simples e intelectuais. É necessário um renascimento das técnicas de cura ou, talvez, um reaprendizado daquilo que nossos ancestrais já sabiam. Se é para existir um século XXI, ele deverá refletir sabedoria espiritual e visão intuitiva num novo nível.

Pode haver neste livro um vocabulário que parece estranho, mas, lembre-se, toda cura é "científica". Estamos apenas começando a explorar áreas de interação entre a mente e o corpo e a avaliar o que os estados emocionais (tais como a depressão ou o amor) fazem com o nosso corpo.

Lutamos muito para que houvesse a aceitação do fato de que a saúde da psique e do espírito se manifestam no nível celular, como saúde física ou doença. Somos o solo onde a doença pode criar raízes. Não somos simplesmente acometidos por doenças "brandas" ou "terríveis". Temos muito a dizer sobre a nossa saúde e sobre a cura. *Medicina Intuitiva* proporciona ao leitor uma visão total desse quadro, ajudando-o a viver bem a sua vida.

Ainda sou cirurgião, apesar daquilo que sei sobre cura... e Norman começou sua carreira como neurocirurgião. Somos pessoas com os pés no chão, mas também vemos a verdadeira natureza da cura.

Todos os dias, observo o quanto o amor e a paz de espírito ajudam a cura das pessoas. Conheço também a resistência em aprender aquilo que não é ensinado na escola de medicina.

Um de meus atos subversivos foi colocar no quadro de avisos da sala dos médicos do Yale-New Haven Hospital um estudo comparativo sobre a eficácia da oração para se evitar complicações pós-infarto do miocárdio. Em 24 horas apareceu escrito sobre ele "bobagem". Não se pode mudar uma mente fechada com estatísticas. Crenças dizem respeito à fé, não à lógica. Como dizem os quakers: "Fale a verdade para ter poder."

Minha esposa Bobbie e eu, originariamente céticos, experimentamos pessoalmente curas de problemas físicos. Essas curas foram presenciadas por médicos que também foram modificados por aquilo que "viram".

Sei que uso a minha intuição ao avaliar meus pacientes. "Sei" quando as pessoas estão "doentes". Elas transmitem uma sensação diferente, uma vibração, uma aura... chamem isso como quiserem, para mim é óbvio. Não abandonei meus instrumentos de diagnóstico, mas combino intuição, simbolismo e medicina ao tratar as pessoas.

A questão não é curar todas as doenças. Todos morrem algum dia. A questão é amar e viver uma vida autêntica, e compreender que curar e sarar podem ser duas entidades diferentes. Um pintor tetraplégico, que segura o pincel com a boca, ama e embeleza o mundo, e está mais próximo de sua integridade do que muitos de nós que não temos limitações físicas.

Qual é a nossa responsabilidade perante nós mesmos e perante o cosmos? Acredito que tudo está relacionado com o papel do amor. Amor-próprio e auto-estima são necessários. Devemos começar por ter amor-próprio e auto-estima para sermos capazes de estendê-los aos outros. Poder de decisão é o ingrediente-chave para dar sentido a eles.

O que, apesar de todo o meu treinamento científico, me mantém aberto e alerta para o aparentemente místico e inconsciente? A vida! Para mim, é místico como um ferimento "sabe" como sarar. É místico como um óvulo fertilizado carrega todo o conhecimento para se desenvolver e se tornar um ser humano. Onde no DNA está o projeto para os nossos quadrantes... psicológico, intelectual, físico e espiritual? Toda a informação para sermos indivíduos completos está lá. Se ouvirmos os nossos quatro quadrantes, permaneceremos no nosso caminho. A doença é uma tecla de recomposição... Um redirecionador da vida. Ela diz: "Mude seu padrão de vida." Não é uma questão de culpa, mas de coragem para crescer e mudar. Isso é científico? Sim! Ensine pacientes pós-infarto do miocárdio Tipo A a amar e terá reduzido à metade o índice de reincidência. A psicoterapia pode reduzir os efeitos colaterais psicológicos e físicos da radiação e da quimioterapia. Os mecanismos de recomposição do DNA são mais eficazes em indivíduos estáveis. Isso é totalmente científico e mensurável.

A maior razão para vivenciarmos essa mensagem é que ela nos faz bem. Ninguém viverá eternamente... e quanto mais se vive, mais perdas se tem. A questão é o que você escolhe fazer com a dor.

O amor é um problema difícil para muitos de nós. Conforme será apresentado neste livro, o amor sexual foi separado do amor romântico ou espiritual. Essa separação cria dificuldades em todos os níveis. Nesta etapa do nosso desenvolvimento, devemos atentar para a necessidade de se alcançar o amor espiritual, incondicional como forma de cura para nós e para nossos companheiros de viagem neste planeta.

Medicina Intuitiva traz as sementes para nos ajudar a crescer e a florescer, a usar nossas habilidades inatas e a aceitar o desafio da vida. O processo é o produto.

Abra os olhos e a mente para ver e você irá acreditar. Não deixe que os outros lhe digam o que você pode ver e em que acreditar. Eles criarão distorções no seu campo visual que o levarão a negar aquilo que o seu inconsciente coletivo sempre soube.

Ouça aquela voz interior e nasça novamente, e seja curado no sentido único e verdadeiro da palavra. Deixe que a criação da saúde comece em você.

Bernard S. Siegel, M.D., FACS.
Autor do livro *Love, Medicine & Miracles*

Prefácio

A pergunta mais freqüente quando recebemos o diagnóstico de uma doença é "Por quê? Por que eu tenho esta doença?" Ficamos aterrorizados diante do inexplicável, principalmente quando o inexplicável está localizado dentro do nosso corpo. Antes, nos voltávamos para a religião em busca de respostas para os mistérios da vida; hoje nos voltamos para a ciência. A ciência e a medicina ocidentais baseiam-se na crença de que a pesquisa científica pode e irá descobrir as razões para tudo o que ocorre dentro de nós e ao nosso redor.

A maior parte da pesquisa tem sido e continua a ser devotada ao estudo da causa física e do efeito. Quando o corpo físico adoece, a procura da causa da doença começa: Como o vírus apareceu? Quando? O que causou a disfunção do coração? Muito sal? Pouco exercício? O quê? E também estuda-se o que causa o câncer: fumo, trabalho excessivo com computador, hábitos de alimentação inadequados, predisposição genética. Sempre, a procura da causa da doença começa com as causas físicas.

As explicações dadas pela ciência para o desenvolvimento da doença são essenciais, mas insuficientes. Vivemos atualmente numa sociedade profundamente alerta psicologicamente, em que milhões de pessoas estão se esforçando seriamente para entender o seu eu interior. Nossos esforços para entender o nosso eu interior não tornam de modo algum a medicina científica obsoleta, como sustentam adeptos extremistas do movimento holístico para a saúde. Esses esforços, porém, tornam inadequadas as explicações puramente físicas para a doença. E até mesmo a medicina ocidental finalmente está reconhecendo que mais fatores, além dos puramente físicos, devem contribuir para o desenvolvimento da doença. O mundo médico, entretanto, ainda não está preparado para tornar "oficial" a relação entre a disfunção emocional e a sua conseqüência natural no corpo físico.

Este livro apresenta aos leitores uma nova maneira de entender a fisiologia humana. Como nossa obra é fruto de um trabalho em conjunto de um médico e uma agente de cura, ela representa um passo para tornar "oficial" a ligação fundamental entre a disfunção emocional e a doença física. Neste livro, o corpo humano é descrito em termos de "sistema de energia humana", uma estrutura técnica bem ordenada de respostas emocionais que existem dentro de nós. Nossa anatomia emocional é tão real e organizada quanto nossa anatomia física. As pessoas que sofrem de depressão ou de doenças crônicas podem, usando sua intuição para lidar com situações não resolvidas do passado, acelerar e acentuar o processo de cura. Esperamos que o material contido aqui possa ajudar as pessoas a ter uma visão mais ampla de como a doença se desenvolve no corpo humano e por quê. Ao mesmo tempo que a ciência continua a avançar no entendimento dos componentes químicos e fisiológicos da vida, ela é inadequada para avaliar o impacto que a mágoa, a tristeza, a raiva ou o amor têm sobre o corpo físico. Acreditamos que ninguém, incluindo os médicos, poderia negar o fato de que esses estados emocionais, assim como muitos outros, influenciam tremendamente nosso corpo.

Pesquisas futuras no campo da saúde serão direcionadas para o estudo das maneiras como nossa química humana, física, é afetada pela nossa química emocional e por nossas atitudes mentais. A pesquisa neste livro é um passo adiante para oferecer ao leitor meios para responder à mais fundamental das perguntas: "Por que fiquei doente?" E pode ajudar muitos outros a nunca ter que fazer essa pergunta.

Caroline M. Myss, M.A.
C. Norman Shealy, M.D., Ph.D.

Agradecimentos

Nossos agradecimentos e gratidão à equipe da Stillpoint International: primeiramente a Meredith Young-Sowers e a Errol Sowers, pelo contínuo apoio editorial e emocional a este projeto, principalmente durante os difíceis meses do processo de criação; e aos demais membros da equipe. Agradecimentos especiais a Dorothy Seymour, que ajudou na finalização do material.

Nosso amor e gratidão pelo apoio de nossos amigos e de nossa família, cujo estímulo ao nosso trabalho e à nossa vida nunca deixou de confortar nosso coração... Marjorie P. Allen, Sally Ember, Jean Kennedy, Nina Lynn, Karol Fenner. Agradecimentos especiais aos colegas que estimularam nossas idéias: Talmage L. Peele, M.D.; Eugene A. Stead, Jr., M.D.; Carl A. Moyer, M.D.; Genevieve Haller, D.C.; Jeffrey Furst; Reverendo Sr. Henry Rucker; Robert Leichtman, M.D.; Elmer Green, Ph.D.; Roger K. Cady, M.D.; Robert G. Wilkie, M.D.; e Jody Trotter.

I

COMPREENDA A NATUREZA DA ENERGIA PARA CRIAR A SAÚDE

1

COMO MUDAR NOSSA OPINIÃO SOBRE A CAUSA DA DOENÇA

CAROLINE MYSS

Chegou o momento de afirmar um fator primordial: O espírito humano é real. Além do estudo químico, físico e fisiológico da doença, há um ponto em que, ao buscarmos a causa da doença, somos levados diretamente à essência da alma da pessoa. Essa é uma idéia arrojada para se iniciar um livro sobre saúde. Não é, entretanto, original. Nestas últimas décadas, numerosos profissionais da saúde têm afirmado que a causa da doença está, enfim, ligada às tensões presentes na vida da pessoa.

A linguagem usada para descrever essa ligação entre a doença e a tensão varia conforme a fonte. Alguns usam termos psicológicos, outros falam em estresse. Ainda outros enfatizam a ligação corpo-mente-espírito. Quando se reúne o significado de toda essa pesquisa, torna-se evidente que algo de grande valor está sendo universalmente introduzido no nosso mundo. Nosso "espírito" anseia por ser reconhecido como legítimo, o que significa: ele é tão real quanto nosso eu físico. Além da aceitação religiosa e poética do espírito humano, nossa natureza espiritual está rompendo as barreiras da nossa linguagem psicológica e emocional, exigindo sua identificação como a força subjacente da vida, da qual tudo o mais flui.

Se este livro fosse ser escrito daqui a vinte e cinco ou talvez cinqüenta anos, nós começaríamos, sem dúvida alguma, listando as causas das doenças em uma linguagem que descrevesse as crises básicas do espírito: perda do sentido da vida, mágoa, culpa, um coração rancoroso, contaminação pelo ódio, perda da auto-estima e dignidade pessoal, e todas as formas de medo. Uma vez identificadas essas crises, a disfunção física manifestada no corpo seria compreendida como um reflexo dessas questões espirituais profundas.

Muitos de nós não estamos prontos ainda para aceitar totalmente essa análise da doença. Somos todos produtos de uma complexa sociedade tecnológica em que crescemos pensando em termos tecnológicos. Para considerarmos a experiência humana sob o ponto de vista espiritual, mais ainda do que reconhecer a doença como uma crise espiritual, devemos antes de tudo reverenciar a Vida, tendo em vista o que significa ser um ser humano.

Apesar de todas as teorias para explicar por que a Vida existe, poucas pessoas têm na ponta da língua a noção de que a Vida possa ser, nela ou por ela mesma, sagrada. De fato, para muitos, a noção da "sacralidade" não está presente na compreensão do que significa ser humano, estar vivo e ser parte do vasto movimento da vida que existe neste planeta e além dele. Nosso sistema de apreciação da vida é essencialmente econômico, uma vez que o valor que damos às pessoas e a outras formas de vida é baseado na capacidade de ganhar dinheiro e poder. Esse sistema de valores, aplicado a pessoas, a nações e à própria Terra, é uma forte evidência de que a sociedade humana encontra dificuldade em respeitar a Vida pela própria Vida.

Assim, como resultado do que o nosso sistema de valores fez à qualidade de vida, temos em nosso meio uma variedade de epidemias, muitas das quais associadas a vírus. As outras "epidemias", tais como drogas e álcool, são puramente de natureza emocional e espiritual. A experiência humana, exceto em momentos ocasionais de inspiração, tem sua dignidade diminuída. Inúmeras pessoas estão perdidas dentro da teia de sua própria vida. Seja financeira, política ou socialmente, muitas vidas foram reduzidas a nada devido à medição econômica do valor da vida.

Atualmente, enfrentamos uma epidemia de fragmentação da condição espiritual humana. Dessa epidemia advêm doenças físicas como AIDS, câncer, depressão, ansiedade, colapso nervoso, alcoolismo e drogas, assim como envenenamento tóxico ambiental e poluição. Se este livro estivesse sendo escrito no ano 2000, estaríamos escrevendo um texto puramente espiritual sobre como curar essas doenças. Mas nosso mundo está ainda pouco aberto para considerar a possibilidade de que o espírito humano precise de atenção séria, mais ainda do que a cura genuína. É necessário, pois, que este livro apresente o modelo médico tradicional de saúde e de cura ao lado da voz emergente do espírito humano.

Temos uma longa jornada à nossa frente. Este livro representa um passo, que esperamos seja um grande passo nessa direção.

Como nos tornamos parceiros

Norm Shealy e eu trabalhamos juntos desde 1985 numa parceria que combina nossa intuição e nosso treinamento para ajudar as pessoas a entender por que ficam doentes. Ele é médico, neurocirurgião e especialista em dor e em tensão.

Sou editora de livros, anteriormente jornalista com mestrado em Estudos Religiosos, com especialização em Dimensões Psicológicas da Espiritualidade. Durante os anos em que estudei espiritualidade, compreendi que a intuição é um atributo natural do espírito humano que pode ser desenvolvido e disciplinado para benefício da própria vida. Direcionei o desenvolvimento da minha intuição para aprender a fazer a diagnose intuitiva.

Esse dom me possibilita perceber a energia ou força vital de uma pessoa num grau tão exato que posso intuitivamente identificar e localizar a presença de uma doença física no corpo dela. Mais importante, porém, é que posso reconhecer e identificar os padrões de tensão emocional, psicológica e espiritual na vida de uma pessoa. Essa informação propicia a Norm e a seus pacientes, assim como a mim e aos meus clientes, uma visão mais abrangente do conjunto de circunstâncias relacionadas com a tensão na vida do paciente em questão.

Além dos dados físicos obtidos através do exame médico e de testes laboratoriais, a informação adquirida através de uma leitura intuitiva revela os medos, a tensão emocional, a profunda insegurança e os traumas pessoais que existem como uma parte bastante real da vida de cada pessoa. Quando todos esses dados são compilados, temos um perfil completo da vida do paciente. Então é possível entender como uma pessoa, consciente ou inconscientemente, participou na criação da doença.

Nestes anos de trabalho em conjunto, Norm e eu lidamos com centenas de pacientes. Tratamos juntos de pacientes com câncer, artrite, dor crônica, ferimentos oriundos de acidentes, em coma, com AIDS, problemas de coração, derrame cerebral e muitas outras doenças. Observamos de maneira constante que a doença tende a seguir certos padrões de tensão ou de trauma da vida diária que emergem organicamente. A maneira como nossos recursos internos nos ajudam a lidar com os acontecimentos comuns da vida, tais como o desapontamento ou a frustração associados às nossas relações pessoais ou profissionais, a experiência da perda, os traumas financeiros, para citar apenas alguns, está intimamente ligada à nossa qualidade de vida.

O fator tensão

Nestes últimos anos, voltamos nossa atenção para o estudo do efeito da tensão sobre a saúde. Tanto a comunidade médica quanto o público concordam que a tensão é, de fato, grande causadora de doenças, tais como ataques do coração, pressão alta, úlceras e distúrbios nervosos.

A tendência, entre os médicos, para considerar com seriedade as várias influências da tensão demonstra uma mudança no diagnóstico e na compreensão da doença, pois apresenta o fator da tensão emocional como algo realmente prejudicial ao corpo físico. Apesar de a influência da tensão ser ainda vista apenas como uma contribuição parcial à disfunção física, o reconhecimento de que as emoções humanas, de fato, afetam a saúde física fez com que o mundo médico tradicional se visse face a face com o *princípio fundamental da saúde holística:* a maioria das doenças físicas resulta de uma sobrecarga de crises emocionais, psicológicas e espirituais.

O estudo da tensão continua a mostrar fortes evidências de que as emoções influenciam a saúde. Torna-se, portanto, inevitável que as descobertas da pesquisa médica tradicional nessa área irão se juntar aos princípios da saúde holística, pois ambos os campos estão descobrindo a mesma realidade: as emoções exercem influência controladora sobre o corpo físico. Embora a comunidade médica tradicional seja mais cautelosa em tirar conclusões a esse respeito, a porta, todavia, foi aberta.

O uso do termo "estresse" por si contribui para essa fusão dos dois mundos médicos, pois é um termo-ponte – uma palavra segura que descreve aquilo que os médicos tradicionais não gostam de descrever. Sem ter que reconhecer oficialmente as crises emocionais, psicológicas ou espirituais, a palavra "estresse" se mostra um termo legítimo e inofensivo para descrever o que médicos de orientação holística e práticos em cuidados médicos discutem detalhadamente, ou seja, a resposta humana às dificuldades da vida.

O trabalho que Norm e eu fazemos juntos serve bem à mesma função, tal como o termo genérico "estresse" – é um trabalho-ponte. Nossa pesquisa junto às pessoas inclui o estudo da "doença" e se estende ao estudo de quem são elas, em que elas acreditam e como elas atendem suas necessidades emocionais dentro do ambiente em que vivem.

Padrões significativos de tensão

Em geral, notamos que as pessoas que ficam doentes se identificam com um ou mais dos oito padrões de disfunção mencionados abaixo.

No primeiro há uma tensão emocional, psicológica ou espiritual *não resolvida ou profundamente desgastante* na vida da pessoa. Essa tensão pode tanto ser um padrão antigo vindo da infância, tal como um sentimento de rejeição ou inadequação, quanto o resultado de algum acontecimento recente em sua vida tal como a morte do cônjuge. Qualquer que seja o tipo de tensão, este não precisa ser grande ou óbvio para ser real. Entretanto, uma tensão interna não resolvida ou muito desgastante está, inevitavelmente, presente em uma pessoa que adoece.

O segundo padrão constante se relaciona com o nível de controle que o pensamento negativo tem sobre a realidade da pessoa. Cada um de nós é um sistema complexo de atitudes, de experiências e de pensamentos positivos e negativos.

Aquilo que a pessoa acredita ser verdade com relação à vida, a Deus, às outras pessoas, ao destino ou à sorte, por exemplo, tem um papel muito importante para determinar como a pessoa vive. Pois aquilo em que acreditamos está intimamente ligado às nossas emoções: nossas crenças influenciam nossa resposta emocional à vida. As crenças que nos fortalecem e as nossas atitudes mentais positivas são, portanto, essenciais para se criar um corpo e uma vida saudável.

As pessoas que adoecem, entretanto, costumam ter padrões de pensamentos e crenças enfraquecedoras de uma maneira tão efetiva que superam a influência de qualquer atitude positiva que possa existir. Por exemplo, uma pessoa pode ser culta e talentosa, aparentando ter tudo a seu favor. No entanto, sob essa ilusão, essa pessoa pode ter uma auto-estima tão baixa que não se sente merecedora de sucesso. Essa crença com toda certeza traz o fracasso, e o fracasso traz raiva e amargura que, por sua vez, resultam em problemas físicos.

O terceiro padrão constante que tem grande importância na doença é a incapacidade de dar e/ou receber amor. A vida das pessoas gira em torno do amor, e quando elas vivem experiências estressantes em seus relacionamentos, o corpo físico pode facilmente entrar em colapso. Uma pessoa que vive uma vida sem amor ou sem nenhum calor humano é uma séria candidata à doença.

O quarto padrão que é fundamental para se criar doença é a falta de humor e a incapacidade de diferenciar assuntos sérios de outros de menor importância. Certamente, há situações na vida que merecem uma forte resposta emocional. Muitos aborrecimentos, porém, não são catastróficos, são simplesmente "coisas" da vida diária. Vale a pena aprender como deixar passar as coisas mais simples para se evitar problemas como pressão alta, enxaqueca ou úlcera. Rir é o melhor remédio. Encarar nossas lutas diárias com humor não significa que não as levamos a sério. É, mais precisamente, uma indicação das qualidades naturais de transcendência do ser humano.

O quinto padrão que influencia a qualidade da saúde diz respeito ao quanto efetivamente a pessoa exercita seu poder de escolha em termos de ter controle sobre o seu ir-e-vir e sobre as atividades da sua vida. "Ter controle sobre" tem um significado substancialmente diferente e muito mais saudável do que a atitude muito comum de pensar que controlamos tudo e todos em nossa vida. Uma pessoa pode ter controle sobre sua vida e ter um ataque do coração, devido à ansiedade e à tensão que sobrevêm do esforço para controlar os acontecimentos do mundo exterior.

A expressão "ter controle sobre" se refere à nossa capacidade de manter uma influência controladora sobre o curso da nossa vida, mesmo se esse curso incluir um ajuste ou uma alteração nos planos. Ter controle não significa sempre fazer tudo à sua própria maneira. Significa ser capaz de participar da troca natural da vida: dar e receber, ser flexível, mostrar-se sensível às necessidades dos outros e buscar aquilo que precisa com confiança e força interior. Significa ter voz ativa quanto às próprias escolhas.

Toda pessoa deve sentir que tem livre escolha em questões da sua própria vida. Quando a dinâmica da escolha é desrespeitada ou impedida, a resposta emocional da pessoa pode freqüentemente levar ao desenvolvimento de uma doença. Isso porque a reação individual a um desrespeito à sua escolha pode ser plena de raiva, de hostilidade, de medo e de ira.

Pessoas doentes sempre apresentam um histórico de experiências em que abdicaram de seu poder de escolha em favor de uma personalidade mais dominante, ou sentiram que suas escolhas não foram respeitadas.

O sexto padrão se relaciona com o quanto a pessoa atende às necessidades do corpo físico. O tipo de alimentação, atividade física, impacto de drogas ou de álcool, assim como a estrutura genética são as bases para a qualidade da saúde. A maneira como a pessoa reage às tensões emocionais, físicas e químicas da vida está fortemente ligada ao nível de vigor e de resistência do corpo físico.

O sétimo padrão se relaciona com o "vazio existencial" ou com o sofrimento causado pela falta ou perda do sentido da vida. A alma perdida, ou a pessoa irrequieta, é muito suscetível à doença, especialmente porque uma vida sem sentido sempre leva ao desespero, à depressão e a sentimentos de menos valia. O corpo físico é muito afetado quando o estado de espírito e as emoções estão consumidos pelo sofrimento que advêm da sensação de vazio. Essa é uma condição freqüentemente relatada por pessoas que estão doentes.

O oitavo padrão que é característico de pessoas que adoecem é a tendência para a negação. Uma tremenda tensão interior é criada quando a pessoa se sente incapaz de enfrentar os desafios da vida e de admitir ou conscientemente reconhecer aquilo que não está funcionando em sua vida. Grande parte dessa tensão é resultado da escolha de bloquear a própria intuição ou consciência para possibilitar que certas situações continuem a existir, sem atentar para os problemas mais profundos.

Situações difíceis de se admitir acontecem na vida de todos – por exemplo, um filho viciado em drogas ou um casamento em crise. Admitir a situação, que significa conversar sobre ela, se torna real de tal maneira que ninguém mais poderá negar o problema. A atitude de negar a dificuldade, evitando-se falar sobre ela não a fará desaparecer. Além do mais, a tensão gerada para manter a negação torna-se extremamente destrutiva para o corpo humano.

Muitos de nossos pacientes que estão passando por uma doença comentam que simplesmente não podiam enfrentar uma questão específica desgastante em sua vida. Quando a doença apareceu, entretanto, negar essa situação em particular tornou-se impossível e enfrentar a tensão trouxe uma calma que ainda não haviam experimentado antes.

Esses padrões levaram Norm e eu a tecer conclusões que são a base deste livro. Acreditamos que cada pessoa participa diretamente, consciente ou inconscientemente, da criação da sua própria realidade, inclusive da sua saúde. Nesse processo de criação, usamos aquilo que está dentro de nós, que são as nossas atitudes, emoções e crenças, assim como a consciência do nosso eu espiritual.

Quando a pessoa toma consciência do poder do Eu interior, duas coisas acontecem. Primeiro, ela se torna receptiva a aprender *como* as emoções, as atitudes e as crenças contribuem de maneira bastante específica para a criação da saúde ou da doença. Em segundo lugar, a pessoa desenvolve a capacidade de se manter saudável, pois está ciente de que *atitudes negativas criam respostas negativas no corpo físico*. Uma vez que esse nível de consciência seja alcançado, a pessoa não permitirá que a negatividade tenha espaço em sua vida, pois ela sabe que as emoções negativas são potencialmente causadoras da doença.

Do início ao fim deste livro, Norm e eu investigamos os padrões emocionais, psicológicos, físicos e espirituais que criam a saúde, e as disfunções que criam a doença. Percebemos que todos os padrões negativos se encaixam em quatro áreas básicas dos desafios humanos: as questões de poder, de responsabilidade, de sabedoria e de amor.

Independentemente das circunstâncias específicas de cada dilema humano, a causa real da angústia de qualquer pessoa tem que ver com a circunstância que gerou sentimentos de insegurança originários de questões de poder, de responsabilidade, de sabedoria e de amor. Descrevo, a seguir, a definição que damos a esses termos para ser mais específica sobre a maneira como entendemos essas quatro áreas.

Poder/Responsabilidade/Sabedoria/Amor

PODER

Todo ser humano precisa encontrar um caminho interior para o autofortalecimento. Lutas para se tornar mais forte estão presentes na vida de todos. As formas que elas têm são variadas, mas a raiz é semelhante. Desde cedo em nosso desenvolvimento, aprendemos a associar o poder com símbolos externos: dinheiro, posição política ou social, habilidade de controlar outras pessoas, desejo de aprovação e de atenção, bens materiais e títulos profissionais e acadêmicos. Lutamos por esses objetivos, pois eles enviam mensagens poderosas para o mundo externo: somos vulneráveis; não podemos ser atingidos; somos bem-sucedidos; temos controle sobre a nossa vida.

A obtenção de poder terreno está ligada, em última análise, ao desejo de ter e de exercer controle sobre todos os aspectos da vida. É um substituto para um espírito humano bem desenvolvido, cuja força está baseada em uma profunda atenção à auto-estima, à dignidade pessoal, aos princípios espirituais e ao amor-próprio. Esse tipo de poder não pode ser comprado. É conseguido através do desenvolvimento da força interior e das qualidades do espírito.

Se a pessoa está concentrada na aquisição de qualquer forma de poder externo, isso indica que algo lhe falta internamente. Quanto mais forte a obsessão, tanto maior a falta do poder autêntico.

Lutas de poder ocorrem constantemente e de diferentes e inumeráveis formas. Desde relacionamentos homem-mulher até a necessidade de ser sempre o primeiro na profissão – esses são apenas pequenos exemplos da contínua interação de lutas de poder em situações diárias. Características tais como sempre ter razão, nunca reconhecer o valor da opinião do outro e a necessidade de criticar os outros ocorrem porque falta à pessoa poder pessoal.

Úlceras e pressão alta são sempre uma evidência de que o indivíduo está procurando se fortalecer através da gratificação externa, sem nenhuma satisfação. Enxaquecas freqüentemente indicam uma reação de raiva ou de frustração devida ao sentimento de não ser capaz de controlar outro indivíduo ou uma situação ameaçadora.

O medo de ser atingida e vitimada pelo mundo exterior, ou de ser usada ou ludibriada, se desenvolve porque a pessoa tem pouco ou nenhum poder pessoal. O mundo se torna um lugar ameaçador e sentimentos de intimidação estão sempre presentes em suas emoções. Esse tipo de tensão, em seu extremo, produz câncer.

RESPONSABILIDADE

Aprender a se responsabilizar por si mesmo é um enorme desafio. É bastante tentador encontrar uma pessoa mais forte que pareça suficientemente capaz de tomar conta de nossa vida e de todas as responsabilidades que fazem parte da vida neste mundo. A realidade, porém, é que somos responsáveis por nós mesmos, pela qualidade de nossa vida, pelas nossas atitudes, pelas nossas falhas e sucessos e pela nossa saúde. *Não há como escapar dessa realidade.*

No entanto, estamos sempre nos confrontando com a vontade de ter alguém para nos complementar, ou para culpar-nos por situações desagradáveis. Se tem algo que a cura de uma doença demonstra em alto e bom som é que cada pessoa deve se responsabilizar pela qualidade de sua própria vida.

Quando somos levados pelo medo de criar situações nas quais ou queremos nos eximir de responsabilidade ou achamos que estamos ameaçando os outros com o nosso desejo de assumir mais responsabilidade pela nossa vida, as tensões resultantes produzem a doença. O diabete (tratado no Capítulo 8) é um exemplo de uma doença cujo desenvolvimento está relacionado com questões de responsabilidade.

SABEDORIA

Sabedoria é a capacidade de procurar aprender em todas as situações de nossa vida. É a capacidade de aceitar, como diz a prece de Reinhold Neibuhr, aquilo que não podemos mudar e ter a coragem de mudar aquilo que é preciso mudar.

A vida é uma experiência de aprendizagem. Assim sendo, não há situação, por mais dolorosa que seja, em que não se possa aprender algo. Nem sempre é fácil aceitar isso, principalmente porque esperamos que a vida seja agradável. Achamos que, de algum modo, se fizermos tudo certo, nada de mal poderá acontecer. A vida não é assim, para nenhum de nós.

Todos nós enfrentamos circunstâncias na nossa vida que parecem injustas ou desnecessariamente dolorosas. E continuaremos todos a experimentar situações aparentemente recorrentes, como é o caso de uma série de relacionamentos que têm os mesmos problemas. Para todos nós é um desafio romper os ciclos de experiências difíceis que se repetem ou de transcender circunstâncias infelizes da nossa vida. Ficar com raiva ou apegar-se ao sentimento de que algo é injusto não é apenas inútil como também doentio. A única maneira de se libertar da dor de situações "infelizes" e "repetidamente dolorosas" é procurar o ensinamento presente no desafio. Para aqueles que conseguem isso, a vida continua. Para aqueles que não conseguem, a vida se torna uma série de experiências amargas. E é esse sentimento que se encontra na origem de muitas doenças crônicas.

AMOR

Todos nós precisamos de amor. Nós florescemos com amor e nos desintegramos sem ele. Infelizmente, preenchemos nossa vida com substitutos para o amor. Envolvemo-nos em relacionamentos em que esperamos encontrar amor, mas nos decepcionamos. Manipulamos por amor. Somos capazes de desenvolver doenças para receber até mesmo a menor expressão de amor. Em resumo, temos extrema dificuldade em conseguir satisfação emocional e segurança em nossas relações.

A origem de muitas de nossas tensões está em questões relacionadas com o amor. Estas incluem, entre outras, solidão, ressentimento causado por rejeição, medo de ser amado ou de não ser amado, decepções e culpa por não corresponder às expectativas do outro. Doenças do coração são sempre relacionadas com questões relativas ao amor.

Independentemente da doença ou dos padrões específicos da tensão emocional que criam a doença, Norm e eu enfatizamos que a vida apresenta a todos nós desafios de maneira que possamos nos tornar seres humanos cada vez mais fortalecidos. Essa é a natureza da própria vida e é impossível separar nosso estado de saúde de nossa capacidade de enfrentar apropriadamente de maneira eficaz os desafios que criamos em nossa vida.

A união da medicina tradicional com a diagnose intuitiva

A medicina tradicional e a holística são mais do que apenas dois enfoques diferentes para a cura de doenças. Elas ilustram dois paradigmas da realidade essencialmente diferentes.

O modelo da medicina tradicional é construído cientificamente. O tipo de conhecimento e de dados considerados válidos e dignos de confiança por um médico devem estar de acordo com critérios cientificamente aceitos. Isso significa que o que é considerado "real" deve ser mensurável e confiável segundo a metodologia científica.

A doença e suas causas são estudadas e tratadas de acordo com esse sistema orientado para o físico. Como resultado disso, tanto as causas identificadas como responsáveis pelo colapso do corpo humano quanto os tratamentos aplicados para curá-las são físicos.

Mais ainda, devido ao enfoque físico da ciência e da medicina, a idéia que se tem é que doenças tais como viroses, infecções e câncer resultam de uma invasão de origem externa, como germes e bactérias. A dificuldade está, não na imprecisão dessa idéia, mas no fato de ela ser *incompleta* e levar à suposição de que as causas das doenças vêm sempre do mundo externo.

Devido a essa visão não se considera que o mundo interno das emoções tenha poder real sobre o corpo ou tenha influência sobre ele, já que esses atributos não são cientificamente quantificáveis. As emoções, é claro, não se enquadram dentro da linguagem exata da ciência. O paradigma da medicina tradicional, desenvolvido com especial atenção à terminologia científica (não emocional), adota, portanto, a premissa de que é o mundo físico que detém as forças que exercem maior influência sobre o corpo.

O paradigma holístico é quase o oposto exato do modelo da medicina tradicional. Pode-se dizer que, enquanto a medicina tradicional trabalha "de fora para dentro", a medicina holística trata a doença de "dentro para fora". Ou seja, o princípio fundamental da filosofia holística é que a doença ocorre quando tensões emocionais, psicológicas ou espirituais se tornam excessivas, causando assim um enfraquecimento do corpo.

Em outras palavras, o corpo reflete ou manifesta as lutas mais profundas da vida da pessoa. À medida que um indivíduo se mostra incapaz de lidar com as tensões emocionais, psicológicas ou espirituais, ele se torna "receptivo" ou "susceptível" aos vírus, às bactérias ou aos germes presentes na atmosfera.

O que o paradigma holístico afirma – e esta é a diferença principal entre as duas visões da doença – é que o nível de "energia" do ser humano, ou seja, o mundo interno emocional e espiritual precede, e, de fato, determina tudo o que é experimentado no nível físico da vida.

Isso significa que o modelo médico tradicional e o modelo holístico são baseados em sistemas de realidade fundamentalmente diferentes, que desafiam a relação da energia com a matéria, ou da mente com o corpo. A pergunta é: "O que vem primeiro – a energia da mente e do espírito ou o mundo físico do corpo e da matéria?" Esse desafio é tão significativo que tem implicações não apenas para o futuro da medicina e do tratamento da saúde, mas também para o futuro da ciência e da tecnologia. É essa diferença fundamental, mais do que qualquer terapia e tecnologia de cura, que criou a divisão existente entre esses dois paradigmas de saúde.

A resposta da comunidade médica tradicional face ao aparecimento de um segundo modelo para tratamento de saúde foi desacreditar a sua validade. Até mesmo a linguagem usada por ambos os grupos de profissionais é de oposição; o enfoque holístico da cura é considerado "alternativo" à medicina tradicional. O termo "alternativo" traz em si a idéia de um caminho melhor, mais eficaz, mais compassivo, mais humano, sugerindo que faltam ao sistema tradicional todas essas qualidades.

Na realidade, o uso do termo "alternativo" se aplica às várias técnicas terapêuticas disponíveis no campo holístico. "Holística" não é uma técnica. É um modo de cura no qual a pessoa reúne diversas terapias, incluindo a medicina tradicional. De fato, a medicina holística deveria *incluir* o enfoque tradicional para ser considerada realmente "holística".

Norm e eu representamos ambos os paradigmas. Acreditamos firmemente que esses dois paradigmas de tratamento de saúde não devem competir entre si, mas se complementar e se integrar. A experiência, o conhecimento e as tecnologias de ambos são válidos, substanciais e poderosos.

Metaforicamente falando, a medicina tradicional representa a "mente" e a holística o "coração" do tratamento de saúde. Na união desses dois sistemas, um terceiro sistema de saúde mais integrado emergirá valorizando todo o espectro do ser humano. É, afinal, impossível separar nossas emoções do que significa ser um ser humano, que vive, respira, que dá e recebe amor e luta para realizar seus sonhos e ambições. Dado ao nível em que as emoções influenciam qualquer movimento e escolha que fazemos, pareceria um ato contra nossa própria natureza separar a nossa parte emocional de nossa compreensão do por que ficamos doentes. Somos criaturas mentais, emocionais, psicológicas, espirituais e físicas.

Ao mesmo tempo, a união desses dois enfoques da saúde apresenta um desafio inteiramente novo. Como Norm e eu descobrimos, as emoções não são quantificáveis da mesma maneira que são os glóbulos brancos do sangue. A estrutura emocional de cada pessoa é mutável, é uma teia de relações, de experiências, de necessidades satisfeitas ou não, de medos, de forças e de características únicas que estão sempre em movimento. O único aspecto constante em nossa natureza emocional é que ela é inconstante – um dia está bem, outro dia está mal. Ciência requer constância.

O corpo e a mente formam uma unidade. A psiconeuroimunologia, o estudo científico de como desequilíbrios psicológicos e emocionais afetam o sistema imunológico, está começando a dar provas científicas dessa relação. A comunidade científica agora precisa ir além das limitações do modelo tecnológico de diagnose de saúde, que nos impede de estudar o poder da mente humana e sua relação incrivelmente íntima com o corpo físico.

Para esse fim, há várias questões que precisam ser abordadas por representarem legítimos impedimentos à criação de um paradigma de saúde UNIFICADO.

Por que as terapias alternativas se tornaram uma ameaça à medicina tradicional?

Como o paradigma holístico não tem o respeito e a autoridade da comunidade médica tradicional ele tem que "provar" sua validade. Isto é, ao mesmo tempo, uma desvantagem e um desafio necessário para o seu processo de amadurecimento.

No momento, a indecisão da comunidade médica tradicional em confiar nas metodologias holísticas é compreensível. Pela simples razão de não se poder realmente "provar" por que e como alguém curou uma doença. Ao mesmo tempo que pessoas foram curadas de suas doenças, com sucesso, através de práticas holísticas tais como dietas especiais e visualização, pessoas também foram curadas por meio de remédios e de cirurgias. Casos verídicos de pessoas que se curaram através do caminho holístico não favorecem nem provam necessariamente a validade do sistema.

As razões para a falta de atenção para o campo holístico por parte da comunidade médica tradicional são óbvias e ao mesmo tempo não são. Algumas críticas são válidas e outras existem devido à falta de reconhecimento e de uma mente aberta por parte da comunidade médica tradicional que possibilitassem qualquer abordagem que não fosse aquela dentro dos padrões médicos.

É importante esclarecer a quem estamos nos referindo quando usamos os termos genéricos: "comunidade médica tradicional" e "campo holístico". Quando falamos de comunidade médica tradicional, referimo-nos principalmente aos comentários e às opiniões da maioria dos médicos alopatas (M.D.), especialmente em publicações aceitas como "padrões" pelo grupo. Certamente há exceções em nível de opinião individual. Da mesma forma, ao nos referirmos ao campo holístico, estamos também nos referindo a comentários e a opiniões de um modo geral. Sabemos que há profissionais nas duas áreas que têm uma postura mais sinergética.

Vamos começar, então, examinando as razões óbvias pelas quais a comunidade médica tradicional é cautelosa com relação ao enfoque do tratamento de saúde holístico.

Realidade emocional versus *realidade médica*

A primeira razão é a necessidade de se provar a autenticidade da relação entre a tensão emocional e a doença física, e a necessidade de tratar as emoções e o corpo para se obter a cura. Sendo essa a base do tratamento holístico para se determinar como e por que uma doença se desenvolve, a ênfase na influência das emoções resultou no que a comunidade médica tradicional considera uma exagerada desvalorização dos fatores físicos que envolvem uma doença.

Essa posição é duplamente complicada em virtude da reputação que a medicina tradicional adquiriu recentemente, de ser insensível às necessidades emocionais dos pacientes, e a tendência dos médicos em contar com medicamentos (que podem ou não ser necessários) e/ou cirurgias em seu tratamento. Em resposta, muitas pessoas se voltaram para práticas alternativas, freqüentemente com muita hostilidade e raiva da profissão médica. O problema é que, como diz o provérbio, "jogou-se fora o bebê junto com a água do banho". Fechou-se o caminho não apenas para o tratamento médico, que pode ser eficaz, mas também para o ponto de vista da medicina tradicional.

Vírus, germes, bactérias e infecções são reais. O padrão genético é real. Tumores são reais. Os efeitos de se trabalhar e/ou viver em um ambiente contaminado são reais. Os efeitos que esses elementos têm sobre o corpo são reais. Para se curar qualquer doença, é necessário reconhecer a realidade da mesma e sua atividade no corpo físico. Reconhecimento não significa apenas aceitar a doença como uma condição permanente. Significa, isso sim, reconhecer que o corpo produziu uma disfunção real que precisa da devida atenção para ser curada. Há numerosos médicos holísticos que reconhecem e trabalham no nível físico da doença. O caso a seguir é de uma mulher de quem tratei cinco anos atrás. Sua história ilustra bem essa questão.

O CASO DE LORI

Lori desenvolveu um câncer cervical que se espalhou pelo útero e pelos intestinos. Seu médico disse que, para salvar-se, ela deveria sofrer uma operação para remover os órgãos atingidos e o tecido ao redor. Isso significava que os órgãos principais da cintura para baixo seriam retirados.

Esse prognóstico levou Lori a uma busca desesperada por tratamentos alternativos. Ela passou por numerosos tratamentos holísticos, de ervas orientais a dietas macrobióticas, homeopatias, shiatsu, etc. Ela se dedicou à cura com muita vontade, convencida de que ela poderia e, de fato, iria curar o câncer em seu corpo.

Durante esse período, ela parecia estar controlando seu processo de cura com bastante sucesso. Deixou de lado qualquer tratamento médico que não estivesse de acordo com seu conceito de holística. Eu me encontrei com Lori várias vezes durante essa experiência, e cheguei à conclusão de que a imagem que ela estava projetando para o mundo exterior – e para si mesma – era um enorme disfarce do medo – medo tanto do câncer quanto de tornar o câncer "real" aceitando uma cirurgia.

Esse difícil padrão de comportamento que Lori adotou era o de abstrair-se através de tratamentos alternativos que a faziam acreditar que o tumor não era "real" em seu corpo. A atenção e a intenção do seu consciente estavam mais focalizados na *negação* da doença do que no reconhecimento de sua presença, isso como uma forma de lidar com o medo profundo que sentia. Seus esforços para entrar em contato com o câncer no nível físico fizeram com que ela eliminasse qualquer contato com seus médicos e se dedicasse apenas aos tratamentos que ela tinha adaptado para sua cura. Estes eram principalmente psicoterapia e um programa de alimentação macrobiótica.

Na realidade, todos os benefícios para sua mente, seu corpo e seu espírito que poderiam advir do tratamento holístico foram tremendamente prejudicados porque seu enfoque se deslocou da cura para a negação da presença física do câncer. Em vez de aprender como reconhecer a condição do câncer sob um ponto de vista emocional fortalecido, Lori só se sentia segura negando que o câncer estava produzindo qualquer efeito sobre seu corpo.

Lori também se propôs a fazer uma jornada de cura solitária, pois com a sua recusa do fato ela criou grandes expectativas face à sua capacidade de se curar. Ela se colocou em uma posição de ter a cura como um testemunho para os outros do poder inerente ao sistema holístico. Esse foi um dragão de múltiplas cabeças para Lori – o apoio positivo de outras pessoas não só dava a ela o tipo de resposta externa que ela precisava para manter o seu padrão de recusa (tal como: "Você está ótima!") como também aumentava a distância interna entre seus medos e a sua capacidade de entrar em contato com eles.

Lori morreu quase dois anos após sua odisséia ter começado. Depois da sua morte, várias pessoas expressaram seu desapontamento pelo fato de Lori não ter conseguido se curar, como se ela estivesse competindo por eles. Essas pessoas precisavam de provas de que curando-se as emoções, cura-se o corpo físico, e ela tinha falhado. Portanto, na visão delas, o sistema holístico perdeu uma grande parte de sua credibilidade. Elas nunca souberam que durante todo o tempo, Lori tinha estado emocionalmente paralisada pelos seus medos e que aquilo que parecia cura era, na realidade, a atividade de negação.

Lori poderia ter mudado o curso dos acontecimentos se tivesse sido capaz de lidar mais efetivamente com a realidade física do seu câncer ou de confrontar seu vazio emocional/espiritual? Quem sabe? Estou convencida, entretanto, que a negação da realidade física de seu câncer provavelmente contaminou seu corpo e sua mente tanto quanto a cirurgia e a quimioterapia que ela temia.

Avaliação holística da origem da doença

Uma premissa básica no campo holístico é: *a doença não acontece por acaso*. Toda doença ou disfunção de uma pessoa é uma indicação de um tipo específico de tensão emocional, psicológica ou espiritual. Cada uma das características de uma doença como, por exemplo, sua localização no corpo físico, é simbolicamente importante. Um tumor encontrado no cólon, por exemplo, tem um significado diferente de um tumor localizado no joelho.

Uma crítica grave, dirigida com freqüência ao tratamento holístico, é que os médicos holísticos tendem a reduzir até mesmo os mais complexos distúrbios físicos a uma linguagem simplista e simbólica. Isso parece ignorar a realidade e a seriedade do problema físico. A complexidade da perda gradual da visão devido a uma disfunção neurológica, por exemplo, quando expressa em termos simbólicos, se transforma numa séria dificuldade que a pessoa tem em "querer ver os problemas da vida com clareza".

Compreender as tensões emocionais, psicológicas e espirituais que são subjacentes à criação da doença é um processo complexo. Não é como um jogo de ligar os pontos no qual problemas de vista estão ligados ao desejo de não ver claramente; problemas de audição estão ligados ao desejo de ignorar algo ou alguém, e problemas nas pernas significam dificuldade em se manter às próprias custas. A análise simbólica não é tão simples nem tão óbvia. As pessoas são complicadas e suas histórias pessoais e padrões emocionais são bastante complexos e característicos.

Uma simplificação exagerada do significado de uma doença pode causar a impressão de que a interpretação holística da doença é absurda, pois é difícil a ligação de distúrbios complexos com explicações simplistas. A impressão freqüentemente causada na comunidade médica tradicional é que essa redução simplista da complexa condição de doença representa o nível mais sofisticado do pensamento holístico.

Padrões de educação

A comunidade médica tradicional, que inclui médicos, enfermeiras, psiquiatras e psicólogos, tem padrões profissionais específicos e requisitos acadêmicos. Dentro do campo holístico, há numerosas formas de terapia que não requerem os mesmos padrões de educação.

O treinamento necessário para se tornar um terapeuta corporal, massagista, cromoterapeuta ou terapeuta de polaridades, por exemplo, não é um processo tão formal quanto o treinamento em escolas de medicina ou de enfermagem. Isso não quer dizer que o trabalho dos terapeutas nesses campos alternativos seja de pouco valor ou que o treinamento que eles recebem seja inadequado. O treinamento de várias categorias de terapia holística, entretanto, não é formalmente organizado em escolas tradicionais e essa diferença é a causa de grande parte da falta de reconhecimento do trabalho de médicos holísticos.

É difícil para um médico aceitar a sugestão de um terapeuta quando o processo educacional de cada campo é tão diferente. Não é fácil para o indivíduo formado nos moldes tradicionais entender por que o tratamento mais suave, mais emocional do terapeuta corporal, por exemplo, pode ter valor para quem enfrenta o câncer.

Além disso, a casualidade existente dentro do campo holístico na qualificação de certas habilidades, assim como a imprecisão no que se refere ao que é ser "qualificado", precisa ser examinado sob ambas as perspectivas. Com isso, quero dizer que tanto os médicos de formação tradicional quanto os terapeutas alternativos têm que estar abertos para aceitar a linguagem, as habilidades e os tratamentos de ambos os lados. Uma forte crítica que me foi apresentada em várias ocasiões por parte de pessoas do campo tradicional, no que se refere à linguagem, é relativa ao uso do termo "curador". Muitos terapeutas alternativos usam o termo "curador" ao se descreverem. Essa é uma palavra poderosa e significa que eles têm a capacidade de curar uma doença. O argumento apresentado por médicos tradicionais é que o uso do termo "curador" para descrever o trabalho de alguém é enganoso. A descrição mais exata é que os terapeutas alternativos são facilitadores do processo de cura do indivíduo. Apesar de alguns, se não a maioria, desses terapeutas concordarem com essa interpretação de que eles facilitam a cura, o uso da expressão "curador" dá uma falsa impressão sobre a real eficácia "fisiológica" de suas habilidades.

Profissionais tradicionais sustentam que durante uma doença o paciente está extremamente vulnerável. Assim sendo, eles estão procurando desesperadamente uma confirmação de que a doença está desaparecendo. Ao trabalhar com o terapeuta, o paciente faz perguntas sobre como agir no seu processo de cura e sobre a natureza da doença. O treinamento de muitas terapias alternativas não necessariamente inclui o conhecimento das características fisiológicas ou psicológicas da doença. Portanto, são freqüentemente levantadas questões que o terapeuta não está qualificado para responder, mas que, apesar disso, ele pode ser tentado a fazê-lo.

Minha experiência pessoal é repleta de conversas com pessoas que estão diante de importantes decisões, tais como: cirurgia ou cromoterapia? Cheguei à conclusão que, apesar de essas pessoas estarem cientes da natureza de minha profissão, ou seja, que estou dando a elas aconselhamento bastante específico sobre como suas emoções levam ao desenvolvimento de uma doença, o conselho que procuram muitas vezes refere-se a se devem ou não fazer uma cirurgia. Em sua mente elas não diferenciam claramente entre o conselho que estou qualificada para dar e aquele que deve ser dado por um médico ou por outro profissional de saúde. Nesse momento, eu sempre indico o médico particular de cada um ou Norm, apesar de freqüentemente eu ter uma forte intuição de como elas deveriam agir.

Embora isso possa parecer um argumento em favor da autoridade da comunidade médica tradicional, não é. Pelo contrário, é uma avaliação do atual clima existente entre a comunidade médica tradicional e o campo holístico, que é um resultado da diferença entre os dois padrões educacionais e a falta de reconhecimento das práticas alternativas e de onde elas verdadeiramente se encaixam no processo de cura. Por outro lado, nas questões do espírito, sou treinada e qualificada para dar conselhos que muitos médicos não estariam qualificados a dar.

Essa situação, entretanto, realmente representa um argumento em favor da necessidade de fundir os benefícios de ambos os tratamentos de saúde, pois a verdade é que muitos médicos com formação tradicional não estão necessariamente qualificados para lidar com certas crises emocionais, psicológicas ou espirituais. Diante da grande quantidade de pessoas que procuram assistência terapêutica, esses benefícios são claramente o reflexo da mudança das necessidades da nossa sociedade em geral.

Expectativas com relação às terapias alternativas

Além da diferença do tipo de formação exigida para cada um dos dois campos, as terapias alternativas são, em geral, questionáveis, pois suspeita-se de sua eficácia em contribuir, de maneira mensurável, em nível fisiológico, para a cura de uma doença. Os enfoques terapêuticos mais citados como exemplo são visualização, meditação, acupuntura, massagem, cromoterapia e terapia de polaridades, renascimento e várias formas de aconselhamento como terapia da perda de entes queridos.

Parte da dificuldade em provar a validade dessas técnicas deve-se a uma questão mais ampla que é provar que as crises emocionais, psicológicas e espirituais são a fonte do colapso do corpo físico.

Outro aspecto dessa dificuldade em provar a eficácia das técnicas alternativas está em compreender o que faz essas técnicas funcionarem. Essa questão nos traz de volta a principal diferença que existe entre os dois paradigmas: "A mente (energia) influencia a formação do corpo (matéria) ou não?"

As terapias alternativas operam segundo a premissa de que, por meio da cura da mente, das emoções e do espírito, o corpo é curado. Isso não significa que o tratamento do corpo seja ignorado até que as demais partes estejam em ordem. Significa que *simultaneamente* ao tratamento do corpo, a pessoa deve também curar aquela parte onde remédios e cirurgias não atingem, tais como traumas ou atitudes negativas.

A dificuldade com relação à eficácia dessas técnicas deve-se mais à não compreensão do como e por que elas atuam do que à limitação em termos de qualidade de qualquer uma dessas técnicas terapêuticas. A razão é esta: as pessoas entram no campo holístico através de duas portas – curiosidade ou crise. Entretanto, a maioria o faz por estar passando por uma crise de saúde. São pessoas procurando qualquer nível de informação possível de como trabalhar com seu problema de saúde.

Ao se voltar para o campo holístico em busca de assistência, o que precisa ser reconhecido é que a pessoa não está apenas procurando por um novo tipo de instrumento, mas *um modo inteiramente novo de pensar a própria realidade*. Em muitos casos, isso significa aprender as técnicas de relaxamento, de visualização e o uso disciplinado da mente, para não dizer das muito necessárias informações sobre nutrição e vitaminas. Para se entender a profundidade desse desafio, precisamos explorar como e por que as terapias alternativas funcionam.

Entenda a essência das técnicas alternativas

Todos os tratamentos disponíveis dentro do campo holístico têm as mesmas três premissas básicas. Primeira – o corpo entra em colapso em resposta à tensão emocional, psicológica e espiritual; segunda – para se curar completamente, é necessário lidar de forma eficaz com essas áreas de tensão não resolvidas; e terceira – o paciente é responsável pelo seu próprio processo de cura. É essa terceira, mais do que as duas primeiras, que determina a eficácia de qualquer das técnicas alternativas.

A colocação sobre ser o paciente o responsável pelo seu processo de cura desafia a própria essência do paradigma da medicina tradicional e, em particular, a relação médico-paciente. No modelo tradicional, pacientes deixam com seus médicos a responsabilidade de encontrar a cura para a sua doença. Devido à natureza dessa relação, o paciente se torna dependente do médico para decisões essenciais no processo de cura. Como resultado, a escolha – tão necessária à auto-estima e à dignidade humana – é freqüentemente abdicada a tal ponto que o paciente é tomado por profundos sentimentos de desamparo.

Dentro do modelo holístico, a responsabilidade pelo processo de cura é do paciente. Remédios não podem eliminar a dor emocional e cirurgias não conseguem remover o medo, a culpa ou ressentimentos que possam estar devastando internamente a pessoa. Esse é um trabalho que o paciente, e só ele, deve fazer.

As terapias alternativas disponíveis – do aconselhamento à acupuntura, de todos os níveis de trabalho corporal, como massagem, à meditação e à visualização – estão todas voltadas para a assistência do paciente na liberação das tensões que estão causando a destruição do seu corpo físico. Terapeutas e médicos holísticos atuam mais como facilitadores do processo de cura do que como os responsáveis por ele. Quando há uma integração *total e ampla* dessas terapias, o tratamento se torna verdadeiramente *holístico*.

O sucesso de qualquer dos instrumentos disponíveis para cura está em dois pontos cruciais: a coragem do paciente em avaliar honestamente sua vida e a capacidade de fazer escolhas que realmente fortaleçam o seu Eu interior. O termo Eu refere-se à essência dos recursos internos da pessoa. Muitas pessoas identificam essa essência com o espírito.

Esse processo de avaliação é exaustivo, por si mesmo, porque freqüentemente faz com que a pessoa fique frente a frente com aqueles aspectos de sua vida que ela tanto tem evitado confrontar. Tradicionalmente, a negação é tratada como um padrão de comportamento negativo. Na perspectiva holística, a negação é reconhecida como um sério bloqueio ao processo de cura, já que ela permite que as tensões que originaram a doença permaneçam não resolvidas.

Esse nível do trabalho interno é muito intenso e, por essa razão, pode intimidar bastante algumas pessoas. Como, em nossa sociedade, não se encoraja muito a prática da introspecção e da auto-análise, as pessoas não sabem como começar a "se trabalhar internamente". Mais ainda, elas estão despreparadas para a natureza do próprio processo de trabalho interno; ou seja, a auto-análise é catalisadora de mudanças. Uma vez que a pessoa começa a fazer uma avaliação consciente da sua vida, torna-se impossível esconder ou negar o que não está bem. Independentemente da causa da tensão na vida de uma pessoa, uma vez que o problema é revelado, ele requer atenção. Atenção significa escolha e escolha significa mudança.

Igualmente importante para a integridade pessoal é aprender como ativar e fortalecer os recursos naturais de cura da mente e do Eu interior. Esse é o significado da expressão: "ligação corpo-mente-espírito". Essa também é a área que requer maior atenção para ser reeducada, pois a pessoa tem que aprender que seus pensamentos, suas emoções e sua imaginação são instrumentos de poder que têm força para reconstruir seu corpo.

Para a maioria das pessoas, o maior obstáculo para se trabalhar com o paradigma holístico é a dificuldade em aceitar que pensamentos, emoções e imaginação realmente têm poder. Não estamos acostumados a perceber que "pensamentos são coisas" que realmente influenciam nossa realidade física.

Esse ponto de vista – de que criamos nossa própria realidade através do poder de nossas emoções, de nossas atitudes e de nossas crenças – só agora está aparecendo no horizonte do público em geral, apesar de ser uma área polêmica na psicologia humanística há trinta anos. Embora essa perspectiva venha penetrando na mente das pessoas de diversas maneiras – física quântica, saúde holística e filosofia oriental para citar algumas – para uma idéia não é suficiente apenas o poder da mente. O que libera o poder de uma idéia é a crença e não apenas a compreensão intelectual. O coração deve estar de acordo e em harmonia com a mente para haver um fortalecimento autêntico do trabalho que está sendo feito – especialmente se o trabalho é curar. Compreender com o "coração" é, portanto, um desafio muito mais profundo do que compreender com a mente.

Mesmo nas melhores circunstâncias, essa é uma mudança de perspectiva difícil, pois ela questiona a maneira como fomos condicionados a entender a relação energia-matéria ou, mais especificamente na área da saúde, a relação mente-corpo.

Aprender a trabalhar com visualização é um bom exemplo do bloqueio que freqüentemente ocorre quando se trabalha com energia e com a realidade de que "pensamentos são coisas". Embora o subtítulo seguinte trate da visualização, as informações nele contidas podem se aplicar às terapias holísticas em geral.

Visualização e o desafio da mente em ação

A visualização é a disciplina do uso do imaginário mental (ou energia) para um objetivo específico, tal como reconstruir um corpo físico saudável. A premissa da visualização é que o corpo responde àquilo que a mente determina. A mente fornece informação ao corpo através de palavras, de emoções e de imagens.

Quando pessoas doentes decidem trabalhar com esse instrumento – a visualização – a base necessária deve ser construída cuidadosa e integralmente. Em primeiro lugar, as pessoas devem conhecer o conceito que está por trás do instrumento e devem ser "reeducadas" para usar seus pensamentos e emoções na reconstrução do corpo. Tempo e experiência são necessários para se aprender a confiar em um novo método de se fazer alguma coisa, e em vista de o fator tempo ser um bem muito precioso em caso de doença, é essencial e recomendável que se tenha um instrutor bastante competente nos estágios iniciais.

Em segundo lugar, as pessoas têm que ser totalmente reprogramadas para não encarar o uso da visualização com a mesma atitude com que encaram a medicina tradicional. Isso significa que as pessoas têm que ser alertadas para o fato de que provavelmente pensarão que a visualização trabalha da mesma maneira que um remédio, ou seja, automaticamente e sem necessidade de uma atenção consciente. O remédio trabalha para o paciente. Com a visualização, o paciente trabalha.

Remédios também dependem do fator tempo, o que significa que um paciente pode esperar seus efeitos dentro de um determinado período. É extremamente importante compreender que os efeitos da visualização não são tão prontamente óbvios quanto os efeitos de uma terapia à base de medicamentos, e que o fator tempo, de certa forma, não tem sentido quando aplicado à visualização. Se a visualização "funcionará" ou não depende de fatores que variam de indivíduo para indivíduo. Nem todos são capazes de usar suas habilidades mentais e emocionais com a mesma clareza e concentração. As pessoas não são idênticas em suas aptidões para um trabalho interno. Algumas têm habilidade para os processos introspectivos enquanto outras podem ter evitado deliberadamente essa atividade interna durante toda a vida.

A gravidade da doença que a pessoa está enfrentando assim como as tensões subjacentes envolvidas são também significativas. É importante observar essas diferenças já que cada uma delas determina até que ponto a visualização será bem-sucedida no processo de cura de um indivíduo.

Mesmo para uma pessoa saudável, é um grande desafio desenvolver uma nova habilidade que requer uma compreensão tão abrangente. Para uma pessoa que enfrenta as dificuldades de uma doença grave, o aprendizado de um novo sistema de pensamento e de uma nova disciplina mental se torna um obstáculo quase intransponível. Os velhos padrões de pensamento e de ação não são modificados facilmente. Acrescente-se a isso o fato de que muitas doenças causam dor e ansiedade extremas e imagine tentar aprender algo novo nessas condições de fragilidade.

Eu trabalhei com um homem que tinha câncer de estômago. Dan queria praticar visualização pois, intelectualmente, ele a compreendia. Comuniquei a ele a necessidade de reprogramar seu modo de pensar e de desafiar a tendência antiga de considerar que as técnicas holísticas atuam da mesma forma que os remédios. Recomendei também que ele trabalhasse com visualizações gravadas em fitas, pois ouvir alguém orientando a atividade da mente ajuda a mantê-la mais centrada.

Dan reagiu com entusiasmo e imediatamente criou um programa de exercícios de visualização para serem feitos durante vinte minutos pela manhã e à noite.

Duas semanas mais tarde, Dan voltou a me visitar. Ele tirou a fita gravada do bolso e disse: "Ela não está funcionando." A princípio, pensei que ele queria dizer que a fita estava com defeito. Porém, ele explicou que tinha usado a fita por duas semanas e que "ela" (referindo-se à fita e não ao ato da visualização) tinha falhado na cura do câncer.

Fiz Dan se lembrar de nossa conversa anterior quando expliquei que a fita não tinha "poder" de curar nada. Ela só servia como instrumento para ajudar a fortalecer o centro interior, que é a parte do ser que realmente cura.

Essa conversa me impressionou bastante pois, apesar de minha explicação cuidadosa sobre visualização e sobre o objeto do uso das fitas para orientar a mente, Dan queria que a visualização funcionasse da mesma maneira que os remédios. Embora ele tivesse compreendido intelectualmente o princípio da visualização, ficou claro que as expectativas de Dan (e, portanto, toda sua energia emocional) ainda estavam profundamente ligadas ao modelo tradicional de cura.

Sua situação me ajudou a compreender a dificuldade que as pessoas têm em entender o fato de que a mente humana *nunca pára de visualizar*. A visualização, como capacidade humana, não é algo recente. Estamos constantemente visualizando, desde imaginarmos como queremos nos vestir, o que vamos dizer a alguém, até o que poderá acontecer em nosso futuro.

O que é novo, entretanto, é que estamos finalmente começando a compreender que *nossos pensamentos influenciam nossa realidade física*. Temos usado nossa mente para criar nossa realidade há séculos, apenas não estamos em condição, nem intelectualmente nem espiritualmente, de, pelo menos, considerar essa possibilidade.

O fato mais extraordinário sobre visualização, que precisa ser explicado com muito cuidado, é que todo e qualquer pensamento e sentimento que temos é um ato de visualização. Pessoas com as quais trabalhei, assim como Dan, podem participar de exercícios de visualização toda manhã, tarde e noite com total dedicação, concentrando-se no modelo mental de um corpo completamente saudável, e ainda assim não influenciar o curso da doença? Por quê?

Entre um exercício e outro pode haver horas de medo e de atenção dadas à doença. Manter a atenção focalizada na doença e se preocupar se ela está ou não se expandindo *também é uma visualização*. Para muitas pessoas, a rotina de cura é uma hora de visualização positiva e 23 horas de visualização (através da preocupação) da doença se expandindo pelo corpo. Imaginar a doença pela preocupação promove seu fortalecimento no físico. Imaginar saúde cria saúde. Uma hora de imaginação positiva simplesmente não é suficiente para se desfazer o reforço negativo que 23 horas de intensa e concentrada preocupação trazem à doença.

Antes de se avaliar a eficácia de tecnologias alternativas, há que se estudar essas limitações reais e problemas educacionais. Pessoas com dor não se tornam os melhores alunos, mesmo com os mais sinceros esforços.

Para se fazer uma avaliação justa de habilidades tais como a visualização, deve-se aguardar um tempo até que estas sejam aprendidas numa situação educacional normal, não especificamente como técnica de cura, mas sob o ponto de vista de que, sendo nossa realidade criada pela nossa mente e pelas nossas crenças, é necessário aprendermos ainda durante a infância, ou em situações livres da pressão de uma doença, a dar atenção a como e o que pensamos. Posteriormente, começaremos a valorizar essa habilidade como uma atividade da "criação consciente". Uma habilidade aprendida sob circunstâncias educacionais normais tem muito mais chance de se enraizar do que aquela aprendida durante uma doença.

As diferenças entre os enfoques tradicional e holístico, mencionadas neste capítulo, representam desafios significativos para ambas as áreas: a lacuna na educação, as técnicas mais suaves da holística e a observação das emoções com relação à doença. Além dessas áreas óbvias há ainda uma mais sutil: a não tão óbvia mudança que está presente de maneira não aparente em todos os desafios que a medicina moderna enfrenta.

Todos os diferentes conceitos e enfoques dentro do campo da holística servem como indicações muito fortes de que nós humanos estamos sofrendo mudanças internas fundamentais. Estamos redefinindo nossa compreensão da natureza do poder e, principalmente, de nossa relação com ele e de como controlá-lo quando aplicado ao próprio processo de criação.

Mudança no equilíbrio das forças

O que causa uma mudança, tal como o aparecimento de um segundo paradigma de tratamento de saúde, em uma sociedade? Certamente, o processo de mudança na vida é constante; ainda assim há uma mudança corriqueira e uma mudança evolutiva. A mudança evolutiva representa uma virada tão completa no pensamento de uma sociedade, que a ordem social vigente tem que ser reconstruída.

O aparecimento do modelo de cura holística representa uma mudança evolutiva. O rápido crescimento e desenvolvimento do campo da saúde holística indica que nossas necessidades estão mudando em aspectos fundamentais e que o modelo da medicina tradicional e de tratamento de saúde não mais atendem a essas necessidades. Mudança fundamental significa que o movimento está ocorrendo no âmago da natureza humana.

Qual é a natureza dessa mudança evolutiva agora em curso? Está ocorrendo uma transformação na maneira como o conceito de "responsabilidade" é compreendido e então aplicado a cada aspecto da vida, desde relacionamentos e necessidades pessoais até problemas ecológicos do planeta e problemas com relação à fome de outras nações, e o fato de se assumir responsabilidade pela qualidade de vida e pela saúde de outra pessoa.

O ser humano, em essência, está em um processo de descoberta da responsabilidade por si mesmo, e do seu poder pessoal. Essas duas novas características emergentes contêm as sementes necessárias para a criação de uma sociedade global inteiramente nova. A razão é que a responsabilidade por si mesmo e o poder pessoal são mecanismos internos e poderosos de mudança que sinalizam uma alteração na consciência em termos de como o indivíduo percebe o equilíbrio de forças entre ele próprio e o mundo externo.

Essa mudança no equilíbrio de forças é perfeitamente ilustrada dentro da dinâmica da relação médico-paciente. A mensagem mais forte da saúde holística é que médicos *não* são responsáveis pela qualidade de saúde de um paciente e nem por quão bem-sucedida é a sua cura. Um médico só é responsável por oferecer a melhor tecnologia e tratamento disponíveis no campo tradicional, assim como o melhor aconselhamento possível. Mas a *responsabilidade* por implementar as tecnologias disponíveis, assim como trabalhar para a cura de suas pressões internas, é do *paciente*.

Como resultado dessa troca de poder, o "papel do paciente" está mudando radicalmente. Mais do que aceitar sem questionamento os tratamentos e medicamentos receitados pelo médico, os pacientes estão assumindo um papel mais importante no seu próprio programa de tratamento, a começar por quererem saber a extensão da doença e os riscos de remédios ou cirurgias. Na medicina tradicional, era e algumas vezes ainda é prática aceitável omitir diagnósticos graves ou terminais. Isso não é aceito por pacientes que desejam participar totalmente de seu programa de recuperação mesmo que esse programa seja a preparação para a morte.

Como o que eu estou descrevendo representa mudanças que estão começando a ocorrer com pacientes e com médicos envolvidos no processo de cura, devo esclarecer que *nem todos os pacientes estão prontos ou têm condições de aceitar o que o campo holístico tem a oferecer.* Mais ainda, a premissa de que um paciente criou sua própria doença através de padrões emocionais, psicológicos ou físicos pode freqüentemente provocar sentimentos de culpa, medo e uma atitude defensiva por parte do paciente. É profundamente significativo, portanto, que os pacientes possam escolher o processo de cura de acordo com o que é adequado às suas necessidades e capacidades e com o que acreditam ser mais eficaz.

O advento do enfoque holístico para a cura oferece aos pacientes opções em termos de tratamento e essas opções são importantes. Pacientes que enfrentam o câncer não estão mais limitados a receber quimioterapia, radiação ou se submeter a cirurgias. A escolha agora inclui várias opções alternativas, tais como programas nutricionais, o uso da visualização e de afirmações positivas e um aconselhamento bem amplo.

É importante reconhecer que, devido à atual expansão dos cuidados tradicionais e holísticos com a saúde, as muitas opções para tratamento de doenças podem gerar conflitos para o paciente que escolhe um caminho que não esteja de acordo com as crenças particulares de sua família. Em vários casos, tomei parte em discussões nas quais um paciente escolheu o enfoque holístico e essa escolha resultou na perda do apoio da família, que não tinha fé em tratamentos alternativos. Também estive em uma situação exatamente oposta em que a pessoa pertencia a uma família que apoiava apenas métodos alternativos, mas queria seguir um tratamento mais tradicional.

Enfim, é o paciente quem sabe melhor em que ele acredita e, não importa qual seja a escolha, é da maior importância ter o apoio da família e de amigos, independentemente das preferências pessoais deles.

Certamente, esse poder de escolha do paciente representa um fortalecimento para ele e, assim sendo, um enfraquecimento do enfoque tradicional da medicina. A comunidade médica tradicional está perdendo sua posição de autoridade à medida que mais e mais pacientes reconhecem que as próprias tensões de sua vida contribuíram para a criação de suas doenças. Essa mudança no equilíbrio de forças é a maior ameaça à comunidade médica tradicional.

A questão mais ampla: Quem é responsável pela criação?

À medida que pacientes começam a perceber e a trabalhar a influência da tensão emocional e psicológica na qualidade da saúde do corpo físico, eles começam a compreender, mesmo em doses pequenas, que têm, de alguma forma, poder no processo de criação.

Assim como um pequeno fio que ao ser puxado revela o todo, a compreensão de que as correntes emocionais têm o poder de influenciar o corpo não se limita às fronteiras do corpo físico. Pouco a pouco, a compreensão da influência criativa das emoções ultrapassa o corpo físico chegando ao ambiente, à qualidade dos relacionamentos e à qualidade de vida e do ambiente de trabalho.

Afinal, quais são os limites da criação? Podemos nos permitir reconhecer que temos a influência criativa dominante sobre a saúde do corpo físico, e então negar que essa mesma energia tenha qualquer influência sobre outros aspectos da nossa vida?

Enfim, a linha tênue ligada à questão de quanta influência temos na criação da saúde ou da doença em nosso corpo também está ligada à maior pergunta cosmológica que podemos ter, que é, "Quem ou o que é responsável pela criação? Somos nós, o acaso ou uma Força Universal?" Assim como a descoberta de Copérnico de que a Terra girava em torno do Sol acabou revelando uma realidade científica e astronômica, também a compreensão de que nós criamos nossa saúde representa um desafio ao nosso conceito de realidade.

É essa questão da responsabilidade pela criação que está surgindo agora no pensamento coletivo da espécie humana. Está simbolicamente presente em toda crise global, seja ela relativa a assuntos nucleares, à chuva ácida, à fome no planeta. Essas crises estão gerando em milhares de pessoas a compreensão de que nós – cada um de nós – compartilhamos a responsabilidade por aquilo que é criado neste mundo. Se não quisermos que nossa vida termine em um holocausto nuclear, então nós mesmos devemos fazer alguma coisa em benefício da paz. Assim como a criação da saúde, a paz não virá a existir neste mundo sem que haja uma escolha e atenção consciente de cada um e de todos direcionada para esse objetivo.

A questão da criação está também simbolicamente presente em cada uma das nossas crises pessoais. Seja um relacionamento difícil, uma profissão frustrante ou uma crise financeira, no final, o que estamos confrontando em nós mesmos ao lutar contra essas dificuldades é o desafio de não nos contentarmos com menos do que precisamos para uma vida saudável e gratificante – o que significa aprender a *criar conscientemente* a nossa realidade.

Precisamos reconhecer também que, embora nenhuma das principais áreas sujeitas a crise tenha mudado através dos séculos (relacionamentos, doença, amor, morte, sexo, dinheiro e poder), o reconhecimento de que nós temos dentro de nós o poder de escolha e de criação indica que talvez nós – como espécie – estejamos mudando profundamente em aspectos fundamentais. Talvez não seja exagero considerar a possibilidade de estarmos entrando em um novo ciclo da evolução humana.

A era da co-criação

A partir do momento que você vê algo pela primeira vez, parece que você começa a vê-lo em todo lugar. A mudança no equilíbrio de forças no campo da medicina tradicional é apenas uma área da vida em que está ocorrendo o rebalanceamento da dinâmica do poder. Tal qual um grande projeto cósmico que modifica o arquétipo de poder, esse novo plano de "indivíduo com poder" está dando início a mudanças dramáticas que estão ultrapassando fronteiras nacionais, econômicas, políticas e religiosas, e atingindo a vida de todas as pessoas deste planeta.

Se analisarmos os acontecimentos políticos mundiais, tais como o recente movimento para livre-expressão na União Soviética; ou espirituais, como a fuga em massa da religião tradicional para uma espiritualidade mais personalizada; ou se focalizarmos um nível mais pessoal tal como a mudança de papéis do homem e da mulher nos relacionamentos, notamos que a questão essencial é a mesma: a renegociação da mudança na balança do poder para que os indivíduos possam assumir um maior grau de responsabilidade por si mesmos.

Essas duas correntes de pensamento – que nós criamos a nossa própria realidade e que estamos a caminho de nos tornarmos indivíduos mais cientes do poder que temos – estão acontecendo simultaneamente para que um paradigma da realidade inteiramente novo possa nascer neste planeta.

Dada a situação extremamente crítica que enfrentamos como comunidade global – principalmente a possibilidade de guerra nuclear, destruição do planeta, diminuição de todos os recursos naturais e a total destruição do sistema ecológico terrestre –, é também possível que a inteligência natural do mecanismo de sobrevivência de nossa espécie esteja criando um plano alternativo e mais evoluído para a vida, baseado na compreensão de que devemos assumir maior responsabilidade pela criação e pela manutenção da vida.

Essa única idéia – de que criamos nossa realidade – é uma verdade que inevitavelmente nos irá forçar a repensar cada uma de nossas ações, tanto em nível individual quanto em nível de interação global. Entramos em um novo ciclo de vida. Apesar de estarmos sendo forçados a trilhar esse caminho pela rota das crises pessoais e globais, estamos, apesar de tudo, nos dirigindo a um tempo no qual devemos aprender a fundir nossa energia como pessoa e como nação para curar os desastres iminentes neste planeta. A verdade é que sem a união de nossas inteligências, de nossos recursos e de nossa cooperação nenhum de nós sobreviverá às conseqüências daquilo que nos espera. A mensagem de cooperação e co-criação é absolutamente clara.

Este livro também traz a mensagem de cooperação, co-criação e fusão. Os dois paradigmas de saúde que atualmente coexistem neste mundo estão aqui para ficar. A saúde holística não é uma moda passageira. Ela representa um estilo de vida e um tipo de realidade alternativos que oferecem aos indivíduos idéias que os capacitam a assumir responsabilidade pela qualidade de sua saúde e de sua vida. A filosofia holística é, essencialmente, um caminho que ensina os princípios da co-criação, primeiramente dentro de nosso corpo físico individual e então dentro e para o mais amplo corpo que é o planeta. Pois o que está em um é, na verdade, encontrado no todo.

Essa mensagem também é verdadeira para o mundo tecnológico do poder nuclear. Devemos consultar a sabedoria do nosso coração ao tomarmos decisões em nossos campos de conhecimento tecnológico para não sucumbirmos em uma guerra criada pela própria mente humana. A tecnologia e o conhecimento da medicina tradicional também é parte de nós. Está em nosso sangue, filosoficamente falando. Ainda assim, o que está claro é que nosso conhecimento tecnológico deve prosseguir com a assistência da sabedoria do coração.

Esse novo ciclo de vida que está surgindo – essa era de co-criação – é a nossa esperança para o futuro. Possamos nós prosseguir com sabedoria e mente aberta, preparados para aprender com todos que nós temos que nos doar uns aos outros.

2

A MEDICINA TRADICIONAL SE APROXIMA DA HOLÍSTICA

NORMAN SHEALY

Em conseqüência das necessidades tecnológicas da II Guerra Mundial, a ciência se tornou o maior poder motivador moral, espiritual, intelectual e filosófico dos Estados Unidos.

À medida que esse modelo tecnológico emergente se fortaleceu, a antiga luta entre naturalistas e mecanicistas se abrandou. Os naturalistas afirmam que há um limite final à criatividade do ser humano, que só Deus pode criar a vida, que há uma ordem natural e que essa ordem tem inteligência e espírito, orientação divina e um objetivo evolucionário.

Para os mecanicistas, por outro lado, os seres humanos vêem o Universo e a vida mecanicamente, acreditando ser possível compreender a função de cada célula e de cada órgão, e até substituí-los ou criá-los. Dentro dos limites do ponto de vista mecanicista, o ser humano é uma estrutura química e física manipulada química e fisicamente, incluindo-se aí a mente, as emoções e o espírito, e sem nenhum contato com o mundo invisível.

Antes de 1940, os médicos eram naturalistas e quase todos eles eram generalistas ou clínicos gerais. Eles trabalhavam com o coração e com a alma, pois a medicina ainda não tinha se tornado uma ciência. Médicos eram curadores. Freqüentemente trabalhavam com ervas, sinapismo, imposição das mãos e aconselhamento. Cada médico conhecia toda a família e a maioria dos problemas sociais desta. Eram freqüentemente o amigo e confidente mais próximo.

Com a explosão tecnológica dos anos 40, a medicina deixou de ser uma arte do coração para se tornar um poder tecnológico da mente. A tecnologia possibilitou uma expansão tão rápida de conhecimento que nenhum indivíduo poderia aprender todos os fatos que rapidamente emergiam. Assim, entramos na era da superespecialização e, em menos de vinte anos, a maioria dos médicos deixou de ser generalista e se tornou especialista, tratando apenas do órgão doente e não do paciente e de sua família como um todo. A qualidade e a quantidade de tecnologia resultante da II Guerra Mundial deu ao mundo tecnológico poder e autoridade sobre o religioso e sobre o moral, além de levar à mudança do equilíbrio de poder entre naturalistas e mecanicistas. A tecnologia, pela primeira vez, possibilitou à comunidade científica desafiar as limitações sociais e morais. Com o enfraquecimento das limitações morais, médicos e cientistas tiveram permissão para começar a pesquisar – sem restrições – a genética e até as próprias forças da criação. As questões morais e a crença no desígnio divino haviam anteriormente limitado a exploração científica, desafiando o poder da ciência a prosseguir com experiências genéticas, por exemplo.

Durante os últimos 45 anos, a ciência apresentou antibióticos, tranqüilizantes, transplantes de órgãos, tratamento a *laser*, respiração artificial para manter pacientes comatosos com vida, quimioterapia, radioterapia para alguns tipos de câncer, e uma notável variedade de agentes farmacêuticos para "tratar" qualquer sintoma humano. Diante do grande número de avanços sofisticados terapêuticos, é fácil observar como esse tipo de poder pôde desafiar o imensurável e invisível poder do espírito.

Observando mais detalhadamente as notáveis conquistas médicas dos últimos quarenta anos, podemos esperar que os próximos quarenta tragam inovações similares e extraordinárias tais como:

- Transplantes de órgãos mais sofisticados e, talvez, transplante total de corpos.
- Mais experiências genéticas objetivando prevenir aparecimento de defeitos genéticos.
- Criação de vida em tubos de ensaio.
- Mais medicamentos para o tratamento de doenças.
- Aumento da longevidade por meio de produtos químicos e de outros métodos artificiais, sem que necessariamente se aumente a qualidade de vida.
- Criação de novas drogas no espaço sideral, uma tecnologia que não consideramos ainda e que está apenas começando.

Podemos nos permitir entrar nesses próximos quarenta anos com a mesma preocupação científica com o poder e ignorando a dimensão humana, a natureza espiritual dos seres humanos e da própria vida? Antes de aceitarmos uma tecnologia ilimitada, olhemos para o que foi ignorado nos últimos quarenta anos: sentimentos, intuição e espírito.

É possível criar uma moral superior à religião, à ciência, e que reverencie a vida?

As perguntas mais fundamentais que enfrentaremos ao entrarmos no século XXI são: O espírito humano existe? E, se existe, qual é a natureza de seu poder? Quais são os limites de seu poder? Se ele existe, como essa realidade se tornará parte de nosso mundo tecnológico e científico? A ciência pode abarcar a moral e a espiritualidade? Quando a ciência reconhecer a natureza da dimensão espiritual e da intuição como base para a criatividade científica, poderemos introduzir o conceito do sagrado em nossa visão de mundo.

Essas indagações ameaçam o mundo científico, pois indicam que o modelo científico não tem todas as respostas e que a ciência não é o único sistema de pesquisa que tem valor. A ciência tem usufruído de uma autoridade que não tem sido questionada nestes últimos quarenta anos. Indagações como essas desafiam a própria base do equilíbrio do poder científico. Se, por exemplo, a ciência reconhecer a validade do espírito humano, ela deve começar a questionar o seu direito de fazer experiências genéticas, abortos, eutanásia, transplantes de órgãos e de prolongar artificialmente a vida. A porta também está aberta para debates sobre a qualidade de vida e sobre a origem da doença. O espírito afeta a saúde física? Qual é a relação entre o espírito humano e a forma física que chamamos corpo?

Considerações como essas estão nos levando para a potencial criação de um novo paradigma de cuidados com a saúde e a medicina, um paradigma que nos levará ao século XXI, combinando tecnologia, ciência e espírito, e ao mesmo tempo humanizando a prática da medicina.

Quando comecei a trabalhar com a neurocirurgia, não imaginava que meus estudos sobre o cérebro me levariam ao espírito. Na realidade, ao começar a minha residência, notei logo de início que os neurocirurgiões estavam interessados nos aspectos físicos do cérebro e davam pouquíssima atenção à mente. À medida que comecei a observar as influências não físicas sobre a saúde e sobre a doença, questões filosóficas básicas tinham de ser colocadas, questões que não me ocorriam desde a adolescência. Qual é o propósito da vida? Há uma lição a ser aprendida com a doença? Se a mente pode criar uma doença física, como a úlcera péptica, ela também pode ultrapassar seus limites físicos aparentes e influenciar o ambiente que nos rodeia? Tradicionalmente, essas questões eram, em princípio, do campo da filosofia e da teologia. Neste século, também foram examinadas por parapsicólogos. Essas considerações, sobre a mente e sobre o espírito, me levaram posteriormente a redescobrir um interesse na possibilidade da diagnose intuitiva.

Nos anos 70, um pequeno número de médicos começou a questionar a moralidade da tecnologia sem espírito. Começamos a reconhecer que doença tinha um componente postural e emocional. A medicina holística surgiu dessa complexa estrutura social e do reconhecimento dos aspectos desumanizadores da tecnologia.

Essas questões são tão significativas que propiciaram o desenvolvimento de um novo campo de pesquisa científica, a psiconeuroimunologia, "que estuda as interações entre o sistema nervoso central e o sistema imunológico". A psiconeuroimunologia, um dos campos mais inovadores e excitantes atualmente, inclui o estudo do efeito de atitudes, de pensamentos e da pressão social sobre todos os aspectos do sistema imunológico e, em última instância, da saúde. Além dos efeitos de atitudes sobre o sistema imunológico, nós estamos cada vez mais descobrindo neuroquímicos correlatos à raiva, à hostilidade, à culpa e à depressão.

Os princípios fundamentais da medicina holística – que as pressões emocional, psicológica e espiritual afetam o corpo – estão conseguindo provas e validade decisivas. É cada vez mais evidente que os conceitos holísticos não são uma moda passageira; que nós estamos, como sociedade, passando por uma outra grande transformação, o reequilíbrio após quarenta anos de desenfreada tecnologia sem espírito.

Eu cresci durante essa era de medicina tecnológica e fui educado em algumas das mais respeitadas e prestigiadas instituições científicas, a Duke University, a Washington University, Harvard University e o Massachusetts General Hospital. Meu histórico em pesquisa científica inclui centenas de artigos publicados em jornais científicos. Ainda universitário eu era fascinado com a possibilidade de fazer pesquisa científica em parapsicologia. Enquanto cursava a Duke University, tive que pesquisar o trabalho do dr. J. B. Rhine. Ele parecia, acima de qualquer dúvida, ter demonstrado o poder da mente para identificar objetos distantes. Achei que isso poderia ser aplicado à própria medicina. Pareceu-me natural haver uma inter-relação entre a mente, o corpo e o espírito.

Entretanto, ao ingressar na escola de medicina, essas idéias foram descartadas pela comunidade científica e minha atenção foi desviada para a pesquisa científica. Meu interesse por assuntos do espírito foi reativado inesperadamente em 1970 ao fazer uma viagem ao Colorado para ver alguns cavalos. Quando a esposa do rancheiro abriu a porta, nós nos identificamos intuitivamente e começamos a conversar, não sobre cavalos, mas sobre coincidências, serendipismo e conhecimento intuitivo. Ela me deu dois livros que despertaram minha curiosidade. *Discoveries Behind the Iron Curtain* e *Breakthrough to Creativity*. Fiquei particularmente intrigado com o livro de Shaffiga Karagula *Breakthrough to Criativity* no qual ela falava sobre diagnose intuitiva e suas técnicas. Por acaso, Paul Dudley White, médico particular do presidente Eisenhower e o grande cardiologista que nos trouxe a idéia do exercício como ajuda na prevenção de doenças cardíacas, me proporcionou a oportunidade de explorar meu interesse nas dimensões da mente, novamente estimulado.

Em janeiro de 1973, Janet Travell, médica do presidente Kennedy, em uma entrevista para o *Wall Street Journal* afirmou que o súbito interesse da imprensa americana pela acupuntura era menos importante do que o trabalho de um jovem neurocirurgião do meio-oeste, C. Norman Shealy, eu mesmo, que havia descoberto uma "forma ocidental de acupuntura". Devido a essa entrevista, o dr. Paul Dudley White me convidou para ir a Boston para conversarmos a respeito da "acupuntura ocidental". Na realidade, tratava-se do meu trabalho com estimulação elétrica transcutânea do nervo, a aplicação da eletricidade na superfície do corpo para o controle da dor. Um mês após essa entrevista com o dr. White convidaram-me para substituí-lo como orador em um simpósio sobre acupuntura na Stanford University, para 1.200 médicos. Nessa reunião, conheci Olga Worrall, médica espiritual mais testada da América, Bill Tiller, Ph.D., um físico de Stanford que faz estudos científicos a respeito dos conceitos de aura humana e Bill McGarey, da Clínica A.R.E. (Associação para Pesquisa e Iluminação), de Phoenix.

O dr. McGarey já vem aplicando os princípios de Edgar Cayce (o famoso "profeta adormecido") na medicina clínica há mais de quinze anos. Ele deu a entender que o meu interesse na variedade de técnicas de cura teria o respaldo de outro cirurgião, o dr. Roberto Brewer, que estava planejando um encontro na Clínica A.R.E., na Virgínia, durante o outono. Cada uma dessas pessoas contribuiu para o desenvolvimento da minha atitude com relação à doença: esta é mais do que uma reação física e química, e a vida é muito mais do que o fisicamente aparente. Enfim, isso me permitiu persistir em meu interesse na diagnose intuitiva, que surgiu em 1970. Eu estava propenso a considerar a diagnose intuitiva como um instrumento potencialmente autêntico, pois grande parte dos médicos chega ao diagnóstico pelo uso da intuição. Irvine Page, o grande médico da Clínica de Cleveland, escreveu um ótimo artigo sobre intuição e diagnose médica em *Postgraduate Medicine*. Ele afirmou:

> A intuição na medicina é crucial... Mais da metade da prática médica requer decisões que têm pouca ou nenhuma base tecnológica. Não há certo ou errado absolutos; há apenas decisões tomadas pela cabeça ou pelo coração, pela sabedoria e pela compaixão. Corremos risco ao desdenharmos a mágica da medicina. Nenhuma sociedade cresceu através dos tempos sem uma crença

transcendente em algo maior do que ela. Cada um deve escolher e aceitar as responsabilidades que acompanham a escolha. O bom médico é capaz de combinar... intuição e senso comum.

Está claro que não estou sozinho em minha crença de que a intuição tem grande importância na diagnose.

Meus estudos sobre diagnose intuitiva, que serão apresentados posteriormente, me levaram a investigar uma extensa variedade de enfoques de vida e de saúde incluindo: *biofeedback*, treinamento autogênico, exercício físico, homeopatia, osteopatia, uso da visualização e da meditação, o potencial da musicoterapia, terapia de vidas passadas, massagem e até algumas ervas. Muitas dessas técnicas têm sido ignoradas ou depreciadas pela medicina tradicional.

Antes de considerarmos esses componentes da medicina holística, trataremos primeiramente dos conceitos alopáticos (M.D.) de doença e de saúde.

Medicina alopática

A medicina alopática, quer dizer, a medicina como é praticada pelos médicos alopatas até hoje, em geral considera a doença como um problema causado por fatores externos, e a terapia é freqüentemente direcionada para a remoção dessa causa externa. No conceito da medicina alopática, as doenças são consideradas resultados de:

- Predisposição congênita genética
- Problemas congênitos (ocasionados no útero, ex.: rubéola, fumo, uso de álcool ou de drogas, alimentação inadequada, etc.)
- Trauma
- Infecção
- Neoplasma
- Degeneração
- Problemas circulatórios
- Problemas hematológicos
- Emoções
- Problemas imunológicos

No modelo de medicina tradicional, pouca atenção é dada a influências psicossomáticas e do estresse sobre a doença. Muitos médicos não querem admitir que 85%, ou mais, de todas as doenças é de origem psicossomática, conforme ensinaram na escola de medicina; a tendência é considerar tais pacientes uns "velhotes". Nos últimos anos, porém, a psiconeuroimunologia está demonstrando cada vez mais, de um ponto de vista científico, que o humor é talvez o fator mais importante para a manutenção da integridade do corpo, principalmente imunológico. A depressão ataca essencialmente a capacidade do sistema imunológico em se manter saudável. Por outro lado, o pensamento positivo e uma visão otimista podem contribuir bastante para a manutenção da saúde. PENSE BEM e FIQUE BEM.

A alopatia, ao tratar os processos individuais da doença, considera causas múltiplas, incluindo fatores relativos à alimentação tais como excesso de gordura, falta de fibras e excesso de sal. A medicina está também reconhecendo rapidamente que tanto a falta de exercícios físicos quanto a personalidade Tipo A contribuem para a doença. E, claro, o fumo é considerado como a causa "mensurável" número um de doença e de morte. Os fumantes apresentam uma média de 1,8 vezes mais doenças do que os não-fumantes. Eles têm um aumento marcante na incidência de câncer no pulmão, na bexiga e no cervix, assim como pneumonia, doenças nas artérias coronárias (ataques do coração), mal de Alzheimer, úlcera péptica, dor nas costas e hérnia de disco, gripe, enfizema e partos prematuros de bebês com pouco peso. Atualmente, já se considera que a poluição química é um grande fator de doenças, principalmente o câncer. Vírus lentos também estão sendo considerados fatores potenciais e suspeita-se da sua presença, apesar de não estar completamente provada, no câncer, na leucemia, no mal de Alzheimer e em muitas outras doenças denominadas auto-imunológicas ou doenças degenerativas do sistema nervoso central, tais como esclerose lateral amiotrópica e esclerose múltipla.

A medicina alopática convencional ou "tradicional" não tem um conceito de saúde e de doença unificado e, em geral, considera a doença como um ataque *externo* sobre o corpo, mais do que uma falência da homeostase (o estado de equilíbrio relativamente estável). Do ponto de vista alopático, e em ordem de importância, as maiores causas de doenças e de morte são:

Fumo
Álcool
Obesidade
Consumo excessivo de gordura, de sal e de açúcar
Exercícios inadequados
Falta de uso de cinto de segurança e/ou não observação dos limites de velocidade

Notem que todos estes são resultado de atitudes e de escolhas pessoais.

Mas persistem indagações preocupantes. Por que nem todos os fumantes sofrem do coração, têm câncer ou enfizema? Por que nem todo o alcoólatra morre de cirrose ou em acidentes? Por que nem todo obeso tem câncer, problemas de coração, diabete ou sofre ataque cardíaco? Por que algumas pessoas morrem de hepatite enquanto outras desenvolvem anticorpos ao vírus sem nunca saber que tiveram a infecção? Por que nem todas as pessoas deprimidas morrem de câncer ou cometem suicídio? Por que alguns indivíduos sobrevivem inacreditavelmente a ferimentos graves sem nenhuma seqüela aparente, enquanto outros morrem ou ficam com vários tipos de seqüelas permanentes decorrentes de ferimentos leves?

Personalidade e doença

Por quê? Por quê? Por quê? Essas perguntas estão dentre as mais sérias e importantes para a ciência hoje. Poucos cientistas as têm investigado. Talvez o melhor trabalho nesse campo seja o da dra. Caroline Thomas, da Johns Hopkins Medical School. Seus estudos prospectivos de estudantes de medicina mostraram grande correlação com a personalidade. Aspectos específicos ou falhas de personalidade predispõem à pressão alta, à tuberculose, ao ataque do coração, ao câncer ou ao suicídio. Esses traços estão presentes na personalidade vinte ou trinta anos *antes* do início da doença. Parece que o nosso "enredo de vida", ou seja, nossas decisões inconscientes durante a vida, produz a longo prazo atitudes precursoras da doença.

Freud e Eric Berne

Os psiquiatras, embora aceitos com relutância pela alopatia, também tentaram responder às questões básicas da causalidade mental.

Freud atraiu muitos seguidores com a sua teoria revolucionária da era vitoriana, segundo a qual a causa da neurose (doenças psicossomáticas) é um complexo de Édipo reprimido – um desejo sexual pelo progenitor do sexo oposto. Seu círculo de seguidores começou a se desfazer quando ele posteriormente afirmou que um dos impulsos humanos mais básicos é o desejo de morrer. Todos reconhecemos que os indivíduos deprimidos podem querer morrer, ou até cometer suicídio, mas um "desejo de morte" em pessoas "normais"?

Eric Berne, grande psiquiatra cujo livro para terapeutas, *Games People Play*, se tornou um *best-seller*, relatou que nós não apenas jogamos como também temos um "enredo de vida". Ele demonstrou que a maioria de nós decide bem cedo na vida tanto a idade em que morreremos quanto a causa de nossa morte. Tempos antes de morrer de um ataque do coração aos 60 anos, ele disse aos seus amigos que, em sua história de vida, a sua morte ocorreria aos 60 de um ataque de coração. A preocupação de Elvis Presley em morrer com a mesma idade com que sua mãe morreu pode ter contribuído para a realização de sua história.

Se nós "escolhemos" a causa da morte, também "escolhemos" a doença? Ou escolhemos pais, personalidade, atitudes e/ou estilos de vida que nos predispõem a uma doença específica? Se é verdade que escolhemos um enredo de vida, podemos também escolher mudá-lo? E até quando podemos reverter o processo?

Medicina preventiva e comportamental

Nenhum debate alopático tratou da questão mais ampla da saúde. Sob um ponto de vista pragmático, a saúde é freqüentemente definida como a ausência de doença. Mas o que *é* a doença? É a presença de um *único* sintoma de disfunção ou de certos *grupos* de sintomas? Há que se incluir anormalidades mensuráveis nas funções químicas, elétricas ou físicas?

A medicina preventiva foi uma primeira tentativa de responder a essas questões. Essa especialidade, reconhecida há mais de quarenta anos, até hoje tem apenas três mil praticantes aproximadamente. As técnicas utilizadas têm como alvo o estudo de fatores tais como fumo, álcool, obesidade, alimentação e exercício físico. O sofrimento espiritual ou a atitude mental básica não foram considerados de maneira significativa sob qualquer aspecto da medicina moderna, alopática. A ciência simplesmente ignora esses dois fatores básicos e cruciais para o entendimento do que é saúde.

As maiores causas de morte na sociedade americana são ataques do coração, colapso cardíaco, câncer e doenças infecciosas. Essas são as causas responsáveis pela grande maioria de mortes e de doenças. Em geral, não há uma teoria unificada na medicina alopática para explicar a razão pela qual um indivíduo desenvolve uma determinada doença em uma determinada sociedade e outro não. Por que em uma fábrica de Orlon, onde a incidência de câncer entre os trabalhadores é muitas vezes maior do que em qualquer outra, alguns indivíduos desenvolvem câncer e outros, igualmente expostos aos mesmos produtos químicos, não?

Na indústria de amianto, não há dúvidas que a medicina científica estabeleceu uma associação entre o fumo e a exposição ao asbesto com o desenvolvimento de câncer do pulmão. O mesmo vale para os mineiros de carvão: os fumantes expostos ao asbesto e ao pó de carvão têm muito mais incidência de doenças pulmonares. Mas, mesmo assim, há alguns fumantes que não desenvolvem enfizema ou câncer. Obviamente, há outros fatores além do fumo, ou do trabalho em fábrica de asbesto que têm um grande impacto no desenvolvimento da doença. Em outras palavras, os fatores físicos são apenas uma das influências na vida da pessoa. Se o fumo fosse a causa do câncer no pulmão, então poderíamos afirmar que todo fumante, sem exceção, irá desenvolver câncer de pulmão. Na realidade, a maioria dos fumantes não desenvolve câncer de pulmão, apesar de haver a possibilidade dezessete vezes maior disso acontecer do que aos não-fumantes, e a maioria daqueles que têm câncer de pulmão ser fumante. O fato é que o fumo não é a única causa desse tipo de câncer. Quais são os fatores desconhecidos que levam um fumante a ter câncer enquanto outros podem chegar aos noventa anos? A medicina alopática não tratou essas questões adequadamente, concluindo que os demais fatores se relacionavam com a vida subjetiva do indivíduo e com a imensurável área das emoções, das atitudes mentais e da angústia espiritual.

Embora a Medicina Preventiva e a Psiquiatria sejam consideradas parte da medicina alopática contemporânea, essas duas especialidades, embora reconhecidas, não são bem compreendidas pela maioria dos médicos, sendo que a psiquiatria é encarada com reservas. Nos últimos 25 anos, surgiu outro campo, a Medicina Comportamental, criado por psicólogos que trabalham com o treinamento de *biofeedback*. O trabalho inicial nessa teoria comportamental foi de Ivan Petrovich Pavlov, cientista russo que demonstrou que os animais e as pessoas são "condicionadas" a responder de uma determinada maneira. Por exemplo, se toda vez que um cão é alimentado ele receber um choque elétrico, ele rapidamente passará a abanar o rabo e a salivar sempre que receber um choque! B. F. Skinner trouxe aos conceitos comportamentais uma imagem fria e impessoal com a sua idéia de criar crianças em cubículos isolados!

No final dos anos 60, o dr. Elmer Green incorporou a técnica de auto-hipnose do treinamento autogênico com respostas visuais ou auditivas de mudanças que estão ocorrendo dentro do corpo a imagens mentais e a palavras. Mais de doze mil estudos científicos foram publicados no campo do autocontrole, relatando o controle pessoal de todas as funções, da pressão arterial ao pulso e à pressão do globo ocular. Apesar disso, a profissão médica tem ignorado o *biofeedback* e a medicina comportamental, que não é uma especialidade reconhecida. E a maior parte das companhias de seguros de saúde se recusa a pagar a terapia comportamental, apesar de esta ser freqüentemente o tratamento mais eficaz. Embora seja parte da pesquisa científica "contemporânea", todas essas tentativas bem-intencionadas dos cientistas tradicionais foram ignoradas. E nenhuma delas tocou na questão do espírito. Essa falta de integração do espírito com todos os outros aspectos da saúde e da doença, ao lado de uma necessidade de haver uma teoria unificadora, levaram ao desenvolvimento da Medicina Holística.

A visão holística

Sob uma perspectiva holística, a doença é considerada, de maneira geral, o resultado integrado de toda a tensão cósmica, ambiental, química, elétrica, mental, física, emocional, atitudinal e espiritual. Assim sendo, não há uma "causa" única. Da mesma forma, qualquer causa pode produzir ou não uma doença, dependendo do ponto mais fraco na constituição do indivíduo.

A constituição, ou *resistência* à doença, é o resultado de genes (hereditariedade), hábitos maternos, alimentação e estabilidade emocional, combinados com todo o condicionamento ambiental e exposição após o nascimento. Assim, toda a doença é resultado de *toda* a tensão com vários graus de importância. Na teoria, qualquer indivíduo poderia desenvolver qualquer doença sob devida (ou indevida!) tensão total. Cada doença poderia envolver, potencialmente, todas as possíveis causas, listadas anteriormente, e muitas outras.

Na medicina alopática, as tensões espirituais, emocionais e atitudinais são as mais freqüentemente ignoradas. A raiz da tensão espiritual está no medo de perder a vida, a saúde, o dinheiro, o amor ou os valores morais. Esse medo leva à raiva, à culpa, à depressão e à frustração ou à ansiedade. Há outro modo de definir a tensão espiritual: a falta de união consciente com toda a criação. Deficiências espirituais que levam à doença são a falta de perdão, de tolerância, de serenidade, de amor, de razão, de sabedoria, de vontade, de fé, de esperança, de caridade, de alegria, de motivação, de confiança e de compaixão. Teoricamente, a *perfeita* prática e expressão dessas atitudes resultaria em saúde perfeita. Enquanto muitos indivíduos consideram um corpo perfeito essencial para a saúde, o fato é que essa definição não considera o significado de uma atitude saudável. As pessoas deveriam escolher hábitos saudáveis e tratar o corpo como o Templo Sagrado da Alma. O fumo e muitos hábitos não saudáveis representam falhas, no mínimo, de amor, de sabedoria, de razão e de vontade. A saúde começa, do ponto de vista holístico, com uma determinação consciente para se desenvolver favoravelmente, expressando estes objetivos espirituais.

Críticas válidas à medicina holística

Sem dúvida, os conceitos da medicina holística são válidos e irão formar a base da medicina do século XXI. Algumas críticas feitas pelos médicos tradicionais são igualmente válidas e justificam uma breve análise.

Há duas áreas principais que geram críticas: a falta de treinamento e a falta de pesquisa adequada. Pessoas leigas freqüentemente aceitam entusiasticamente indivíduos que se auto-intitulam "curadores" ou "médicos" holísticos. Essas pessoas não têm o tipo de treinamento acadêmico que dê credibilidade ao seu trabalho. Caroline mencionou isso anteriormente, mas acho necessário citar mais algumas preocupações.

Não só o testemunho é irregular e informal, como também muitas das técnicas foram supervalorizadas em termos de contribuição para a cura física.

Primeiramente, holismo é um conceito filosófico, não uma técnica. Considerar uma massagem ou qualquer outra técnica *holística* é errado! Ouvimos falar pela primeira vez em massagem holística na Califórnia, o que, para mim, significa um local de massagens onde se massageia a pessoa toda.

Da mesma forma, cinesiologia e muitas terapias com ervas não podem ser consideradas terapias holísticas. Elas são terapias alternativas disponíveis dentro do modelo holístico.

Muitas das terapias oferecidas por terapeutas não credenciados ou informalmente credenciados não têm validade, clinicamente falando. Freqüentemente essas técnicas são baseadas na intuição, sem uma avaliação da sua real influência física ou psicológica sobre a saúde. A intuição é muito útil, mas não deve ser aceita sem uma análise crítica. Embora possamos reconhecer que a cura das emoções e do espírito é essencial para a cura da doença física, com muita freqüência os entusiastas proclamam que suas técnicas podem curar porque seus pacientes relatam que estão se sentindo melhor.

É claro que há pessoas talentosas, tais como Olga e Ambrose Worrall que não são "credenciadas" formalmente, mas que são respeitadas pela integridade e pelos resultados de seu trabalho. Isso pode parecer contrariar nossas afirmações anteriores, mas os Worralls permitiram que os cientistas testassem suas habilidades.

Os médicos holísticos freqüentemente usam técnicas aceitas há séculos em algumas culturas – tais como acupuntura e homeopatia. E mais importante ainda, esses médicos têm como filosofia considerar que o paciente também tem responsabilidade na escolha da terapia e do processo de cura. Os pacientes são encorajados a se responsabilizar pelo seu estilo de vida, pelos seus hábitos e pelo seu bem-estar. Em resumo, eles valorizam o espírito humano acima de todas as técnicas. Qualquer médico que negue ao paciente o direito de escolha ou que force uma terapia não é, por definição, holístico.

O "mundo" holístico inclui técnicas pouco comuns, tais como cura com pirâmides, com cristais, ou através de cores e de som, para mencionar algumas delas. Precisamos enfatizar que as pessoas é que dão poder a essas técnicas. Cristais por si mesmo não têm o poder de curar. De fato, do ponto de vista científico, objetos ou recursos como esses são absurdos como ferramentas de cura. A medicina tradicional, entretanto, poderia muito bem se beneficiar reconhecendo o poder da mente e do espírito canalizados positivamente através do uso de instrumentos simbólicos. Quase todo objeto pode ser usado como um mantra para concentrar a fé, a esperança, a crença e a atenção do paciente. Como dizia o dr. Albert Schweitzer: "É mais importante para o médico conhecer o paciente que tem a doença do que conhecer a doença que o paciente tem."

Os praticantes da medicina tradicional e da holística têm muito o que aprender um com o outro. A visão de mundo holística não é uma moda passageira; ela marca um ponto crítico na evolução de nossa compreensão. Finalmente precisamos reconhecer a importância de fortalecer o espírito humano.

De fato, esse conceito unificado é muito mais científico, embora não tenhamos ainda todos os fatos para confirmar as inter-relações. A apresentação da influência intuitiva leva à aceitação do fato de haver uma capacidade para perceber a influência eletromagnética da consciência. Essa "energia" tem que ser considerada paralelamente aos dados dos planos físico e químico. Relatamos anteriormente o reconhecimento da intuição por Irvin Page, um grande médico alopata.

A medicina alopática tem muito a ganhar com a expansão de sua definição e de sua compreensão da doença, para incluir as condições de vida da pessoa em seu diagnóstico. Na realidade, muitas influências psicológicas costumam ser ignoradas, e ainda classificadas como um outro fenômeno, no modo de pensar e de ensinar alopático. Ou seja, tem que ser *ou* psicológico *ou* químico/físico. Os fatos apresentados no próximo capítulo servem como um relato inicial de dados físicos, mensuráveis, que indicam a necessidade de se considerar mais seriamente a diagnose intuitiva, mais ampla. Uma realidade estatística não é menos real por não sabermos as origens da informação.

Realmente, *uma vez que a ciência reconheça a natureza importantíssima da intuição como base para a invenção e para a descoberta*, tornar-se-á possível incluir, na escola de medicina cursos de desenvolvimento de habilidades intuitivas. Médicos se beneficiarão com a expansão de suas habilidades pessoais e a qualidade da prática médica dará um grande passo à frente.

Embora a intuição tenha sido enfatizada neste capítulo, uma visão holística verdadeira, conforme citações de Edgar Cayce, requer uma atitude mais ampla e abrangente. Ao nos encaminharmos para um paradigma médico para o século XXI, médicos e outros profissionais de saúde irão trabalhar em equipe. Os dias do médico solo estão contados, assim como a fé cega e o temor exagerado concedidos a eles. Ninguém pode aprender e integrar todos os fatos. Uma mínima equipe consistirá de um médico alopata ou homeopata, de uma enfermeira, de um fisioterapeuta e de um psicoterapeuta, trabalhando com o paciente para se chegar a um consenso. Os pacientes serão parte da equipe de cura.

A manipulação da coluna vertebral (pelo médico ou por um fisioterapeuta qualificado) será uma parte integral da evolução e do tratamento, assim como a massagem. A acupuntura e várias formas de terapia eletromagnética serão acopladas ao uso da música e do som para ajudar no equilíbrio do sistema de energia eletromagnética. Uma alimentação balanceada e um estilo de vida saudável serão ensinados e praticados por todos os membros da equipe. Técnicas de relaxamento serão componentes essenciais, assim como um programa abrangente de exercícios, incluindo exercícios aeróbicos e *hatha ioga*. Os conceitos de naturopatia se tornarão uma parte padrão da medicina. A educação de saúde holística começará no jardim-de-infância e continuará por toda a vida, enfatizando o exercício físico, a boa alimentação e atitudes saudáveis. Os pais irão freqüentar cursos preparatórios especiais e trilharão o caminho sagrado da paternidade com reverência e uma combinação de estilo de vida saudável e consciência de atitudes. A realidade pragmática irá forçar os pacientes a confrontarem suas atitudes obstinadas e doentias. A sociedade simplesmente não pode desculpar e apoiar comportamentos insalubres. O fumo irá desaparecer. A alimentação saudável irá se tornar mais importante do que a comida rápida (sanduíches, *fast food*). O exercício físico se tornará mais importante do que assistir TV.

Os benefícios da energia sutil da homeopatia serão descobertos principalmente em indivíduos que optaram por um estilo de vida saudável. E penso que a pesquisa empírica irá finalmente revelar o poder que os cristais têm de *ampliar* a consciência e equilibrar a energia sutil.

Todos os membros da equipe trabalharão para maximizar sua própria intuição e usar esse poder para orientá-los com relação ao paciente em um consenso sobre o plano de cura a ser seguido. Os talentos de um ou de mais intuitivos qualificados serão requisitados quando necessário. Serão desenvolvidas técnicas para atestar a competência intuitiva.

A cura espiritual será a base para os enfoques relativos ao nível físico, químico e comportamental. O toque terapêutico e outras formas de "toque de mãos" serão tão aceitos quanto a aspirina. Mais importante ainda, a equipe e o paciente estarão trabalhando a sua transformação espiritual individual e coletiva, aceitando de maneira sábia e responsável seu poder de escolher atitudes saudáveis, sabendo que uma perfeita expressão de amor é o melhor remédio. Medicamentos e cirurgias permanecerão como auxiliares, a serem usados em situações agudas, para sobrepujar dificuldades, até que o paciente possa se fortalecer para entrar conscientemente no caminho de sua própria transformação espiritual e expressar a luz da Alma em sua totalidade.

3

O SURGIMENTO DA MEDICINA INTUITIVA

NORMAN SHEALY

Ninguém pode alegar infalibilidade; e médicos, mesmo com os mais elaborados e dispendiosos testes para diagnóstico, não são 100% exatos. Parte do dilema no diagnóstico refere-se à questão básica: o que está errado? Há inúmeros sistemas orgânicos e o número de sintomas de disfunções são limitados a apenas aproximadamente 160. Um sintoma é uma sensação de que algo está errado.

Sintomatologia

Médicos que entendem a sintomatologia podem chegar a um diagnóstico 80% exato quando revisam todos os sintomas existentes, mais a história do paciente e de sua família. Embora existam menos de duzentos sintomas há milhares de doenças classificadas na ciência ocidental. Um livro de 1950, *Textbook of Bacteriology*, listou mais de cem agentes infecciosos mais recentes, tais como a AIDS e a Doença de Legionários.*

Há pelo menos o mesmo número de parasitas que podem criar doenças específicas. Acrescentem a isso centenas de remédios que provocam intoxicações e milhares de produtos químicos que podem envenenar o organismo. Isso combinado com causas externas, tais como poluição ou outros tóxicos ambientais. Ainda há acidentes e enfermidades de origens internas, como má digestão, subnutrição, deficiência vitamínica, super ou subexcreção, hiper ou hipometabolismo, anormalidades congênitas, desgaste natural da idade e desajustes psicológicos. Começa-se a ter uma visão da complexidade do problema do diagnóstico. Seria um milagre um diagnóstico exato! Tenham em mente

* Séria doença infecciosa dos pulmões, que ataca principalmente grupos de pessoas reunidas em locais tais como hospitais ou hotéis. Apareceu pela primeira vez em pessoas presentes em uma reunião da Legião Americana, em 1976. (N.T.)

que existem apenas 160 sintomas para alertar o paciente e o médico de que algo está errado. Em média, um paciente apresenta 49 sintomas. Obviamente o mesmo sintoma ocorre em muitas doenças diferentes.

Uma simples dor de cabeça

Consideremos a dor de cabeça por um momento. Esse sintoma tão comum pode ser o resultado de pressão ocular; de meningite (muitos agentes infecciosos diferentes); de hemorragia (decorrente de inúmeras causas); de intoxicação (de centenas de causas); de aumento na pressão intracraniana (decorrente de muitos tipos de tumor ou de uma superdosagem de vitamina A; de um ferimento com sangramento na cabeça; de um coágulo de sangue; de falha na absorção de fluido; de excesso de produção de fluido); ou de tensão muscular – entre outros! Apenas conhecer os sintomas não é base suficiente para uma diagnose. Há milhares de testes laboratoriais usados pelos médicos para ajuda na diagnose, muitos dos quais envolvem a análise de sangue ou de urina e incluem uma ampla variedade de radiografias, de medições especiais, de um exame físico minucioso e de vários testes psicológicos.

Compreendendo essa extraordinária amplitude da doença e essa variedade de instrumentos para diagnóstico, surpreendi-me ainda mais com a exatidão de Caroline e de alguns outros intuitivos talentosos. É claro que a maioria dos médicos está ciente de que, no final das contas, é a sua própria intuição que permite "adivinhar" os testes que deve solicitar para chegar a um "suposto" diagnóstico. À medida que a medicina tradicional se torna mais aberta para reconhecer os efeitos das pressões ambientais, emocionais e espirituais sobre a nossa saúde, a sociedade começa a compreender o potencial oferecido por uma visão médica e intuitiva combinadas.

Gênio criativo e intuição

A criatividade inclui o amplo campo da arte, da música, da matemática, da ciência e das invenções. Esses campos são o resultado da inspiração, da intuição, da premonição, da compreensão, da iluminação ou dos dons vindos de Deus ou da Alma. Virtualmente, toda descoberta científica, toda obra-prima musical, todo grande romance é "criado" em um breve momento – freqüentemente após dias ou anos improdutivos de estudo lógico ou raciocínio dedutivo.

As dádivas de Brahms, de Newton, de Gauss, de Einstein, de Tesla, de Goethe, de Shelley, de Keats, de Bohr (estrutura do átomo), de Thackeray, de Wordsworth, de Kipling, de Longfellow, de Schubert, de Mozart, de Wagner, de Elias Howe (máquina de costura), de Robert Louis Stevenson, de Otto Loewi (a dualidade dos aspectos elétricos e químicos da transmissão nervosa), de Tchaikovsky, de Strauss, de Puccini, de Mendeleyev (tabela periódica), de Tartini (o arco de violino moderno), de Beethoven e de Kekule (o anel benzênico), para a sociedade foram todos presentes do "inconsciente", do "superconsciente", do "onisciente" espectro intuitivo da mente. O inventor dos freios e das máquinas hidráulicas, possuidor de 88 patentes, fez suas descobertas dessa mesma maneira. Os fundadores dos Estados Unidos eram visionários intuitivos, assim como os fundadores de todas as religiões da História. São abundantes as histórias pessoais de genialidade ou inspiração súbita.

A intuição é tão *natural*, tão onipresente, que é aceita sem questionamentos quando vem na forma de uma sinfonia ou de uma grande pintura; entretanto, quando o resultado é uma grande invenção ou teoria científica, é aceita de má vontade pelos não-intuitivos. A lista de exemplos de criatividade intuitiva é apenas a "ponta do *iceberg*". Pouca coisa de valor resultou exclusivamente do simples raciocínio dedutivo. Muito trabalho e lógica são necessários para verificar grandes descobertas, para rematar e aperfeiçoar obras-primas musicais ou literárias. A inspiração que deu origem à iluminação, freqüentemente uma sinfonia ou uma invenção inteira sendo apresentada ao "autor" em um breve lampejo, é geralmente recebida em um sonho, em um estado de devaneio ou em um clarão repentino enquanto a mente consciente está ocupada com alguma atividade mais mundana.

Quase toda a descrição de gênio criativo inclui exemplos de erros e de correções feitas durante a última verificação da imagem, das palavras, dos números ou das notas musicais recebidas intuitivamente. Assim não é de se surpreender que indivíduos com a intuição criativa "pura" não sejam perfeitamente exatos. Até mesmo Einstein não acertou *sempre!* Poucos artistas podem criar constantemente. O que se espera com relação à exatidão da intuição é que ela siga uma típica curva em "U" invertido. Gênios são gênios em uma área; Brahms não era um gênio no amplo campo da física, apesar de a música envolver princípios de física. Pode-se portanto esperar que a intuição siga o mesmo princípio. Ocasionalmente, algumas pessoas têm consciência de que receberam uma "iluminação"; outros são inundados por uma corrente de consciência, assim como Thomas Wolfe em seu livro *Look Homeward, Angel*. E ainda outros podem sintonizar e intuir o diagnóstico médico de um caso complicado. Os médicos que fazem um diagnóstico físico com excepcional exatidão se encontram em uma ponta do "U" invertido, e os que falham nesse diagnóstico estão na ponta oposta.

Ao longo de toda a História há exemplos de gênios incultos, grandes matemáticos que "conheciam intuitivamente" a matemática mais complexa e que descobriram novos princípios, e grandes compositores que não conheciam a teoria musical. Edgar Cayce é talvez o mais conhecido deles. Olga Worrall, cujo trabalho inicial foi a cura espiritual, foi uma excelente diagnosticadora. Ela freqüentemente "intuía" que uma pessoa em um aposento distante era um fumante e então nomeava o seu problema específico. Henry Rucker foi quem primeiro confirmou minha crença na diagnose intuitiva. Henry e Robert Leichtman, M.D., residente e um ótimo diagnosticador intuitivo, me provaram que esses talentos poderiam ter um alto índice de precisão e de praticidade. E, é claro, John Elliotson, M.D. e James Esdaile, M.D. relataram há cerca de 150 anos que alguns indivíduos hipnotizados se "tornavam" diagnosticadores intuitivos.

Caroline Myss, teóloga, escritora e editora, "por acaso" se encontra na ponta de maior exatidão da curva da diagnose intuitiva. Apesar de não ter formação médica, ela é muito mais precisa intuitivamente do que eu. Seu dom está *geralmente* disponível a qualquer hora. Ocasionalmente ele falha; seu dom se exaure muito facilmente. Assim como Edgar Cayce só fazia justiça a um número limitado de "interpretações", Caroline, durante uma única sessão, começa a cometer erros após oito ou dez pacientes. Algumas vezes, o problema precisa ser incubado durante uma noite, para que seus maiores recursos sejam acessados mais vagarosa e deliberadamente. Assim como um grande músico ou escritor *nem sempre* pode compor em determinado momento, um grande intuitivo é primeiramente e antes de tudo um ser humano e não uma máquina. Dentro dessa estrutura, a diagnose intuitiva é apresentada como uma manifestação do gênio criativo.

A história da diagnose intuitiva

O uso da diagnose intuitiva é, provavelmente, tão antigo quanto a medicina, certamente desde a época de Hipócrates. Muitos médicos famosos ao longo da história do mundo parecem ter se dedicado àquilo que chamaríamos de parapsicologia, e muitos deles foram, provavelmente, intuitivos excepcionais. Paracelso é um exemplo disso; Franz Anton Mesmer, que duzentos anos atrás estabeleceu as bases da psiquiatria e da psicologia, é outro. Entretanto, segundo o que sei, o primeiro estudo formal da diagnose intuitiva foi feito há cerca de 150 anos, quando um médico inglês, John Elliotson, começou a trabalhar com mesmerismo.

O dr. Elliotson introduziu na Inglaterra o estetoscópio, o uso de narcóticos e uma variedade de outras técnicas médicas. Ele era o chefe dos residentes em Londres e professor de medicina na University Hospital, University College, em Londres. Mas, repentinamente, ele se desinteressou pelo que estava acontecendo na medicina e se dedicou ao mesmerismo. Embora a maior parte dos hipnotizadores acreditassem que isso se tratava apenas de "hipnose", a técnica do mesmerismo era bastante diferente. Introduzido por Franz Anton Mesmer, o mesmerismo requer que o terapeuta faça "passes" silenciosos com as mãos sobre o corpo do paciente de quinze minutos até três horas. Os pacientes podem, com toda segurança, entrar em estado de transe e serem anestesiados dessa maneira. Elliotson então descobriu que pacientes que eram mesmerizados podiam diagnosticar casos médicos difíceis. Ele acompanhava um de seus pacientes mesmerizados pelo hospital e conseguia que ele diagnosticasse em pacientes doenças que tinham confundido o grupo médico. Elliotson chegou a fazer demonstrações públicas com Charles Dickens e William Thackeray. (Mais tarde, Thackeray dedicou um de seus livros a Elliotson, que é chamado de dr. Goodenough.)

Como qualquer um que conheça a história da medicina pode imaginar, as idéias inovadoras de Elliotson não foram bem aceitas por seus colegas conservadores. Estes chegaram a afirmar que, se ele quisesse continuar a praticar a medicina, ele deveria desistir desse absurdo chamado mesmerismo. Sua reação foi: "Senhores, eu me demito." Elliotson passou a atender em seu consultório particular e continuou a praticar o mesmerismo, demonstrando, entre outras coisas, que pacientes mesmerizados poderiam se submeter a uma operação, sem aparentemente sofrer nenhuma dor. Devido a essa "luta" com a medicina tradicional, Elliotson é hoje pouco conhecido e, desde então, nenhum estudo científico sério sobre a diagnose intuitiva foi realizado. Em 1850, Esdaile, outro médico inglês que praticou o mesmerismo, publicou um livro sobre intuição mesmeriana induzida. Seu trabalho também foi ignorado.

A ciência moderna estuda a diagnose intuitiva

Como já mencionei anteriormente, graças ao dr. Paul Dudley White, que me pediu para discursar em uma reunião da Academy of Parapsychology and Medicine de Stanford em 1972, entrei em contato com pessoas que mais tarde me levaram a conhecer o meu primeiro sensitivo, o reverendo Henry Rucker, de Chicago. Fiquei tão intrigado com a análise que Henry fez de minha pessoa, sem nunca ter me encontrado antes, que o convidei juntamente com seus colegas para vir a La Crosse, Wisconsin, a fim de que eu pudesse comprovar até que ponto eles seriam bons em diagnose intuitiva. Henry e outros sete sensitivos provaram ser incrivelmente precisos. Cada um deles teve a oportunidade de ver o paciente, sem que lhes fosse permitido fazer perguntas ou conversar sobre o caso com ninguém. Cada um escrevia seu diagnóstico em um pedaço de papel que me era apresentado. Em onze dos dezessete pacientes, houve concordância do diagnóstico de todos os oito sensitivos, e em todos os dezessete pacientes, pelo menos dois sensitivos chegaram ao diagnóstico médico correto. No caso de três pacientes que estavam paralisados, ele apontaram a causa da paralisia corretamente.

Esses resultados me levaram a procurar patrocínio de pesquisa para estudar a diagnose intuitiva. Obtive 50 mil dólares de uma das companhias da Fortune 500, que preferiu permanecer anônima.

Os resultados dessa pesquisa mostram que a diagnose intuitiva não só é possível como também pode ser altamente bem-sucedida. A verdadeira questão é onde ela se enquadra no sistema de cura e da medicina de hoje.

Embora nós médicos sejamos, de maneira geral, 80% precisos em nossas tentativas de um diagnóstico inicial, não conseguimos determinar as diagnoses *exatas* para uma variedade de doenças. Mais ainda, muitos dos testes para diagnósticos representam um risco considerável para o paciente. Em casos como esses, parece óbvio que a opinião de dois ou três intuitivos talentosos poderia nos ajudar a evitar testes arriscados, colaborando também para dar ao médico e ao paciente a certeza de que se fez o possível para se chegar a um diagnóstico adequado.

Mencionamos anteriormente o trabalho com diagnose intuitiva feito por Elliotson e Esdaile no século XIX. O mais famoso diagnosticador intuitivo de todos os tempos viveu nesse século. Pode-se dizer que o trabalho de Edgar Cayce estabeleceu as bases para todos os diagnosticadores intuitivos que apareceram posteriormente.

Edgar Cayce

Edgar Cayce afirmou na *The Edgar Cayce Encyclopedia of Healing*, de Reba e Karp, que entre as causas das doenças estavam pouca assimilação, pouca eliminação, alimentação inadequada, equilíbrio ácido-alcalino inadequado, subluxação espinal e outras anomalias espinais, desequilíbrio-descoordenação do sistema nervoso, desequilíbrio-descoordenação do sistema circulatório, disfunção glandular, tensão, sobrecarga, sobreesforço, carma, atitude e infecção. Naturalmente, muitas dessas doenças não eram consideradas, a princípio, psicológicas, psicossomáticas ou resultado de atitudes.

Cayce considerava cada "entidade" individual como um ser constituído de corpo, de mente e de espírito ou alma. Em muitos debates metafísicos, ele usou os termos espírito e alma alternadamente, e com freqüência chamava o corpo de "templo do Deus vivo". Segundo ele, o corpo e a mente vêm a existir com o propósito de manifestar a alma no campo da matéria. De acordo com os conceitos de Cayce, até que a entidade inteira "atinja uma completa sintonia com Deus, o princípio do carma comanda". Cayce acreditava firmemente na afirmação bíblica de que "aquilo que o homem planta, ele colhe".

Edgar Cayce fez muitas conferências sobre os efeitos de atitudes e de emoções e afirmou, por exemplo, que a raiva provoca dor de cabeça e indigestão; a depressão resulta em cansaço; turbulência emocional provoca doenças asmáticas, e assim por diante. Ele dizia "não há ninguém que odeie seu vizinho e não tenha problemas estomacais ou de fígado" e "não há ninguém que não seja ciumento e que tenha raiva e não tenha má digestão ou problema cardíaco". Ele enfatizou que a raiva, o ressentimento, o ódio, a autocondenação, a animosidade, e problemas de atitudes relacionados liberam venenos do sistema glandular, retiram a energia do corpo, bloqueiam a eliminação e geralmente predispõem a pessoa à doença. Com freqüência, descrevendo as emoções como "a eletrônica", que age como a comunicação vibratória entre o corpo e a alma, Cayce afirmava que "qualquer doença envolve todos os três aspectos de uma entidade em um encontro do eu".

De acordo com Cayce, até mesmo um resfriado precisa de uma mudança mental e emocional e de um aprendizado espiritual; um resfriado poderia nascer de uma raiva ou do ato de "xingar alguém". Ele enfatizava muito a inter-relação de vários fatores de tensão na criação da doença. Por exemplo, no resfriado comum, ele mencionou que uma dieta pobre combinada com um sobreesforço leva à fadiga; que atitudes negativas e emoções esgotam a energia; que o equilíbrio ácido-alcalino é afetado; e que o corpo se torna superácido resultando num resfriado. Da mesma maneira, complicações mais sérias, tal como pneumonia, poderiam resultar se o enfraquecimento geral for ainda pior.

Dr. Robert Leichtman

O dr. Robert Leichtman, médico residente já mencionado anteriormente, e o único diagnosticador intuitivo que conheço tão preciso quanto Caroline, enfatizou que "para se entender a natureza da saúde, devemos começar com uma compreensão da natureza da consciência, e não sabendo simplesmente o que o corpo físico sente. É na consciência, não na sensação, que a saúde tem início". Ele acredita que a personalidade humana é composta do corpo, da mente e das emoções, mas que mesmo esses três componentes não são "a origem da nossa vida e da nossa vitalidade". Ele enfatiza que a consciência por trás do corpo, da mente e das emoções é um "centro de essência de vida que criou os três veículos da personalidade, dá vida a eles e mantém a saúde de acordo com seus próprios ideais, planos e propósitos. Esse centro da vida pode ser chamado de alma, de ser interior, de eu superior, de superconsciente ou de espírito humano". Leichtman vê a alma como "consciência pura" e sente que a alma "não pode ser saudável – ela é a origem da saúde" e contém "todos os padrões ideais de saúde para a mente, para as emoções e para o corpo". O propósito do corpo, de acordo com Leichtman, é expressar a luz da alma.

A má saúde é uma condição na qual a alma está bloqueada pela personalidade – corpo, mente e emoções. Pessoas que são demasiadamente satisfeitas e complacentes, que não têm motivação para ir além do superficial, que não reconhecem e nem permitem que a alma participe de sua vida, e que não contribuem construtivamente para a vida se tornam doentes. O corpo físico que é capaz de trabalhar para ajudar os outros, e "testemunhar a realidade da alma" deve ser considerado saudável mesmo se existem pequenos ou sérios defeitos. Leichtman afirma que "se o indivíduo é capaz de transcender esses defeitos e ir em frente, o corpo é saudável". Um indivíduo que é "preguiçoso, improdutivo e letárgico não é fisicamente saudável".

Com relação às emoções, o propósito de saúde da alma é "fornecer um veículo para expressar ideais benevolentes e compassivos para qualidades de vida... A medida da saúde emocional, portanto, é a capacidade de agir com boa vontade". Em seu livro *The Way to Health*, Leichtman afirma que

> na medida em que as emoções estão basicamente livres de egoísmo, da nocividade e do descontentamento, e costumam inspirar, ajudar, tratar bem os outros, elas podem ser consideradas saudáveis... O propósito da mente é ser um canal através do qual a alma pode condensar sua sabedoria e intenção, iluminando assim a vida da personalidade. A medida da saúde da mente, conseqüentemente, é a clareza de pensamento. Quando há confusão, incompreensão da orientação da alma, imaturidade de pensamento ou distorção de ideais, a saúde da mente é fraca.

Uma mente disciplinada, "aberta à inspiração da alma, estável e consciente de suas conexões e propósitos, é basicamente saudável".

Enfim, é o compromisso com a pureza e com a moral pessoal que cria a saúde. Indivíduos saudáveis têm "um forte senso de integridade, de ética e de moral, e colocam esses valores acima de desejos e de vontades pessoais. A medida da saúde espiritual é, então, a integridade".

Dr. Edward Bach

Edward Bach, um médico inglês que viveu no início deste século, e era um metafísico excepcional, afirmou, em seu maravilhoso livreto "Cura-te a ti mesmo",* que "as doenças principais e verdadeiras do homem são falhas como o orgulho, a crueldade, o ódio, o egoísmo, a ignorância, a instabilidade e a cobiça; e cada um desses, se considerados, serão declarados adversos à Unidade". Para ele essas falhas eram as verdadeiras doenças. Ele considerava o orgulho como "uma falta de reconhecimento da pequenez da personalidade e de sua profunda dependência da Alma". E também considerava, por exemplo, a crueldade "uma negação da unidade dos outros e uma

* Publicado pela Editora Pensamento, São Paulo, *in Os Remédios Florais do Dr. Bach.*

falha em compreender que qualquer ação contra o outro é uma ação contra o todo". A seguir pensamentos de Bach sobre algumas dessas doenças principais:

> O ódio é o oposto do amor, o reverso da lei da criação.
>
> O egoísmo é uma negação da unidade e do dever que temos para com o nosso irmão ao colocar nossos próprios interesses antes do bem da humanidade e do zelo e da proteção com relação aos mais próximos.
>
> A ignorância é falha no aprender, a recusa em ver a verdade quando se tem a oportunidade.
>
> A instabilidade, a indecisão e a vontade fraca são o resultado da recusa da personalidade em ser orientada pelo Eu Superior, e, pela nossa fraqueza, nos levam a trair os outros.
>
> A cobiça conduz ao desejo de poder. É a negação da liberdade e da individualidade de cada alma.

Bach percebeu que cada doença era "o resultado do defeito primeiro: o orgulho levando à rigidez e ao endurecimento do corpo; a dor sendo o resultado da crueldade com os outros; o ódio levando à solidão, ao temperamento violento e descontrolado; problemas nervosos e histeria". O amor narcisista, excessivo, leva a "neuroses, à neurastenia e a problemas similares" e a ignorância leva "à miopia, à diminuição da visão e da audição". A instabilidade da mente leva à instabilidade do corpo, criando disfunções nos movimentos e na coordenação. Finalmente, a cobiça leva o indivíduo a se tornar "escravo do seu próprio corpo".

Segundo Bach, a localização do problema no corpo não era acidental. Doenças do coração ocorrem quando há uma falta de amor pela humanidade; problemas na mão denotam falhas ou injustiças no agir; disfunções cerebrais indicam falta de controle da personalidade, etc. Ele concluiu que "não há nada de acidental no que se refere a doenças... A doença em geral é devida a algum erro básico em nossa constituição". Para Bach, erros de constituição significam falhas de atitude.

Torkom Saraydarian

Torkom Saraydarian, em *Irritation, The Destructive Fire*, afirma que "há muitas causas de doença, mas há uma causa que não é suficientemente enfatizada, explicada e comentada – essa causa é a irritação". Ele enumera algumas das causas da irritação, entre elas o ódio; a tensão do temperamento; a sensação de estar sendo explorado, enganado ou maltratado; pensamentos de vingança; o ato de reclamar; o egoísmo; a auto-suficiência; a presunção; o criticismo; a fofoca; as brigas; a ingratidão; a exigência; a coerção; a intolerância; o complexo de inferioridade; a impaciência e a pressa; a distorção consciente dos fatos; o ato de espalhar boatos; a agitação ao observar comportamento criminoso, desastres ou crimes; a atividade sexual excessiva; as drogas alucinógenas; *rock* pesado, etc.

Tudo isso, de acordo com Saraydarian, cria um veneno que ele denomina "perigo... que penetra vagarosamente em nosso sistema nervoso à medida que queimamos nossos corpos etérico e astral com a irritação; ele corta as ligações elétricas que fluem pelo nosso sistema nervoso". Isso conduz à doença em nosso corpo. Ele sente que a irritação "não ataca aqueles cuja consciência está centrada no seu coração e na sua cabeça "porque a compreensão amorosa pode eliminá-la. A irritação cria "um bloqueio na rede elétrica do mecanismo nervoso; disfunções de glândulas e nos núcleos dos corpos mental, astral, etérico e físico; crescimento excessivo de células com o objetivo de conseguir energia; desnutrição das células e degeneração do corpo".

No plano mental, a irritação cria "insanidade, negatividade, impulsos criminosos, depressão, tendências suicidas e separatismo". Saraydarian acredita que a irritação bloqueia a capacidade da alma de irradiar "beleza, amor e luz". Há muitas maneiras de nos protegermos desse veneno da irritação, incluindo rosas, frésias, óleo ou chá de absinto, cevada, almíscar, alegria, amor, apreciação, reconhecimento da divindade nos outros, auto-sacrifício, abnegação, inocência, energia psíquica, conversas sobre a Divindade, orações, trabalho árduo, mudanças periódicas de residência, contentamento, felicidade, boa alimentação, sono adequado e total descanso, método, paciência, humildade, dormir sob as estrelas, vida espiritual, "expressando as virtudes da alma, das idéias divinas e a beleza em nossa vida diária, compaixão, eliminação da negatividade, da hostilidade e de atitudes e comportamento destrutivos".

Pesquisa em primeira mão com a diagnose intuitiva:

Caroline Myss

Em abril de 1985, eu conheci Caroline Myss. Fiquei muito impressionado com sua maneira bem-educada e inteligente e pedi para que ela me ajudasse em problemas clínicos. Desde então, e antes do início do trabalho neste livro, eu tenho passado muitas horas conversando com Caroline pessoalmente e por telefone. Ela já trabalhou com centenas de pacientes para mim. Sua precisão e discernimento têm sido surpreendentes. Olhando para trás, e percebendo que nós não tínhamos feito uma avaliação ou um relatório adequados sobre esse trabalho intuitivo no início dos anos 70, perguntei a Caroline se ela estaria interessada em escrever um livro comigo no qual demonstraríamos primeiramente sua precisão nos diagnósticos, apresentaríamos suas interpretações da causa básica dessas doenças específicas e, em seguida, analisaríamos as causas básicas de uma variada gama de doenças. O resultado é este livro.

Pesquisa feita com Caroline Myss

Quando comecei o projeto de pesquisa com Caroline, não recorri a um questionário formal como o usado no projeto anteriormente mencionado. Estava mais interessado em ver apenas o que ela podia fazer sob um ponto de vista objetivo e clínico. Na maioria dos casos, o paciente estava em meu consultório no momento em que eu falava com Caroline pelo telefone. Inicialmente eu apenas dizia o nome do paciente e a data do seu nascimento, e Caroline então começava a me relatar suas impressões. Muitas delas diziam respeito aos conflitos de personalidade do paciente. À medida que nossa parceria se desenvolvia, comecei a solicitar que ela fosse o mais específica possível em relação às anomalias físicas e, mais tarde, ela começou a "entrar" intuitivamente no corpo do paciente e falar como se fosse o próprio paciente. Encorajei-a a penetrar no corpo do paciente de maneira sistemática, examinando a saúde de cada sistema orgânico. Ela foi incrivelmente precisa.

Até que ponto Caroline é precisa como diagnosticadora intuitiva? Nesta seção, apresentaremos dados indicando que seu índice de precisão é de 93%. Qualquer que seja sua expectativa, 93% é um resultado fantástico. A fim de proteger a privacidade dos pacientes, não apresentamos seus nomes reais, datas de nascimento ou outros dados que poderiam identificá-los.

Apenas o nome e a data de nascimento eram informados à Caroline. Para facilitar, apresentaremos um quadro simplificado indicando o número do paciente, a diagnose de Caroline e a minha diagnose.

N.º DO PACIENTE	DIAGNÓSTICO DE CAROLINE	DIAGNÓSTICO MÉDICO DE C. N. SHEALY
1.	Esquizofrenia; perturbado sexualmente	Esquizofrênico; *muito* perturbado sexualmente
2.	Enxaqueca, dor de cabeça, dor miofascial	Enxaqueca, dor de cabeça, dor miofascial
3.	Depressão, problemas sexuais	Depressão, neurose sexual
4.	Herpes venérea	Herpes venérea
5.	Mal de Alzheimer	Mal de Alzheimer
6.	Artrite reumatóide	Artrite reumatóide
7.	Enfraquecimento do tecido conjuntivo; dor crônica	Enfraquecimento do tecido conjuntivo; dor crônica
8.	Derrame cerebral	Câncer no seio
9.	Dor forte na coluna; tensão, peso 149 quilos	Dor forte na coluna devido a quelóide (cicatriz pós-cirúrgica), tensão, peso 150 quilos
10.	Depressão	Enxaquecas (certamente também deprimido)
11.	Hérnia de disco	Hérnia de disco
12.	Depressão, abuso sexual	Depressão, abuso sexual
13.	Coluna inflamada	Espondilite reumatóide (artrite espinal inflamatória)
14.	Síndrome da articulação temporomandibular, dores de cabeça	Síndrome da articulação temporomandibular, dores de cabeça

15.	Dor lombar forte	Hérnia de disco, lombar
16.	Enfraquecimento generalizado do sistema nervoso, leucemia	Polineuropatia (lesão séria no sistema nervoso) possível câncer – não encontrado, mas com fortes suspeitas de três médicos
17.	Dor nas costas após acidente	Dor nas costas pós-cirúrgica (acidente anterior)
18.	Derrame cerebral, dor abdominal	Derrame cerebral, dor abdominal de causa desconhecida
19.	Ossos enfraquecidos, costelas fragilizadas	Osteoporose grave (ossos quebradiços!)
20.	Depressão, dor lombar	Depressão, dor lombar
21.	Dor pós-cirurgia de disco	Dor pós-cirúrgica (disco lombar)
22.	Medo psicológico grave	Neurose de Worker's Comp (igual ao diagnóstico de Caroline!)
23.	Trauma nos intestinos, angústia psicológica grave	Dor abdominal, depressão e ansiedade graves
24.	Muita dor na coluna, pélvis desalinhada, muito medo	Dor generalizada na coluna, ansiedade profunda (devida ao medo)
25.	Medo profundo, coluna dolorida com escoriações	Dor generalizada, ansiedade profunda
26.	Câncer no pâncreas	Dor de cabeça latejante
27.	Doença de Worker's Comp, dor nas costas	Dor lombar crônica, doença de Worker's Comp
28.	Muita dor na coluna, depressão	Dor generalizada na coluna, depressão
29.	Medo profundo, coluna dolorida com escoriações	Ansiedade profunda, dor pós-cirúrgica nas costas
30.	Energia muito baixa, pouca absorção digestiva	Neurastenia grave, cólon espasmódico
31.	Tumor maligno no testículo, alastrando-se para o rim esquerdo	Câncer no testículo esquerdo, metástase no rim esquerdo
32.	Degeneração nervosa	Polineuropatia (degeneração nervosa)

33.	Dor no peito devida a trauma	Dor pós-cirúrgica no peito, lado esquerdo
34.	Dor na coluna, muito medo, obesidade	Dor pós-cirúrgica nas costas, agitação, obesidade
35.	Acidente e dor na cervical	Dor torácica pós-traumatismo (cervical)
36.	Dor no pescoço, grande lesão nessa região	Dor no pescoço pós-cirúrgica
37.	Muita falta de energia na pélvis – anemia	Sangramento vaginal de causa desconhecida, dois abortos anteriores
38.	Câncer infiltrado no sistema linfático	Câncer no seio com metástase
39.	Disfunção sexual; pós-histerectomia	Dor reto/vaginal; pós-histerectomia
40.	Exaustão profunda	Neurastenia (exaustão profunda)
41.	Problema na área umbilical, trato intestinal fraco	Dor abdominal pós-cirúrgica (atresia congênita do duto biliar – área umbilical)
42.	Tumor maligno no cérebro	Câncer metastásico no cérebro
43.	Corpulência, muita fraqueza	Obesidade, polineuropatia
44.	Do pescoço para baixo, corpo sob trauma, muito próximo do câncer do intestino no corpo etérico	Dor nas costas pós-traumática, quatro meses mais tarde desenvolveu câncer no colón
45.	Enxaqueca, sexualmente desajustado, depressão	Muita dor nas costas, sexualmente desajustado, depressão
46.	Coluna como um tubo de lama	Espondilite reumatóide
47.	Muita ansiedade, muito medo	Profunda ansiedade
48.	Dor nas costas, ansiedade	Dor nas costas pós-cirúrgica, ansiedade
49.	Desgaste do cérebro	Mal de Alzheimer (observem que Caroline tinha usado anteriormente o termo mal de Alzheimer)
50.	Tempestades elétricas no cérebro	Epilepsia (o mesmo que uma tempestade elétrica)

Não vi ainda ninguém mais preciso do que Caroline, nem mesmo um médico!

Mais provas: diagnoses psicológicas

Não há um método objetivo para fazer diagnoses psicológicas, portanto, não posso apresentar uma relação semelhante de dados relativa a problemas psicológicos. Posso, porém, compartilhar com vocês algumas anotações feitas durante o trabalho com Caroline. Essas notas representam os pontos mais importantes de comentários muito mais extensos. Nas descrições seguintes, usei o primeiro nome, principalmente para indicar que eram pessoas reais e especificar o sexo do indivíduo. Não há nenhum detalhe aqui que pudesse revelar a identidade do paciente. Muitas dessas interpretações foram feitas através de conversas telefônicas entre nós enquanto o paciente estava sentado em meu consultório e, como antes, foi dado apenas o nome completo e a data de nascimento para Caroline, e nenhuma outra informação.

CHARLOTTE – "Ela tem uma vibração benéfica. Ela lhe contou que, com relação ao marido, ela se sente sexualmente inadequada? Ela sente que o marido não tem atração por ela. Não há nenhuma energia nessa área. Há tensão na coluna em direção ao pescoço. Ela tem esse problema há muitos anos. Não tem um bom julgamento de si mesma na área sexual. Acho que o seu marido teve muitos casos e ela sabe disso. Há uma sensação de infidelidade. Eu também questiono se ela teve um caso com um homem mais jovem. Há muita energia residual aí."

Curiosamente, o marido dessa mulher ficou impotente devido a problemas entre eles, e tudo o que Caroline afirma está correto. Eles se divorciaram depois disso.

JANE – "Você verificou se ela tem síndrome da articulação temporomandibular? O queixo dela é tão rígido. Ela dorme dessa maneira, como em uma reação de alarme. Ela tem um sorriso tenso porque dói. Ela tem medo de ser inadequada apesar de tantos sucessos. Há muita tensão em seu abdômen e isso se deve ao sentimento de que seu poder é inadequado. Seu nível de energia feminina é baixo. Ela está desequilibrada e procurando lá por aquilo que precisa. Ela também tem dor no quadril direito. Trate de sua articulação temporomandibular e ensine a ela sobre questões de poder pessoal, que estão contribuindo para o seu problema."

Novamente, é difícil colocar este tipo de assunto na perspectiva clínica, mas a exatidão é absolutamente fantástica.

BOB – "Trata-se de uma escolha. Ninguém mais pode fazer isso por ele. Ele parou de se responsabilizar pela sua vida e o que ele precisa é se responsabilizar por si mesmo. Ele tem um corpo bastante saudável e está deixando-o deteriorar por não querer lutar por sua vida. Há muita energia infantil nele. Diga a ele para parar de pensar e começar a agir. Ele precisa se dedicar a alguém. Ele precisa desviar sua atenção para fora do seu próprio monte de estrume de autopiedade. Ele é viciado em comidas inúteis tipo açúcar e, basicamente, tem uma personalidade dada a vícios. Controle sua dieta. Ele precisa compreender e ouvir emocionalmente. Ele pode bloquear qualquer coisa."

Novamente, ela acertou na mosca.

LILIAN – "Sua crise é devida ao medo de sua incapacidade em se proteger no trabalho, pessoalmente ou em seu ambiente. Seu coração está em estado de alarme. Ela nunca aprendeu a se comunicar. Diga a ela que seu problema é a histeria e o maior problema que ela tem agora é o seu medo."

Meu diagnóstico era de que essa senhora tinha histeria ou uma reação convertida.

PHYLLIS – "A disfunção mais grave é emocional. Ela tem um grande problema nessa área. Apesar de ter 52 anos, ela se sente mais como uma criança insegura e amedrontada. Ela necessita de uma terapia. Intelectualmente e racionalmente ela se dá bem, mas suas emoções realmente a controlam. Ela tem tentado controlá-las e tem deixado que o lado esquerdo do cérebro seja o fator dominante. Ela pode até dizer que sua mágoa a incomoda mais, mas sua psique nos diz o contrário. Ela sofreu muita rejeição a partir do final da adolescência. Suas costas e sua coluna não estão bem. A estrutura está flácida. Suas mãos – os nós dos dedos parecem inchados. Há muita energia nervosa ali. Sua região intestinal está traumatizada. Acho que ela deve ter tido algum tipo de sangramento no esôfago ou no estômago, talvez uma úlcera. O seu problema emocional começou no seu casamento. Ela começou a negar sua insatisfação desde o primeiro casamento."

No caso particular desta senhora, o maior problema era a total insatisfação com o seu relacionamento conjugal.

DICK – "Ele se sente como um 'machão', muito forte, mas tem o medo de um jovem de dezesseis anos ao lidar com questões de responsabilidade. Sua lição de vida é aprender sobre a natureza do poder, a transcender o físico e ir além disso. Ele vive totalmente e completamente do seu segundo chakra e não consegue lidar com tudo isso. Isso o está deixando carente. Seu único poder, até aqui, tem sido o sexo. O que lhe está faltando é o poder do coração. Ele se comunica bem? Não há atividade em seus chakras superiores. Ele deve se libertar de seu segundo chakra ou se tornará incapaz de usufruir até mesmo do sexo. Ele não entende o que você está falando. Ele precisa de uma visão mais ampla da vida, precisa pensar sobre seu significado e propósito. Ele precisa se disciplinar, expandir sua noção de poder e responsabilidade e ser mais humanitário. Você e eu não podemos persuadi-lo. Tudo o que você está presenciando é uma alma em luta contra seu desígnio. O fato de ele estar em seu consultório é uma boa sacudida em nível astral. Apenas diga a ele que há mais coisas do que ele quer ver."

Novamente, uma notável exatidão na análise.

CHARLES – "Sinto rigidez e medo. Ele parece feito de concreto. Há vários sentimentos de medo nele. Seus principais problemas são responsabilidade e poder e sentimentos de inadequação. Desconfio que ele tenha ou dor na base da espinha dorsal ou impotência sexual. Há uma disfunção grave em seu abdômen. Nele há a sensação de trauma. Sua energia está muito bloqueada no cólon e no estômago. Ele já teve sangramento retal? Na parte de cima do estômago há um problema muito grave, mas tudo isso gira em torno de questões de poder e de responsabilidade. Ele ainda não se encontrou. O período dos dezessete aos dezenove anos foi de crise. Ele tem o arquétipo de um órfão. Recomendo-lhe terapia de vidas passadas. Se não nada em sua vida irá ajudá-lo a se conectar. Ele se sente como um pequeno menino perdido. O cerne da questão está em suas raízes familiares. Ele não pode alimentar seu corpo sem estabelecer raízes. Ele poderá fazer terapia durante toda a vida a não ser que ele restabeleça essas raízes espirituais. A conexão com o seu pai é importante. Pergunte a ele o que aconteceu antes dos sete anos. Havia falta de cuidados. Aposto que ele não mamou no peito. Aposto que ele foi uma criança problema e era ameaçada de ser mandada embora. Ele tinha muito medo disso."

Novamente, essa interpretação foi tão precisa que ajudou o paciente a começar a solucionar seus problemas.

ROBERT – "A primeira coisa que observo são hérnias. Há muito sangue no seu segundo chakra. Houve traumatismo em seu abdômen, na área sexogenital. Ele tem um nível de dor muito alto. Vou entrar em seu corpo agora. 'Eu tenho muitos sentimentos melancólicos. Minha energia é pessimista. Meus relacionamentos não estão muito bem. Eu perdi o meu poder. Ele está sangrando para fora de mim. Meu peito dói. Eu fumo muito. Já engordei e emagreci várias vezes, mas estou muito acima do meu peso. Tenho pontos de tensão como cistos em toda a minha espinha dorsal. Sofro de dores de cabeça provocadas pela tensão. Tenho tendência para beber, mas eu a eliminei há dois anos. Meu cabelo está rareando. Minha pele tem poros dilatados. Tenho algumas lesões de pele. Sinto muito peso ao redor do coração. Tenho dor e dormência no meu braço esquerdo. Meu fígado não está funcionando bem. Eu não tenho esperança e nem uma razão para viver. Minha tireóide é grossa e tenho problema com as emoções.' Ele vai lhe dizer 'Não fale comigo sobre isso'. Ele tem veias varicosas e ciática. Ele se sente apunhalado pelas costas. Seu maior problema é a sua incapacidade de conciliar seus sentimentos de obrigação com relação aos seus filhos e à vida. Ele sente que tem sido negligente."

Novamente, essa foi uma interpretação extremamente precisa. Este homem chegou até a fazer um fechamento gástrico para ajudá-lo a perder um pouco de peso.

JOANN – "Ela tem uma psique poderosa, mas que não está sob controle. Ela passa por extremos metafísicos, com energia exagerada ou sem nenhuma energia. Há muita dor física. Ela deve ter tido grandes traumas por volta dos 33 anos. Toda sua estrutura física apresenta a sensação de dor. A área principal de sua disfunção é a pélvis. A pélvis e a região lombar da espinha estão desalinhadas. Há uma grande disfunção de energia nessa região. Aposto como ela é incapaz de atuar sexualmente. Seus chakras estão bloqueados. Ela está amedrontada, insegura, tem um grande medo de falta de poder e de segurança. Ela não se sente segura de maneira nenhuma. Ela se sente sobrecarregada. Ela deve lidar com as questões do primeiro chakra. Seu excesso de peso é uma forma de se proteger. Quando ela tem que assumir uma responsabilidade, ela começa a comer em excesso para compensar. A mudança no equilíbrio do poder entre ela e o marido deu início ao problema atual. Ninguém pode curar sua dor a não ser que ela comece a lidar com essas questões. Ela tem que se conscientizar do nível de ressentimento e dos medos que aparecem e ainda estão lá."

Se você tivesse conhecido essa mulher, você ficaria tão admirado quanto eu fiquei com a exatidão desses aspectos relatados.

Na verdade, eu conheci vários indivíduos brilhantes incluindo, por exemplo, um homem que possui mais de oitenta patentes no campo da hidráulica (tais como freios hidráulicos e direção hidráulica para carros modernos, caminhões, aviões e maquinaria agrícola). É bastante óbvio que as informações que o levaram a desenvolver esses princípios altamente técnicos, científicos e físicos vieram até ele intuitivamente. O mesmo se aplica para, virtualmente, todo médico ou homem de negócios bem-sucedido. A intuição é uma parte tão vital da humanidade que nos acostumamos com isso.

Em uma excepcional referência à intuição, um médico alemão chamado R. Gross relatou: "Não há uma linha firme divisória entre a saúde e a doença; elas se fundem uma à outra." Com relação à diagnose, ele enfatiza que no final das contas toda diagnose é baseada na intuição, que "combina percepções sensoriais com associações, com impulsos mentais, com pressentimentos e com sensações difíceis de definir". Gross comenta que o uso inadequado da intuição leva à "medicina numérica e a um enorme desperdício de esforço". Enfim, ele mencionou que o número de "doenças" reconhecidas em 1956 era 30 mil, sendo que a expectativa era de que esse número dobrasse em dez anos. A flexibilidade da mente que é preciso ter para examinar tal lista é facilmente reconhecida. Como ele afirmou, embora "nossos cérebros operem de acordo com as regras da lógica – chegamos a muitos diagnósticos com diferentes graus de probabilidade". Enfim, a intuição nos leva à escolha de um diagnóstico em particular, e "a experiência mostra que o progresso técnico não melhorou a qualidade do relacionamento humano". Assim, embora computadores possam nos oferecer assistência técnica para a avaliação de numerosas possibilidades de diagnósticos, a intuição continua sendo o instrumento mais valioso dos médicos competentes.

Ao longo deste livro, apresentaremos outros exemplos dos vislumbres intuitivos de Caroline em aspectos específicos da personalidade, e de como esses aspectos se relacionam com doenças específicas. No entanto, só posso concluir esta breve análise do nível de precisão de Caroline afirmando que qualquer médico que, ao concluir um exame físico, seja tão preciso quanto ela é, apenas com um nome e com uma data de nascimento, seria um dos mais respeitados diagnosticadores de todos os tempos!

4

A DIAGNOSE INTUITIVA E O SISTEMA ENERGÉTICO HUMANO

CAROLINE MYSS

O que é diagnose intuitiva?

As perguntam mais freqüentes são: "O que é diagnose intuitiva?", "Como você faz uma interpretação?" e "Como é a sensação?"

Essas perguntas têm lógica, com toda certeza. Ainda assim, toda vez que ocorrem, eu luto para achar uma resposta, muito embora ela não seja complicada. No entanto, a maioria das pessoas presume que o uso das habilidades intuitivas causa uma reação no corpo similar à que ocorre quando se pega um fio elétrico ligado na tomada dentro d'água. As pessoas querem que a "intuição" seja eletrizante, surpreendente, mágica ou misteriosa. Elas querem acreditar que há certas experiências de poder muito além do comum que estão disponíveis para "meros mortais", ou que o "poder" está ligado com o sobrenatural. De uma maneira ou de outra, eu sempre os desaponto quando respondo que as habilidades intuitivas não são nem uma coisa nem outra.

Ao descrever qual é a sensação ao se usar as habilidades intuitivas, eu peço que elas se lembrem da aparência de suas salas de visitas. Freqüentemente, as pessoas fecham os olhos por dois segundos e então informam que elas têm uma visão completa de sua sala de visitas, através dos "olhos da mente". Aí eu pergunto "Como você se sente ao se lembrar de sua sala de visitas?" É nesse momento que a luta para responder a essa pergunta começa.

Não se "sente" a intuição como algo físico. Ela é "sentida" como um sonho ou como uma lembrança no sentido de que as sensações intuitivas são muito delicadas e, assim como em um sonho, a mais leve perturbação externa pode obscurecer esse sonho ou impressão intuitiva.

A intuição é o seu aparato emocional elevado a uma capacidade de percepção. Como regra geral, nós sentimos nossas emoções como uma reação a alguma coisa. Respondemos emocionalmente a tudo o que há no nosso mundo: aos relacionamentos, ao tempo, às notícias e à tensão no trabalho. Raramente, se é que isso acontece, projetamos nossas emoções no tempo, antecipando-nos a uma situação, com a clara intenção de receber informações sobre essa situação. Para a mente racional, a idéia de projetar emoções à frente do nosso corpo físico, em uma situação que não seja aquela em que estamos fisicamente, é absurda.

Agora, imagine o seguinte cenário. Você conhece alguém em um jantar e, imediatamente, ambos se sentem atraídos um pelo outro. Vocês combinam de se encontrar na noite seguinte para jantar. Durante essa noite e durante todo o dia seguinte, sua mente e suas emoções estão projetadas à frente de seu corpo físico. Você está imaginando o que a pessoa estará usando, sobre o que vocês irão conversar e como ele ou ela irá responder para você. Apesar de isso ser chamado de "sonhar acordado" ou fantasiar, estamos mesmo descrevendo duas atividades intuitivas diferentes? Fantasias são, na realidade, extensões de sentimentos gerados por certas experiências e, baseados nesses sentimentos, criamos nossas projeções. Como nós usamos termos como "fantasia" ou "devaneio", evitamos discutir com nossa mente racional.

O fato é que a maioria das pessoas leva suas fantasias e devaneios muito mais a sério do que possa admitir; afinal, a experiência de expectativas não correspondidas não é, na verdade, a experiência de projeções emocionais não realizadas? Você projeta, espera e visualiza a situação se encaminhando de uma certa maneira, e quando essas imagens mentais/emocionais não se realizam fisicamente, você fica desapontado. Suas "projeções" tão reais não se materializaram.

A diagnose intuitiva é o uso da energia emocional, apenas de uma maneira mais direcionada. Mais do que o acaso e a maneira aparentemente incontrolável pelo qual as respostas emocionais nos inundam continuamente, a diagnose intuitiva conta com a habilidade de direcionar essa energia emocional de modo que ela trabalhe como um veículo para coletar informações.

Ao fazer uma interpretação diagnóstica, eu projeto a energia emocional em direção ao paciente. Faço isso concentrando-me no nome e na idade do paciente. As respostas emocionais que recebo, então, contêm dados sobre a tensão emocional, psicológica e espiritual do paciente. Essa informação é o meu indicador de que existem disfunções físicas no corpo do paciente.

A precisão é de importância crucial ao se fazer uma diagnose intuitiva. Quando encontrei Norm pela primeira vez em uma conferência na primavera de 1985, sua primeira pergunta foi: "O quanto você é precisa?" "Eu não preciso de ninguém me dizendo que a 'energia' da pessoa está em baixa. Eu posso ver por mim mesmo. Eu preciso que você seja capaz de ver o que eu não posso ver." Eu disse a ele que não sabia até que ponto eu era precisa já que, até então, eu só tinha trabalhado com diagnóstico intuitivo durante três anos e, assim mesmo, apenas esporadicamente. Comecei a me reunir com pessoas em sessões particulares de aconselhamento em 1983 e, no início, me concentrei em ajudá-las a trabalhar a tensão emocional. Embora eu freqüentemente recebesse informação intuitiva sobre a saúde de seus corpos físicos, eu me limitava principalmente a aconselhá-los sobre questões emocionais. Norm queria informação sobre problemas físicos e eu concordei em tentar.

Dois fatores muito significativos aconteceram nesse período da minha vida e do meu trabalho. O primeiro foi Norm. Visto que, em minha experiência anterior, eu não tinha treinamento formal em qualquer disciplina médica, eu não tinha a menor idéia de como a fisiologia do corpo humano funciona.

Eu me senti tremendamente ansiosa quanto a como proceder nesse trabalho, pois me faltava autoconfiança. Além disso, eu nunca quis trabalhar com pessoas doentes. Fiz jornalismo e tinha começado a trabalhar no ramo de publicação de livros. Até encontrar Norm, eu considerava essa parte da minha vida como um tipo de curiosidade da qual eu podia usufruir quando quisesse. Dificilmente eu a consideraria uma "profissão". Mais do que isso, devido à natureza dessa prática estar associada a habilidades "psíquicas", eu me preocupava muito com a possibilidade de ela ser associada a fraude e com as "maluquices" que ocorrem nesse campo.

Norm nunca me testou com a intenção de provar que essa habilidade existia. Ele já sabia que era possível desenvolver habilidades perceptivas excepcionais, e assim o seu interesse no meu trabalho era saber se eu era ou não precisa o suficiente para os seus objetivos. Sua atitude foi o primeiro presente que ele me deu. O segundo foi sua imensa paciência em lenta e constantemente trabalhar comigo no desenvolvimento da minha capacidade para "ver" dentro do corpo humano. Como ele nunca fez com que eu me sentisse fracassada caso não pudesse fazer uma "leitura" completa ou precisa o suficiente, ou mesmo se eu deixasse de perceber a presença de uma doença, sempre mantive o desejo de tentar novamente.

Outro fator que aumentou a minha exatidão ao trabalhar com Norm deve-se à realidade física, ao fato de vivermos a 1.200 milhas de distância um do outro. Adotamos o seguinte procedimento: Norm me telefona enquanto o paciente a ser diagnosticado está sentado no seu consultório. Ao contrário do que aconteceria se a pessoa estivesse sentada na minha frente, esse modo de trabalhar permite uma conexão totalmente imparcial. Eu nunca encontro os seus pacientes pessoalmente. A natureza impessoal dessa conexão me permite receber informações que uma relação mais pessoal poderia bloquear, pois é muito difícil para mim olhar nos olhos de alguém e dizer, por exemplo: "Sim, o seu câncer está se alastrando." Quando eu fazia sessões de aconselhamento em que a pessoa estava presente, sentimentos fortes freqüentemente se desenvolviam entre o cliente e eu. Ao final de uma sessão de aconselhamento de uma hora, eu descobria que tinha me tornado susceptível aos medos e às esperanças dessa pessoa e, assim, não conseguia mais oferecer uma informação "clara".

Desde o início desse trabalho em 1983, desenvolvi um método para interpretar o significado subjacente das tensões emocional, psicológica e espiritual. À medida que aprendia e, sem dúvida, estarei sempre aprendendo, comecei a reconhecer no ser humano certos padrões constantes que fazem parte de todos nós.

Uma de nossas características é que nós todos precisamos amar e ser amados. Quando falta amor em nossas vidas, nossa saúde enfraquece. Todos precisamos ter algo que dê sentido às nossas vidas. Sem um sentido, nossa saúde lentamente, mas certamente, evapora. Nós todos nos magoamos com as mesmas questões, todos temos medos que diminuem a qualidade de nossa vida e todos temos dor, arrependimentos e tristezas que estamos tentando curar. E todos nós devemos trabalhar no desenvolvimento de nossa auto-estima e da aceitação de quem somos. Somos, apesar de todos os nossos esforços para sermos diferentes, incrivelmente parecidos.

O que nos torna únicos é uma combinação de: traços físicos, personalidade, experiências de vida, talento e inteligência, herança cultural, e assim por diante.

O que nos torna doentes, entretanto, é idêntico em todos. Uma forte dose de negatividade ou de medo envenena qualquer ser humano, independentemente de nacionalidade, de nível social, de educação, de riqueza ou de talento. Veneno é veneno, não importa quem o absorva.

Quando dou aulas sobre diagnose intuitiva, eu enfatizo dois pontos antes de falar sobre o sistema energético humano.

O primeiro ponto é que eu considero que eu e o meu trabalho com Norm estão sempre "em desenvolvimento". Nossa pesquisa continua em cada paciente que vemos e em cada seminário que apresentamos. Não existe uma escola de pensamento (incluindo a medicina tradicional) que não traga em si exceções e contradições. Ainda permanecemos como mistérios para nós mesmos, e ainda temos muito o que aprender sobre "realidade" e sobre o cosmos, que irão sem dúvida preencher as lacunas de nossa aprendizagem.

O segundo ponto enfatizado aos meus alunos é a definição da palavra "negatividade". Essa é uma palavra que uso freqüentemente ao descrever a qualidade das emoções que estão associadas à doença. Quando digo "negatividade" refiro-me a emoções destrutivas, tais como o ódio, a raiva ou o medo.

Neste livro, a negatividade não é usada como uma descrição do caráter de qualquer pessoa e esse é um ponto que vale a pena ser enfatizado várias vezes. Profundamente entranhada em muitos de nós está a crença de que a doença é uma punição. Nós nos apegamos a isso porque gostaríamos também de acreditar que as pessoas boas são, de alguma maneira, protegidas contra coisas ruins, como a doença. É muito difícil para nós nos desprendermos dessa associação, pois a doença realmente causa sofrimento, dor e pesar.

A realidade, entretanto, é que a compreensão do porquê as pessoas se tornam doentes não é um estudo sobre crime e punição, não importando o quanto nós preferiríamos encarar isso dessa maneira para que o sofrimento e a morte fizessem sentido. A razão pela qual adoecemos é muito mais complexa do que um ato de punição, e parte da base deste livro é ilustrar essa constatação.

O sistema energético humano

Grande parte de minha experiência em trabalhar com a diagnose intuitiva relaciona-se com os ensinamentos das tradições espirituais orientais, em termos de compreensão do corpo humano. Isso não é tão surpreendente se considerarmos que as tradições enfatizam o ser humano como um sistema de energia, e a tradição cristã enfatiza a experiência da humanidade no mundo físico. Eu faço essa comparação não porque eu esteja pessoalmente associada a qualquer tradição espiritual oriental, mas porque essa tradição fala de "energia" do ser humano e sua linguagem inclui termos que são específicos para aquilo que quero descrever.

Vem do Oriente a idéia, de especial valor, de que somos uma combinação das correntes de energia mental, emocional, psicológica e espiritual, que se combinam para formar o corpo físico; e de que nossos corpos têm centros de energia chamados "chakras". "Chakra" é uma palavra hindu usada para designar cada um dos sete principais centros de energia do corpo humano. Cada um dos sete centros, localizados em pontos seqüenciais

O fluxo de energia através do corpo

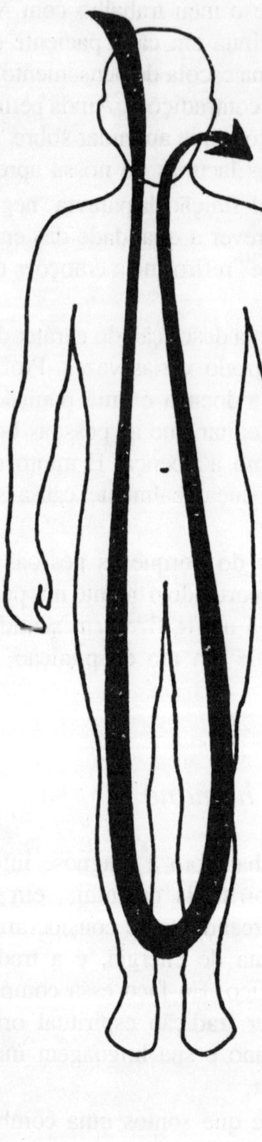

A energia entra no corpo pelo topo da cabeça, circula através dele e é liberada pela expiração.

ao longo da espinha dorsal, é responsável pela manutenção da saúde de órgãos específicos e de funções orgânicas. Como pode ser visto na ilustração, esses centros correspondem aos principais centros nervosos.

A energia flui continuamente pelo nosso corpo, através do topo da cabeça e, à medida que ela viaja pela espinha abaixo, ela "alimenta" cada um dos centros dos chakras. O mecanismo físico da respiração é a contrapartida dessa "respiração não física", chamada de "prana" e que significa "força da vida" nas tradições orientais.

O fluxo dessas correntes de energia é regulado em nosso corpo por nossas crenças e atitudes, as quais criam todos os nossos padrões de medo, nosso conceito de realidade, nossa compreensão de Deus e do Universo, nossas memórias, e toda a informação que guardamos em nosso cérebro pelas experiências que tivemos e pelos nossos variados tipos de educação e de formação.

Ao planejar um diagnóstico intuitivo, começo com uma análise do sistema energético completo da pessoa. Começando pelo topo da cabeça, eu percebo a "qualidade" de energia em cada um dos chakras. Quando digo qualidade, estou me referindo à vibração de energia que está sendo transmitida de cada centro.

Para ter idéia do que estou descrevendo, pense na diferença de sentimentos que você percebe numa pessoa que gosta de você e os sentimentos percebidos em alguém que está com raiva de você. Não haveria necessidade de trocar palavras já que a qualidade das vibrações transmitidas por ambas as pessoas poderia ser entendida facilmente num nível intuitivo.

À medida que percebo a qualidade de energia através do corpo da pessoa, procuro por "pontos quentes" ou áreas nas quais a vibração é visivelmente diferente. Esses pontos quentes indicam a presença de uma disfunção corporal e a natureza exata da doença.

Identificar a presença física de uma doença, entretanto, é apenas o primeiro passo nesse processo. Igualmente importante, ou talvez mais importante ainda, é ajudar a pessoa a entender como e por que uma doença se desenvolveu. Essa é uma parte complexa da interpretação intuitiva, pois envolve a identificação das tensões emocionais, psicológicas e espirituais da pessoa.

Tensão positiva versus *tensão negativa*

"Tensão" é uma palavra pequena que abrange um vasto território emocional, psicológico e espiritual. É importante esclarecer o que exatamente se quer dizer ao usar a palavra "tensão".

Em primeiro lugar, nem tudo o que provoca tensão é destrutivo. Algumas formas de tensão podem ser muito positivas, tais como a que motiva as pessoas a aperfeiçoarem o seu trabalho.

O tipo de tensão que destrói o corpo, entretanto, é a "tensão negativa". Porém, o que se considera "tensão negativa" é totalmente subjetivo e, como tal, varia de pessoa para pessoa. A tolerância à dor, a tolerância com pessoas e a tolerância a situações é vivenciada de muitas maneiras diferentes. Algumas pessoas podem agüentar uma grande tensão, enquanto outras reagem imediatamente à sobrecarga de tensão.

O medo e os traumas emocionais são os fatores que mais contribuem para a criação da tensão. No entanto, não há uma limitação para o número de medos ou traumas emocionais que uma pessoa pode ter.

Ao fazer uma interpretação intuitiva, não é necessário identificar toda a experiência de tensão que a pessoa já teve, nem de desenterrar todo o medo existente em seu inçonsciente. Os fatores cruciais que eu procuro são aquelas tensões que são mais fortes na vida da pessoa.

Quando digo fortes, estou me referindo a padrões de tensão que podem ser tanto conscientes quanto inconscientes, e que exercem controle sobre o indivíduo. Em outras palavras, quando um medo se torna uma obsessão, a pessoa está, com efeito, sendo controlada por ele. Quando a raiva se torna a força motivadora de alguém, é sinal de que a raiva está controlando a pessoa. A perda do controle emocional ou psicológico cria o tipo de conflito interno na mente e no corpo da pessoa que permite que a doença se desenvolva.

O sistema de energia dos chakras é um organizador natural da tensão humana em que cada chakra responde por questões específicas da vida humana. Se um "ponto quente" é observado em volta da base da espinha dorsal, isso indica que as tensões emocionais e psicológicas subjacentes estão diretamente relacionadas com as questões da vida associadas com o primeiro chakra.

Há uma maravilhosa lógica natural ou inteligência corporal que fica em evidência quando se estuda o fluxo do sistema dos chakras. Quando se estuda as questões de vida que estão associadas a cada chakra, pode-se começar a entender quais tensões provavelmente irão afetar áreas específicas do corpo, pois cada tensão é específica para cada "local". A tensão que acompanha o medo do fracasso, em outras palavras, não irá causar um trauma na garganta ou no tornozelo de alguém. O medo do fracasso se relaciona diretamente com as questões do terceiro chakra e, portanto, a tensão que acompanha esse medo irá afetar diretamente o estômago, a parte superior do intestino, o pâncreas, o fígado ou o baço.

Nós não somos criaturas projetadas sem nenhum cuidado. Tudo em nós tem um propósito, lógica e inteligência estabelecidos, incluindo como e por que ficamos doentes. As tensões emocionais, psicológicas e espirituais presentes em nossa mente viajam, como o oxigênio, para todas as partes de nosso corpo. Quando a tensão se fixa em uma determinada área do corpo, é porque essa parte do corpo corresponde ao tipo de tensão que estamos experimentando.

As questões da vida e os chakras

De acordo com o meu ponto de vista, as questões da vida que estão presentes nos chakras correspondem ao nosso processo natural de amadurecimento como seres humanos. Ou seja, o primeiro chakra se relaciona com os assuntos mais básicos da vida, isto é, segurança física e proteção. O segundo chakra também corresponde a assuntos do mundo físico, mas do ponto de vista mais pessoal, tais como a situação financeira. A qualidade da nossa saúde, portanto, é influenciada pela maneira como reagimos ao processo de maturidade, que é refletido em cada um desses centros de energia.

É importante compreender que, apesar do fato de que cada chakra será tratado separadamente, cada um é parte vital de um sistema completo de energia chamado corpo humano. O vocabulário usado para ensinar esse assunto dá a impressão de que cada chakra funciona de algum modo independentemente do sistema todo, e isso é incorreto. É muito melhor considerar que o sistema dos chakras é como um jogo de revezamento, com sete jogadores constantemente recebendo informações idênticas e respondendo a essas informações de acordo com sua capacidade individual.

O quadro a seguir ilustra, em termos gerais, que questões específicas se relacionam a cada um dos sete centros de energia. Em seguida ao quadro há uma descrição das questões da vida, assim como dos padrões de negatividade e de medo mais freqüentemente associados a cada centro de energia. Também incluí uma pequena lista das doenças que têm maior probabilidade de se desenvolver em cada área do corpo, como resultado de uma grande quantidade de negatividade nesses centros de energia.

Ao ensinar sobre esse sistema, refiro-me a cada chakra como se fosse uma conta bancária que requer investimentos constantes. Investimentos são feitos na forma de "gotas de sabedoria". "Gotas de sabedoria" representam o aprendizado adquirido nas experiências de vida da pessoa.

Se esses investimentos são feitos regularmente, então teremos sabedoria para usar nos momentos de crise que ocorrem na vida de cada um de nós. Em outras palavras, nós temos pontos de referência dentro de nosso campo de experiência pessoal que nos fazem saber que conseguiremos superar cada crise.

Se não temos um amplo suprimento de sabedoria, então a energia que utilizaremos sairá diretamente do nível básico de energia, necessário para que o nosso corpo físico funcione, o que irá exaurir nosso sistema energético físico. Esse é o mecanismo através do qual o corpo físico se enfraquece.

O PRIMEIRO CHAKRA

Este centro de energia corresponde às questões de segurança e de enraizamento no mundo físico. Segurança e enraizamento se referem à maneira como a pessoa se sente no mundo externo. Para algumas pessoas, o mundo não é um "lugar seguro". Elas se sentem subjugadas face à perspectiva de suprir as necessidades básicas da vida, tais como ter uma casa e recursos financeiros. O primeiro chakra está localizado na base da espinha. Sua energia afeta basicamente a saúde das pernas e a força total para sustentar o corpo físico, assim como os quadris e a base da espinha, e se sobrepõe à área pélvica do corpo.

Heróis míticos, tais como Hércules, ilustram o que significa ter completo domínio sobre o mundo físico: Hércules é invencível em termos de forças presentes no mundo externo. Nós o associamos à idéia de notável resistência física e destreza mental por ser capaz de controlar os elementos físicos da vida de modo que eles sirvam às suas necessidades, em vez de ser dominado por eles. Na verdade, esse domínio sobre os elementos físicos da vida é que faz de Hércules um herói, e sua atitude é principalmente energia do primeiro chakra.

As Questões Principais de cada Chakra

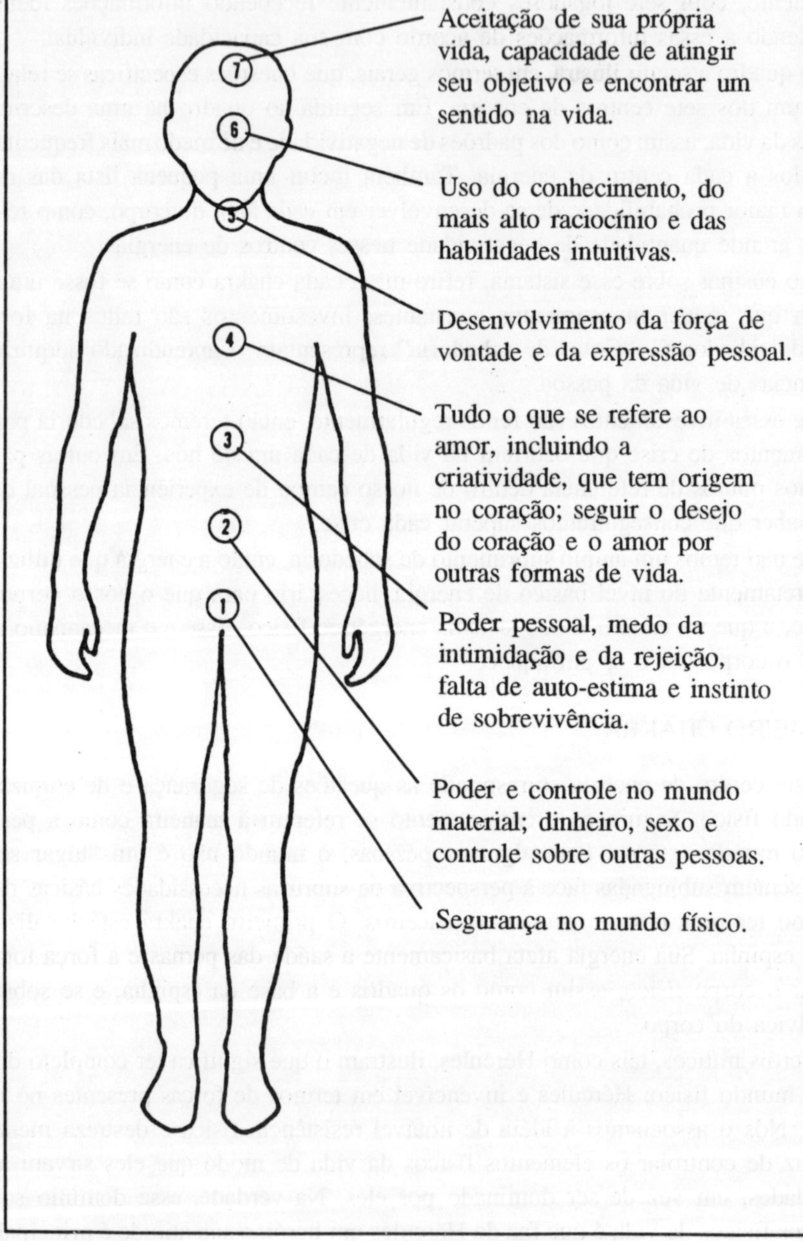

Outra característica do primeiro chakra se relaciona com a capacidade de a pessoa "materializar" os seus sonhos. Esse é o sentido de "enraizamento" – a capacidade de trazer uma idéia ou desejo do estágio mental para o mundo físico. Esse processo de trazer nossas idéias para a forma física está diretamente ligado ao sentimento de se sentir seguro e protegido no mundo físico. É através desse processo que "assentamos nossas raízes" e ganhamos a sensação de pertencer a algum lugar, pois o que nós geramos nós temos que alimentar. Isso requer comprometimento e estabilidade, características essas que são essenciais à saúde emocional e física.

O primeiro investimento de gotas de sabedoria começa na infância quando, ainda bebês, temos atendidas nossas necessidades físicas e básicas por segurança. Sem essa base fortemente estabelecida, o processo de amadurecimento não pode prosseguir de modo equilibrado e saudável. As inseguranças que resultam do fato de se sentir desprotegido em seu próprio ambiente físico se tornam a influência controladora nos próximos estágios de desenvolvimento pessoal, como uma questão não terminada que fica pendente até ser resolvida.

À medida que crescemos, passando pelos estágios normais de desenvolvimento, renovamos continuamente nossa relação com essa questão básica de segurança. As necessidades de segurança mudam a cada estágio, à medida que amadurecemos: infância, adolescência, vida adulta e velhice. Cada estágio traz desafios do mundo externo que somos destinados a superar. Tornar-se um adulto competente é um processo construído através desses desafios. A sabedoria adquirida na adolescência se torna o ponto de referência para os desafios do adulto. Se não há sabedoria para ser "sacada" – em outras palavras, uma conta bancária sem fundos – então o indivíduo provavelmente irá preencher as lacunas em seu desenvolvimento com medo e com inseguranças.

Os padrões específicos de medo e de insegurança que correspondem ao primeiro chakra do corpo humano se relacionam à questão da segurança física. Os mais comuns são os seguintes:

- Medo de não ser capaz de suprir as necessidades da vida para si mesmo e para sua família.
- Sentimento de que o mundo externo é um local ameaçador e que você é incapaz de se sustentar por si mesmo ou de se proteger. (Não se trata apenas de proteção física; isso inclui o medo e a vulnerabilidade que acompanham violações dos direitos humanos ou a realidade de se encontrar numa situação sem direitos legais, quaisquer que sejam eles.)
- A insegurança gerada pela sensação de que nenhum lugar é a "sua casa"; de que você não "pertence" a lugar nenhum.
- O medo que se origina do fato de não ser capaz de acreditar que você pode atingir suas metas.
- A sensação de que você só tem a você mesmo, sem o apoio de ninguém e completamente sozinho neste mundo.

Lembrem-se, o fato essencial no desenvolvimento da doença é a *intensidade* do medo. Embora muitas pessoas tenham em comum algumas variações desses medos, um indivíduo se torna fisicamente vulnerável quando qualquer um dos medos exerce controle sobre sua saúde emocional e psicológica.

Algumas das disfunções mais comuns, que podem ser criadas como resultado desses padrões de medo, são dor crônica nas costas (lombar), ciática, veias varicosas, problemas no reto, tumores e câncer localizados nessas áreas do corpo.

O SEGUNDO CHAKRA

Este centro energético, sua conta bancária do segundo chakra, se relaciona com as questões de poder do mundo externo – especificamente, poder econômico e sexual, assim como poder na dinâmica dos relacionamentos e poder pessoal em termos de negócios e de interações sociais. Está localizado na região genital do corpo. Os órgãos físicos do corpo que são nutridos principalmente pela energia deste chakra são os órgãos sexuais, o intestino grosso, as vértebras inferiores, a pélvis, anexos e a bexiga.

Continuando nosso padrão de acompanhar o processo de crescimento, o segundo estágio do desenvolvimento da criança é o estágio "do que é meu". Essa é a energia do segundo chakra atuando na consciência de uma criança. À medida que a criança atravessa seus estágios de desenvolvimento em direção à vida adulta, os desafios de se trabalhar esse "o que é meu" se tornam os desafios de aprender a se relacionar com o mundo material de um modo saudável e equilibrado.

As gotas de sabedoria que a criança precisa adquirir para este chakra são o compartilhar, aprender a se relacionar com respeito com as outras pessoas e aprender a se valorizar sem que essa autovalorização esteja totalmente relacionada com bens materiais. Quando o seu valor próprio está ligado a objetos externos, tais como dinheiro ou poder, o valor pessoal do indivíduo é então determinado exclusivamente pela quantidade de ganho material. A falta de dinheiro, portanto, corresponde à falta de valor próprio.

Na vida adulta, a falta de autovalorização encontra-se na raiz de desequilíbrios em todas as formas de relacionamentos existentes no mundo material. Isso inclui nossa relação com o dinheiro, com o poder (social, político, econômico e sexual) e com questões de domínio e de controle em relacionamentos pessoais e profissionais. A obsessão nessas áreas é um desequilíbrio que indica que a pessoa está compensando a ausência de valor próprio.

Os padrões de medo e de insegurança que estão associados ao desenvolvimento do segundo chakra são os seguintes:

- A sensação de que você não tem poder sobre o que acontece com você sexualmente. Isso inclui experiências de abuso sexual, assim como relacionamentos especialmente manipulativos e controladores.
- Sentir-se inadequado sexualmente ou ter aversão pela atividade sexual. Isso inclui a tensão que acompanha sentimentos de ressentimento com relação ao poder do seu parceiro ou do sexo oposto em geral, assim como sentimentos de aversão ou de culpa relativos à sua própria sexualidade ou às suas preferências sexuais.
- Medo do parto ou sentimentos de culpa com relação à maneira de criar seu filho ou filhos.
- Desvalorização de si mesmo como resultado de pouco ou mínimo poder econômico. Isso inclui ressentimento com relação ao fato de ser controlado financeiramente por outros.

- Ressentimento resultante do fato de ser manipulado por outras pessoas. Isso inclui a sensação de ser vitimizado por circunstâncias particulares tais como raça, cor ou sexo.
- Sentir-se tão desprotegido que precisa manipular outras pessoas para manter controle sobre a sua própria vida.
- Praticar qualquer nível de desonestidade em seus negócios ou em seus relacionamentos sexuais ou interpessoais.
- Medo de nunca ter o suficiente, que inclui o medo da pobreza.

Algumas das disfunções mais comuns resultantes dessas tensões em particular são, para as mulheres – todas as disfunções femininas tais como problemas menstruais, infertilidade, infecções vaginais, cistos nos ovários, endometriose, tumores ou câncer nos órgãos femininos; para os homens – impotência e problemas na próstata, incluindo câncer (essas disfunções estão associadas à perda de poder econômico ou político, principalmente). Tanto para os homens quanto para as mulheres, disfunções comuns incluem dor pélvica e nas costas (lombar), herpes e todas as outras doenças sexuais, problemas de deslocamento de disco, todos os problemas sexuais e problemas urinários e na bexiga.

O TERCEIRO CHAKRA

O terceiro chakra se localiza na área do estômago. É chamado nas tradições orientais de plexo solar. As áreas físicas do corpo correspondentes são o abdômen, o intestino (parte superior), a vesícula biliar, os rins, o fígado, o pâncreas, as glândulas supra-renais e a região mediana da espinha dorsal.

Depois do estágio "do que é meu", a criança entra num processo de desenvolvimento da individualidade. Esta é a fase de aprendizado que ensina os princípios básicos do fortalecimento pessoal e a capacidade de relacionamento interpessoal. É o centro do "instinto de sobrevivência" do corpo, já que ele corresponde à capacidade da pessoa de aprender a confiar em seus próprios instintos para direcionar sua vida.

Durante este estágio, a criança começa a exercitar seu poder de escolha, aprendendo a emitir opiniões e preferências. O aprendizado do relacionamento com os outros começa nesta fase e inclui aprender a maneira de reagir contra sentimentos de intimidação.

É crucial que a criança sinta, nesta época, que suas expressões de individualidade são respeitadas e aceitas, pois isso se tornará a base para a autoconfiança, para o amor-próprio e para a crença em si mesmo. Essas são as gotas de sabedoria associadas a este chakra, adquiridas em primeiro lugar.

O terceiro chakra, ou plexo solar, é uma região do corpo particularmente sensível. Na linguagem energética, é a principal área "receptora" das primeiras impressões que a pessoa tem em qualquer situação em que ela se encontre, incluindo as primeiras impressões sobre as pessoas. A reação visceral" ou "instinto visceral", muito adequadamente denominado, é uma resposta altamente intuitiva vinda das impressões recebidas através do plexo solar. Sua natureza sensível goteja impressões no nível energético que inevitavelmente provam ser mais precisas do que qualquer impressão física.

Essa é, mais especificamente, a atividade da intuição. O plexo solar é o centro da intuição que orienta a atividade diária da vida humana. O tipo de orientação ou de resposta característicos da "intuição do plexo solar" é um tipo tão natural que muitas pessoas reagem a ela o tempo todo sem pensar qual é a sua origem.

Por exemplo, em qualquer situação que envolve a interação humana, nossos "instintos" estão sempre em alerta para perceber se podemos ou não confiar nas pessoas com as quais estamos interagindo ou nas informações que estamos recebendo. Automaticamente, nós analisamos a resposta que estamos recebendo nessas interações sociais e raramente observamos que mentalmente estamos nos perguntando "Posso confiar nesta pessoa?" ou "O que estão me dizendo é verdade?"

Para cada uma dessas perguntas em nossa mente, há uma resposta. As respostas podem vir na forma de uma sensação ou da conhecida reação visceral. A fonte dentro de nós, que está fornecendo essas informações, é a nossa intuição. E a nossa intuição busca essas informações nas "informações energéticas" que penetram no nosso sistema energético através do plexo solar.

Em parte, a intuição do plexo solar serve para nos ajudar com dados relativos à sobrevivência. Informações que são básicas para a vida diária, tais como confiar nas pessoas, instruções mecânicas, orientações, conselhos sobre empreendimentos de negócios – até mesmo reações viscerais que nos ajudam na contratação de empregados – vêm através do canal de intuição do plexo solar.

É essencial para a criação da saúde – e me refiro aqui a todos os níveis de saúde: emocional, psicológico, físico e mental, assim como habilidades para uma vida saudável – que a pessoa se sinta adequadamente fortalecida para ter poder de decisão sobre a sua própria vida. O processo de decisão deveria com muita propriedade ser considerado como uma capacidade fundamental para a sobrevivência. A capacidade de cumprir esse papel está enraizada na crença pessoal de ser capaz de interagir com as pessoas em situações básicas da vida sem medo de manipulação ou vitimização. Isso também inclui o desenvolvimento de uma dose essencial de autoconfiança que torne possível exercitar o processo decisório que faz parte da vida de todas as pessoas. A intuição que vem do terceiro chakra é o auxílio natural nesse processo de autofortalecimento. É a capacidade de confiar em seus próprios instintos.

Há certos padrões de medo e de raiva que podem se tornar parte da psique de um indivíduo e interferir ou impedir que esse ciclo de amadurecimento se desenvolva completamente. Esses padrões de negatividade afetam a vida inteira da pessoa, causando sérios e limitantes problemas de comportamento. Eles têm sua raiz na falta de uma base sólida de poder pessoal.

Em adultos, a ausência de poder pessoal gera inseguranças e crises internas – desde a incapacidade de confiar nos outros até a incapacidade de confiar em si mesmo ou de procurar maneiras de atender às suas próprias necessidades emocionais. Os padrões de medo e de raiva que indicam que a pessoa está sofrendo de uma tremenda falta de poder pessoal são estes:

- Medo de intimidação, que impede a pessoa de estabelecer relacionamentos ou situações baseadas em igualdade.

- Medo de assumir responsabilidade por si mesmo, por suas necessidades, por seus compromissos, por suas finanças e por seus pensamentos, atitudes e ações pessoais.
- Ressentimento por ter que assumir responsabilidade por outra pessoa que não tem condições emocionais ou se recusa a assumir responsabilidade por si mesmo. O ressentimento aumenta quando a pessoa também se sente incapaz de desafiar o parceiro irresponsável e, assim, permanece numa situação insustentável por achar melhor não desafiá-la.
- Medo pelo fato de acreditar que não é capaz de lidar com o processo de tomada de decisões na própria vida.
- Raiva por ter seu poder de escolha desrespeitado, limitado forçosamente ou invalidado pelos outros.
- Raiva diante da sensação de abandono ou de negligência. Isso freqüentemente ocorre em pessoas que desenvolvem o padrão de se dedicar constantemente aos outros, enquanto nega suas próprias necessidades, pelo medo de não ser amada.
- Medo de ser criticado ou necessidade de criticar os outros para se sentir mais forte.
- Raiva e frustração por ser incapaz de se libertar do controle da expectativa dos outros.
- O padrão de descontar a raiva em "vítimas indefesas" por não ter suficiente coragem para desafiar a origem da própria raiva.
- Medo do fracasso.

É de crucial importância observar que a qualidade da saúde é afetada não só pelos nossos medos e por sentimentos de raiva como também pela maneira como nos comportamos ao conviver com esses padrões negativos. Liberar a raiva de maneira inadequada, maltratando os filhos ou o cônjuge, através de drogas ou do alcoolismo, favorece o ciclo mortal de culpa, de ódio por si mesmo e a perda do respeito próprio. A saúde não pode ser mantida quando a pessoa está consumida pelo ódio por si mesma. De fato, nada positivo pode ser criado na vida de uma pessoa quando, internamente, ela se envergonha de seu comportamento na vida.

As disfunções mais comuns criadas pela energia desses padrões negativos específicos são artrite, úlceras e todos os problemas relacionados com o estômago; problemas intestinais e no cólon incluindo câncer, pancreatite, diabete e câncer no pâncreas; problemas de rins (também relacionado com o segundo chakra); problemas de fígado, incluindo hepatite; problemas de vesícula; disfunções nas glândulas supra-renais; indigestão crônica ou aguda; anorexia e bulimia; náuseas e gripe.

O QUARTO CHAKRA

Este centro energético está localizado ao redor do coração. As partes do corpo que recebem a energia principal deste chakra são o coração, os pulmões, os ombros, as costelas, os seios, o diafragma, o esôfago e os sistemas circulatório e respiratório.

Uma vez que a criança tenha desenvolvido um senso de poder pessoal e auto-estima, aprendendo a dar e a receber amor e atenção dos outros, este se torna o próximo estágio do desenvolvimento pessoal. Este estágio inclui as primeiras lições sobre o amor-próprio e o amor pela vida.

Não é de se surpreender que as questões relacionadas com o aprendizado da natureza do amor sejam o foco principal do chakra do coração.

Ao aprender a dar amor, a compartilhar amor e a se preocupar com o bem-estar dos outros, a criança deixa seu papel de "centro do Universo", que pode facilmente se desenvolver quando a criança é mimada pelos familiares. Se isso não é eliminado de maneira suave através desse processo natural de amadurecimento, poderá resultar em um comportamento egocêntrico, inconseqüente e exigente ao se tornar adulto.

De modo inverso, crianças que são abandonadas ou maltratadas desenvolvem uma idéia inteiramente diferente do amor. Longe de estar em posição de amar abertamente e de confiar nos outros, crianças abandonadas ou que sofreram maus-tratos desenvolvem problemas emocionais sérios e dificuldades de relacionamento. Não só o amor vem associado à dor, como também o ser humano não pode conter o instinto de procurar por amor. Portanto, apesar da dor, crianças abandonadas e maltratadas entram num ciclo em que sempre associam a dor com todos os níveis de relacionamento, muitas vezes perdendo a capacidade de diferenciar o amor em relação a formas de comportamento abusivas.

O padrão dominante na sua vida pessoal de adulto é uma versão mais ampla do que vivenciou como criança. Em última análise, o adulto nessa circunstância vive uma vida tentando compensar a falta de suas "gotas de sabedoria" relativas à natureza do amor, que deveriam ter sido investidas em sua conta bancária quando criança. Torna-se muitíssimo difícil para a pessoa, já adulta, investir em qualquer relacionamento adulto saudável até que essa conta bancária seja adequadamente reabastecida. Isso requer cura, a começar com o retorno à infância.

O quarto chakra é o chakra central do corpo. É o centro do nosso corpo e, metaforicamente falando, o amor é o centro da nossa vida. Uma pessoa pode enfrentar qualquer crise ou tensão se ela tem um sistema de apoio amoroso e forte.

Mais ainda, se retirarmos todas as camadas envolvidas no processo de tomada de decisões pessoais (e, muitas vezes, profissionais), inevitavelmente só permanecerá a razão principal pela qual fazemos nossas escolhas: estamos na verdade escolhendo o caminho que nos trará o amor. Mesmo se as palavras que usarmos para descrever nosso objetivo sejam segurança financeira, aceitação social ou poder político, por exemplo, o amor é ainda o motivador básico por trás de nossas escolhas. Em última análise, sem amor, é quase impossível permanecer saudável, muito menos curar-se.

Ao rever os chakras anteriores e suas relações específicas com o processo de desenvolvimento pessoal, o que fica claramente visível é que um nível de desenvolvimento se constrói sobre o outro. Sem um senso adequado de poder pessoal, por exemplo, não é possível aprender a dar amor e a confiar nos outros sem manipulação ou insegurança.

Abandono emocional também pode levar a pessoa a se tornar amarga, insensível e talvez até cruel. O comportamento emocional abusivo ocorre não apenas com outras pessoas; o abandono emocional pode levar ao abuso de animais, por exemplo, ou a uma profunda insensibilidade com relação às necessidades de outras formas de vida incluindo, num sentido mais amplo, as necessidades do próprio planeta.

A ausência de uma base de amor sólida cria uma situação interna na qual padrões específicos de medo, de raiva e de ressentimento podem se desenvolver no lugar do amor. Sem amor, é fácil ter medo da vida.

A lista abaixo inclui as experiências mais comuns de medo, de raiva e seus conseqüentes padrões de comportamento que podem contaminar a energia do quarto chakra.

- Medo de não ser amado ou a crença de que você não merece ser amado.
- Assumir a culpa por participar de atos de rejeição ou de abandono emocional.
- Ressentimento por ver outras pessoas recebendo mais amor e atenção do que você.
- Medo de demonstrar ou de compartilhar afeição.
- Desenvolver sentimentos de culpa por demonstrar raiva, hostilidade ou criticismo como substitutos do amor.
- Sentir-se emocionalmente paralisado ao passar por solidão excessiva.
- Envenenar-se emocionalmente por acolher muitos sentimentos negativos e julgamentos com relação aos outros ou a outras formas de vida.
- Envenenar-se emocionalmente apegando-se a velhas feridas e a ressentimentos antigos.
- Desenvolver medos emocionais e amargura por acreditar que você não pode perdoar ou por se recusar a perdoar.
- Criar continuamente relacionamentos que não são gratificantes ou são abusivos.
- Culpa pela sensação de fracasso em satisfazer seu lado emocional.
- Fazer algo ou estar com alguém quando o seu "coração não está presente".
- Muita mágoa e tristeza que resultam literalmente num "coração partido".

Esses traumas e sofrimentos emocionais criam uma "congestão emocional" ou o que é freqüentemente chamado de bloqueios emocionais. Além do comportamento emocional disfuncional que resulta desses padrões de negatividade, o corpo físico também reage a essas tensões.

As doenças físicas mais comuns são problemas no coração incluindo ataques cardíacos; dilatação cardíaca; artérias bloqueadas e colapso cardíaco congestivo; asma; alergias; problemas de pulmão, incluindo câncer; problemas nos brônquios; pneumonia; problemas de circulação e todos os problemas na parte superior da coluna e nos ombros.

O QUINTO CHAKRA

O quinto chakra se localiza na garganta. A energia deste centro flui inicialmente pela tireóide, pela traquéia, pelo esôfago, pelas vértebras do pescoço, pela garganta e pela boca incluindo os dentes, as gengivas e a região maxilar.

Este chakra corresponde ao desenvolvimento da expressão pessoal e, principalmente, do uso da força de vontade do indivíduo. Considere mais uma vez o nosso estudo do processo de maturidade de uma criança. A idade de sete anos é considerada a "idade da razão", idade na qual a criança (assim se espera) já adquiriu suficiente conhecimento do que é comportamento certo e errado, bem e mal, adequado e inadequado, e por isso já pode aprender o que significa se responsabilizar por ações pessoais, embora em pequena escala.

Considere ainda mais profundamente que, ao ensinar responsabilidade, estamos ensinando à criança sobre a natureza da causa e efeito – que pensamentos, palavras, intenções mentais e emocionais, assim como ações, têm conseqüências. Causa e efeito é o estudo do uso da força de vontade e da sua relação com aquilo que é criado em nosso mundo pessoal. Em linguagem energética, o ato de usar a força de vontade pessoal é similar ao ato de dirigir a energia para que ela tome forma de acordo com o mapa do desejo emocional e da intenção mental, que está na consciência de cada um. Assim, a expressão "Não é isso que eu tinha em mente" é genuína quando você realmente compreende que "ter algo em mente" precede, de fato, toda a ação de criação pessoal da qual você participa.

A individualidade e a auto-expressão se manifestam através de ações criativas pessoais. À medida que a criança entra na adolescência e na vida adulta, espera-se que ela assuma mais responsabilidade pela determinação e pela realização de seus objetivos pessoais, a começar pelas responsabilidades na escola e em casa. A experiência e a orientação dos pais/professores, que devem acompanhar a criança nesse primeiro estágio de aprendizagem sobre causa e efeito, são as "gotas de sabedoria" iniciais, investidas na conta bancária do quinto chakra. É neste estágio de desenvolvimento que se desenvolve o uso responsável da força de vontade individual.

Independentemente do aprendizado básico de responsabilidade pessoal que acompanha este ciclo do desenvolvimento estão recursos de vida mais sutis e profundos que devem criar raízes nesse momento. O estudo de causa e efeito também ensina a pessoa sobre o significado de aprender a "seguir seus próprios sonhos" e que ela pode "fazer qualquer coisa desde que acredite nela mesmo". Para conseguir realizar seus sonhos, você deve agarrar-se a eles, manter sua intenção clara e direcionada e fazer escolhas que fortaleçam suas ambições. O estudo da causa e efeito – ações e conseqüências – é, na verdade, o estudo do poder inerente em cada um de nós criar nossa própria realidade.

A diferença essencial, freqüentemente observada, que separa o ser humano do resto dos seres da criação é o atributo da força de vontade – na verdade, do livre-arbítrio. É o único atributo humano que se acredita ser nosso universal "presente de Deus". A referência de que o livre-arbítrio é um presente de Deus sugere que o que está profundamente entranhado na natureza humana é a necessidade de contribuir com algo de concreto para a vida, que confirme o fato de estarmos vivos. Nascemos – somos projetados – para criar. Essa é a razão pela qual nós temos mente, consciência, escolha e livre-arbítrio. Esse atributo da força de vontade e da escolha pessoal é o nosso maior poder.

A supressão ou a interferência no desenvolvimento da força de vontade pessoal durante a infância cria inúmeras dificuldades que a criança, ao se tornar adulta, terá que superar. Infelizmente, é muito fácil traumatizar o desenvolvimento da força de vontade nas crianças.

O fato de não ter, durante a infância, voz ativa nas escolhas que lhe dizem respeito, ou ter suas escolhas ridicularizadas ou criticadas, cria o medo da expressão pessoal. Esse medo acaba se transformando na incapacidade de acreditar que você tem qualquer poder na criação da sua realidade. Como alguém que não tem nenhuma experiência pessoal com a lei da causa e efeito pode acreditar que esse processo de autocriação da realidade realmente exista?

Num nível ainda mais profundo, nossa própria natureza como seres humanos transpira energia criativa. Nós estamos criando em todos os momentos da nossa vida – desde criações simples como refeições e decoração de nossa casa até criações de arte, de música e de poesia. Não podemos parar de criar, mesmo que tentemos. Toda vez em que flexionamos um músculo – seja ele um músculo físico, mental ou emocional – nós influenciamos a criação. Somos programados para criar. A experiência de termos nossa natureza criativa básica violentada quando crianças é similar à de se tentar desprogramar a essência do projeto humano.

Não é possível desprogramar os poderes criativos do ser humano. O que é possível, porém, é interferir nesse processo tão profundamente que o instinto de criar encontra canais de expressão destrutivos e negativos. A criação irá encontrar uma saída – isso não pode ser evitado, não importa quão dominadora ou controladora seja a oposição a essa forma de expressão pessoal.

Quando ocorrem violações no processo de desenvolvimento da criança, saídas negativas são descobertas. É importante compreender que a falta de orientação com relação à responsabilidade pessoal também é uma violação. Crianças para as quais se passou a impressão de que "qualquer coisa está bom" são capazes de encontrar formas negativas de expressão, do mesmo modo que aquelas que são ridicularizadas. No âmago do nosso ser, sabemos o que precisamos aprender como crianças para nos tornarmos efetivamente adultos, e parte desse conhecimento interior é que sabemos que precisamos aprender como sermos responsáveis por aquilo que criamos, assim como aprender o que significa a criação responsável. Precisamos saber como lidar com as conseqüências de nossas ações. Quando isso não é ensinado às crianças, elas compreendem, mesmo que seja apenas inconscientemente, que dentro delas está faltando alguma coisa que é essencial para viver como um adulto fortalecido.

A auto-expressão e a criatividade são cruciais para a saúde – e não apenas para a saúde física. A criação de uma vida saudável, assim como de um corpo saudável requer da pessoa o domínio sobre a sua vida. Isso inclui ter a capacidade de expressar suas próprias necessidades.

A incapacidade de comunicar seus sentimentos, suas idéias, sua tristeza, sua raiva ou sua alegria é como derramar concreto em volta do coração e da garganta. Esse bloqueio aborta o processo de crescimento e dá início a padrões de comportamento destrutivos, que com certeza irão envenenar qualquer relacionamento íntimo.

Para compensar o medo da auto-expressão, esses indivíduos vão esperar que seus parceiros tenham o dom de ler sua mente. Eles vão querer que seus parceiros saibam o que eles estão pensando, sem que haja necessidade de se colocar em palavras. Outro padrão igualmente negativo é o hábito de negar as próprias emoções como um modo de compensar o medo que se tem delas.

Explosões irracionais de raiva, de ira ou abusos físicos também estão ligados à incapacidade de lidar de maneira responsável com os medos. A desonestidade é ainda um outro comportamento negativo que pode resultar de imperfeições no desenvolvimento da auto-expressão.

Alguns dos medos, ansiedades e padrões comportamentais negativos mais comuns que tendem a criar raízes na consciência da pessoa, como resultado de uma base inadequada para o uso da força de vontade são:

- Medo da asserção de seus próprios desejos e direitos – esse medo freqüentemente faz com que a pessoa permita que os outros a vitimizem devido à sua incapacidade de se comunicar de maneira firme em seu próprio benefício.
- Medo de expressar suas necessidades emocionais, seus sentimentos e suas opiniões. Esse medo bloqueia quase totalmente qualquer nível de criatividade.
- Tornar-se desonesto ou mentiroso como forma de encobrir sentimentos ou negar responsabilidade sobre suas ações.
- Usar sua vontade para controlar ou influenciar a vida de outras pessoas em proveito próprio.
- Arrependimento e raiva dirigida contra si mesmo que vem da incapacidade de dizer "Sinto muito", "Eu te amo" ou "Eu te perdôo".
- Incapacidade de expressar mágoa, tristeza e pesar. Isso inclui a incapacidade de chorar.
- Acumular arrependimentos por não ser capaz de falar por si mesmo quando surgem oportunidades em sua vida.
- Permitir que sua força de vontade não se desenvolva, pois espera que alguém tome as decisões por você.
- Exagerar e enfeitar a verdade, um mau uso do quinto chakra. Isso inclui o hábito de fofocar.

Alguns dos problemas físicos mais comuns que se desenvolvem como resultado de bloqueios causados por qualquer um desses padrões negativos são os seguintes: garganta irritada e dor de garganta crônica, incluindo câncer na garganta e na boca; problemas nas gengivas, nos dentes e desalinhamento do maxilar (chamado Síndrome da Articulação Temporomandibular); escoliose (espinha dorsal curva), torcicolo; laringite; amigdalite, dores de cabeça tensionais na base do pescoço; glândulas e tireóide intumescidas.

Também numa categoria própria estão os vícios: drogas, álcool, cigarros, açúcar, comida e qualquer outra forma de vício que indique uma incapacidade de controlar sua própria força de vontade e de desafiar os medos ou limitações presentes em sua vida.

O SEXTO CHAKRA

O sexto chakra se localiza no centro da testa. Também é denominado "o terceiro olho" ou "o olho da sabedoria", já que é reconhecido como a porta de entrada da sabedoria mais elevada e da intuição.

O cérebro, os olhos, os ouvidos, o nariz, as glândulas pineal e pituitária são as regiões físicas do corpo que são alimentadas pela energia deste chakra. Essa energia também ajuda na aprendizagem e no desenvolvimento da inteligência e da capacidade de raciocínio.

Voltando aos estágios de desenvolvimento da criança, estamos tratando agora do desenvolvimento da inteligência. No mínimo, a criança necessita aprender a ler, a escrever e a resolver problemas básicos de matemática. No entanto, isso é apenas o início da compreensão do conteúdo deste chakra.

A criança também deve aprender a pensar e a raciocinar. Há níveis de sofisticação para a "habilidade de pensar". Habilidades rudimentares do pensamento se relacionam à capacidade de lidar com os desafios básicos da vida no dia-a-dia, isto é, tratar do pagamento de contas, fazer compras, levar as crianças à escola, pensar no que vai vestir, preparar o jantar para sua família e praticar esportes depois do trabalho. Essa categoria inclui aquelas situações da vida nas quais não temos que pensar muito, pois elas fazem parte da nossa rotina diária. Elas são repetitivas e constantes. Essas são situações da vida que, acreditamos, não passarão por mudanças. Conseqüentemente, não "pensamos" muito nessas situações mais corriqueiras. Na realidade, freqüentemente preferimos não pensar em nossa vida até o momento em que alguma forma de caos perturbe a calma de nossa rotina.

E aí então? Sabemos "pensar" quando surge o caos? Sobre o que nós "pensamos" quando estamos em crise?

Essa qualidade do pensamento requer habilidades mais desenvolvidas. As habilidades necessárias para superar situações de crise que ocorrem na vida de todos nós são aquelas que nos permitem encontrar o significado e o propósito inerentes em todos os ciclos da vida, incluindo a doença e a morte.

Esse processo é chamado "transcendência" – colocar-se acima da tentação de ter autopiedade (a síndrome do "por que eu?") e usar a força para criar uma situação diferente. Pensamento transcendente é uma habilidade aprendida que requer o desenvolvimento de métodos de introspecção, de auto-análise e uma visão filosófica ou espiritual sobre o propósito da vida, que inclua a idéia de que viver e aprender são sinônimos. Uma filosofia/espiritualidade desse tipo exige que a pessoa estude continuamente sua própria vida sob a perspectiva de que a Vida é a mestra e o que está sendo ensinado, através da avenida de sua experiência pessoal, é essencial para você.

Se esse tipo de pensamento puder ser incorporado então é possível introduzir o pensamento mais avançado, nessa mesma linha, de que não importa o que aconteça na vida de alguém, trata-se sempre de uma mudança necessária para o bem-estar dessa pessoa. Isso não significa que a crise e a mudança não sejam dolorosas e nem que traumas e perdas pessoais sejam experiências fáceis de se curar.

O que essa atitude filosófica/espiritual mantém, no entanto, é que a possibilidade de se viver uma vida livre de traumas é extremamente remota, se não impossível. Nesse caso, não seria sábio considerar que talvez o aprendizado seja construído ao longo de todas as experiências da vida – tanto as dolorosas quanto as prazerosas – e, portanto, preparar-se para saber como procurar esse aprendizado essencial?

A alternativa para esse modo de pensar é acreditar que nada tem sentido, que todos os acontecimentos são por acaso e que a vida se move de uma tragédia para a outra, sem nenhuma linha de intenção visível para seus ritmos e ciclos.

Como se aprende a capacidade de introspecção e de auto-análise? Esse aprendizado deveria, muito apropriadamente, começar durante a infância através da orientação dos pais, que podem instruir seus filhos nas técnicas do pensamento através de suas próprias dificuldades. Crianças, por natureza, perguntam "por quê?" não importa o que estejam tentando entender – seja uma crise ou um jogo. Elas devem receber respostas adequadas ao seu nível de compreensão.

Durante seus momentos de raiva, de medo ou de fúria, elas deveriam primeiramente poder expressar esses sentimentos. Em seguida, deveria se conversar sobre esses sentimentos e sobre o seu significado, nunca ignorá-los. Além de se conversar sobre os sentimentos, quando for apropriado, as crianças deveriam ser ensinadas a como pensar e a reagir adequadamente aos acontecimentos. Elas também deveriam ser ensinadas a discernir qual o significado desses acontecimentos. Ocasiões tais como aniversários são, de certa maneira, ritos de passagem. Com certeza, a entrada na adolescência é um deles. Esses são eventos de transformação para crianças, como experiências de iniciação em miniatura.

Esses ritos de passagem têm grande importância para elas. Eles significam a entrada em graus maiores de responsabilidade e de autoridade pessoal. Em outras palavras, eles têm significado para elas e esse significado precisa ser reconhecido e respeitado. Esse tipo de ensinamento se torna a base para a percepção de que a vida – a vida em geral e a vida pessoal – é composta de acontecimentos profundamente significativos. No processo de aprendizagem de que a vida não é uma ocorrência casual neste Universo, a criança também aprende que significado e valores pessoais sólidos caminham juntos.

Há duas escalas de valores na vida: valores visíveis e valores invisíveis. Há muitas coisas de grande valor em nossa vida física – nosso trabalho, nossa saúde, nossa família, nossos amigos, nossa casa e bens materiais, nossa nação e nosso planeta. Há também muitas coisas em nossa vida interior que têm grande valor: nossa capacidade de ser compassivos, compreensivos e amorosos, e nossa capacidade de saber como viver uma vida honrada, de cumprir nossos compromissos, de usar a sabedoria ao tomar uma decisão e de saber como tomar decisões medindo as conseqüências que elas possam ter na vida dos outros.

Se, na infância, nada for reconhecido como significativo ou como tendo um valor transcendental além da gratificação física, como, ao se tornar adulto, essa pessoa irá encarar a vida? Onde irá esse adulto encontrar significado? Como ele irá PENSAR sobre a vida?

Para muitas pessoas, as questões sobre o sentido e sobre o valor da vida são mais do que filosóficos. Elas são a essência de uma visão espiritual do mundo e formam a base para uma prática espiritual pessoal.

Pensamento espiritual e percepção estão associados ao poder do sexto chakra. Pensamento espiritual é uma ordem de raciocínio mais elevado que permite que a busca de propósito e de sentido na vida encontre seu caminho de expressão natural.

Um incontável número de pessoas se apegam à crença de que a vida é uma criação espiritual e que Deus está sempre guiando a evolução da experiência humana. Há também numerosas pessoas que não acreditam em um Deus ou em uma outra vida ou em qualquer forma de comunhão espiritual. Estes que acreditam em Deus não estão necessariamente de acordo sobre o que é Deus, ou sobre a natureza da inteligência divina. Aqueles que não acreditam, simplesmente não acreditam.

Embora tenha sido debatido por centenas de anos a existência de um Deus, ou de qualquer força divina invisível, isso não pode ser provado de maneira que satisfaça uma mente científica ou agnóstica. O tipo de "prova" disponível – milagres, curas, aparições, fé pessoal e outros fenômenos dessa natureza – não significa nada para aqueles que procuram algo mais tangível ou constante nos termos da metodologia científica.

Há, entretanto, um atributo do ser humano que aparentemente é reconhecido por muitas linhas de pensamento, ou seja, a existência do "espírito" humano, seja ele aceito poética ou literalmente.

Quando o espírito de alguém não está presente, a criação ou a matéria física que pertence a essa pessoa se desintegra. Nós todos conhecemos as expressões "acabar com o entusiasmo (ou espírito) de alguém", "espírito de equipe", "espírito de aventura". Essas são referências ao poder e à realidade do espírito humano.

Qualquer pessoa que tenha presenciado a gradual diminuição do espírito (ou entusiasmo) de alguém pela vida, por um relacionamento ou pelo seu trabalho sabe o que é ver a parte física da vida dessa pessoa virar pó. Sem a participação do espírito humano, nada pode permanecer fisicamente saudável.

Isso é absolutamente real no mundo da cura. Aqueles que curam têm Espírito. O espírito é essencial para o processo de cura, e quando uma pessoa é incapaz de engajar o poder do seu próprio espírito na jornada da cura, está se preparando para morrer.

O espírito humano é capaz de se desenvolver não apenas em tempos de grandes crises ou quando é preciso praticar atos de heroísmo patriótico. Ele tem qualidades específicas e potenciais que são tão reais quanto o talento para a música ou para a ciência. Essas qualidades também são parte da energia do sexto chakra.

Para os que acreditam num Universo espiritual, o espírito humano é considerado um elo de ligação entre o nosso mundo físico e o mundo não físico da Inteligência Divina.

O desenvolvimento espiritual é o processo de dar atenção às capacidades e às qualidades mais profundas da natureza humana e trabalhar para aperfeiçoá-las. A disciplina do desapego, por exemplo, é a prática de se desenvolver tamanha força pessoal que se é capaz de interagir em qualquer situação da vida, contribuindo no mais alto grau de visão e de sabedoria, sem necessidade de controlar o desenrolar dos acontecimentos.

O sexto chakra é especialmente reconhecido como o ponto de entrada da intuição, da sabedoria e da inspiração. A intuição que está associada à energia do sexto chakra difere da intuição do terceiro chakra. A orientação do terceiro chakra diz respeito aos assuntos práticos da vida diária. A intuição do sexto chakra é de natureza mais elevada, mais universal e transcendente, proporcionando aos indivíduos discernimento quanto ao significado espiritual de suas vidas e da Vida.

As habilidades intuitivas podem tornar-se instrumentos precisos de percepção, como no aprendizado de técnicas do diagnóstico intuitivo ou na capacidade de expandir as faculdades de raciocínio de acordo com as Leis e Princípios Universais.

Como foi comentado anteriormente, o processo de desenvolvimento para se atingir a expressão espiritual requer da pessoa o aprendizado da linguagem da consciência: introspecção, auto-análise e responsabilidade pessoal. Esses são os instrumentos que então servem ao indivíduo quando ele procura uma disciplina espiritual pessoal, tal como a meditação ou a oração.

A ausência dessas capacidades permite que o medo reine no seu mais alto grau dentro da consciência da pessoa. Essa pessoa não possui nenhum mecanismo efetivo de luta. Quando o caso é esse, a incapacidade de raciocinar, de lutar para ver a perspectiva mais ampla dos acontecimentos na sua vida, de elevar a visão mais além das limitações de sua própria tristeza, irá levar o indivíduo a viver de acordo com as percepções de negatividade: julgamento, preconceito, medo, raiva, autopiedade e sensação de ser vítima.

Um extraordinário número de medos e de padrões de comportamento negativos são capazes de contaminar a energia do sexto chakra. Os seguintes itens são apenas uma amostragem:

- Medo de olhar para dentro de si mesmo, ou medo da auto-análise e da introspecção.
- Medo de suas próprias habilidades intuitivas, que dá origem a bloqueios à sensibilidade interior.
- O uso inadequado do poder intelectual, como a participação na criação de algo prejudicial à vida ou em atos deliberados de fraude.
- Usar a capacidade de raciocínio contra si mesmo, como ao desenvolver mecanismos de negação psicológicos ou emocionais. Essa é a prática de negação da verdade, que resulta na incapacidade de discernir com clareza sua própria realidade.
- Medo que resulta da crença de que você é intelectualmente inadequado.
- Ciúme e insegurança com relação à capacidade criativa de outra pessoa.
- Medo de ser influenciado pelo valor das idéias de outras pessoas.
- Má vontade ou recusa em aprender com as experiências da vida. Isso freqüentemente leva a culpar constantemente outras pessoas por tudo que acontece de errado em sua própria vida, e a um padrão infindável de repetição das mesmas situações de aprendizado difíceis e dolorosas.
- Comportamento paranóico, ansiedade devido à sensação de não conhecer a si mesmo.

Algumas das disfunções mais comuns que se originam desses bloqueios do sexto chakra são tumores cerebrais, hemorragias cerebrais e coágulos de sangue no cérebro; problemas neurológicos; cegueira, surdez; problemas em toda a espinha dorsal; enxaqueca ou dores de cabeça devidas à tensão; ansiedade ou nervosismo, incluindo colapso nervoso; coma; depressão; esquizofrenia; ataques epilépticos e outras formas de disfunções emocionais/mentais, e dificuldade no aprendizado.

O SÉTIMO CHAKRA

O sétimo chakra se localiza no topo (coroa) da cabeça. As partes físicas do corpo que correspondem à energia desse centro são os principais sistemas do corpo: sistema nervoso, sistema muscular, esqueleto e pele. Na linguagem energética, o sétimo chakra é o ponto de entrada da força da vida humana propriamente dita – uma corrente de energia invisível que jorra ininterruptamente no sistema energético humano, nutrindo cada parte do corpo, da mente e do espírito.

Voltando à nossa analogia com a criança, consideremos que, uma vez que a criança tenha passado por todos os estágios de maturidade anteriores, ela comece o processo de adquirir seriamente atitudes pessoais, valores, ética e impressões sobre a vida em geral, e a noção de onde ela se encaixa nesse padrão geral da vida.

Atitudes, valores e ética têm poder – mais especificamente, o tipo de poder que constrói ou destrói a qualidade da vida da pessoa. Eles determinam o rumo que damos à nossa vida e os padrões de aspiração e de posicionamento. As qualidades que universalmente conferem respeito pelos seres humanos – coragem, humanitarismo, abnegação – florescem dentro da pessoa que construiu uma sólida base interior fundamentada em atitudes positivas e em valores verdadeiros.

Atitudes são ímãs. Atraímos pessoas, oportunidades e acontecimentos da mesma qualidade de nossas atitudes mais fortes e dominadoras. Se somos pessimistas, reclamamos o tempo todo e adotamos atitudes negativas com relação à vida, certamente nos envolveremos com pessoas da mesma opinião – se não por outra razão, pelo fato de que os otimistas incomodam os pessimistas.

E, o que é mais importante ainda, nossas atitudes são regidas pela Lei Universal da Atração – igual atrai igual. Uma crença na "má sorte" atrai má sorte. Acreditar que a vida é cheia de boas oportunidades que podem mudar o curso da nossa vida num piscar de olhos nos traz exatamente esse tipo de oportunidade.

Num nível mais pessoal, crenças negativas sobre si mesmo, tais como a de muitas pessoas que não se acham merecedoras de amor, criam uma dinâmica nos relacionamentos em que se vivencia a falta de amor ou a rejeição. Tudo o que você precisa para testar essa hipótese é escrever uma lista de atitudes que você tem sobre a vida e verificar se, de fato, elas não são forças determinantes fortes em sua vida.

O caráter de uma pessoa é desenvolvido, na verdade realçado, pela combinação de atitudes, de valores e da ética aos quais a pessoa é fiel. O "poder do caráter" é real e também é um ímã atraindo para cada indivíduo desafios similares à qualidade do espírito dessa pessoa.

Considerem os desafios de Gandhi. Ele atraiu para si aquelas lutas que estavam à altura do poder e da qualidade do seu caráter e de seu espírito. Pode-se apenas refletir que realizações da magnitude das de Gandhi são ilustrações do poder disponível para o ser humano quando o caráter e o espírito trabalham em uníssono, mas acredito que este alinhamento era um parte do poder interior de Gandhi.

Muitos de nós concentramos a energia de nossas vidas numa escala menor do que Gandhi. Todavia, dentro da vida de cada um de nós há desafios em que temos a oportunidade de agir de acordo com os ditames e com a força do nosso espírito. Vencer o vício das drogas e do álcool é um dos desafios mais comuns que as pessoas enfrentam. Isso se enquadra nessa categoria porque vícios dessa magnitude afetam negativamente toda a vida da pessoa. Eles interferem na capacidade da pessoa de cumprir o propósito para o qual ela nasceu.

Nós criamos a nossa realidade. Os instrumentos usados no processo de criação são todos invisíveis. Eles são as nossas atitudes, crenças, valores, ética e energias emocionais. Atitudes negativas diminuem a força vital. A negatividade nessa escala é como represar um rio, é desconsiderar continuamente o valor e o propósito da vida. A força vital se enfraquece de maneira gradual, mas contínua. O corpo, a mente e o espírito começam a sofrer de "desnutrição energética". Se essa espiral descendente continuar irrefreada, o espírito experimenta a falta completa de energia. Acaba se tornando impossível reabastecer o espírito, e o corpo conseqüentemente morre.

O processo de criação continua durante essas espirais descendentes. Enquanto respiramos, temos o poder de criar. O que é criado é sempre o reflexo da energia presente no sistema de uma pessoa. Quando ciclos descendentes são criados, a conseqüência é a depressão. A força vital da pessoa se torna literalmente deprimida e destituída de vitalidade. A pessoa começa a sentir o corpo como chumbo e a exaustão se torna companhia constante. Esse é um exemplo de como é a sensação de falta de energia espiritual.

Devido ao que aprendemos com relação à matéria física, a idéia de Força Vital pode não ter facilmente considerada verdadeira, muito menos como tendo poder para isso. Entretanto, ela existe. Durante uma avaliação intuitiva da saúde, o vigor da força vital de um indivíduo é o meu indicador de quanto a pessoa está comprometida com o permanecer viva.

Uma força vital saudável está muito bem centrada em sua vitalidade. Isso é muito importante, pois significa que a pessoa tem consciência de onde ela investe a energia de sua vida. Em outras palavras, isso indica que a pessoa tem cuidado com seu valor pessoal e, como tal, investe energia, tempo e atenção com prudência, consideração e sabedoria.

As pessoas que têm esse tipo de consciência não são tão controladas pela natureza tumultuada da realidade externa. Elas têm autoconhecimento (embora em níveis variados), elas sabem quem são e o que esperam de si mesmas. O discernimento, a capacidade de pensar com sabedoria e clareza, requer autoconhecimento. Você tem que se conhecer para fazer escolhas que não coloquem seu eu interior em crise.

Em seguida, apresento apenas uma introdução dos tipos de medo ou padrões comportamentais que interferem na saúde do sétimo chakra. Como este chakra se relaciona com assuntos que envolvem a vida da pessoa como um todo, os padrões de negatividade são da mesma dimensão.

- Crise ao compreender que se está vivendo uma vida sem sentido.
- Crises espirituais, como a falta de fé.
- Crise que acompanha a incapacidade de confiar nos processos de vida naturais e solidários.
- Falta de coragem e de fé em si mesmo.
- Viver de acordo com a energia de atitudes negativas, que impedem o indivíduo de ver oportunidades de mudança.
- Medo do próprio desenvolvimento – isso inclui o medo de conhecer a si mesmo.
- Os padrões comportamentais negativos que resultam de uma incapacidade de pensar e de raciocinar além dos limites de suas próprias necessidades.
- Os padrões comportamentais negativos que resultam de uma má vontade de crescer e de mudar para se ajustar aos desafios da vida.
- A incapacidade de ter uma visão mais ampla do processo em curso na sua própria vida.

Os tipos de doenças que podem resultar desses padrões de negatividade são disfunções do sistema nervoso, paralisia, problemas genéticos, problemas ósseos incluindo câncer nos ossos e doenças degenerativas tipo esclerose múltipla e esclerose lateral amiotrófica (ELA).

O sistema de chakras como um sistema de percepção

À medida que você se familiariza com os sete chakras, percebendo como eles refletem o ciclo natural de amadurecimento, torna-se possível trabalhar com esse sistema como uma forma de estudar a si mesmo e de perceber em que áreas da sua vida provavelmente surgirão os desafios.

Os sete níveis de amadurecimento também refletem as sete questões básicas que surgem nas situações que enfrentamos em nossa vida diária. Consideremos o cenário de uma reunião de negócios. Ao entrar na sala, você instintivamente examina o aposento para ter uma idéia das condições físicas do local, inclusive para ver onde é melhor se sentar para ficar mais à vontade. Essa é uma questão do primeiro chakra – segurança física e proteção.

A seguir, você avalia o material que preparou e o seu relacionamento com as pessoas presentes. Você percebe onde as lutas de poder provavelmente ocorrerão e com quem. Essa é a energia do controle e do poder em relacionamentos e assuntos materiais do segundo chakra.

Em terceiro lugar, você se prepara para apresentar seus dados ou defender sua posição. Reúne todo o seu poder pessoal e concentra-se para não perder o seu controle interno. Ou, você se conscientiza de que se sente intimidado pela circunstância. Em ambos os casos, esse é o processo de avaliação do terceiro chakra com relação ao poder pessoal.

Em quarto lugar, você traz suas emoções para a situação junto com a sua necessidade pessoal de aceitação e de apreciação. Essa é uma influência do quarto chakra.

Você vai querer modificar a situação, fazer com que a sua presença seja notada e impor, até certo grau, a sua própria vontade durante a reunião. Você vai querer contribuir com a sua energia, e essa é a energia do quinto chakra.

Suas idéias sempre serão avaliadas numa reunião, e essa é a energia do sexto chakra.

Ao sair da reunião, automaticamente você irá avaliar como o seu desempenho e qualquer decisão tomada afeta sua vida pessoal e profissional. Essa é a energia do sétimo chakra.

O ciclo dos sete chakras se repete constantemente na nossa vida, em cada uma das situações e relacionamentos da nossa vida. Onde quer que você sinta uma dificuldade, reveja o sistema dos chakras em sua seqüência de questões e localize onde você se sente bloqueado. Então trabalhe o bloqueio para se fortalecer. Essa é uma forma de medicina preventiva extremamente eficaz.

Outras considerações: a genética versus *o karma*

Onde a influência da genética se encaixa nesse sistema de análise da saúde? Os fatores genéticos do corpo humano são considerados bastante reais, assim como os fatores materiais que a pessoa herda e então desenvolve.

É evidente que nem fazendo visualizações ao longo de toda a sua vida você conseguirá aumentar sua altura ou mudar seu tipo de sangue. A saúde holística não tem a pretensão de alterar a estrutura genética da pessoa, mas sim encontrar métodos através dos quais a pessoa possa atingir o máximo grau de saúde dentro da realidade física do seu corpo.

Entretanto, visto que todas as tecnologias holísticas estão ainda em desenvolvimento, e temos ainda que penetrar o completo potencial da nossa mente no que se refere à sua capacidade de influenciar o corpo, a resposta para a questão da genética permanece em aberto. Até o presente momento, somos incapazes de desafiar efetivamente as limitações genéticas. Quem sabe do que seremos capazes daqui a cinqüenta anos?

A questão da genética está intimamente ligada à questão do karma (a Lei Universal de Causa e Efeito). Escolhemos nossa constituição física de acordo com ingredientes kármicos ou nascemos sujeitos ao acaso dos padrões genéticos de nossos pais?

Esta é, obviamente, outra pergunta sem resposta. Posso apenas dar uma opinião baseada em minha experiência. Para mim, o fator karma é uma realidade.

Embora informações sobre a vida passada nem sempre sejam parte de um diagnóstico intuitivo, sempre que há uma ligação significativa entre a condição física atual da pessoa e um acontecimento anterior na sua vida, esse elo está presente no sistema energético da pessoa. Parece que a mente inconsciente do indivíduo está trabalhando para desenterrar a memória, para trazê-la à luz do dia. E como nós não estamos conscientemente abertos para esse tipo de informação, ela emerge através de sonhos ou de medos incomuns ou padrões de comportamento que desenvolvemos em nossa existência atual.

Por muito tempo, não se conseguia aceitar essa realidade. Eu achava desnecessário para o processo de cura informar às pessoas que a razão do seu sofrimento nesta existência estava em alguma ação feita há quatrocentos anos, e que era lamentável que elas não pudessem se lembrar dela.

O que eu aprendi, entretanto, é que, em quase todos os casos em que a informação de vidas passadas aparece, o indivíduo é capaz de relacionar os dados com alguma coisa presente nesta vida. Numa de minhas leituras, por exemplo, uma mulher me procurou devido a problemas de garganta que a acompanharam pela maior parte de sua vida adulta. Nenhuma causa fisiológica pôde ser encontrada.

Durante a interpretação eu vi que ela tinha sido freira num convento aproximadamente há três séculos. Durante sua vida como freira, ela foi obrigada a ficar em silêncio por um inacreditável número de anos como punição. Aparentemente, ela nunca tinha feito nada de errado e por que não foi possível esclarecer isso, o sentimento de injustiça e o desejo de gritar contra essa injustiça a acompanharam até o túmulo. Na existência atual, essa mulher não só nasceu em uma família católica, como também começou a ter o problema a partir do momento em que começou a ter pesadelos em que era castigada num mosteiro. Até a minha interpretação, os sonhos não tinham nenhum sentido para ela. Pouco tempo depois, seu estado de saúde melhorou.

Dificilmente eu me sinto em condições de fazer afirmações definitivas sobre o ciclo de vida mais amplo, e sobre o processo cósmico de morte e renascimento. Posso apenas comentar dentro do escopo de minhas experiências.

Assim sendo, acredito que nada, absolutamente nada, com relação às nossas vidas ocorre fora de nosso poder de escolha. O problema é que nós subestimamos esse poder, acreditando que o poder de escolha está apenas em nossa mente consciente. Não temos nenhum ponto de referência para compreender as inúmeras escolhas que fazemos levados pelo poder de nossos medos, de nossas atitudes e da nossa mente inconsciente.

Além do mais, baseamos o nosso raciocínio em escolhas do tipo ser ou não ser feliz, saudável e bem-sucedido financeiramente. Em outras palavras, como freqüentemente me afirmam, se nós realmente escolhemos a nossa vida, então por que não fomos todos "abençoados" com uma conta bancária na Suíça, com fama e com saúde? Por que alguém iria escolher nascer na pobreza? Ou num lar onde o maltratam? Ou num país em guerra?

Essas questões têm sua lógica, com certeza, mas também refletem preocupações bastante humanas, valores humanos de sucesso, medos e insegurança humana. Além disso, se essas preocupações refletem verdadeiramente o propósito de criação da vida, por que esses objetivos não foram atingidos por mais pessoas? Por que desafios são muito mais abundantes do que dinheiro e felicidade?

De fato, existe a possibilidade de que, num estado não-físico, como espíritos, nossa consciência e nossos valores sejam isentos de tais preocupações mundanas, e a escala pela qual "escolhemos" as características de uma existência reflete o desejo de expandir nossa consciência de acordo com os valores de imortalidade e de consciência universal. Em outras palavras, escolhemos uma existência que sirva ao nosso aprendizado e não ao nosso "poder de ganho". Assim sendo, nós iríamos então escolher até nossa constituição genética de forma a beneficiar esse aprendizado.

Considere por um momento que nossas escolhas sejam feitas dessa forma. Acrescente a possibilidade de que no estado não-físico, uma única existência seja uma gota no oceano da eternidade. Nós, é claro, valorizamos a nossa vida por acreditarmos que ela é a única que temos. Mas, e se isso não for, de maneira nenhuma, a verdade? E se, enquanto estamos em um estado não-físico, nos fosse dada a oportunidade de avaliar a soma de todos os nossos aprendizados em todas as nossas existências para que pudéssemos preencher nossas lacunas?

E se, por exemplo, uma alma fizesse essa revisão da sua vida e, durante esse processo de avaliação, compreendesse que nunca tinha aprendido sobre a natureza da compaixão, preferindo ignorar o sofrimento dos outros. A alma poderia então escolher aprender a compaixão e criar uma existência que levasse em conta essa escolha.

Que tipo de circunstância ensina a compaixão? Aprende-se a ter compaixão quando se experimenta na própria pele as lutas e a dor da condição humana. A compaixão não é aprendida quando se está preocupado em construir impérios. Aprende-se a ter compaixão servindo os necessitados ou necessitando da compaixão alheia. E assim é criada uma existência destinada a ensinar a compaixão. Pode ser que uma escolha como essa tenha criado Madre Teresa de Calcutá.

Do meu ponto de vista, aceito o contínuo ciclo da vida como uma realidade. Eu não só pude verificar várias vezes essa realidade através do meu trabalho, como também descobri que ela é a base da crença no sistema justo, compassivo e equilibrado do

Universo. O que quer que sejamos e quaisquer que sejam as circunstâncias em que nos encontramos, nós as merecemos. A idéia de que nascemos apenas uma vez, em circunstâncias fora do nosso controle, o que significa ter abundância ou carência sem nenhuma explicação, é inaceitável para mim.

O karma é a base para o ensinamento que afirma que "o que vai, volta" e que "o melhor é fazer aos outros o que gostaríamos que nos fizessem", pois nós iremos, de fato, receber no final aquilo que demos aos outros.

O ambiente

A influência de nossas condições ambientais também tem um papel importante na criação da saúde. Como nosso ambiente continua a se deteriorar como resultado da poluição, do buraco na camada de ozônio, da chuva ácida e de experimentos nucleares, de pesticidas e de herbicidas, não podemos evitar nos tornarmos mais susceptíveis às quantidades maciças de veneno que se infiltram em nosso sistema a cada momento.

Certamente, nem todos podem se mudar para o campo, e nem mesmo o campo agora é tão saudável quanto antes. A realidade que muitas pessoas estão enfrentando, no entanto, é que as condições de vida na cidade limitam até mesmo o mais saudável dos programas de saúde. Por exemplo, pessoas que correm todos os dias na cidade de Nova York estão inalando fumaça de carros e ar poluído. Isso equivale a fumar.

Nas avaliações da saúde das pessoas, os efeitos ambientais estão aparecendo cada vez mais. A ansiedade devido à poluição sonora e irritações devido ao ar poluído estão se tornando lugar-comum.

Não temos ainda idéia das conseqüências da destruição da camada de ozônio. Não é difícil de imaginar que haverá uma maior incidência de câncer de pele, já que os raios diretos do sol estão afetando o corpo humano. Além disso, existe a realidade do lixo atômico, dos resíduos dos testes nucleares e dos ventos nucleares em nossa atmosfera, originados de usinas nucleares.

Nós também não começamos ainda a compreender o impacto do uso de produtos químicos na comida e na água. Como não temos estudos completos que demonstrem o efeito da ingestão de produtos químicos no nosso humor, na nossa sensibilidade ou nas nossas faculdades mentais, não podemos fazer afirmações concretas sobre o impacto desses produtos químicos. Podemos apenas concluir, à medida que surgem mais e mais relatórios sobre os altos níveis de pesticidas que existem em nossos alimentos, que este é um fator negativo substancial para a saúde.

O impacto da violência

Somos uma espécie violenta – não por natureza, mas por escolha. Nós nos tornamos tão afeitos à violência que não somos mais capazes de perceber isso e muito menos de observar o impacto que ela tem sobre o espírito humano e sobre o corpo físico.

Nós nos divertimos com a violência e nos comunicamos usando palavras violentas e, muito freqüentemente, praticando atos violentos. Permitimos a violência com os animais e com o meio ambiente. O pior de tudo é aceitarmos esses infindáveis atos de violência como parte da natureza humana, como se não pudéssemos nos responsabilizar por eles.

A televisão traz a violência da guerra para dentro de nossos lares, através dos noticiários, mas, emocionalmente, podemos realmente distinguir a violência real dos noticiários daquela presente nos programas de entretenimento apresentados logo após?

Vivemos em uma cultura repleta de vítimas de abusos, de abusos familiares, de abusos inter-raciais e de abusos econômicos. Os mendigos de nossas ruas são vítimas da violência econômica. Há violência em nossas escolas e na guerra de gangues nas ruas.

Este é apenas um comentário sobre a quantidade de violência explícita. Somos também implicitamente violentos. Pensamentos de raiva, de violência e de julgamento lutam dentro de nós, destruindo nosso espírito e nosso corpo.

Embora possamos acreditar que o nosso destino é enfrentar a violência e que ela faz parte da natureza humana, isso não é verdade. Simplesmente nos acostumamos de tal maneira a essa distorção de nosso própria natureza básica que não compreendemos mais que estamos envenenados.

Eu pessoalmente acredito que somos uma espécie carregada de doenças violentas, porque nós mesmos estamos carregados de emoções violentas. A energia da violência dentro de uma pessoa destrói tanto interna quanto externamente. Essa energia que existe dentro do sistema energético da pessoa é a principal contribuinte para a criação da doença no corpo dessa pessoa, embora seja um fator não mensurável do ponto de vista médico.

Resumo

O estudo do sistema energético humano e do poder da nossa própria natureza é o estudo da dinâmica da criação propriamente dita e da parte vital que cumprimos como participantes no processo de continuação e de manutenção da vida.

A história humana é uma ilustração de nossos ciclos do aprendizado sobre nós mesmos, sobre se libertar das limitações de um sistema de pensamento para se atingir níveis mais altos em nosso autoconhecimento. Da mesma forma em que o advento do pensamento científico tomou o lugar da mente supersticiosa, assim também essa consciência emergente da co-criação desafia a crença de que alguém tenha nascido como vítima.

O conhecimento do sistema energético humano irá finalmente se fundir à medicina tradicional. Isso já está acontecendo em pequenas doses, mas à medida que se começa a conhecer mais sobre a "física da mente", esse conhecimento terá que ser incorporado à nossa compreensão de como a doença e a saúde são criadas.

5

COMO NÓS CURAMOS

CAROLINE MYSS

Uma redefinição do processo de cura

O que significa curar? Você pode pensar que a resposta é óbvia, mas não é. Dentro do modelo médico tradicional, curar significa, muito simplesmente, tratar uma doença até que ela seja curada. Ser curada significa ser tratada com remédios e/ou cirurgia até que os sintomas tenham desaparecido.

O modelo holístico de saúde introduziu o estudo da relação entre a mente, o corpo e o espírito. Reconhecer a influência dos fatores emocionais, psicológicos e espirituais é redefinir a natureza do processo de cura. Estudos nessa área indicam decididamente que o processo de cura deve ser ampliado para incluir a atenção, muito necessária à vida interior do ser humano.

Essa mudança na visão também inclui ampliar nossa compreensão daquilo que se considera uma doença legítima. Por exemplo, o alcoolismo é agora reconhecido como uma doença, quando antes era considerado um "hábito" ou falta de força de vontade. Do mesmo modo, a depressão e outras dores da mente e do espírito estão ganhando terreno para serem aceitas como doenças passíveis de tratamento.

Simultaneamente, o movimento holístico encara o processo de morte com compaixão e com abertura, considerando assim os últimos estágios da vida como uma parte vital da jornada de cura de um indivíduo. No mundo médico tradicional, o processo de morte é visto como a falha da cura, desse modo inferindo que nada de valor pode ocorrer no ser humano uma vez que a morte é iminente. No entanto, o que se tornou claro para muitos terapeutas que trabalham com pessoas que estão morrendo é que os últimos estágios da vida trazem oportunidades para a conclusão de assuntos não resolvidos. A experiência de expor emoções confusas e ter conversas há muito esperadas com a família e com amigos traz uma conclusão adequada para todas as energias que a pessoa colocou em movimento durante o curso de sua existência. Esse é um processo de cura profundo que permite que o momento necessário do desapego ocorra sem que os membros da família ou amigos retenham culpa residual ou emoções de raiva. Embora a tristeza esteja presente, não é a tristeza misturada a sentimentos dolorosos que surge quando não há oportunidade final de expressar o que se passa no coração.

O impacto do ponto de vista holístico, que inclui o processo de morte como uma jornada de cura, é redefinir o que significa curar, mostrando novamente que o tratamento apenas do corpo físico é insuficiente. Igualmente significativo, o estudo do porquê e como ficamos doentes requer nos ressensibilizarmos com relação à nossa própria natureza emocional. O estudo de por que adoecemos também é a análise do que precisamos para nos manter saudáveis. Muitas escolas de psicoterapia, apesar de algumas diferenças em seus enfoques particulares, compartilham uma premissa importante: a de que o ser humano é um sistema profundamente sensível de necessidades emocionais, psicológicas e espirituais.

Não existe cura química para feridas emocionais. Nem pode a cirurgia extirpar lembranças dolorosas de sofrimento por abusos sexuais quando criança. O "material" do qual a doença é feita requer um tratamento muito mais complexo do que simplesmente uma cirurgia ou remédios. Ele requer, por exemplo, um processo de transformar a mágoa interna em lições que revigorem em vez de destruir o indivíduo.

Há várias considerações com relação à jornada de cura que foram introduzidas pelo pensamento holístico. Cada uma delas contribui com idéias valiosas sobre o que significa curar e como um indivíduo empenha todos os seus recursos internos como auxiliares nessa profunda jornada.

Vamos fazer um paralelo entre os conceitos holísticos e as idéias do modelo médico tradicional para ilustrar a transformação natural do pensamento que está acontecendo com o advento do paradigma holístico.

Cura versus *transformação*

Consideremos que a palavra "cura" significa que alguma coisa externa pode servir como tratamento para algo que está acontecendo internamente no corpo humano. No que se refere a infecções e a vários vírus isso é correto. Mas o que acontece a esse sistema de tratamento quando a tensão emocional e psicológica vem se juntar a esse quadro? De fato, há remédios para o tratamento da depressão, da ansiedade ou da tensão, mas essas drogas curam essas doenças ou simplesmente ajudam o organismo a funcionar até que os sintomas diminuam? Os remédios são eficazes no tratamento das reações à tensão, mas não da essência da própria tensão.

O modelo holístico de tratamento trouxe à tona a necessidade de ajudar a pessoa a tratar das tensões da vida como parte integral da cura do corpo. Para fazer isso, a pessoa deve estar disposta a olhar para todas as partes da sua vida, incluindo feridas emocionais (tanto as recebidas quanto as causadas), necessidades emocionais não atendidas, decepções em relacionamentos, promessas não cumpridas, desejos não realizados, desapontamentos consigo mesmo e outros assuntos inacabados que produzem mágoas.

Ao aceitar a necessidade de fazer esse tipo de trabalho interno, você está reconhecendo a necessidade de mudar e de transformar áreas da sua vida que são úteis para o restabelecimento da saúde. Ao fazer isso, você altera a relação entre você e a doença. Em vez de considerar a "doença" como algo que se manifestou espontaneamente na sua vida, você é capaz de pensar nela como um "mensageiro". O processo de transformação torna-se então a experiência da compreensão de mensagens específicas que a doença traz para a sua vida, e o desafio de agir de acordo com essas mensagens de maneira que elas beneficiem a sua saúde. Inevitavelmente, as mensagens vão conduzi-lo à reavaliação de quem você pensa que é e daquilo com o que você pode viver *versus* uma apreciação muito mais autêntica de suas reais necessidades e considerações.

Para colocar essa descrição na linguagem da transformação, a doença é uma mudança inconsciente (ou uma escolha à revelia) que se manifesta no corpo da pessoa porque o indivíduo: 1) não tem coragem de ver claramente o que não está funcionando na sua vida; 2) não acredita que a tensão afete o corpo; 3) não é capaz de fazer uma introspecção, um auto-exame que permita a análise e a dissolução da tensão através de canais positivos.

Transformação é o processo de se tornar consciente dos muitos níveis em que nossas escolhas são feitas, e de aprender a reconhecer o que nós criamos como resultado de nossas escolhas. Escolher, portanto, se torna um ato consciente em vez da atividade inconsciente de reagir aos nossos medos e tensões. É o processo de auto-análise, passo a passo, que permite que a pessoa compreenda que a escolha de ficar com raiva, por exemplo, é exatamente o tipo de escolha invisível, sutil, que produz a doença.

O que é que ocorre dentro do processo de transformação que o faz curar? Auto-análise é certamente parte da resposta, mas é o objetivo da análise que tem o poder de curar e esse objetivo é: *conclusão* e *validação*.

A conclusão é a oportunidade de compreender e fechar – literal e metaforicamente – as feridas abertas. A conclusão é a contraparte da criação: Queremos ver a energia que pusemos em movimento na nossa vida fechar um círculo completo. Queremos ver nossas crianças crescerem, queremos entender por que alguns de nossos relacionamentos fracassaram, queremos ver nossos negócios progredirem, queremos ver nossa criatividade se manifestar fisicamente. E queremos ver as sementes da nossa vida produzir uma colheita, mesmo que ela ocorra muito depois do plantio.

Onde quer que haja algo incompleto na nossa vida há fios presos, embora isso seja inconsciente. Nós nos mantemos presos, através dos fios invisíveis de nossa energia criativa, a tudo aquilo que pusemos em movimento, como centenas de cordões umbilicais atados ao nosso sistema de energia.

Essa é, talvez, a dinâmica responsável por causar a recriação de certas situações até aprendermos a lição e podermos quebrar esse padrão fazendo a escolha consciente. Conscientemente ou não, estamos ligados àquilo que criamos. Mesmo se o que criamos é doloroso, o desejo de ver nossas criações concluídas é mais forte do que nossa capacidade de abandoná-las.

Uma vez que nos conscientizamos de que estamos repetindo as mesmas lutas, podemos nos colocar em condições de ver que *escolhas diferentes produzem resultados diferentes*. As pessoas que se casam com alcoólatras irão, muito provavelmente, continuar envolvidas com alcoólatras até que olhem para dentro de si para ver o que há em suas necessidades e em suas crenças que traz esse tipo de relacionamento desequilibrado para sua vida. Talvez seja uma necessidade de salvar alguém, ou talvez seja a única maneira de se sentirem necessárias ou amadas. Qualquer que seja o caso, uma vez que haja, através da percepção, o entendimento do padrão, esse padrão pode ser liberado e um relacionamento mais gratificante pode ser criado.

A validação é o processo de cura profundo de compartilhar sua dor com o outro, não para que a pessoa possa fazê-la desaparecer, mas porque ninguém suporta sozinho o peso do sofrimento. De alguma maneira, se pelo menos uma pessoa está ciente da tristeza que carregamos, a carga se torna mais leve, pois o sofrimento não mais parece sem sentido e sem resposta.

O sofrimento é parte integral da condição humana. A necessidade de compartilhar o seu sofrimento com o outro, de ter alguém com quem falar, está profundamente ligada à jornada transformacional e faz uma distinção necessária entre a dor do ego e os sofrimentos mais profundos da alma.

A dor do ego versus *a dor da alma*

Tanto a dor do ego quanto a dor da alma causam sofrimento. Há, no entanto, uma diferença significativa e digna de nota entre essas duas dimensões do sofrimento. A dor do ego é o resultado da luta contra mudanças que precisam ocorrer, não apenas em si mesmo, mas dentro de seu ambiente físico. A dor da alma vem de um processo de submeter-se às mudanças necessárias que ocorrem na vida e que requerem aceitação ou liberação.

O desafio que cada um de nós enfrenta durante nossos períodos de sofrimento é permitir que a dor permaneça no nível do ego ou transformar essa dor do ego num processo de fortalecimento da alma. Embora a dor do ego e a dor da alma possam parecer de algum modo indistinguíveis no que se refere a como você as sente, há uma diferença qualitativa em termos da sua capacidade de apreciar o propósito ou a razão necessária para a experiência.

Há um tipo de dor, por exemplo, que está muito associado às feridas do ego. As necessidades do ego são definidas simplesmente por: atenção, elogios, admiração, aceitação, controle, poder, sexo e dinheiro. A única variável é o nível de necessidade da pessoa por esse tipo de resposta e até onde essa pessoa irá para conseguir preencher essa necessidade.

Quando esse tipo de resposta é negado, ou quando a pessoa recebe respostas negativas, o ego sofre. O ego fará grandes esforços para que suas necessidades sejam atendidas, ao mesmo tempo que nega qualquer envolvimento real. A necessidade de impressionar os outros, a necessidade de ser o "centro das atenções", a necessidade de se sentir bem com relação à sua feminilidade ou à sua masculinidade são todas baseadas no ego.

Certamente, quando ansiamos por essas respostas e elas não vêm, nós sofremos. E esse sofrimento pode levar a qualquer tipo de negatividade, seja autopunição ou negatividade contra os outros. O sentimento de rejeição pode levar a um "acerto de contas" emocional. Ou pode levar à auto-rejeição e à autodesvalorização. A dor do ego também pode dar origem a uma personalidade amargurada ou cheia de autopiedade.

Uma pessoa que esteja passando por uma crise do ego também está tendo uma oportunidade de transformar essa dor do ego num processo que leve ao aprofundamento da consciência pessoal e do discernimento. Isso se consegue abrindo-se para a aprendizagem que está presente na situação.

Apenas essa única mudança de perspectiva pode dar início ao processo de cura e impulsionar a dor para o movimento evitando assim sua internalização por meses ou até anos. Escolher encarar uma crise do ego como uma experiência de aprendizado é escolher envolver a própria alma no processo de cura, dando assim à crise um propósito e um significado que não podem ser compreendidos se a dor permanecer no nível do ego.

A dor da alma é o processamento daquilo que não podemos mudar, evitar ou, de outra maneira, remover da nossa vida. Embora muito da dor do ego seja opcional (isto é, há muitas escolhas do ego que fazemos e que *sabemos* não serem sábias, e ainda assim as escolhemos), o sofrimento da alma não o é. Há um propósito e uma profundidade nele que não está presente na dor do ego. O sofrimento que envolve a alma nos ensina sobre nós mesmos – nosso lado sombra, nossas forças interiores e nossa capacidade de ir além de nossas limitações anteriores. Esse nível de sofrimento é um processo de "desprendimento", é o ato de soltar várias partes de nós mesmos que interferem no desenvolvimento do nosso eu interior.

O papel desse nível de sofrimento dentro da experiência humana se relaciona diretamente com o propósito mais alto, ou espiritual, da vida. Considere estas perguntas: Por que a vida está continuamente nos apresentando desafios? Nosso destino é caminhar rumo ao estado de iluminação? Por que estamos "aprendendo" e "sofrendo" essas partes da experiência humana? Na verdade, qual é o propósito da experiência da vida?

Essas perguntas têm sido respondidas metafórica, existencial e espiritualmente há séculos. Independentemente da maneira como o indivíduo chega às suas conclusões pessoais sobre o propósito da vida, a inteligência natural da própria Vida é cíclica e continuamente produz experiências desafiadoras que nos fazem questionar nossa compreensão da "realidade" e em qual parte de nós, como indivíduos, nos encaixamos nesse vasto espaço da vida.

As conclusões de cada pessoa face às suas encruzilhadas críticas são completamente subjetivas. De acordo com a experiência, as pessoas que buscam um discernimento espiritual durante esses períodos emergem com uma consciência mais profunda da possibilidade de a Vida ser uma jornada espiritual e de que as contribuições que fazemos para nosso crescimento próprio e dos outros são de tremenda importância.

Talvez o paradoxo, que é um aspecto integral de sofrimento, possa ser comparado ao discernimento que estamos adquirindo através do estudo de nós mesmos com relação à doença. É possível que muito do nosso sofrimento ocorra como um resultado natural do esquecimento de que nossa vida é governada por um propósito espiritual e, quando não estamos alinhados com esse propósito, entramos em uma crise como um modo de reavaliar as prioridades da nossa vida. Da mesma forma, estamos descobrindo que muitas das doenças que criamos podem ser evitadas através da compreensão do impacto que a tensão emocional tem sobre nosso corpo físico.

Se há uma razão e um propósito para o contínuo processo de conclusões e de novos começos na vida, as chances são de que o propósito tenha mais a ver com a nossa imortalidade do que com nossa mortalidade. E na mesma medida em que perdemos de vista as exigências do nosso caminho espiritual, entramos em uma conclusão mental ilógica dolorosa.

O sofrimento faz com que nossa atenção se volte para o nosso interior. Talvez um dos objetivos mais falsos da vida seja a nossa crença de que, de alguma maneira, podemos direcionar nossa vida de forma a evitar dificuldades. Isso é impossível, e viver como se isso fosse possível é uma crença que certamente levará à frustração por desejar o impossível. Parece que um objetivo mais realista seria aprender a aceitar o ciclo da Vida nos seus próprios termos, lutando para aprender com a sabedoria adquirida no "momentum" natural de conclusões e de novos começos. Em vez de esperar que a vida seja algo que ela não é (uma dinâmica imutável), pareceria que nossa tendência para o sofrimento seria bastante atenuada se fôssemos capazes de reconhecer a sabedoria espiritual inerente aos processos naturais e mutáveis da nossa vida.

Eu pessoal versus *eu impessoal*

O eu pessoal é a lente do nosso ego para o mundo. É a parte de nós que gostaria de acreditar que somos o centro do nosso próprio universo e, algumas vezes, do universo dos outros. Nosso eu pessoal é o receptáculo dos nossos medos, das nossas necessidades e das nossas inseguranças.

É também o nosso eu entusiasta, o nosso amor pela vida, a nossa espontaneidade. É a parte de nós mesmos que busca relacionamentos, amizades e envolvimentos comunitários. Nosso eu pessoal é o meio pelo qual experimentamos amar e ser amados.

Como regra, costumamos viver a vida através das lentes pessoais. Nosso eu pessoal se liga a pessoas, a lugares e a coisas. Ele se rebela contra a mudança e prefere ter controle sobre todas as partes de nossa vida.

O eu pessoal é uma extensão da nossa identidade e da nossa personalidade. É aquela parte de nós mesmos que necessita de reconhecimento pelo simples fato de estarmos vivos.

O eu pessoal é a parte de nós mesmos que é desafiada quando há crise, pois é a parte capaz de agir pelo medo, assim como ser consumida por ele. Embora nosso eu pessoal seja um recurso para criar as experiências do nosso dia, ele representa uma deficiência quando há crise.

A lente do nosso eu impessoal, entretanto, tem uma visão mais ampla. É aquela parte de nós que está ligada a toda a humanidade e a toda a vida. É aquela parte de nós que reconhece nosso lugar no todo da vida e, como tal, pode perceber uma razão e um propósito maiores em cada um dos sucessivos desafios da vida.

A primeira onda de crise causa uma reação em nível pessoal para a maioria das pessoas. O diagnóstico de uma doença, por exemplo, imediatamente nos chama atenção para o nível pessoal da nossa vida: O quanto ela é séria? Quem ou o que será afetado? Como irei lidar com isso? Quem irá me ajudar? E quanto ao dinheiro e ao meu emprego? E, finalmente, por que eu? Por que isto está *acontecendo comigo*?

Todos precisam passar por este estágio de reavaliação pessoal. Permanecer aí, consumido pela autopiedade, pelo medo e pela raiva é letal.

O desafio que todo ser humano enfrenta em situações de crise é o desafio da transcendência – de empenhar o poder do eu impessoal para se libertar dos sentimentos de que coisas ruins acontecem só com você. É muito difícil sair do campo de gravidade da autopiedade e, por essa razão, também é tentador permanecer enredado em sentimentos que, embora reais, são excessivamente improdutivos.

Nosso "eu impessoal", por outro lado, é capaz de compreender que a vida é um processo em que todas as nossas experiências pessoais acontecem. A vida é mais do que a medida de eventos. É um processo através do qual viemos a conhecer os propósitos subjacentes às nossas experiências. Para todos nós, a vida é um mestre, e as lições que ela nos ensina são incrivelmente parecidas.

A maneira pela qual somos ensinados pode variar: doença, pobreza, riqueza, fama, sucesso, fracasso, casamento, celibato. No final das contas, não importam os detalhes, já que eles são propulsores que servem ao processo de aprendizagem daquela nossa parte maior do que nosso eu físico imediato.

É o eu transcendente ou impessoal que tem o poder de curar. Eu aprendi, ao longo das minhas muitas experiências com pessoas que estão enfrentando sérias enfermidades, que aquelas que são capazes de se separar emocionalmente da doença se tornam mais fortalecidas dentro do processo de cura.

Por exemplo, é natural dizermos: "Minha dor nas costas, meu câncer ou meu tumor no seio." O uso do pronome "meu" permite que a doença se funda com os outros aspectos pessoais da personalidade. "Meu(minha)" significa ligação, independentemente do raciocínio de que a doença é uma presença separada e indesejada no corpo.

Essa maneira de nos referirmos à doença dificulta o processo de cura. Não apenas sugere que a doença pertence à pessoa, como também implica permanência, como se ela tivesse se tornado parte do todo da pessoa. Tornar qualquer coisa pessoal aumenta a dificuldade para liberá-la.

O processo de cura é reforçado quando a pessoa é capaz de ser impessoal com relação à presença de uma doença. Impessoal não significa não emocional. Pelo contrário, significa alinhar nossas emoções de maneira que elas sejam solidárias e não subjugadas pelo medo.

Impessoal significa considerarmos a doença como se ela fosse um professor. A doença se desenvolveu porque o aluno precisa aprender alguma coisa ou interromper tudo o mais em sua vida o tempo bastante para que ele conclua uma grande quantidade de assuntos não resolvidos. Essa maneira de ver as coisas fortalece porque desafia a sensação de desamparo e oferece à pessoa um modo de trabalhar a doença, em vez de ceder sob o peso de se tornar refém dela.

Como se adquire uma atitude impessoal? Com certeza não é fácil, emocional ou psicologicamente, pois o medo que a pessoa sente em épocas de crise é real, e ele não se desintegra com um piscar de olhos. Ainda assim, embora essa transição para um nível mais elevado de raciocínio não seja fácil, ela é natural.

O espírito humano flui naturalmente na direção que aprimora a vida. O otimismo e o humor aparecem mesmo no meio de situações tremendamente difíceis, e essa é a energia do espírito humano em uma missão de resgate.

Quando se concentra a atenção para encontrar um caminho produtivo e de aprimoramento da vida, ele se torna uma realidade.

Religião versus *espiritualidade*

A fé é essencial para o processo de cura. As pessoas, sem exceção, que eu sei que curaram suas doenças, atribuem à sua fé em Deus a essência de sua força e de sua capacidade de cura.

Sendo a fé uma força tão poderosa, é importante compreender que aquilo em que temos fé tem um grande significado. Nem tudo em que uma pessoa tem fé é necessariamente um reforço interno positivo. Devido ao poder da fé, é crucial para as pessoas compreender que elas também têm o poder de escolher as crenças que desejam fortalecer. Todas as crenças, independentemente de sua origem – seja ela cultural, social ou religiosa –, devem ser desafiadas *se elas não nos servem mais, ou seja, não nos ajudam a lidar com os desafios da nossa vida.*

Durante os últimos 25 anos, um novo despertar espiritual criou raízes em todo o mundo. A espiritualidade que surgiu está intimamente ligada ao movimento holístico, pois seus princípios fundamentais são idênticos. Ambos os ensinamentos de espiritualidade e de saúde holística orientam a pessoa para ter fé em si mesma.

Tanto a espiritualidade quanto a saúde holística encorajam as pessoas a desenvolver a fé em sua capacidade de criar sua própria realidade. Do ponto de vista da espiritualidade, isso marca uma mudança com relação ao pensamento religioso tradicional, no qual se encoraja a dirigir a fé para um alvo externo, para um Deus definido.

A espiritualidade encoraja a fé por um Deus interno, de maneira que os indivíduos possam explorar a capacidade criativa de seus próprios espíritos.

A premissa de que nós criamos a nossa realidade é, em essência, uma premissa espiritual. Esse ensinamento é, até certo ponto, contrário às posições religiosas que consideram Deus como um ser exterior, pois a espiritualidade enfatiza a realidade do "Deus interior". Como resultado disso, a espiritualidade redefiniu a aplicação prática da fé propondo que podemos nos curar através do poder inerente ao nosso ser.

Quando as pessoas reconhecem que são elas que criam a sua realidade, a pergunta inevitável é: "Através de que fonte? Qual é a *fonte* desse poder de criação que está dentro de mim?"

A resposta não é encontrada no mundo exterior, mas internamente. O estudo da nossa própria natureza é o estudo da própria divindade em ação, encarnada em cada pessoa. Pode-se perguntar: "Como a divindade trabalha através de mim?" A resposta é simples: Olhe para o que você cria. Aquilo que você cria está vivo; a força vital em todos os seus atos de criação é expressada através da dinâmica de causa e efeito. Causa e efeito é uma atividade viva. É a sua energia em movimento e sua força de vontade comandando a energia para criar a matéria. Aquilo que você cria é reflexo de sua própria divindade.

A espiritualidade é a prática de reconhecer sua relação com a força divina como uma *parceria* – transcendendo a relação pai-filho tradicional, inerente a muitos ensinamentos religiosos ocidentais. Isso requer que se procure uma espiritualidade perfeitamente amadurecida, baseada em princípios de co-criação e de responsabilidade pessoal.

O ensinamento de que Deus existe fora de nós mesmos tem provado, sistematicamente no meu trabalho, ser uma desvantagem para as pessoas numa jornada de cura e, em particular, para aquelas que estão trabalhando com terapias holísticas. Isso porque a maioria das crenças religiosas tradicionais se apóia no ensinamento de que Deus, como uma força externa, determina se a pessoa irá se curar ou não e, da mesma forma, se ela irá ou não adoecer. Em alguns aspectos, essa crença é idêntica à posição de alguns médicos tradicionais de que todas as fontes da doença, assim como as da cura, estão localizadas externamente.

Como resultado dessa crença, a pessoa direciona automaticamente o poder de sua fé para uma compreensão externa de Deus. Isso acaba dificultando o processo de cura, pois encoraja a crença de que a doença é um desígnio de Deus e, não o resultado do poder criativo da negatividade.

É extremamente difícil penetrar em nossos próprios poderes naturais de cura quando acreditamos que a vontade de Deus é que determina o desenvolvimento de uma doença e, portanto, é Ele o responsável pela sua cura. Nesse caso, onde colocamos a nossa fé? Em nós mesmos ou na misericórdia de um Deus que criou esse sofrimento?

A combinação da espiritualidade com os princípios de saúde holísticos proporciona ao indivíduo meios de compreender como ele contribui para a criação de suas doenças, que não são um resultado da vontade de Deus, mas um resultado do fato de ele permitir que os medos e outras emoções negativas tomem conta de sua vida. A relação que desenvolvemos com o Universo se torna um meio de transcender esse sistema de valores de recompensa *versus* punição, e de desenvolver um relacionamento baseado nos princípios da co-criação. A jornada da cura, assim como a jornada da vida, é, desse modo, liberada da carga de sentir-se vitimizado pelo destino, pelas circunstâncias ou por Deus. As pessoas então serão capazes de ter fé e esperança não apenas em Deus, mas também em si mesmas.

A vontade de viver versus *a vontade de se curar*

Na maioria dos casos, a primeira reação ao diagnóstico de uma doença séria é: "Eu quero viver." Para a grande maioria, é incompreensível que alguém possa fazer uma escolha diferente. E, todavia, muitas pessoas têm pouca compreensão do vasto oceano de poder interno que separa a vontade de viver da vontade de se curar. A vontade de viver é uma reação à doença que tem origem na personalidade. É uma reação baseada no medo, capaz de produzir uma calma artificial e sentimentos passageiros de coragem. A afirmação "Eu quero viver" é simplesmente uma outra forma de dizer "Eu não quero morrer", mas há um poder pouco autêntico presente na vontade de viver.

Querer se curar requer mais do que o desejo de não morrer. A vontade de se curar é um compromisso muito mais profundo com o processo de cura. Ele mostra a capacidade de entrar na jornada de completa transformação de si mesmo, sem concessões ou limitações.

A pessoa no meio de uma crise de doença descobre que essa experiência provoca automaticamente um processo de reavaliação de todo os aspectos da sua vida. Essa "revisão de vida" ocorre naturalmente, como um mecanismo inerente que a natureza fornece para ajudar o corpo/mente/espírito a retornar à sua harmonia interior.

Os aspectos da vida da pessoa que estão contribuindo para a criação da doença surgem em sua mente durante a revisão de vida, como se dissessem: "Olhe para esta lembrança, olhe para este ressentimento, olhe para esta ferida emocional; esta é a sua oportunidade de fazer alguma coisa por esses sentimentos." Embora esse processo possa ser absolutamente assustador e doloroso, ele é, no entanto, a limpeza orgânica do eu interior que deve ocorrer para que haja a cura.

A vontade de se curar é a capacidade de encarar essa revisão de vida com a coragem e a determinação de fazer escolhas que possam levar à criação da saúde. Para muitas pessoas, essa é a parte do processo de cura que elas não conseguem realizar. Confrontar sua vida de forma aberta e honesta inevitavelmente significa mudança. Com freqüência, a perspectiva de encarar as mudanças necessárias para a cura é demais para a pessoa e, então, a negação – característica da vontade de viver – toma conta.

Admitimos que se a tarefa de lidar honestamente com as dificuldades interiores da nossa vida fosse fácil, todos nós seríamos muito mais saudáveis. Mas somos criaturas que lutam continuamente contra a abertura e contra a honestidade e, por isso, expressamos nossas tensões internas e questões pessoais não resolvidas através do caminho da comunicação inconsciente – a saber, a doença.

Em muitos casos, a informação recebida numa leitura intuitiva indica as tensões internas específicas que contribuíram para a criação da doença. No entanto, na maioria das vezes, as pessoas escolhem continuar com seus padrões tensionantes, apesar desses padrões resultarem em sofrimento inevitável ou até mesmo na morte.

Em um exemplo, uma mulher, que sofria de dor crônica, ansiedade contínua e congestão grave nos brônquios, se recusou a parar de fumar. Como desculpa, ela dizia que tinha tentado parar de fumar várias vezes e sabia que simplesmente não podia ficar sem o cigarro. Eu enfatizei o fato de ela estar optando por permanecer com a dor e ignorar os sinais de alerta que seu corpo estava transmitindo e que indicavam a perda da saúde na área dos brônquios. Não obstante, ela continuou a fumar.

Outra mulher que sofria de artrite, enxaquecas, diabete e obesidade recusou-se veementemente a alterar sua dieta alimentar. Embora reclamasse de seu peso excessivo, ela dizia que nunca tinha sido uma pessoa com força de vontade e: "É assim que eu sou." Eu mostrei a essa mulher que ela estava escolhendo viver uma *existência* de dor constante e que sem dúvida teria uma morte prematura, em vez de sofrer por três meses com uma dieta não tão agradável, mas nutritiva e saudável. Sua resposta foi: "É isso mesmo."

Um homem, com câncer de cólon, teve durante toda a sua vida ressentimento com relação à sua carreira profissional. Do seu ponto de vista, ele sempre fora uma pessoa desconsiderada quando se tratava de promoções ou aumento de responsabilidade e de autoridade no trabalho. Sua resposta emocional a esse padrão de ressentimento foi tornar-se amargo, retraído e com muita raiva. No leito de hospital, ele revivia suas inúmeras experiências de rejeição profissional, relembrando repetidamente as conversas sobre "O que eu deveria ter dito" e "Como eu deveria ter pedido demissão do meu trabalho há muito tempo ou recusado fazer o que me mandavam". Sua raiva se tornava mais intensa à medida que os dias passavam. Sua mulher e eu mostramos a ele que, embora ele não pudesse mudar o passado, aquela era a sua oportunidade de se livrar desses sentimentos que o tinham atormentado anos a fio, e que sua vida era mais importante do que uma promoção no trabalho. Embora ele pudesse intelectualmente entender que sua raiva estava prejudicando o seu corpo e que ele não poderia se curar tendo dentro de si esse profundo poço de negatividade, ele se sentia tão justificado em sua raiva que, no final, sua raiva venceu e ele morreu. Durante todo o tempo, porém, ele continuava a afirmar que queria viver. Verdade, ele realmente queria viver mas não queria se curar.

A vontade de se curar é a capacidade de viver preparado para mudança e/ou para o desapego de tudo aquilo que não está contribuindo para o seu bem-estar interior. Nessa jornada de transformação não se pode ter nenhum tipo de comprometimento. Não é suficiente, por exemplo, liberar apenas parte da negatividade ou perdoar alguém apenas parcialmente. E não é suficiente a pessoa admitir que *sabe* o que precisa fazer, e não agir para mudar. A doença floresce na procrastinação e nas desculpas. A resposta mental para a cura – quando o indivíduo sabe o que tem que fazer, mas não toma nenhuma providência com relação a isso – é a vontade de viver em ação; em outras palavras, é apenas falar sobre o caminho para a cura, sem, no entanto, *fazer* alguma coisa a respeito.

Felizmente – ou infelizmente – a energia não pode ser enganada. Não é possível mentir para si mesmo quando se trata do comportamento da energia. A energia é honesta – ela responde exatamente àquilo que está no coração e na mente da pessoa. Mesmo que o coração e a mente estejam em conflito, como é o caso de muitas pessoas, a energia da pessoa agirá de acordo com o conflito, e o processo de cura refletirá esse tumulto interior.

Curar-se requer transformação. E, por essa razão, dever-se-ia reconhecer que a cura é uma questão de coragem. Ela requer uma tremenda força interior para mudar padrões familiares de pensamento e de vida, especialmente quando se está fisicamente fraco. Ainda assim, aqueles que estão enfrentando uma doença devem compreender que a vontade de viver – referindo-se ao desejo de não morrer – não resulta e nem pode resultar em saúde. Curar-se é um caminho de ação.

O tempo versus *o momento presente*

O *tempo* tem um papel crucial no processo de cura, talvez muito mais do que a maioria das pessoas imagina. Normalmente, não temos muita consciência com relação ao fator tempo. É claro que estamos acostumados a pensar em termos de tempo: leva-se tempo para curar, leva-se tempo até que um remédio comece a agir, leva-se tempo para as pessoas mudarem.

As tecnologias de cura do campo holístico, entretanto, estão desafiando nossa relação com o tempo. A técnica da visualização, por exemplo, está mostrando fortes evidências de que o corpo responde às mensagens da mente, exatamente como elas são transmitidas. Visualizações feitas no tempo presente, ou seja, agora são muito mais efetivas do que aquelas que projetam o processo de cura no tempo. Quando as pessoas visualizam o próprio corpo completamente saudável, elas são orientadas para imaginar seu corpo totalmente saudável agora – não amanhã, não no futuro, não logo. Mas *agora.*

As implicações desse fator tempo, como é experimentado com a técnica da visualização, demonstram a possibilidade de que a cura, assim como a criação de uma doença, possa ocorrer instantaneamente. Essa evidência também sugere que o processo de criação da realidade é uma experiência de momento a momento, que pode mudar, positivamente ou negativamente, num piscar de olhos.

Embora tenhamos sido literalmente programados para olhar sempre à frente, para planejar o amanhã e para definir objetivos bastante adiante de onde estamos no presente, o fato é que essa prática é prejudicial à cura. Pode ser que concentrar uma grande atenção no nosso "amanhã" também seja prejudicial às outras áreas da nossa vida, além da nossa saúde. Isso porque essa tendência desvia a nossa atenção daquilo com que devemos lidar no momento imediato. Em vez de responder de uma maneira produtiva às nossas preocupações, seja curando o nosso corpo ou criando oportunidades de carreira, geramos ansiedade ao projetar nossas dificuldades atuais no amanhã. O que precisamos compreender é que ao fazer isso, estamos usando nossa tensão para criar o que iremos experimentar "amanhã". Em outras palavras, projetar à frente em vez de viver o momento presente mantém nossa tensão, ou doença, viva, pois nós "programamos" o amanhã em vez de usar nossa energia para curar hoje.

À medida que aprendemos mais sobre como criamos a nossa realidade através da energia dos nossos pensamentos e sentimentos, podemos chegar à conclusão lógica de que o que quer que seja que iremos enfrentar amanhã está sendo, de alguma maneira, criado hoje – agora – neste momento. Uma tremenda disciplina é necessária para criar conscientemente, ou seja, para prestar atenção àquilo que estamos sentindo, àquilo em que estamos pensando, e àquilo que estamos fazendo, com a compreensão de que são essas "energias" que influenciam e dão forma à nossa realidade física.

Quando a saúde é o objetivo, é crucial criar com consciência, principalmente se considerarmos a possibilidade de a criação ser um processo instantâneo. Talvez a essência das "curas milagrosas" esteja na capacidade de concentrar a nossa atenção tão clara e totalmente no presente que a doença é imediatamente transformada.

A doença como mestre

Em certos casos, a doença ou uma desvantagem existem na vida de uma pessoa não como resultado da negatividade, mas como um veículo de que a alma precisa para cumprir sua missão de vida. Helen Keller é, talvez, o exemplo mais dramático desse tipo de situação. Suas "desvantagens" provaram ser as suas maiores dádivas, que beneficiaram toda a humanidade.

Há muitos exemplos como esses, em que pessoas respondem corajosamente às aparentes limitações de seu corpo físico, desenvolvendo as capacidades extraordinárias de seu espírito. Elas são uma inspiração para cada um daqueles que necessitam de provas de que a verdadeira força e poder do ser humano reside no espírito.

O desafio da responsabilidade

A saúde é o nosso bem mais precioso. Não importa nosso sucesso material, ou as conquistas que fazem parte de uma carreira excitante, se o nosso corpo físico está assolado pela dor ou pela doença, os prazeres do mundo físico não têm sentido.

No meu trabalho com pessoas que estão enfrentando a doença, no entanto, é para mim um grande mistério a freqüência com que elas escolhem continuar com seus hábitos mentais, físicos ou espirituais que não são saudáveis, sabendo que esses hábitos estão contribuindo para a doença. Falando de outra maneira, eu vim a compreender que a promessa de saúde não necessariamente motiva uma pessoa seja para a cura seja para a mudança de hábitos que quase certamente irão garantir a criação de uma doença.

Após anos de perplexidade com relação a esse fenômeno e de frustração diante de pessoas *que poderiam ser saudáveis mas optaram por não ser*, eu concluí que a promessa de se tornar uma pessoa saudável (e tudo o mais que isso significa – vitalidade, energia, ausência de dor) não é o motivador final para a mudança, como muitos pensam. A saúde é o resultado do compromisso de viver uma vida mais consciente – tornar-se mais responsável pela sua saúde emocional e pelo seu bem-estar – e este é um desafio esmagador para muitas pessoas.

Certamente, esse comentário não se aplica a todos. Há muitas pessoas conscientes de seus hábitos de saúde. E há várias pessoas participando muito conscientemente de seu processo de cura. Entretanto, de acordo com minha experiência, a maioria das pessoas com as quais trabalhei acha o desafio de transformar seus padrões tensionantes uma terrível provação. Para muitos, isso representa mudanças demais e muito repentinas. Conseqüentemente, os padrões de pensamento e de comportamento mais antigos, mais familiares, continuam dominando.

Um médico que trabalha com o modelo de saúde holístico comentou comigo que não tem nenhum problema em aplicar os conceitos holísticos na cura. Sua dificuldade é fazer com que os pacientes reconheçam a importância de ver a ligação entre suas tensões emocionais e a saúde. Ele concluiu que, na maioria dos casos, seus pacientes permaneciam fechados para o pensamento holístico por acharem que ele dá "trabalho demais". Preferiam, em vez disso, confiar ao médico a cura de suas doenças.

Há uma lição profunda sobre a natureza humana contida nessa dinâmica. Trata-se de uma lição de compaixão. Ao longo da nossa vida há incontáveis desafios que chamam a atenção para o que nós tememos e para o que achamos difícil enfrentar. Independentemente de quais sejam esses desafios, o propósito subjacente em cada uma dessas situações é a oportunidade de responder de uma maneira que aumente a consciência da nossa força interior e do nosso poder.

Dada essa perspectiva, é possível considerar que todos nós estamos continuamente em processo de cura. De fato, poderíamos pensar na jornada da vida como uma jornada de cura, cumprida passo a passo através da aquisição de autoconhecimento e de consciência pessoal.

Algumas vezes, a cura que está ocorrendo numa pessoa se torna óbvia porque ela produziu uma disfunção física que exige atenção. Mas, em muitos casos, o processo de cura ocorre fora da experiência de uma doença física.

As crises pessoais que permeiam a nossa vida são todas oportunidades para liberar padrões de medo e de negatividade que são obstáculos no caminho para nos tornarmos fortes e inteiros. A doença física é apenas uma das várias respostas que podemos criar como resultado de como lidamos com esses desafios.

Estamos acostumados a acreditar que a cura genuína ocorre APENAS QUANDO o corpo físico se liberta da dor ou da doença. Da mesma maneira que subestimamos o papel que nossos fatores emocionais e psicológicos têm no desenvolvimento de uma doença, também subestimamos a cura do nosso eu interior, considerando-a não autêntica. Se não vemos a "prova" da cura no nível físico, tendemos a desconsiderar a possibilidade de que tenha ocorrido qualquer cura. No entanto, a cura, muito freqüentemente, é um processo gradual de volta ao equilíbrio. Nesse processo, os passos internos necessários para a recuperação da saúde são dados um a um.

Na verdade, a vida de cada um de nós contém medo, confusão e dor. Nisso somos todos idênticos. Não é preciso que fiquemos doentes para compreender que somos sempre tomados pela insegurança. As experiências – nossos relacionamentos, nossa carreira, nosso estilo de vida – contêm elementos daquilo que nos amedronta. Saber disso nos dá uma genuína compaixão de modo que, quando estamos com alguém doente, incluindo nós mesmos, somos capazes de compreender que eles (ou nós), muito mais do que apenas o corpo físico, estão em processo de cura. Quer a doença ataque nosso corpo ou nosso ambiente, ela traz o mesmo desafio para cada um de nós – curar aquilo que tememos em nós e na vida. E, independentemente de onde e como encontramos a doença, o caminho para a cura genuína sempre levará à expansão da nossa capacidade de assumir maior responsabilidade pelo nosso eu interior e pelo poder de criação que existe dentro de nós.

II

COMO NOSSOS ATOS E ATITUDES GERAM A DOENÇA

6

A MANEIRA MAIS COMUM DE MORRER: DOENÇAS DO CORAÇÃO, DERRAME CEREBRAL E CÂNCER

NORMAN SHEALY E CAROLINE MYSS

Ataque do coração

Norman Shealy

O ataque do coração, nome comum do problema de saúde mais freqüente, tem uma causa mais metafísica do que a ciência pode admitir. Por que o denominamos um "ataque"? Desconfio que essa palavra nos remete a muitos séculos atrás quando as pessoas acometidas de uma oclusão coronária, ou ataque do coração, agarravam o peito, como se estivessem tentando empurrar um agressor. A palavra "ataque" ainda é usada em medicina, embora oclusão coronária e enfarte do miocárdio sejam os termos mais científicos.

Causa número um de morte nos Estados Unidos e em grande parte do mundo ocidental, os ataques de coração são muito freqüentemente considerados como o resultado do endurecimento das artérias ou da aterosclerose. Em geral, considera-se que a aterosclerose é causada por depósitos de colesterol nas paredes das artérias. Quando o coração é afetado, uma artéria entope e um "ataque do coração" ou enfarte do miocárdio ocorre. Altos níveis de colesterol e baixos níveis de LAD (lipoproteína de alta densidade) são os fatores que mais predispõem a isso. O fator precipitador é provavelmente uma descarga de adrenalina no sangue.

De acordo com estatísticas, o fumo é o maior fator isolado que dá origem à predisposição para o ataque do coração. O fumo causa 84% de aumento da adrenalina. Fumantes estão quatro a cinco vezes mais propensos a sofrer um ataque do coração. O fumo não causa apenas doenças do coração; ele é o catalisador de muitas doenças, incluindo câncer dos pulmões, da bexiga e do cérvix, enfisema, gripe, bronquite, pneumonia e até rugas. A incidência de muitas doenças inflamatórias ou "ites" é maior entre os fumantes. A natureza generalizada dessas doenças resulta da inibição da prostaglandina E1, um agente antiinflamatório natural e poderoso, que é prejudicado pela nicotina. Como já foi mencionado, a nicotina é também um estimulante poderoso da produção de adrenalina.

A ingestão de café, quando a pessoa excede a cinco xícaras por dia, também é um fator de risco. Há algumas evidências de que o consumo excessivo de café está associado com o aumento da incidência de câncer do pâncreas e também de ataques de coração. A cafeína, o estimulante químico do café, é um forte estimulante da produção de adrenalina.

Até certo ponto, o grau de obesidade é correlato à possibilidade de doença das artérias coronárias. Um peso superior a 10% do peso ideal encurta a expectativa de vida. A obesidade também está associada com o aumento da incidência de pressão arterial, de diabete e de derrame cerebral. E a obesidade aumenta a produção de adrenalina.

A aterosclerose também está associada com a alimentação. Uma dieta com alto teor de gorduras, especialmente gordura animal, e uma dieta com alto nível de açúcar estão associadas com o aumento de doenças do coração. Baixos níveis de fibras e altos níveis de açúcar e de gordura estão também associados com o aumento de câncer do cólon e dos seios, de diabete, de pedras na vesícula, de apendicite, de pressão alta, de veias varicosas, de hemorróidas, de diverticulose e de produção de adrenalina.

A personalidade Tipo A e a depressão são também fatores que contribuem para doenças do coração. Indivíduos Tipo A excessivamente preocupados têm em comum com a depressão uma quantidade excessiva de adrenalina. Numa análise final, a doença do coração parece ser uma das principais doenças decorrentes da tensão. Mas observe que a reação de tensão, basicamente um aumento da adrenalina, é criada pelas pressões físicas, químicas e emocionais. E mesmo a inatividade física, de acordo com Hans Selye, produz uma reação de tensão. A vida sedentária também está associada com a doença coronária.

Além de ataques do coração, há várias outras doenças de coração, desde malformação congênita até infecções por vírus ou por bactérias, defeitos nas válvulas do coração, congestão ou hidropisia e irregularidades na medida e no ritmo cardíaco. Diversas etiologias são suspeitas na pletora das doenças do coração. Entretanto, sabe-se que as crises espirituais ou metafísicas geralmente não são consideradas na diagnose da doença do coração ou de qualquer outra doença!

Na verdade, é o "por que" que me intriga como cientista. Por que eu? Por que aquele paciente? Por que não outro paciente que parece ainda mais obeso, que fuma ainda mais e que tem um histórico familiar da doença? O maravilhoso livro de James Lynch *The Broken Heart* chega mais perto, na minha opinião, da causa real da maioria das oclusões de artérias coronárias, do que o comportamento Tipo A ou o baixo colesterol LAD (Lipoproteína de Alta Densidade).

Algumas pessoas parecem ser muito mais o que o dr. Robert Elliot denominou "reatores quentes". Elas respondem com uma grande reação fisiológica a tensões relativamente menores: aumento da pulsação, aumento da pressão arterial, aumento da adrenalina ou epinefrina ou norepinefrina. Acredito, devido a observações clínicas, que essas pessoas também costumam ser mais psicotímicas na sua personalidade. Ou seja, elas sofrem mais mudanças de humor. Assim, elas são mais afetadas pela depressão. E tenho uma forte suspeita de que a profundidade da depressão é que determina o ataque de coração.

Meu pai foi um exemplo disso. De repente, depois de 24 anos de casamento, minha mãe pediu o divórcio. Ele entrou em profunda depressão. Ele sempre fumava de um e meio a dois maços de cigarros por dia, e aumentou para três depois do divórcio. Quinze meses depois casou-se novamente. Em lua-de-mel, sofreu o primeiro de seus três ataques de coração. Ele tinha se casado por impulso, e não era um casamento feliz. Posteriormente, isso o levou ao seu segundo divórcio.

Meu pai nunca quis deixar de fumar e, de fato, me disse em mais de uma ocasião: "Prefiro morrer a deixar de fumar." Ele ficou profundamente deprimido e morreu do seu terceiro ataque de coração. *Poderíamos* culpar a sua história familiar: cinco de seus seis irmãos morreram do coração entre 50 e 54 anos de idade. Ou poderíamos culpar estes outros fatores: ele bebia três a cinco xícaras de café por dia, fumava três maços de cigarros por dia, sua alimentação tinha um alto índice de gordura, era muito ativo nos negócios, além de não fazer nenhum tipo de exercício físico. Por outro lado, acredito que foi principalmente a depressão provocada pelo divórcio de minha mãe que precipitou o ataque de coração.

No final das contas, segundo meu modo de ver, quando escolhemos nossos pais (e acredito que os escolhemos no plano espiritual antes de nascer), estabelecemos um código genético. Se você escolheu uma história familiar que tem um sistema cardiovascular particularmente fraco, principalmente relacionado com o coração, então você precisa prestar especial atenção à alimentação, aos exercícios físicos e à sua atitude mental.

A "Dieta Sem Gordura" é a minha recomendação para um programa nutricional que será discutido em detalhes num capítulo adiante. A atividade física também será tratada em outro capítulo. No entanto, é preciso enfatizar aqui que o exercício físico é importante para aqueles que têm predisposição genética para doenças cardiovasculares, acima de qualquer outra doença, com exceção, talvez, da depressão.

Os fatores energéticos relacionados com as doenças do coração

Caroline Myss

A interpretação da doença sob a perspectiva energética difere da interpretação física, pois uma avaliação energética inclui naturalmente todo o processo da vida e não se limita a compreender a atividade de um órgão ou de um sistema em particular. Assim sendo, é necessário tratar a criação da doença ou da saúde dentro de uma estrutura que leve em conta as questões e os ciclos da vida. Os princípios fundamentais do paradigma holístico de saúde afirmam que saúde e doença são os indicadores naturais de como nós vivemos e lidamos com as exigências da nossa vida inteira.

Sob essa perspectiva, então, vamos falar sobre os fatores energéticos relacionados com as doenças do coração.

Nós somos, por natureza, uma espécie tribal. Precisamos uns dos outros e precisamos ser necessários uns aos outros. Precisamos dar tanto quanto receber amor. Nós crescemos quando somos amados e nossa força e vitalidade se enfraquecem quando não há amor.

No entanto, apesar da simplicidade de nossas necessidades, permanecemos profundamente confusos quanto à natureza do amor. Parece que nós separamos nossa capacidade natural para amar e ser amados da atividade de viver. A maioria de nós, se não todos, existe em algum lugar entre a simplicidade de nossas necessidades e a complexidade de nossos medos e de nossas inseguranças, que dividem o espaço do nosso coração.

Não é de se surpreender, então, que as doenças do coração sejam a causa principal de mortes nos Estados Unidos, assim como em vários outros países. Estamos mais acostumados a disfarçar, a negar e a proteger nossas emoções do que a compreendê-las e a satisfazê-las. As exigências da nossa sociedade, e portanto da nossa vida, são tais que nos guiamos pelo medo e pela insegurança, ou pelo nosso intelecto – ou por ambos.

Nós tememos nossas emoções, como observaram vários psicólogos nos últimos anos. Mas por quê? Qual é o poder inerente à natureza de nossas emoções que é tão assustador? Uma resposta seria o fato de que abrir-se emocionalmente nos torna vulneráveis, e não gostamos de ser vulneráveis. Essa talvez seja uma resposta exata, mas não é suficiente.

As emoções têm o poder de fazer com que sejamos honestos de maneiras que não necessariamente servem às exigências de nossa vida e nem ao nosso modo de vida. As emoções dizem a verdade. Se nos abrirmos para sentir o que os outros estão sentindo, devemos então agir ou de acordo com aquilo que recebemos ou contra, negando dessa maneira nossa própria experiência emocional. Isso é válido tanto em termos de como interagimos dentro de nossa vida pessoal quanto em como interagimos nas áreas mais amplas e impessoais de nossas instituições. Considere que nos esforçamos muito para manter o emocional fora dos negócios, da política, do governo e de outras instituições que têm poder decisório. Nós, como um todo, não estamos preparados para responder ao emocional de outras pessoas e de outros domínios da vida.

Conseqüentemente, vivemos mais de acordo com as exigências de autoproteção do que com as solicitações de nossa natureza emocional. Nós precisamos de abertura, de honestidade, de amor e de confiança. Vivemos de acordo com as limitações do medo. Ou seja, despendemos mais energia agindo *contra* nós mesmos do que em harmonia com o projeto essencialmente de amor de nossa espécie.

Do meu ponto de vista, essa é a razão pela qual a doença do coração é a causa principal das mortes. Nós tememos tanto viver de acordo com aquilo que nossa natureza emocional exige que nos tornamos insensíveis à realidade de que *somos* seres emocionais e não apenas organismos de carne e osso, tomadores de decisões intelectuais.

As estatísticas sobre doenças do coração servem como evidência de que nossa natureza não irá mudar para satisfazer as exigências da nossa sociedade e do nosso modo receoso de viver. Parece-nos que, se realmente tivermos a intenção de entender a causa básica da doença do coração, precisamos começar por avaliar o que está impedindo o amor de fluir na vida de cada pessoa.

As quatro principais doenças do coração serão tratadas a seguir para ilustrar de forma mais específica as tensões emocionais que contribuem para a sua criação.

ANÁLISE ENERGÉTICA DO ATAQUE DO CORAÇÃO

Myss

Um ataque do coração é literalmente um ataque do chakra cardíaco, ocasionado pela incapacidade de o indivíduo reconhecer e, portanto, processar as tensões emocionais da sua vida. A chave é o "processo" – a capacidade de lidar com reações emocionais. Pessoas que preferem não pensar sobre o sentido ou sobre o significado dos acontecimentos e dos relacionamentos em sua vida (geralmente porque eles os aborrecem ou porque se sentem incapazes de controlar as situações) são mais propensos a criar ataques do coração do que pessoas que sabem lidar com a tensão interior. Do ponto de vista energético, um ataque do coração é uma explosão de energia tentando atravessar ou destruir uma barreira emocional criada pela pessoa.

O que cria esse tipo de bloqueio? Em geral, a energia escondida num ataque do coração é causada principalmente pelo acúmulo de medo e de raiva relacionados com uma sensação de fracasso, com a incapacidade de atender às exigências emocionais crescentes – de relacionamentos pessoais e com a incapacidade de processar decepções em relacionamentos. Também fortemente associada com personalidades propensas ao ataque do coração está a necessidade de manter o controle. Logicamente, o medo da perda do controle, ou de ter o controle e responsabilidades arrebatadas, é extremamente comum em pessoas propensas a ataques cardíacos.

À medida que essas emoções crescem no corpo da pessoa, os níveis de tensão advindos de medos intensos e de sentimentos de raiva criam "paredes" em volta do coração. O indivíduo, em geral, inconscientemente, começa a acumular seu medo e sua raiva e concentrar ainda mais a atenção sobre as circunstâncias externas da sua vida.

Pessoas propensas a criar ataques do coração têm em comum tendência para acreditar que podem lidar com qualquer coisa que ocorra em sua vida (autocontrole) e, portanto, não estão abertas para resolver suas tensões antes da experiência de um ataque do coração. Também é muito difícil para esses indivíduos admitir ter sentimentos que se relacionem com o medo do fracasso. Há embaraço e vergonha associados a esses sentimentos e, portanto, falar sobre eles é duplamente difícil, se não impossível.

O hábito de fazer julgamentos severos também é uma característica que contribui para a tensão da área cardíaca. O julgamento freqüentemente é combinado com a raiva, com o medo e com o preconceito. Pensar que um grupo de pessoas, ou um indivíduo, ou alguma outra forma de vida tem menos valor que a sua própria é uma atitude que resulta em pensamento e em ação negativos.

Uma pessoa com as características aqui descritas geralmente não é propensa à análise de suas atitudes. Pelo contrário, o que é mais comum é um forte mecanismo de negação que impede a pessoa de perceber os sinais naturais que o corpo transmite quando atingiu um nível de tensão que coloca a saúde em risco. Esses sinais são sempre de natureza emocional, como aumento da ansiedade, agitação, insônia e depressão.

Essa disfunção geral se relaciona com uma incapacidade de liberar as feridas emocionais e os sofrimentos passados. O perdão também é difícil, e a tendência mais predominante em pessoas suscetíveis a ataques do coração é guardar ressentimentos em vez de trabalhar conscientemente para liberar essas experiências.

Congestão cardíaca

É essencial que estejamos satisfeitos com o que fazemos e com os relacionamentos na nossa vida pessoal. Quando não sentimos essa satisfação, freqüentemente dizemos:

"Não estou mais fazendo isso de coração." Essa expressão, usada de maneira tão casual, expressa não só algo que sentimos, mas também uma tensão física muito real. Isso significa que aquilo com que a pessoa está se ocupando ou a qualidade do seu relacionamento carece profundamente de saúde emocional. A necessidade de cumprir os desejos de seu coração não está sendo atendida. E o resultado disso é a "congestão emocional", geralmente acompanhada de depressão, de melancolia e de fortes sentimentos de estar em descompasso com a vida. Isso cria a congestão do coração.

Entupimento das artérias

O entupimento das artérias, como regra, é criado por sentimentos de culpa e pelo medo de desapontar as expectativas dos outros. A culpa representa um grande peso na consciência da pessoa e, como um cimento sendo depositado lentamente no corpo de alguém, ela acaba enrijecendo.

Prolapso da válvula mitral

Esse problema, comum entre as mulheres, está aumentando rapidamente. Essa disfunção é criada devido à incapacidade de reconhecer e, portanto, de atender às necessidades pessoais. Nós, como seres humanos, fomos criados para usufruir e desenvolver nossas emoções. Nesse processo, nos desenvolvemos em todo o nosso potencial. Desafiamos nossos medos, vamos em frente pela expressão criativa e crescemos.

Enquanto os ataques do coração estão mais relacionados com o medo emocional e com os padrões de raiva que prevalecem nos homens, o prolapso da válvula mitral, apesar de também ter origem na negação emocional, não tem os níveis intensos de raiva necessários para gerar um ataque do coração. Esse é um problema de saúde relacionado com a confusão emocional e com a frustração de não saber como direcionar suas próprias emoções, e de não ter suas necessidades emocionais atendidas a contento.

Uma palavra sobre corações partidos

Corações partidos são uma realidade. Todo ser humano tem seus limites no que se refere a suportar a mágoa, o sofrimento, a rejeição e o desespero. Embora as crianças se recuperem rapidamente, seus corações podem ser feridos facilmente. Por serem ainda incapazes de compreender por que estão sendo negligenciadas, maltratadas ou criticadas, as crianças absorvem a negatividade em seus corações.

Os adultos também têm suas limitações. Chega-se realmente a um ponto no qual a pessoa se sente incapaz de "se reerguer", de tentar uma vez mais se recuperar da perda ou da falta de amor em sua vida. Essa é a crise do coração partido, e ela pode criar um ataque do coração – ou até fazer com que ele pare completamente.

Relatórios de Casos

RICHARD
Shealy

Diagnóstico: Enfarte do miocárdio; hipertensão; obesidade; hérnia de disco intervertebral.

Este homem de negócios de 56 anos considerava sua saúde boa, exceto por ter pressão arterial alta. Na ocasião da sua primeira consulta ele estava com a pressão em 17/10. Tinha 1,80 de altura e pesava 119 quilos. Apesar de ser prescrito um tratamento adequado, treinamento autogênico, *biofeedback* e recomendações para que seguisse uma dieta apropriada que permitisse chegar a um peso satisfatório, o paciente não seguiu o programa determinado. Havia um conflito significativo em seu casamento devido às atitudes de sua mulher, descritas por ele como rígidas e restritivas. Ele, no entanto, não tinha vontade de falar sobre seus problemas conjugais.

Oito meses mais tarde, Richard sofreu um ataque do coração. Ele se recuperou e desde então perdeu 27 quilos. Ele não tem sintomas cardíacos residuais. Ainda não resolveu seu conflito conjugal e, é interessante notar, recentemente teve uma crise de dor lombar e ciática. Aproximadamente um ano depois do ataque do coração, Richard também desenvolveu uma hérnia de disco aguda que melhorou com uma terapia convencional.

ANÁLISE ENERGÉTICA
Myss

Richard é uma pessoa cujo desenvolvimento emocional não se expandiu de modo a incluir a capacidade de lidar com as necessidades de outra pessoa, especificamente, da sua esposa. Seu temperamento é tal que ele considera o fato de pensar sobre problemas pessoais e sobre razões mais profundas para a sua tensão uma fonte de irritação e de frustração. Como resultado da constituição emocional de Richard, ele é propenso a ataques de raiva e de fúria. Ele se afasta emocionalmente de sua esposa quando está com raiva e costuma culpar os outros pelo fato de eles não mudarem para atender às necessidades dele.

Sob esses padrões improdutivos de comportamento, estão o medo da crítica e do fracasso, fortemente arraigados na consciência de Richard. Ele associa a introspecção e a disposição para discutir os problemas com "ceder" e admitir que está errado. Portanto, ele se fechou a quaisquer sugestões de discussão já que isso o assustava profundamente. Havia pouco espaço para concessões nas atitudes de Richard e na maneira como ele escolheu viver a sua vida. À medida que seu casamento prosseguia e sua mulher continuava a mudar e a se desenvolver, ele considerava essas mudanças ameaçadoras ao padrão familiar do casamento deles. Da perspectiva de bloqueios de energia, essas tensões foram os fatores que contribuíram para o seu ataque do coração.

Mesmo depois do ataque, que foi uma forma traumática de liberação emocional, Richard continuou com suas atitudes de raiva e de ressentimento, com relação à sua incapacidade de controlar a vida da mulher. Como é descrito no Capítulo Quatro, questões de controle sobre as atividades de outra pessoa dizem respeito ao segundo chakra. Esse chakra corresponde aos órgãos sexuais, assim como aos quadris e à parte inferior da coluna (região lombar). Richard transferiu sua tensão para a articulação dos quadris, produzindo a dor ciática. A dor ciática, uma inflamação na terminação do nervo, é criada pela raiva ou pela frustração com relação a uma situação que não "agüentamos" mais, e nos sentimos incapazes de mudar. Posteriormente, a raiva que ele estava armazenando nessa área do corpo se espalhou pela espinha e ele criou uma hérnia de disco.

FREDA
Shealy

Diagnóstico: Prolapso da válvula mitral.

Esta professora de 35 anos nos consultou em dezembro de 1986 queixando-se de fadiga e de insônia. Ela tem uma história de intolerância a exercícios físicos e recentemente tinha estado sob forte tensão em seu trabalho. Ela está em seu segundo casamento e diz que é um relacionamento muito satisfatório.

Por sugestão minha, foi feita uma consulta com Caroline. De acordo com ela, a disfunção de Freda estava relacionada com um trauma emocional não resolvido e que atormentava seu inconsciente.

De início, a paciente não tinha consciência de ter passado por nenhum trauma amoroso mais forte. Entretanto, durante a consulta, ela mencionou que seu primeiro casamento fora infeliz. Seu marido a maltratava verbalmente. Quando, finalmente, ela criou coragem para dizer a ele que o estava deixando, ele a agrediu fisicamente. Mesmo depois do divórcio, ela continuava com medo dele.

Curiosamente, um ano depois, ele morreu num acidente. Ela admitiu que sentiu tristeza e alívio ao mesmo tempo, já que não precisava mais ter medo dele. Curioso também é que Caroline observou que a energia sexual de Freda estava represada. Eu perguntei a ela com que freqüência tinha relações sexuais com o marido, e a resposta foi que eles haviam mantido uma média de uma relação por mês durante o ano anterior. Ela pensava que isso era devido à sua fadiga e à insônia, e não percebia que isso havia criado uma tensão no seu casamento.

ANÁLISE ENERGÉTICA
Myss

A energia de Freda estava destituída de vitalidade na época de minha interpretação. O padrão de evitar seus sentimentos e necessidades emocionais mais profundos, que ela desenvolvera em seu primeiro casamento, estava contribuindo para sua exaustão e crescente irritabilidade. Pelo fato de estar agora envolvida em um relacionamento harmonioso e amoroso, Freda preferia fechar a porta de seu casamento anterior, deixando assim que esse assunto não resolvido se instalasse em sua mente inconsciente.

Durante os anos de seu primeiro casamento, seu relacionamento com o marido foi ficando cada vez mais distante. Quando ela ia tentar falar com ele sobre o que estava sentindo, ele a criticava ou mudava de assunto. Esse homem era uma pessoa que achava as discussões emocionais muito ameaçadoras. Como resultado dessa falta grave de comunicação e de apoio emocional, o casamento deteriorou-se. Cada um se ressentia do outro. Freda reagiu a isso tornando-se retraída e fria e ele, com críticas e hostilidade.

O que eu percebia com relação a Freda é que ela sentia necessidade de diminuir a consciência daquilo que estava sentindo e do quanto estava sofrendo para suportar a falta de apoio emocional no casamento. Ela começou a negar seus próprios sentimentos dizendo a si mesma "As coisas podiam ser piores" ou "Eu vou ficar bem; eu sempre fui capaz de lidar com tudo" ou "Talvez minha expectativa seja muito grande".

Com o tempo, os bloqueios emocionais criados por Freda provocaram o prolapso da válvula mitral. Seu relacionamento com o primeiro marido fez com que ela se sentisse emocionalmente rejeitada. Ao se casar pela segunda vez, Freda temia a intimidade ao mesmo tempo que a desejava. Ela ainda tinha assuntos do seu primeiro casamento não resolvidos que se relacionavam com sua cura e com a liberação do medo e da raiva residuais. Apesar de continuar com seu padrão de dizer para si mesma "Não foi tão mal assim", essa conclusão emocional era, na minha opinião, a causa básica para sua fadiga e exaustão.

FRANK

Shealy

Diagnóstico: Problema na artéria coronária com angina do peito.

Este ex-padre de 41 anos havia deixado o sacerdócio um ano e meio antes e se casado com uma ex-freira. Gradualmente, ele desenvolveu uma grave angina do peito que o impedia de andar mais do que alguns metros sem sentir dor no peito.

Ele havia consultado um cardiologista e havia feito um teste de estresse que indicava um grave problema na artéria coronária. Foi recomendado que fizesse uma angiografia coronária e colocasse um marca-passo. O paciente não queria sofrer uma intervenção cirúrgica e achava que seu problema era devido ao acúmulo de tensão.

Ele estava 11 quilos acima do seu peso e tinha passado por grandes transformações sociais nos dois anos anteriores. Seu tratamento foi uma dieta de pouca gordura, treinamento autogênico, *biofeedback* e aconselhamento. Em duas semanas, ele era capaz de andar três quilômetros. Desde então, teve apenas um ou dois episódios de angina e tem estado bem.

Frank atualmente está estudando para ser Ph.D. em Psicologia.

ANÁLISE ENERGÉTICA

Myss

As grandes mudanças na vida são traumáticas, independentemente de se estar ou não preparado para lidar com elas. Na melhor das hipóteses, não é fácil deixar situações e obrigações familiares. Os padrões mentais, emocionais, psicológicos e espirituais da pessoa podem continuar a funcionar da forma antiga mesmo não sendo mais apropriados para quem você é e o que você quer. Tempo e paciência são necessários em ampla medida durante os períodos de transição além da capacidade de prever episódios de confusão emocional, de incerteza, de desapontamento e de culpa.

A decisão de Frank de deixar o sacerdócio e de se casar representa a crise de uma grande mudança de vida. Ela marcou o final de todo um modo de ser no mundo e uma liberação de responsabilidades determinadas.

Embora Frank sentisse que sua decisão de deixar o sacerdócio era apropriada, ele se viu diante do desafio de recomeçar no mundo exterior. O padre, e tudo que esse papel representa no mundo exterior, não existia mais.

Frank teve que encarar o desafio de se encontrar novamente e de se desprender de sua identidade anterior e do papel que tinha se tornado tão familiar para ele. Isso significava mudar valores e objetivos e criar um plano totalmente diferente para seu futuro. Além disso, deixar o sacerdócio é como se divorciar, pois representa o término de um vínculo advindo de um comprometimento profundo do coração.

A tensão dessa transição provocou o problema cardíaco de Frank, e ele tinha ciência disso. O fato de ele ter compreendido a ligação entre sua tensão interna e sua doença física deu margem à cura, pois ele pôde imediatamente se beneficiar de um programa de redução de tensão.

Derrame cerebral

Shealy

Um derrame é diagnosticado quando há uma súbita perda focal da função cerebral. Freqüentemente isso inclui fraqueza ou paralisia de um braço e/ou de uma perna, associada à dificuldade para falar. Perda de visão, dormência, epilepsia, tremor e inconsciência são todos resultados potenciais de um derrame. Embora derrames sejam freqüentemente resultado do bloqueio aterosclerótico de uma artéria que vai para o cérebro, ou que está localizada no cérebro, sintomas parecidos podem resultar de hemorragia. E a hemorragia pode decorrer de uma ruptura espontânea de uma artéria, de pressão alta, de aneurisma (defeito congênito na artéria), de uma pancada na cabeça ou até de qualquer uma de várias doenças decorrentes de danos no mecanismo de coagulação do sangue. Alguns problemas metabólicos químicos podem parecer um derrame.

Assim como o ataque do coração é resultado do estilo de vida, o derrame também está significativamente relacionado com hábitos semelhantes. A pressão alta é o principal predecessor. A pressão alta decorre principalmente da obesidade, do consumo excessivo de sal, ou da ingestão inadequada de cálcio e de magnésio. A hiperatividade mental acompanhada de excesso de norepinefrina (adrenalina) é um fator-chave na pressão alta. O americano comum ingere de 10 a 20 gramas de sal por dia. O ideal é ingerir 2 gramas.

O diabete também contribui muito para a aterosclerose e para o derrame. Muitos diabetes são preveníveis ou reversíveis com um alto complexo de carboidratos (amido) aliado a muitas fibras, a uma dieta com pouca gordura, exercício físico adequado e uma boa reprogramação mental.

Como em todas as principais doenças, o fumo tem uma influência muito negativa e quase duplica as chances de um derrame. Finalmente, a ingestão excessiva de álcool está estatisticamente associada a uma maior incidência de derrame.

No caso do derrame, os médicos devem procurar uma causa potencial *tratável* da repentina catástrofe neurológica. Esse diagnóstico específico é freqüentemente denominado "Acidente Vascular Cerebral" ou AVC, uma designação absolutamente incorreta. Com exceção dos casos em que ocorreu algum trauma, ele raramente pode ser considerado um "acidente". É de considerável interesse o fato de que a terminologia médica seja acidente vascular cerebral.

Feitas estas considerações, não se pode evitar imaginar por que uma pessoa com uma pressão de 23/14 não tenha um derrame, enquanto outra com uma pressão de 16/9,5 o tenha. Certamente não se trata apenas de uma predisposição genética.

Parece-me que a tensão psicológica e social da pessoa é um fator precipitante mais provável. Talvez o nível de adrenalina, em algum momento, seja o gatilho. Raiva e ressentimento não expressados e não resolvidos são co-criadores-chave da pressão alta. Frustração "terminal" também pode ser o gatilho para um derrame.

ANÁLISE ENERGÉTICA DO DERRAME CEREBRAL

Myss

Conforme Norm descreveu, um derrame causa uma súbita perda da função cerebral. A pergunta em que eu me concentro ao fazer uma avaliação de saúde é "O que faz com que uma pessoa corte a atividade do cérebro?"

Como em muitas doenças, ocorre um acúmulo de energia negativa antes da disfunção se manifestar fisicamente. De acordo com o que observei, os padrões específicos do comportamento tensionante que contribuem para a criação de um derrame se relacionam com a necessidade dominante e muitas vezes obsessiva de controlar o ambiente físico. Esse padrão se desenvolve em uma pessoa que acha difícil, se não impossível, confiar na intenção ou na capacidade dos outros. A acentuada falta de confiança é um fator muito significativo na criação de um derrame.

Como a falta de confiança é uma questão importante, certos medos se tornam uma compulsão. Mais especificamente, a pessoa teme continuamente pela sua segurança financeira e material e pelo seu bem-estar. Algumas vezes, esse é um medo consciente, em outras, ele é inconsciente. Esse medo tem fortes ligações com sentimentos de vulnerabilidade e com a crença de que o mundo externo não é seguro. Conseqüentemente, torna-se crucial que a pessoa se sinta responsável por todas as decisões e atividades em seu ambiente de trabalho e nas demais áreas da sua vida.

Esses padrões de medo e de sentimentos compulsivos de desconfiança causam uma reação física específica no corpo. À medida que a energia dessas tensões negativas se acumula, ela dispara respostas emocionais em forma de frustração, de raiva, de fúria e, é claro, de medo. O indivíduo é desafiado a se manter "sob controle" enquanto essas correntes de energia elétrica de alta voltagem estão percorrendo seu corpo, como a energia explosiva de um gêiser esperando irromper da terra. Essa energia pode ser temporariamente liberada em pequenas doses através de vários canais convencionais, como ter explosões emocionais, restabelecer o controle em casa ou no trabalho, ingerir álcool, ou recorrer a outras maneiras que trazem um alívio temporário.

A realidade é que o que esse tipo de temperamento necessita é uma mudança de comportamento que permita ao indivíduo lidar com a tensão diária efetivamente em vez de internalizá-la e permitir que explosões (ou implosões) emocionais atuem como mecanismos de liberação.

A ocorrência de um derrame é uma indicação de que a pessoa não processa mais os efeitos dos estímulos particularmente ameaçadores ou esmagadores do mundo exterior. A energia causa uma erupção e o cérebro pára. É importante observar que, embora as tensões emocionais que criam um derrame sejam bastante semelhantes, essa semelhança não é transferida para os tipos de personalidade. Em outras palavras, se alguém fosse aplicar a descrição das características do derrame a personalidades humanas, poder-se-ia supor que apenas extrovertidos Tipo A são candidatos a ele. Isso não é correto. Pode-se encontrar uma tensão interna dessa natureza em um indivíduo de temperamento moderado tanto quanto em uma pessoa com uma personalidade explosiva. É fácil fazer falsas suposições sobre esses indivíduos mais moderados, simplesmente porque eles tendem a internalizar em vez de externar suas tensões.

Relatórios de Casos

ROGER
Shealy

Este advogado de 52 anos foi examinado primeiro em razão de uma dor no lado esquerdo do rosto. Ele tinha um histórico de um derrame em 1981, época em que perdeu os movimentos do braço e da perna esquerdos. Ele recuperou o uso do braço e da perna, mas continuava a sentir dor no lado esquerdo da face, o que é geralmente chamado de síndrome de dor de tálamo. Embora não tivesse pressão alta, ele tinha tido diabete por cinco anos à época de seu derrame. O paciente respondeu bem ao d-fenilalanina com praticamente controle total da sua dor.

ANÁLISE ENERGÉTICA
Myss

A energia de Roger indicava que ele tinha um acúmulo de tensão provocado pela ânsia de assumir maiores responsabilidades profissionais. Ele enfrentou o desafio de ter que delegar autoridade para outras pessoas na firma de advocacia para atender às suas próprias necessidades de expansão. Esse desafio era particularmente difícil para Roger, já que ele sempre fora o único responsável por seus clientes.

É importante observar a importância do diabete. Embora só passemos a tratar sobre essa doença em profundidade num capítulo posterior, é preciso mencionar que tanto o diabete da criança quanto o do adulto, em sua forma mais aguda, é uma disfunção relacionada com questões de responsabilidade.

Crianças que têm diabete freqüentemente lutam com a sensação de que ou devem ser os pais de seus pais, ou que devem ficar adultos o mais breve possível, ou para obter a aprovação dos pais ou para a sua própria sobrevivência. Os pais, muitas vezes, não têm consciência de que a criança tem a sensação de que não é amada por eles.

Crianças interpretam sua realidade de acordo com sua saúde emocional, exatamente como os adultos. O sentimento da criança de que ela precisa ser o pai da família não deveria, portanto, ser interpretada de acordo com as circunstâncias físicas da situação. Ao contrário, esse sentimento precisa ser avaliado através de "fatos emocionais", que freqüentemente têm pouca relação com a realidade física.

No caso de Roger, a questão da responsabilidade era a crença de que, ao delegar a responsabilidade para outras pessoas, ele falhava em cumprir seus compromissos profissionais.

De acordo com a avaliação energética, as questões relacionadas com o fato de delegar autoridade combinadas com a sua necessidade de se responsabilizar pessoalmente por todas as atividades profissionais provocou o derrame.

ALICE
Shealy

A senhora de 74 anos tinha dores fortes na região esquerda e central do abdômen há oito anos. Por causa dessa dor, há dois anos ela sofreu uma cirurgia exploratória e teve parte de seu cólon removido, apesar de não ter sido observada nenhuma anomalia. A operação tinha sido feita com a intenção de controlar a dor, cuja causa era desconhecida.

A paciente foi examinada por nós pela primeira vez em setembro de 1984, e sua dor foi reduzida de 50 a 60% com acupuntura, treinamento autogênico e *biofeedback*. Em agosto de 1985, ela sofreu um derrame que provocou perda da visão, diminuição da audição, dificuldade de fala e paralisia do braço e da perna direitos. Ela recuperou grande parte dos movimentos do braço e da perna, mas, depois do derrame, sua dor se tornou muito pior e a acupuntura já não era tão eficaz.

ANÁLISE ENERGÉTICA
Myss

A interpretação energética de Alice indicava que, ao fazer setenta anos, sua preocupação com a capacidade de tomar conta de si mesma aumentou drasticamente. Em especial, Alice temia se tornar dependente física e financeiramente. Como esse medo se tornou uma força poderosa em sua consciência, Alice começou a perder a confiança em si até o ponto em que atividades rotineiras começaram a se tornar ameaças em potencial à sua saúde. Finalmente, ela perdeu todo o senso de segurança física e uma forte sensação de vulnerabilidade tomou conta dela, resultando em um derrame.

LARRY
Shealy

Este homem de 70 anos desenvolveu uma forte dor na nádega direita e na área da bacia, um ano depois de um derrame que o tinha deixado com o braço e a perna esquerdos paralisados. Ele tinha recuperado 50% dos movimentos, mas a dor persistia, apesar de um trabalho extensivo e intensivo de fisioterapia, acupuntura e bloqueios do nervo local, assim como estimulação transcutânea elétrica do nervo. O paciente costumava ser bastante irritadiço e se recusava a parar de fumar.

ANÁLISE ENERGÉTICA
Myss

A energia de Larry revelava que ele sempre fora um homem determinado a seguir seu próprio caminho na vida, independentemente de suas escolhas serem ou não razoáveis. Para ele, a cooperação era impossível e, em quase todas as situações, ele considerava toda a dinâmica externa como "jogos de poder". Como resultado disso, Larry não podia confiar em ninguém nem em nada do mundo exterior. Ele suspeitava das intenções de todos e achava difícil ouvir as sugestões alheia mesmo as dos médicos que lhe ofereciam ajuda. Por causa de seu temperamento e de sua visão da vida, Larry facilmente se sentia ameaçado pela mudança e certamente pela perda de controle sobre sua vida e sobre o ambiente. Seu derrame foi provocado por essas tensões, combinadas com seu temperamento colérico.

KATIE
Shealy

Esta senhora de 36 anos é Ph.D. em problemas de aprendizado e leciona sobre esse assunto. Há seis anos, aproximadamente, uma semana depois de uma gripe moderada, ela sofreu uma paralisia no lado esquerdo do corpo e uma perturbação mental que melhorou depois de vários meses. Ela permaneceu com um moderado descontrole do lado esquerdo e uma sensação forte de mal-estar interno, principalmente no lado esquerdo da face.

ANÁLISE ENERGÉTICA
Myss

A interpretação de Katie indicou que ela era uma superempreendedora compulsiva, com uma forte necessidade de ter uma posição de autoridade em seu campo. Suas ambições profissionais consumiam seus processos mentais, excluindo, com freqüência, suas necessidades emocionais. Katie acreditava que suas realizações intelectuais satisfaziam e *controlavam* suas necessidades emocionais. Como resultado, ela não estava inclinada a dar às suas emoções a atenção necessária para trabalhar os medos relacionados com a sua necessidade de realização.

Sob tensão, Katie costumava concentrar sua atenção naquilo que estava acontecendo em seu ambiente profissional, em vez de desenvolver técnicas adequadas para enfrentar suas inseguranças. Com o tempo, a tensão sobrecarregou seu organismo e o cérebro parou. Infelizmente, foi uma maneira muito dramática de avisar Katie que sua natureza emocional precisava de tanta atenção quanto o seu intelecto.

Câncer: a epidemia de culpa e de medo
Shealy

O câncer é a terceira causa mais comum de morte e, antes da AIDS, a doença mais temida no mundo ocidental. Cientificamente, admite-se, em geral, que a maioria dos seres humanos, se não todos, produz células cancerosas todos os dias. Um organismo imunizado *relativamente* saudável destrói essas células a maior parte do tempo. No final das contas, o câncer representa um defeito no complexo de Células Assassinas, Células-T, Células-B e anticorpos do corpo.

Mas o que detona esse defeito? Fortes correlações têm sido demonstradas entre o câncer e as toxinas químicas, a genética, o excesso de radiação, a má alimentação, infecções por vírus e a depressão. O fumo é um "culpado" comum no câncer dos pulmões, da bexiga e do cérvix. Uma alimentação gordurosa e pobre em fibras está associada ao câncer do seio, do útero e do cólon. Exposição excessiva ao sol é responsável pelo aumento da incidência de câncer de pele. Dosagem inadequada de vitamina A (betacaroteno) e baixos níveis de vitaminas C e E são encontrados na maioria dos pacientes com câncer.

Para muitos cientistas e clínicos, porém, a forte evidência de que a depressão ataca severa e continuamente o sistema imunológico parece algo bastante ameaçador, pois torna provável que o câncer, a doença mais "física" e temida, seja apenas tão "psicossomática" quanto uma úlcera péptica. Estudos recentes em psiconeuroimunologia podem tornar respeitáveis antigas e extensas pesquisas no campo da psicologia. É também interessante observar que pessoas alérgicas são menos propensas a desenvolver um câncer. O sistema imunológico delas é "superativo".

Atualmente, é amplamente conhecido o fato de que um câncer freqüentemente é diagnosticado um a dois anos após uma crise emocional devastadora. De fato, 75% de meus pacientes com câncer relataram que realmente tinham desejado morrer no período de seis a 24 meses antes do diagnóstico. Uma admissão tão aberta de um "desejo de morte", o trauma emocional final, tem sido considerada geralmente como um material para o divã de um psicanalista e, com certeza, uma atitude que não tem nenhum impacto sobre o corpo físico.

Os traumas relatados com mais freqüência pelos pacientes, antes de um diagnóstico de câncer, incluem: divórcio, morte do cônjuge, do filho, dos pais ou de amigo íntimo; súbita perda do emprego (que inclui perda de segurança, de autoridade e de prestígio social); ausência ou perda do sentido da vida; qualquer trauma social; perda do lar; estupro; perdas ou ganhos financeiros muito grandes; quebra de vínculos (mudança de casa); e rejeição emocional.

Muitos de nós sentimos segurança emocional quando as mudanças são relativamente mínimas. Nós ansiamos pela estabilidade. Numa sociedade em que numa geração perdemos a família, qualquer mudança se torna ameaçadora ao nosso senso de segurança ou à nossa *ilusão* de controlar a nossa vida. Esses acontecimentos nos fazem compreender nossas limitações para manter controle sobre fatos externos, circunstâncias e pessoas. Muitas das mudanças descritas acima podem provocar sentimentos de culpa, de fracasso e/ou apenas o simples medo do desconhecido.

ANÁLISE ENERGÉTICA DO CÂNCER

Myss

Através do meu trabalho, passei a acreditar que o câncer é criado por medos excessivos, por sentimentos de culpa, pela incapacidade de se adaptar a mudanças, pelo ódio por si mesmo ou pela rejeição, e por assuntos não resolvidos. Todas essas cinco "causas básicas" têm um elemento crucial em comum na maneira como elas afetam as pessoas. Cada uma delas causa uma grande ruptura no desenvolvimento emocional, psicológico e espiritual do indivíduo. Em outras palavras, quando há uma interferência no ciclo natural de crescimento, ocorre um crescimento não-natural na forma de células cancerosas.

Na minha opinião, o câncer, mais do que qualquer outra doença, nos ensina que vivemos para aprender, e que nos é essencial desafiar esses obstáculos que impedem o nosso desenvolvimento. O câncer é uma indicação de que algo que está ocorrendo dentro de nós tem força suficiente para nos impedir de entrar na próxima fase da nossa vida com sucesso, ou de promover nosso desenvolvimento emocional, psicológico e espiritual. Nossa saúde não pode tolerar obstáculos prolongados ao nosso crescimento.

Nem podemos esperar nos satisfazer se, essencialmente, nós não nos amamos. Em vez de dar carinho e atenção a nós mesmos, iremos nos tratar (consciente ou inconscientemente) como pessoas não desejadas e não amadas. Iremos criar relacionamentos e experiências que fazem conosco exatamente aquilo que nós mesmos fazemos. E há grandes chances de culparmos a "vida" pela nossa infelicidade em vez reconhecermos que somos a fonte de nossas dificuldades.

Em meus seminários eu sempre ensino os participantes a imaginar que seus corpos são uma enorme peça de gaze. O ideal seria que todos os sentimentos e experiências que temos em cada momento da vida passassem através de nós como o vento através da gaze. Nós mantemos o aprendizado inerente a cada momento, mas liberamos a embalagem (o acontecimento, o relacionamento ou a situação) em que ele veio. Repito que isso é o *ideal.* O câncer é uma causa de morte justamente porque viver de acordo com esse ideal é incrivelmente difícil. Somos muito mais inclinados a agarrar a embalagem e a ignorar ou evitar o aprendizado.

Medos, sentimentos de culpa, incapacidade de lidar com a mudança, ódio por nós mesmos e assuntos não resolvidos retardam o nosso crescimento, pois nos mantêm agarrados a experiências que prejudicam a nossa capacidade de seguir a vida de maneira criativa e produtiva. Em vez de passar pela gaze, esses padrões negativos se alojam nos espaços abertos, formando bloqueios. Esses bloqueios impedem as correntes de vento (outras lições e experiências) de passar pela vida da pessoa. Com o passar do tempo, esses bloqueios interferem tanto no processo de crescimento natural que o sistema (o corpo) sucumbe, indicando que precisa de atenção para poder se restabelecer.

Considere, por exemplo, a experiência de uma perda de emprego repentina. Esse é um tremendo trauma emocional, psicológico e físico. É também, como ensina um ditado chinês, uma oportunidade para mudança. O fator essencial nessa crise, assim como em todas as crises, reside na maneira como a pessoa *reage* a essa situação.

Uma reação otimista cria oportunidades. Isso não significa que a pessoa negue o impacto emocional da experiência, nem ignore o efeito que a perda de um emprego tem na sua situação financeira. Essas são preocupações reais, é óbvio. No entanto, o fim também é um começo. Toda planta produz sementes antes de morrer, naturalmente preparando a próxima geração. Nós também fazemos provisões para o nosso próximo passo, conscientemente ou não. Como somos parte da inteligência da natureza, nós, como todos os seres do reino natural, experimentamos a mudança *de acordo com o que é necessário para o nosso crescimento*.

A incapacidade de aceitar o ciclo natural de mudança interfere no crescimento e isso interfere em nossa saúde. É impossível deter o processo de movimento e de crescimento. Uma reação negativa à mudança irá produzir um crescimento negativo. O broto que sai da semente será mais tarde transplantado para um vaso maior. Se essa necessidade de mudança não for reconhecida, embora a planta lute desesperadamente para sobreviver, ela irá morrer, sem nunca ter atingido sua completa maturidade. Nós não somos diferentes.

O medo, a culpa, os assuntos não resolvidos, o ódio por si mesmo e a incapacidade de seguir em frente na vida equivalem a se manter restrito a um vaso que não comportará a próxima fase de crescimento.

Os seguintes estudos de casos trazem uma compreensão mais profunda de como o câncer é criado e também curado.

Relatórios de casos

RUTH
Shealy

Diagnóstico: Câncer no seio com recuperação "espontânea".

Esta mulher de 46 anos, examinada pela primeira vez em novembro de 1985, tinha um nódulo no seio direito. Em 1978 ela já tinha removido um cisto benigno. Em 1981, o nódulo voltou. Posteriormente, em abril de 1983, o tumor atravessou a pele com hemorragia. Nessa época foi diagnosticado o câncer no seio e ela novamente fez uma mastectomia parcial para removê-lo.

Seis meses depois, o tumor reapareceu e, na época em que ela foi examinada, já tinha rompido pela pele. Havia pus e sangue escorrendo da massa. Numa observação clínica, isso seria considerado um câncer totalmente maligno. Ela foi aconselhada a fazer uma mastectomia completa. A paciente decidiu fazer muitas orações, visualizações e esperou por um mês. Quando ela fez a cirurgia um mês depois, a massa foi totalmente removida, mas a patologia mostrou que ela era totalmente benigna – uma grande surpresa para os cirurgiões.

ANÁLISE ENERGÉTICA
Myss

Os seios, é claro, são as glândulas do corpo feminino que alimentam e dão a vida. Como descrevemos no Capítulo Quatro, a área dos seios corresponde à energia do chakra do coração. Isso significa que as questões de *amor* e de *nutrição* influenciam diretamente a saúde dos seios de uma mulher.

Há múltiplas variações do cenário de amor e de nutrição que podem afetar o tecido dos seios. Para algumas mulheres, o câncer se desenvolve em resposta a uma incapacidade de alimentar, que resulta em sentimentos de culpa e em ódio por si mesma. Outras têm medo e crises de identidade como resultado da não aceitação do encerramento natural do ciclo da maternidade, quando os filhos deixam o lar. Quem irá precisar delas e o que elas farão quando seu papel de "mãe" não for mais importante?

Ruth era uma mulher que achava impossível amar ou nutrir a si mesma. Ela continuamente se dava aos outros, enquanto negava que ela mesma precisava de amor e de atenção. Sob sua persona de mulher emocionalmente auto-suficiente havia ressentimento por nunca ter recebido amor e alimento dos outros.

Contudo, Ruth não podia ver o que ela estava criando. Os sentimentos negativos que acumulou resultaram em um bloqueio de energia que, naturalmente, se localizou em seu seio. Sua decisão de adiar a cirurgia e de rezar e de visualizar representou seu primeiro grande ato de amor-próprio e de nutrição. Ela finalmente concentrou sua capacidade de amar os outros em si mesma, reconhecendo que ela merecia tanto amor quanto os outros.

Na minha opinião, a influência de sua mudança na consciência e seu despertar para o que significa amar a si mesma imediatamente trouxeram a vida e a saúde de volta ao seu corpo. Em vez de permanecer em seu padrão de abnegação, que era um enorme obstáculo para seu crescimento e desenvolvimento, Ruth liberou seu ressentimento e negatividade curando dessa maneira o seu câncer.

HARRY
Shealy

Diagnóstico: Câncer do testículo com metástase.

Este homem de 32 anos foi examinado pela primeira vez para tratar de uma forte dor no lado esquerdo das costas (região lombar). Ele tinha se viciado em narcóticos por causa dessa dor. Também tinha um histórico de câncer no testículo que tinha se alastrado pela espinha e mais tarde para o rim esquerdo. Ele era um fumante inveterado que não queria colaborar com nenhum outro tipo de tratamento que não fosse o uso de remédios, de drogas e de cirurgia. Seu nível de vitamina B6 era 1,5 mcg/litro. O nível normal é de 3,8 a 18 mcg/litro.

ANÁLISE ENERGÉTICA
Myss

Harry exemplificava a psique de uma pessoa congelada pelo medo da vida. Seu câncer se originou no testículo, que é a região do segundo chakra. Conforme afirmamos no Capítulo Quatro, essa área do corpo corresponde às questões de controle, de finanças, de sexualidade e de poder exterior.

Quando Harry era jovem, desenvolveu o padrão de desistir, por isso se ressentia com aqueles que tentavam. Ele aprendeu a manipular e se tornou não cooperativo como forma de processar seu medo e sua raiva. Harry continuamente dava desculpas e procurava a "saída mais fácil".

Como resultado desses padrões negativos, Harry fez com que seu crescimento fosse interrompido. Ele se sentia inseguro quanto à sua capacidade de cuidar de si mesmo, de ganhar a vida, de desenvolver suas próprias habilidades e de interagir com outros de igual para igual. Mesmo defrontando o desafio do câncer, Harry não achava que precisava mudar substancialmente suas atitudes e sua visão da vida. Não é de se surpreender que ele tenha optado por drogas e por cirurgias como tratamento, e não tenha sido, de forma alguma, "curado".

HORTENSE

Shealy

Diagnóstico: Câncer do seio com metástase no fígado e, posteriormente, no cérebro.

Esta fisioterapeuta de 48 anos foi examinada para tratar de um câncer no seio com metástase no fígado. A paciente tinha passado pelos tratamentos de quimioterapia e de radioterapia, e decidiu usar a visualização e a alimentação saudável como suportes para controlar seu câncer. Ela foi colocada num programa intensivo de tratamento autogênico e de *biofeedback* por duas semanas. No último dia ela sentiu como se uma espiral de energia tivesse deixado a região do fígado.

Uma semana mais tarde, não havia evidência de câncer no fígado. Um ano depois, a paciente apresentou moderados sintomas no nervo craniano, como perda do paladar num lado da língua e dormência na face esquerda. O resultado do exame (CAT) minucioso no cérebro deu negativo, mas a impressão clínica era de uma provável metástase do câncer no cérebro.

Nessa época, foi feita uma consulta com Caroline e esta foi compartilhada com a paciente. Seus sintomas gradualmente ficaram sob controle e ela continuou livre dos sintomas no cérebro por muitos anos.

ANÁLISE ENERGÉTICA

Myss

De acordo com a interpretação energética de Hortense, ela era uma pessoa que simplesmente estava exausta do vazio de sua própria vida. Ela era sozinha e muito solitária. Ela não tinha ninguém para amar, a satisfação que ela tinha em seu trabalho há muito havia diminuído. A vida tinha se tornado um esforço e antes do diagnóstico do câncer, Hortense não podia imaginar que alguma coisa iria mudar o caminho vazio da sua vida. Resignada com o seu "destino", ela se tornou deprimida, e o vazio que sentia em uma vida solitária, sem amor e sem carinho, tomou conta dela. O câncer do seio se desenvolveu como uma resposta natural à sua crise particular.

A metástase para o fígado é também significativa. O fígado é um órgão alimentado pelo terceiro chakra, que é o centro de energia de uma pessoa. Hortense estava exausta com o esforço contínuo de se manter em movimento e de só poder contar com ela mesma. Ao olhar para o futuro tudo o que ela podia ver era vários anos tendo de lutar com a vida e com todos os seus desafios sozinha. O fígado, que limpa o sangue de toxinas, também representa a "limpeza de toxinas" emocionais. Hortense não mais conseguia manter por si mesma suas emoções positivas, ou limpas.

Até o câncer vir a se desenvolver, Hortense não tinha percebido que ela poderia preencher muito do espaço vazio de sua vida mudando sua atitude e fazendo escolhas diferentes com relação às suas atividades pessoais e profissionais. A experiência do câncer ajudou-a a compreender que ela não só queria viver, mas que também tinha o poder de mudar a maneira como estava vivendo.

Essa convicção, unida a um sentido renovado do significado da vida e de novos começos, permitiu que Hortense se livrasse de seu câncer e começasse a se abrir para um futuro positivo.

MARK

Shealy

Diagnóstico: Síndome de dor pós-traumática, profunda depressão, câncer do cólon, pressão alta, diabete.

Este homem de 61 anos sentia uma forte dor lombar na nádega e no quadril esquerdos, assim como depressão. Há algum tempo, ele havia batido na traseira de um carro que parou no momento em que começava a descer um declive em uma auto-estrada interestadual. O homem do outro carro morreu, aparentemente de um ataque do coração, e o juiz determinou que não tinha sido culpa de Mark. Ele, entretanto, entrou em profunda depressão e não se perdoava por ter batido no outro carro, mesmo quando todos asseguravam que não havia nada que ele pudesse ter feito para evitar o acidente.

O paciente tinha 1,78 m de altura e pesava 101 quilos. Ele tinha um diagnóstico de diabete que apareceu em seguida ao acidente. Há muito tempo ele sofria de pressão alta, para a qual tomava remédios anti-hipertensão. Ao ser examinado pela primeira vez, ele estava tomando Elavil, um antidepressivo e Tranzene, um tranqüilizante (que também causa depressão). Ele reclamava de dor, 80% tão terrível quanto uma dor pode ser e que estava limitando suas atividades em 90%. Ele estava bem frágil em volta do pescoço e da coluna lombar e na junção sacro-ilíaco esquerda. O paciente foi tratado com intenso *biofeedback*, treinamento autogênico, acupuntura, bloqueios de nervos, estímulo nervoso elétrico transcutâneo e muito aconselhamento. Quando ficava em terapia por uma semana ou duas, sua depressão melhorava e sua dor variava. Ao voltar para casa, ele novamente entrava em profunda depressão.

A primeira interpretação de Caroline foi em julho de 1985. Nessa época, ela o alertou de que se ele não melhorasse sua atitude, tinha uma grande chance de desenvolver câncer no intestino. Em novembro de 1985, ele foi operado de um câncer no cólon. Quando o examinara em julho, ele não apresentava nenhum sintoma que indicasse qualquer problema no cólon.

Em fevereiro de 1986, Mark estava novamente em depressão. Nessa ocasião, foi relatada a ele a interpretação anterior de Caroline e expressamente recomendado que desenvolvesse uma visão mais positiva da vida e que desafiasse sua contínua depressão.

Também durante essa interpretação, Caroline previu que Mark iria morrer em agosto se ele não alterasse seus padrões emocionais. Foi recomendado que se aposentasse de seu trabalho como gerente de uma transportadora e devotasse sua vida à esposa e à sua fazenda. Ele continuou apresentando depressão em grau moderado e dor, mas se sentiu um pouco melhor depois de algum tempo. Seus maiores problemas residuais continuavam a ser a dor na junção sacro-ilíaca e no quadril esquerdos e depressão. Ele morreu de metástase do câncer dois anos e meio depois de seu acidente, em 31 de agosto de 1987.

ANÁLISE ENERGÉTICA

Myss

A depressão de Mark foi o primeiro e o mais óbvio bloqueio de energia em seu sistema. A depressão sempre reduz o fluxo de energia através do corpo e a qualidade da energia que entra no corpo.

Mark literalmente desistiu do desejo de viver, antes mesmo do acidente de carro envolvendo o homem que morreu de ataque cardíaco no volante. Esse acidente apenas deu a Mark uma legítima e óbvia crise em que se concentrar, já que com a questão mais profunda era muito mais difícil de lidar.

A energia de Mark revelava que ele não se considerava mais uma pessoa útil. Ele não podia aceitar o envelhecimento, e com ele a perda de sua virilidade e de sua força física. Ele tinha uma natureza muito delicada; no entanto, sob essa aparência, ele se orgulhava de sua força física e de sua capacidade.

Eu vi a probabilidade de um câncer se desenvolver na região de seu segundo chakra porque sua energia estava bloqueada principalmente nessa área. Isso me indicou que seu senso de poder externo e de autoridade estava sendo ameaçado, e que ele não estava apto para passar para a próxima fase de sua vida. Ele temia a dependência, e envelhecer representava para ele a condição final de sua inutilidade.

O acidente, que tanto consumiu sua atenção, representou questões mais profundas ainda: Mark não podia se perdoar por não ter se tornado tudo o que ele tinha almejado ser na vida. Sua incapacidade de se perdoar existia muito antes desse incidente específico. No entanto, ao defrontar essa situação, ele tinha criado uma experiência para lidar com sua atitude negativa consigo mesmo. Infelizmente, Mark foi incapaz de desafiar o poder que sua depressão tinha sobre sua consciência, apesar do apoio amoroso de sua família.

ALICE
Shealy

Diagnóstico: Câncer de seio com ampla metástase.

Uma de minhas pacientes mais desafiadoras, Alice dá margem a algumas considerações interessantes. Ela veio para tratamento em abril de 1974, aparentemente morrendo de um câncer no seio com ampla metástase. Vomitando, incapaz de sair da cama na maior parte do tempo, ela estava deprimida e sem vontade de passar por uma "lavagem cerebral". Mas no 17.º dia de treinamento em autodireção, que incluía vinte minutos de exercício do perdão, Alice sentiu um súbito e miraculoso alívio da dor. Três meses mais tarde, não havia nenhuma evidência clínica ou radiológica do câncer.

Um ano depois, aparentando muita saúde, Alice me contou: "Norm, durante aquele exercício, eu repentinamente compreendi o quanto eu odiava minha família e decidi que não iria deixar que eles me matassem." Ela continuou dizendo que, quando melhorou, seu marido cometeu suicídio. Na verdade, a história é ainda mais surpreendente. Três anos antes, o marido dela quase tinha morrido de deficiência renal. Ela cuidara dele até sua cura, depois do transplante de um rim doado por seu filho favorito. Durante essa época de dupla tensão, seu câncer apareceu.

Quando ela desenvolveu o câncer, o marido a rejeitou tratando-a como se ela tivesse lepra. Ele considerava o câncer contagioso, uma maldição e inevitavelmente fatal. Embora ele não tivesse tido nenhum problema de rejeição do rim em três anos, à medida que ela melhorava, ele se tornava mais e mais inquieto. Ele então desenvolveu uma rápida rejeição ao rim e "cometeu suicídio" (comentário de Alice), morrendo de deficiência renal.

Um ano mais tarde, seu cachorro morreu. Ela ficou bastante deprimida e a dor voltou. Testes extensivos não revelaram nenhuma evidência de recorrência do câncer. Ela então afirmou, "Agora compreendo que não posso me dar ao luxo de uma depressão!" Em outra sessão, ela também se lembrou de que tinha, aos dezesseis anos, definido seu enredo de vida para morrer aos 58 anos de câncer. Sua avó favorita tinha morrido de câncer aos 58 anos, quando Alice tinha dezesseis.

Apesar de curada do câncer, Alice sofria muito com as complicações múltiplas de quimioterapia e de radioterapia. Ela morreu oito anos e meio depois de sua cura do câncer, de *deficiência renal*, causada pela quimioterapia. Sua autópsia não revelou câncer no seu corpo. Ela morreu perto dos 58 anos de idade, e de deficiência renal, a mesma doença que tinha matado seu marido. E, apesar da percepção adquirida por esta simpática e amável senhora, ainda assim, ela morreu de acordo com seu enredo preestabelecido de 58 anos de idade.

Embora Alice tenha vencido seu câncer numa das curas mais miraculosas que eu já vi, aparentemente, ela não reescreveu seu "enredo de vida". Sabemos que pessoas que param de fumar antes de desenvolverem doenças mais sérias revertem o risco de câncer em dez anos. Na teoria, uma pessoa deveria estar apta para reverter seu enredo de vida da mesma maneira, dada a capacidade de se desafiar e de mudar as crenças mais íntimas.

Conclusão

Shealy

Ao longo da segunda metade deste século, o câncer tem sido a doença mais temida. Pelo menos 75% dos pacientes com quem trabalhei pessoalmente queriam morrer antes de desenvolver um câncer. Em geral, esse é o resultado de depressão decorrente de problemas com um relacionamento amoroso.

Mas, e os 25% de pessoas que parecem ter uma notável atitude positiva e muito por que viver? Embora não estejam "querendo morrer", elas quase sempre sofrem grandes tensões psicossociais. Minha crença é que o câncer, assim como todas as outras, é sempre uma doença multifacetada. Ou seja, existe, pelo menos em algumas famílias, uma predisposição para o câncer. Isso significa que pode haver uma deficiência genética no sistema imunológico.

Não há dúvidas de que os vários tipos de poluição química predispõem as pessoas ao câncer, assim como o fumo e a exposição excessiva à radiação e à quimioterapia para outras formas de câncer.

Acredito que, um dia, será "provado" que em geral, se não sempre, há um vírus envolvido precipitando o ataque do câncer. E, finalmente, a personalidade, as crenças da pessoa, combinadas com sua reação total face às tensões da vida, serão reconhecidas como a "última gota d'água".

AS DEZ CAUSAS PRINCIPAIS DE MORTE NOS ESTADOS UNIDOS

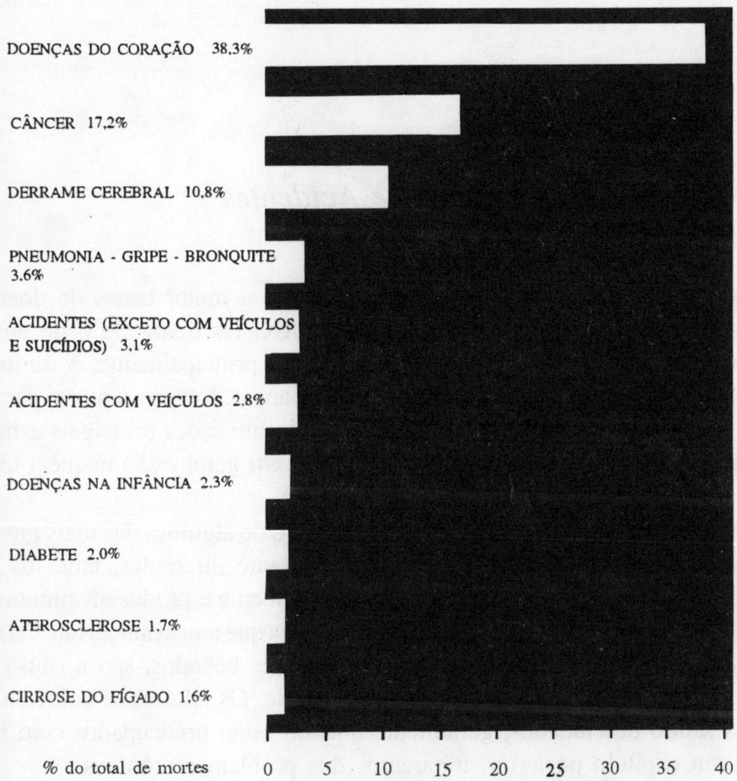

Fonte: *Maximum Life Span*, Roy Walford, M.D., W. W. Norton and Co., Nova York, Londres, 1983, p. 8.

7

POR QUE CONTRAÍMOS DOENÇAS GRAVES E SOFREMOS ACIDENTES?

NORMAN SHEALY E CAROLINE MYSS

Infecções e Acidentes

Shealy

Historicamente, infecções e acidentes têm sido a maior causa de doenças e de morte até aproximadamente a metade do século XX. Os quase 50% de aumento na "média" de longevidade dos americanos é atribuída, principalmente, à diminuição da incidência de mortes por moléstias infecciosas em crianças. Embora a morte por moléstias infecciosas seja ainda um fenômeno significativo, as infecções principais e mais sérias hoje em dia, e aquelas que incapacitam as pessoas, em geral estão naquela tênue linha entre a doença aguda e a doença crônica.

Neste capítulo trataremos apenas dos acidentes e de algumas das mais preocupantes moléstias infecciosas. Embora possam parecer bastante diferentes, tanto os acidentes quanto as infecções são doenças que aparecem subitamente e produzem sintomas agudos variando de disfunções menos importante até condições que ameaçam a vida. Os acidentes, freqüentemente criados por adultos e por adolescentes bêbados, são a causa principal de morte entre jovens abaixo de quinze anos de idade. Os adultos se colocam em risco de acidentes sendo descuidados, geralmente quando estão preocupados com outros assuntos. Em um capítulo posterior, trataremos dos problemas crônicos.

Em geral, a maioria dos médicos classifica como doenças agudas aquelas que estão presentes há menos de um mês. Semi-agudas são aquelas que têm de um a seis meses de duração e, a partir dos seis meses, a doença se torna crônica. No caso da meningite, exceto em fungos extremamente raros e em algumas infecções virais, a pessoa provavelmente morre em horas ou em poucos dias se não for tratada adequadamente com antibióticos.

No caso da infecção viral mais comum, a "gripe", muitas pessoas se recuperam totalmente num máximo de duas semanas. Da mesma forma, o sarampo, a caxumba e até mesmo a coqueluche são apenas relativamente agudas e geralmente de curta duração.

De todas elas a maioria das pessoas se recupera dentro de um período muito breve de tempo.

Há literalmente centenas de doenças infecciosas, desde infecções localizadas, como espinhas, até infecções generalizadas e fatais como a AIDS. Clinicamente, a medicina raramente procura por uma causa, apenas identifica o micróbio específico (bactéria, vírus, fungo, etc.). Mas é amplamente reconhecido que há algumas predisposições genéticas com relação aos vírus (tal como a síndrome de deficiência imunológica congênita), e que fumantes e diabéticos têm muito mais doenças infecciosas. Cientistas sociais concluíram que a desnutrição (ingestão contínua de baixa proteína e de baixas calorias) é uma causa da predisposição para infecções.

É claro, muitas infecções podem ser prevenidas com uma higiene adequada, um bom sistema sanitário, pasteurização do leite e tratamento de água. Mas a ciência tem ignorado a pergunta mais importante de todas: Por que, mesmo durante uma epidemia, algumas pessoas não são infectadas? O trabalho de Hans Selye sobre a fisiologia da tensão nos trouxe as primeiras respostas para essas perguntas. Ele demonstrou que a tensão produz uma reação de alarme e, embora essa reação seja importante se um tigre estiver correndo atrás de você, como você irá aprender neste capítulo, a maioria das causas de uma reação de alarme é muito mais sutil e o fator tensionante não é tratado adequadamente. De fato, na sociedade de hoje, a tensão química enfraquece o sistema imunológico, o sedentarismo enfraquece o sistema imunológico e, finalmente, nossas emoções negativas enfraquecem tremendamente o sistema imunológico. O novo campo da psiconeuroimunologia afirma agora que as emoções podem ser a última "gota d'água", que causa a descompensação do sistema imunológico.

Quando eu era residente em cirurgia geral, circulando num hospital para tratar apenas pacientes com tuberculose, fiquei impressionado com os problemas sociais de quase todos eles. Eles eram pessoas solitárias e angustiadas; freqüentemente, alcoólatras.

Sabemos agora que o álcool por si só é um grande fator tensionante e enfraquece o sistema imunológico. Muitos alcoólatras também fumam, o que tem outro importante efeito adverso sobre o sistema imunológico e, é claro, muitos alcoólatras são extremamente depressivos. Novamente, isso os torna, sob um ponto de vista psiconeuroimunológico, candidatos às doenças infecciosas.

Análise energética das doenças agudas, das infecções e do sistema imunológico

Myss

Nosso sistema imunológico físico é extremamente sensível aos "sinais" que recebe das nossas emoções. Como um fosso que cerca e protege um castelo, nosso sistema imunológico reage e nos protege de invasões, tanto de uma "invasão de germes" quanto de uma "invasão emocional".

Especificamente, nosso sistema imunológico responde pela nossa segurança. Assim como o sistema imunológico físico entra em ação quando um elemento ameaçador é introduzido dentro dele, o "sistema imunológico emocional" também responde com grande atividade quando nos sentimos intimidados, inseguros ou ameaçados, ou quando precisamos agir de maneira assertiva ou agressiva.

Nós "nos defendemos" com as nossas atitudes. O quanto somos seguros para encontrar novas pessoas, como nos sentimos com relação a nós mesmos, se somos amorosos ou hostis, confiantes ou retraídos – todas essas atitudes que estão dentro de nós formam a energia do nosso "sistema imunológico emocional".

Nós gravitamos e nos fundimos nos campos de energia de pessoas que são abertas e amorosas. Sentimo-nos compelidos a ficar perto delas, falar com elas, olhar dentro dos olhos delas. A energia delas é confortante e faz com que nos sintamos "seguros".

Falamos abertamente sobre nós mesmos, e a sensação que sentimos em estar com alguém sem a necessidade de nos protegermos não é apenas deliciosa, mas propícia à saúde.

Entretanto, quando nos sentimos ameaçados ou quando estamos sob a tensão do desempenho, temos atitudes de uma qualidade muito diferentes. Nossas atitudes e ações refletem então a necessidade de nos protegermos e à nossa vulnerabilidade. Todos nós tememos ser enganados. Assim sendo, nosso campo de energia projeta uma qualidade de energia que mantém as pessoas a distância – estamos protegendo nossa "segurança" e "defendendo" nosso campo energético da "invasão/infecção".

Em circunstâncias normais, somos de fato capazes de gerar nossa energia "defensiva". Por circunstâncias normais, estou me referindo a uma quantidade tolerável de tensão diária, que é então combinada com uma quantidade adequada de apoio emocional. Em outras palavras, as atividades que provocam insegurança são contrabalançadas com um sistema de apoio que gera segurança.

Quando as condições na vida da pessoa são tais que um sistema de apoio emocional não é eficiente, então aumentam muito as chances de a pessoa exaurir seu sistema imunológico emocional (e, portanto, físico) mais rapidamente do que aquela que tenha esse apoio. Sem um sistema de apoio, a capacidade de se sentir "seguro" – significando bem tratado, considerado – é praticamente inexistente.

O resultado é que, sem um sistema de apoio, a pessoa não tem a oportunidade de recarregar a energia de seu sistema imunológico com sentimentos de segurança e de apoio. Em vez disso, seu sistema de "defesa" está trabalhando quase continuamente com uma energia de alta intensidade e, assim, há um esgotamento total das forças. Emocionalmente, o indivíduo fica exausto com a carga de apoiar a si mesmo e/ou de apresentar constantemente um "ótimo desempenho".

O esgotamento emocional que ocorre devido a sentimentos de insegurança, por sua vez, causa um esgotamento do sistema imunológico físico. Incapaz de manter um campo de energia "defensivo", a pessoa se torna suscetível à "invasão ou à infecção", pois um vírus pode agora penetrar seu campo energético.

Tenho observado no meu trabalho que existe um padrão entre as razões subjacentes pelas quais uma pessoa sofre um esgotamento imunoemocional e o vírus correspondente que a pessoa "atrai". O esgotamento imunoemocional, resultado de uma série de tensões emocionais diárias, bastante comuns, provavelmente irá atrair um vírus da gripe. O vírus HIV, que cria a AIDS, por outro lado, é atraído por uma pessoa cujo nível de tensão interna e esgotamento imunoemocional é muito mais intenso.

Em geral, acredito que o sistema imunológico humano como um todo está enfraquecendo devido a um aumento das toxinas físicas no ambiente e na alimentação, e a uma dramática elevação das toxinas emocionais geradas pela natureza altamente insegura da nossa vida. A transformação necessária do nosso sistema social reordenou a unidade familiar e a estabilidade das relações íntimas, produzindo um grande aumento no número de famílias de pais solteiros, de lares desfeitos e de divórcios. Esse aumento no "fator de instabilidade" está produzindo uma epidemia de ansiedade e de inseguranças sociais/pessoais. Nós precisamos de estabilidade e agora vivemos todos em um mundo no qual a estabilidade parece não mais existir.

Acrescento apenas o breve comentário de que, além dos fatores de instabilidade que são ativos no nível pessoal da vida, nosso ambiente planetário também está gerando causas ilimitadas e sem precedentes de ansiedade com relação à segurança e ao futuro. A possibilidade de uma guerra nuclear ou da completa depleção do nosso sistema de energia (para citar apenas duas crises) contribui para um constante nível de tensão em nossa consciência coletiva, e essa contribuição deveria ser considerada como lixo tóxico emocional – tão real e tão prejudicial quanto o lixo químico. Acredito que essa contaminação de nosso inconsciente coletivo influencia nossa saúde geral como grupo, e como resultado da tensão desse grupo, nosso sistema imunológico sofre um enfraquecimento geral.

Os seguintes exemplos de vírus e de infecções representam aqueles mais comuns e/ou ameaçadores. Em cada caso, enfatizamos as tensões emocionais específicas que enfraquecem o sistema imunológico e, assim, atraem um vírus específico.

Doenças infecciosas

AIDS

Shealy

AIDS – uma simples palavra cujo significado confunde a ciência médica e provoca medo no coração da maioria dos americanos. Estima-se que, no mínimo, 100 milhões de pessoas morrerão de AIDS, em todo o mundo, em uma geração. A AIDS substituiu rapidamente o câncer como a mais temida doença conhecida. É considerada uma epidemia na Etiópia e está rapidamente se tornando uma nos Estados Unidos.

Fatores que afetam a imunidade natural

Ao nascer, a maioria das crianças é imune a muitas infecções potencialmente sérias, como a poliomielite e a difteria, devido a uma imunidade passiva adquirida do sangue da mãe. Essa vantagem é perdida entre os três e seis meses de idade. Uma imunidade passiva adicional é passada ao bebê que é amamentado; o colostro, leite materno rico em anticorpos, é quase essencial para a sobrevivência.

A imunidade a muitas infecções também pode ser adquirida por imunização, pela administração de uma vacina, geralmente consistindo de uma cultura de bactérias ou de vírus mortos ou enfraquecidos de um tipo específico. Pólio, sarampo, difteria, coqueluche e catapora são exemplos de doenças em que a vacinação pode ajudar levando à imunidade.

A bem-sucedida recuperação de infecções também traz variados graus de imunidade. Podemos ter a imunidade permanente, principalmente após a catapora e a maioria das moléstias infantis como o sarampo. Cada organismo tem sua própria e específica maneira de propagação. Por exemplo, resfriados e gripes são transmitidos através do trato respiratório; a cólera e o tifo são transmitidos geralmente através de água contaminada e de outro fluidos; a hepatite é transmitida através de comida contaminada; MDS, hepatite, malária e encefalite estão entre as muitas doenças que podem ser transmitidas através do sangue ou por agulha hipodérmica contaminada; a AIDS, o herpes genital, a gonorréia, a sífilis e a clamídia estão entre as numerosas doenças que podem ser transmitidas por contato sexual. Na maioria dos agentes infecciosos, o período de incubação varia de alguns dias a algumas semanas. No caso da AIDS, o período de incubação pode ser de, no mínimo, dez anos ou mais.

ALIMENTAÇÃO

Calorias adequadas e proteínas suficientes são essenciais para a integridade básica do sistema imunológico. Sem essa sustentação, as pessoas, principalmente as crianças, estão muito mais suscetíveis aos agentes infecciosos.

FATORES AMBIENTAIS

Muitos fatores ambientais afetam a nossa saúde, incluindo mudanças de estações, luz natural, poluição e tratamento com antibióticos.

Embora os antibióticos sejam remédios maravilhosos para o tratamento da meningite, de infecções de ouvido, de sífilis e de gonorréia, os organismos que causam essas doenças podem mudar durante a reprodução, tornando-se resistentes a esse antibióticos. Os antibióticos também têm numerosos efeitos colaterais e complicações, e podem predispor as pessoas para um crescimento excessivo de cândida, uma infecção comum por germes.

FISIOLOGIA DO SISTEMA IMUNOLÓGICO

Nosso corpo é composto de trilhões de células, cada uma medindo apenas poucos mícrons de diâmetro. As células contêm uma membrana gordurosa, ou parede externa, e um núcleo central que contém os genes unidos para formar os cromossomos. Cada uma das células humanas têm 46 cromossomos, e cada cromossomo contém aproximadamente 50 genes. Os genes determinam o modo pelo qual o citoplasma da célula opera.

A maioria dos vírus, incluindo o vírus da AIDS ou HTLV (mais recentemente, o HIV), invade o núcleo da célula e altera as mensagens químicas enviadas do núcleo para o citoplasma. O sistema imunológico, parte do mecanismo celular do nosso sangue, luta para manter o corpo saudável. As células altamente especializadas do sistema imunológico podem atacar e destruir as bactérias invasoras, os vírus e as próprias células do corpo quando se extraviam e se tornam "câncer".

Quando um material estranho penetra no corpo, os linfócitos são estimulados. Eles detectam a proteína anormal e secretam alertas químicos, linfoquines, os quais estimulam os linfócitos B a fabricarem anticorpos, proteínas específicas ou globulinas, que aderem ao antígeno invasor e o cobrem. Esses antígenos cobertos atraem fagócitos, também chamados células polimorfonucleares, a equipe de limpeza das células brancas do sangue. Os fagócitos devoram os antígenos cobertos.

O corpo é finalmente protegido pelas células assassinas naturais, que destroem as células cancerosas. Os macrófagos também devoram e digerem células cancerosas. Quase 25% das 100 trilhões de células do corpo fazem parte do sistema imunológico. O vírus HIV, da AIDS, invade o núcleo das células T4 (células salvadoras ou instigadoras) e desliga o sistema de alarme não só para o vírus da AIDS, mas para muitos outros antígenos. Assim, o vírus da AIDS assume o controle da parte mais importante do nosso sistema de defesa imunológico. Outros vírus também destroem as células T4, mas em nenhum, exceto na AIDS, a destruição é tão completa.

Apesar da tão conhecida fragilidade do vírus da AIDS, descobriu-se que ele sobrevive mais de quinze dias em temperatura ambiente e vive pelo menos dez dias num estágio "seco". Sabemos que a AIDS pode ser transmitida através do sangue e do sêmen. Portanto, é mais comum entre homossexuais do que entre heterossexuais por causa da ingestão oral do sêmen e da relação anal, em que freqüentemente há sangramento junto à introdução de sêmen.

Os homossexuais também têm maior incidência de giárdia, um parasita intestinal que enfraquece o sistema imunológico. Além disso, os homossexuais podem ter relacionamentos sucessivos que podem envolver mais de cem parceiros por ano.

Os hemofílicos e os usuários de drogas IV são também especialmente suscetíveis à AIDS; os hemofílicos pelas freqüentes transfusões de sangue e os viciados em drogas porque freqüentemente compartilham seringas.

Dadas todas as evidências disponíveis, a prevenção da AIDS é o caminho alternativo. Seguem algumas recomendações holísticas de prevenção para aqueles que não têm o vírus HIV:

- Opte pela monogamia, com um parceiro que há longo tempo seja sexualmente conservador.
- Evite todas as drogas de rua.
- Evite a relação anal, pois ela enfraquece o sistema imunológico.
- Evite o fumo ou o uso de qualquer produto do tabaco.
- Tenha um sono regular, uma média de sete a oito horas por noite.
- Adote uma dieta alimentar saudável, evite gorduras e açúcar; reforce com cereais, verduras, legumes e frutas.
- Pratique exercícios regularmente, incluindo exposição à luz do sol, sempre que possível.
- Siga um programa de redução de tensão de trinta a quarenta minutos por dia com visualização positiva e técnicas de afirmações e autocontrole, como o *biofeedback*.
- Diminua a cafeína e as bebidas alcoólicas.

Análise energética da AIDS

Myss

A AIDS é a mais complicada de todos as viroses para se falar a respeito, pois está associada a muitos fatores emocionais e sociais. Contribuindo para as complicações da doença estão os fatores planetários mais amplos que, acredito, são a razão principal para o fato de o vírus HIV ser agora parte da nossa vida. Conforme escrevemos anteriormente, o sistema imunológico humano reage a questões emocionais relativas ao senso de segurança da pessoa e à sua capacidade de desafiar e superar sentimentos de vulnerabilidade. Toda pessoa, de certa maneira, tem preocupações com a segurança e com o bem-estar pessoais. Ninguém que ser "vítima" de outras pessoas ou de circunstâncias que, aparentemente, de algum modo, a estejam ameaçando.

O perfil psicológico/emocional comum às pessoas que foram infectadas pelo HIV inclui o mais intenso grau de "consciência de vítima" que já observei. Usando o exemplo do sistema de classes sociais, os grupos de pessoas que foram infectadas primeiro são aqueles com o menor grau de dignidade, de auto-estima e de energia interior dentro da comunidade global. Esses grupos – usuários de drogas IV, prostitutas, homossexuais, haitianos, africanos atingidos pela miséria – fazem parte do mais baixo nível sociopolítico e econômico. Eles constituem o último degrau da escada do nosso sistema de classe social.

As opções que uma pessoa comum, com medo de ser "vitimizada", seja economicamente, legalmente ou de qualquer outra maneira, tem para reagir em defesa própria, estão disponíveis. Por exemplo, advogados protegem as pessoas de serem enganadas em contratos mal negociados. Os direitos humanos, pelo menos nos Estados Unidos, oferecem certo nível de proteção social para o cidadão comum.

A qualidade da consciência de vítima associada aos portadores de HIV existe num nível de desesperança e de abandono tão grande que obscurece qualquer pequena esperança que a pessoa tenha de algum dia mudar sua condição de vítima. Considere o que significa ser homossexual. Independentemente de a comunidade heterossexual acreditar que a homossexualidade seja uma questão de escolha pessoal ou uma tendência com a qual a pessoa nasceu, o fato é que um homossexual não pode ser forçado a mudar sua preferência sexual, não obstante a pressão moral ou social. Embora muitos homossexuais se casem e tenham família, essa escolha de se "moldar" àquilo que é socialmente aceitável apenas disfarça o seu sofrimento. Isso não cura sua angústia e seu medo de ser rejeitado social e moralmente.

Para aqueles que escolheram um estilo de vida homossexual, "esconder" sua vida particular torna-se uma segunda natureza. Eles temem contar à sua família e seus amigos. Para muitos, expor essa verdade sobre si mesmo pode resultar em perda da carreira ou de uma posição na comunidade. As exceções existem, principalmente entre aqueles que se tornaram economicamente bem-sucedidos, já que o poder econômico proporciona um manto de proteção. Contudo, o fato é que ser homossexual é uma ameaça à moral social e religiosa e, assim, mesmo para os homossexuais financeiramente bem-sucedidos, a aceitação permanece num nível econômico e não pessoal.

Africanos isolados pela miséria estão ligados a um ciclo aparentemente infindável de nascimento-fome-doença-morte. Prostitutas e usuários de drogas IV têm padrões de vida emocional psicologicamente desesperadores e freqüentemente violentos. Eles são considerados párias sociais e morais. Mais do que julgar a maneira como escolheram viver, procure imaginar o vazio de viver uma vida sendo usado e considerado inútil. Imagino que a sensação de ser vitimizado pela vida deve ser tão profunda que eles sobrevivem à sua "consciência de vítima" ou vendendo seus corpos ou matando seus sentimentos e sensações através de drogas – freqüentemente ambos.

Embora possa não ser tão óbvio, hemofílicos e crianças nascidas de mães portadoras da doença vivem numa "atmosfera" de vitimização. Hemofílicos, por causa de sua doença, devem tomar precauções para se proteger de ferimentos e do risco de hemorragias internas. Essa necessidade contínua cria uma sensação de vulnerabilidade e medo do contato com o mundo físico.

Crianças, da mesma forma, são seres vulneráveis. Elas reagem às tensões emocionais, psicológicas, físicas e espirituais de seu mundo tanto quanto os adultos. Certamente, elas são limitadas pela sua incapacidade de articular suas impressões, mas essas impressões, não obstante, afetam seus corpos físicos.

Crianças nascidas de mulheres portadoras do vírus herdam, de certa forma, o "código genético vibratório" da mãe. Se a mãe é usuária de drogas e abusa do próprio corpo, a criança será influenciada não só pelo código genético físico e químico da mãe, mas também pela química emocional. As crianças são tão suscetíveis à contaminação quanto os adultos.

As epidemias, incluindo a AIDS, surgem como uma resposta coletiva às tensões presentes na atmosfera mais ampla da nossa vida em conjunto, como membros da mesma sociedade e da comunidade global. Além das tensões da vida pessoal, compartilhamos a influência das tensões não pessoais, que são a "soma de nossas partes" colocadas juntas. A poluição é uma tensão coletiva, assim como todos os problemas ecológicos. Somos todos afetados pelo ar contaminado.

Da mesma forma, nós todos participamos da criação da qualidade de vida social, econômica e política, não só em nossas comunidades locais e nacionais, como também na atmosfera social mais ampla do planeta. Compartilhamos não só da criação de nossas "condições atmosféricas humanas", mas também dos EFEITOS de sua qualidade. Epidemias surgem em resposta às tensões emocionais, psicológicas, sociais, políticas e econômicas de um grupo. Assim, as mesmas tensões que produzem um caso de AIDS num indivíduo são responsáveis pela expansão do vírus por toda a comunidade humana, incluindo a comunidade global.

O vírus da AIDS reage à "consciência de vítima". Nossa teoria é que o vírus da AIDS surgiu espontaneamente na atmosfera do globo em resposta à vitimização em larga escala de todas as formas de vida, incluindo o próprio planeta. Três fatores que apareceram nos últimos trinta anos aumentaram consideravelmente o fator de tensão na vida: a energia nuclear, o efeito da mídia internacional em todo o mundo e a crescente redução mundial de suprimentos de alimentos e de energia. Todos os três se relacionam com um aumento da pressão global no que se refere à vitimização da vida.

Embora sempre tenhamos tido guerra em algum lugar do planeta, a era nuclear e a tecnologia correspondente criou a possibilidade muito real de uma destruição global, incluindo a destruição do próprio planeta. Adultos e crianças em todo o mundo têm agora consciência de que seu futuro não está mais garantido.

Ao mesmo tempo, temos as crises globais de contaminação de alimentos e da água, assim como o suprimento insuficiente de alimentos, de água e de energia. Essas crises aumentaram tremendamente os níveis de tensão na vida de cada pessoa, independentemente de quando ela está consciente dessas pressões mundiais.

Qualquer uma dessas crises tem poder suficiente para ameaçar a qualidade da vida neste planeta. A combinação de todas elas torna o nosso futuro altamente questionável. Na verdade, a realidade é que agora todos os reinos da natureza estão sujeitos à vitimização de seu direito de viver. A rede global da mídia contribuiu para aumentar a consciência do sofrimento e das condições da humanidade e, assim, nos impediu de permanecer na ignorância das condições críticas em que vivemos. A mídia está trazendo a profundidade das lutas humanas até nossos lares e, quer percebamos ou não, está servindo como um catalisador, fazendo com que as pessoas pensem na sua responsabilidade pela qualidade de vida neste planeta.

Acreditamos que as manifestações da doença também estão presentes no nível global, ou macrocósmico. A AIDS resulta principalmente no desenvolvimento de duas doenças: a pneumonia por *pneumocystis carinü* e o sarcoma de Kaposi. Essa pneumonia é uma infecção pulmonar terminal. Por analogia, considere a enorme e rápida destruição das florestas tropicais da América do Sul (que produzem 40% do suprimento de oxigênio do mundo), e de todas as outras áreas florestais ao redor do mundo, que estão sendo destruídas pela chuva ácida. Essas florestas são os "pulmões da Terra", e estão rapidamente se tornando incapazes de produzir o oxigênio que mantém a vida.

O sarcoma de Kaposi são lesões cancerosas localizadas abaixo da superfície da pele. Uma vez mais, por analogia, observe as lesões que estão sendo criadas na Terra pelas explosões nucleares realizadas abaixo do solo. Em essência, estamos participando de uma guerra nuclear travada contra o próprio planeta. Essas explosões nucleares estão liberando uma quantidade ilimitada de energia nuclear destrutiva no subsolo da Terra, afetando os reservatórios subterrâneos de água e o solo fértil.

O resultado dessas duas situações devastadoras e contínuas é que todo o sistema de vida biológica e ecológica atualmente está sofrendo a maior e mais séria vitimização jamais orquestrada pela humanidade. Em essência, o próprio planeta manifestou a AIDS como uma maneira de alertar que seus sistemas de vida interdependentes não podem mais resistir aos efeitos da vitimização.*

Se toda doença é uma oportunidade para o aprendizado e uma manifestação das tensões emocionais, psicológicas e espirituais subjacentes, então, com a AIDS, devemos aprender que a vitimização da vida não pode mais continuar neste planeta se quisermos sobreviver como espécie. Essa é uma lição que todos neste planeta devem aprender e,

* Este material é apresentado no livro *AIDS: Passageway to Transformation*, de E. Norman Shealy, M.D., Ph.D., e Caroline Myss, M.A., publicado pela Stillpoint International. O livro inclui estudos de casos e também um programa para o tratamento da doença.

por essa razão, a mensagem inerente a essa epidemia se espalhou por quase todas as nações do mundo. Eu não acredito que uma "cura" ou uma vacina sejam descobertas para essa doença até que a mensagem mais importante desse vírus seja compreendida pela humanidade.

O seguinte caso ilustra a natureza da consciência de vítima mais claramente ainda.

ANDY

Diagnóstico: AIDS – pneumonia por *pneumocystis carinü*, polineuropatia, câncer na próstata.

Ele tem 44 anos, nasceu na Nova Inglaterra, e foi criado como um membro da religião mórmon. Desde muito cedo, Andy se lembrava de estar sempre tentando provar sua masculinidade, o que, para ele, era particularmente difícil, pois era extremamente franzino. Ele se alistou para o serviço militar e foi enviado para o Vietnã, onde foi exposto ao Agente Laranja.

Ao voltar, terminado o seu tempo de serviço, ele se estabeleceu em sua cidade de origem. Andy era atormentado pela culpa de ser homossexual, e seu medo de ser descoberto fez com que se casasse. É desnecessário dizer, seu casamento foi um desastre e terminou em divórcio. Após o divórcio, Andy saiu da Nova Inglaterra e foi para San Francisco.

Ele aderiu totalmente à cultura homossexual nessa cidade e, pela primeira vez em sua vida, começou a se abrir com relação a seus sentimentos e à sua identidade. Ele se envolveu em numerosos relacionamentos sexuais e, em 1985, foi diagnosticado que ele era portador do vírus HIV. Anteriormente, ele tinha recebido um diagnóstico de câncer na próstata, que ele acreditou ser conseqüência da sua exposição ao Agente Laranja. Mais tarde, ele desenvolveu uma polineuropatia, uma doença neurológica na qual o sistema muscular deteriora, e estava perdendo a força nas pernas.

Em 1987, Andy decidiu voltar para a casa dos pais. Ele queria contar a eles sobre si mesmo, assim como o fato de que tinha AIDS. Ele estava em casa há apenas alguns dias e ainda não tinha falado nada com os pais quando seu pai lhe mostrou um artigo no jornal. Era a história de um jovem mórmon que tinha voltado à sua cidade natal procurando ajuda, pois estava com AIDS. A igreja mórmon excomungou o rapaz.

Andy compreendeu que seu pai estava usando o artigo do jornal para lhe comunicar a mesma mensagem e, logo depois desse fato Andy deixou a casa dos pais e foi para Boston. Ele nunca chegou a contar-lhes o que pretendia ao voltar para casa.

Andy disse que durante toda a sua vida tinha se sentido vítima – primeiro da sua religião, da sua sexualidade e, finalmente, do Agente Laranja. Ele sentia estar sempre tentando provar que era uma pessoa de valor.

Andy agora está trabalhando para ajudar outros pacientes de AIDS e tem orgulho de seus esforços pessoais para recuperar sua própria dignidade nesses últimos meses de vida.

A história da vida de Andy é bastante típica das lutas e da dor da consciência de vítima. Como vários outros indivíduos com AIDS, Andy assumiu esse terrível desafio e o está usando para se curar emocional, psicológica e espiritualmente, assim como dar uma contribuição positiva para a vida de outras pessoas.

Herpes Genital

Shealy

Muitas pessoas consideram o herpes como herpes venéreo. Entretanto, mesmo atualmente, o herpes venéreo não é tão comum quanto o herpes labial, produzido pela febre, que é primo-irmão do vírus do herpes genital. Na verdade, algumas pessoas acreditam que o vírus do herpes, que ataca os órgãos genitais, é apenas uma versão do herpes labial "transplantado" para a genitália durante atividade oral-genital.

A manifestação do vírus do herpes na região genital está fortemente relacionado com a tensão.

Uma erupção de herpes tende a ocorrer durante a menstruação, quando o sistema imunológico está levemente enfraquecido. De fato, mesmo nos homens, sabemos que a crise de herpes está relacionada com a soma das tensões na vida da pessoa, de maneira que tensões extras, como exames ou problemas no trabalho, podem levar a uma erupção. Assim, o herpes é tanto uma doença crônica periódica quanto uma doença aguda com crises que freqüentemente duram de alguns dias até uma semana ou mais. Assim como no herpes labial, o vírus do herpes venéreo "mora" no organismo e parece "sair" apenas sob alguns tipos de tensão significativos.

O herpes oral raramente produz uma infecção séria, embora isso possa ocorrer. Acredita-se, em geral, que o vírus do herpes está na pele em volta da boca e das narinas (entrada do nariz) e se manifesta quando a imunidade geral do indivíduo está enfraquecida, assim como durante uma "febre".

ANÁLISE ENERGÉTICA DO HERPES GENITAL

Myss

O herpes genital se desenvolve mais comumente em pessoas que participam de uma atividade sexual que eles próprios consideram sem sentido ou, o oposto, um desesperado substituto para o amor. Observe que a atividade sexual por si mesma não é negativa, como freqüentemente se pensa. Pelo contrário, o bloqueio de energia na área genital é criado em resposta ao fato de que as atividades sexuais/emocionais da pessoa trazem muito pouca, se alguma, satisfação emocional verdadeira. Em outras palavras, o indivíduo participa de ações que não refletem o que ele realmente precisa. Sexo com um parceiro com o qual a pessoa não está emocionalmente envolvida não satisfaz a necessidade de ser amada. O que é preciso é que a pessoa avalie suas necessidades e então escolha parceiros e relacionamentos que atendam a essas necessidades.

SANDY

Shealy

Diagnóstico: Herpes venéreo.

Esta senhora de 35 anos, técnica em raios X, veio à clínica em junho de 1985 com herpes venéreo, contraído no mês anterior. Sandy tinha uma longa história de relações sexuais insatisfatórias, que a deixavam constantemente infeliz e sentindo-se não amada. Repetidamente ela entra nesse tipo de relacionamento, procurando um "sentimento" de amor para depois sentir-se desapontada. Suas erupções de herpes estão claramente relacionadas com a crescente tensão da sua vida.

ANÁLISE ENERGÉTICA
Myss

À parte as tensões mais evidentes que Norm descreveu, o caso de Sandy é importante, pois ilustra o que eu considero ser a atividade do nosso "eu superior". Temos um "eu superior" que age em nosso benefício quando e onde carecemos de sabedoria para fazê-lo com a nossa consciência comum. Para mim, uma doença como o herpes é um exemplo perfeito desse tipo de "intervenção do eu superior", ilustrando que o herpes, nesse caso, é um obstáculo que tem o objetivo de nos fazer *parar o tempo suficiente para reavaliar o que nós estamos criando para nós mesmos*, assim como as conseqüências de nossas escolhas.

Sandy foi quase "eletrocutada" pelas suas necessidades emocionais, pois elas a faziam se comportar de maneiras que produziam ansiedade. Embora ela admitisse que reconhecia sua compulsão para buscar o sexo em vez do amor, era óbvio, pela falta de convicção em sua voz, que ela não tinha nenhuma intenção de desafiar o seu comportamento. Em vez disso, ela sentia pena de si mesma por ter contraído herpes. E se sentia envergonhada por ter herpes, pois considerava isso uma indicação de que era promíscua.

Mostrei a ela que era possível que seu eu superior tivesse criado essa doença como um "motivador" mais sério para fazê-la reavaliar como estava lidando com suas necessidades emocionais, pois era óbvio que seus sentimentos de solidão não eram suficientes para motivá-la. Se ela fosse capaz de encarar essa disfunção como uma oportunidade de romper com um padrão que a controlava, Sandy iria se tornar capaz de criar escolhas diferentes e mais satisfatórias. Isso, por sua vez, iria gerar sentimentos muito reais de amor e ela iria se curar emocional e fisicamente.

Infelizmente, apesar de várias sugestões de nossa parte e tentativas da parte dela, Sandy continuou a se debater nesse poço de baixa auto-estima.

Cobreiro ou Herpes-Zoster
Shealy

O cobreiro ou herpes-zoster é parente da catapora. Em geral, a catapora ataca crianças e a maioria das pessoas que teve catapora quando criança não tem herpes-zoster na idade adulta.

O herpes-zoster tende a atacar quando o sistema imunológico da pessoa já está enfraquecido. Ocorre principalmente em pessoas mais idosas e naquelas que têm câncer. O vírus do herpes-zoster afeta os glânglios, ou grupos de células nervosas que alimentam uma raiz nervosa. Assim, a erupção da bolha, que é uma bolha vesicular parecida com uma hera venenosa (sumagre venenoso), segue o caminho da raiz nervosa. É muito comum ela ocorrer no peito, mas pode também aparecer no feixe do nervo ciático ou até mesmo no rosto. Quando afeta o rosto e atinge o olho, ela causa a cegueira.

Aproximadamente 10% dos indivíduos que têm herpes-zoster acabam tendo uma dor crônica intratável e pós-herpética, que é característica e que queima internamente. Também pode se tornar um problema totalmente incapacitante por muitos anos.

Felizmente, a dor é facilmente controlada com estimulação elétrica transcutânea do nervo, ou por meio de medicamentos.

ANÁLISE ENERGÉTICA
Myss

O herpes-zoster é uma disfunção criada pela ansiedade e pela irritação crônica devido ao fato de o indivíduo se sentir completamente dominado pelas circunstâncias ou pelas exigências do seu ambiente. De maneira específica, a ansiedade é gerada porque a atividade no seu ambiente faz com que a pessoa se sinta continuamente insegura e vulnerável do ponto de vista físico, financeiro ou material.

É importante observar que o herpes é mais comumente associado à ansiedade crônica do que à ansiedade esporádica. Embora ele possa se desenvolver após um determinado incidente ou trauma, a ansiedade que vem à tona durante uma erupção tem raízes muito mais profundas nesse indivíduo, não tendo simplesmente sido gerada por um trauma específico. Anos de acúmulo de pequenos episódios de ansiedade, devido à situação financeira ou à segurança física, gradualmente exaurem os terminais nervosos, resultando em uma erupção de herpes.

ROSE
Shealy

Esta senhora de 71 anos estava sentindo dor no peito depois do herpes, que tinha ocorrido no ano anterior. O tratamento do herpes e a posterior dor pós-herpética tinham sido responsáveis pela prescrição de uma variedade de drogas antidepressivas que provocaram três quedas, com fraturas da bacia e do braço, o que prolongou a dor pós-herpética.

Rose entrou em um programa intenso de treinamento autogênico e *biofeedback* e apresentou uma diminuição de, no mínimo, 75% da dor no final de uma sessão de duas semanas.

ANÁLISE ENERGÉTICA
Myss

Rose estava continuamente preocupada com sua situação física e financeira. À medida que envelhecia, sua síndrome de preocupação se tornou ansiedade. Ela se via perdendo, cada vez mais, o controle sobre sua situação física e temia a dependência.

Acredito firmemente que a razão pela qual Rose reagiu tão bem ao treinamento autogênico e ao *biofeedback* foi o fato de, ao aprender a controlar suas próprias reações corporais, sentir sua autoconfiança renovada. Quanto melhor ela se sentia, menos inclinada ela ficava a deixar o medo de se tornar fisicamente vulnerável e dependente controlá-la.

Gripe

Shealy

Dentre os vírus mais conhecidos está, é claro, o da gripe. Geralmente, durante os meses de inverno, há em maior ou menor grau, pequenas ou grandes epidemias de gripe. O vírus e os seus problemas, que em geral incluem uma infecção respiratória, febre e dor ou mialgia em todo o corpo, associados a uma forte dor de cabeça, são bastante conhecidos. A grande epidemia no princípio do século, que levou muitas pessoas à morte, também foi a precursora de muitos casos de Mal de Parkinson, que veio a se manifestar de vinte a quarenta anos depois desse episódio. Há vacinas que protegem as pessoas de um surto de gripe, mas o vírus tem uma capacidade notável de mudar e se transformar, por isso a imunização pela vacina é válida apenas por seis meses ou menos.

ANÁLISE ENERGÉTICA

Myss

Certas doenças fazem parte do programa de limpeza da natureza. Assim como as tempestades limpam o ar de nossa cidade, as epidemias, como a da gripe, limpam a energia do inconsciente coletivo. A tensão geral e as toxinas que se acumulam natural e gradualmente em nossa "atmosfera" – toxinas invisíveis que respiramos e consumimos – são descarregadas através dos vários vírus da gripe.

Esse tipo de doença não está tão associado a uma questão emocional específica, mas muito mais à limpeza da tensão emocional que é parte da vida.

Resfriado Comum

Shealy

O vírus onipresente do resfriado comum tem muitas variedades que causam os mesmos sintomas, principalmente envolvendo o nariz, os seios da face, a garganta e, ocasionalmente, os brônquios. Infecções secundárias ocorrem algumas vezes nos tecidos enfraquecidos. Sabe-se há muitos anos que um resfriado só afeta alguém cujo sistema imunológico já esteja enfraquecido e que, além disso, o vírus do resfriado não é algo que se "pega".

Alguns pesquisadores acreditam, na verdade, que certas variedades do vírus vivem no corpo e se manifestam durante um estado de imunidade reduzida.

Há inúmeros estudos, por exemplo, indicando que indivíduos que são saudáveis e fortes e são expostos ao frio extremo sem roupas não necessariamente desenvolvem um resfriado, demonstrando claramente a força de seu sistema imunológico.

Acredito também na evidência de que indivíduos que tomam grandes quantidades de vitamina C não ficam resfriados com tanta freqüência e se recuperam muito mais rapidamente. Eu recomendo 2 gramas por dia mais 100 miligramas de B6 ou complexo B.

ANÁLISE ENERGÉTICA
Myss

Uma pessoa se torna suscetível ao vírus do resfriado como resultado de exaustão emocional, provocada por assuntos comuns à vida. O fator importante para se entender o vírus é que ele é principalmente uma disfunção emocional.

Mononucleose e Infecção Epstein-Barr Crônica

Shealy

O vírus da mononucleose é primo do vírus do herpes. Ele afeta principalmente pessoas jovens, pois acredita-se que seja transmitido pelo beijo. Pode causar doenças menos ou mais sérias e freqüentemente afeta o fígado e o baço. As pessoas podem ficar muito doentes e morrer em casos graves da mononucleose.

O vírus Epstein-Barr crônico só foi reconhecido há poucos anos. Nessa síndrome, os pacientes têm periodicamente uma grande variedade de sintomas, incluindo alergias e, mais do qualquer outra coisa, extrema fadiga. A infecção se torna então muito parecida com o herpes, com o qual esse vírus está relacionado.

ANÁLISE ENERGÉTICA
Myss

A mononucleose e a infecção Epstein-Barr crônica são infecções que estão au montando dramaticamente, principalmente entre as mulheres.

As pessoas que se tornam suscetíveis a esse vírus freqüentemente sentem que suas necessidades emocionais foram repetidamente desrespeitadas. Mais do que lidar com a insegurança financeira ou com o bem-estar físico, essas pessoas estão envolvidas em padrões de relacionamentos improdutivos, que não atendem às suas necessidades. É importante observar que uma parte central do padrão emocional e psicológico dessas pessoas é que elas se sentem "cronicamente" incapazes de desafiar a fonte (ou os indivíduos) geradora da ansiedade, principalmente pelo medo de rejeição. Como um círculo vicioso, esse medo causa um padrão contínuo de desrespeito emocional, pois a pessoa é incapaz de falar pelas suas próprias necessidades. Ela produz, assim, insegurança e incapacidade de desafiar esse padrão por medo de rejeição. E assim o círculo vicioso se repete até que a pessoa fica, literalmente, "doente e cansada" de toda a situação.

No caso dos homens, freqüentemente a fonte de sua insegurança está relacionada com o ambiente de trabalho e com sua incapacidade de desafiar situações profissionais que causam sentimentos crônicos de insegurança e de ansiedade.

A mononucleose e a Epstein-Barr ocorrem em pessoas que estão "doentes e cansadas" de seus padrões emocionais improdutivos, que resultam em "insegurança emocional crônica".

SARAH
Shealy

Diagnóstico: Epstein-Barr crônica.

Sarah é uma mulher de 35 anos, que vive sob forte tensão. Ela sente fadiga generalizada, fuma muito, é muito nervosa e ansiosa e tem dores de cabeça muito fortes e incapacitantes. Embora isso pareça servir a muitas mulheres, o que se destaca nesse caso é que a fadiga é tão intensa que ela freqüentemente tem que sair mais cedo do trabalho ou mal consegue terminar o dia de trabalho.

ANÁLISE
Myss

Sarah é uma pessoa que desenvolveu mononucleose como conseqüência de sua exaustão provocada pelas tentativas de criar o seu pequeno mundo, onde estaria insegura. Sarah vivia numa situação emocional muito delicada, em que tentava provar que era um ser humano que merecia ser amado e que tinha valor. Seu histórico de relacionamentos inclui múltiplos casos de rejeição que a fizeram acreditar que ela precisava se "esforçar mais" para ser amada e aceita. Sua vida de tensões refletia suas duas motivações divergentes: a primeira era criar um mundo seguro para si mesma de maneira que não precisasse de mais ninguém, e a segunda era provar que ela tinha valor suficiente para que alguém a quisesse.

Sífilis

Shealy

A sífilis costumava ser a doença venérea mais conhecida. Causada pelo contato sexual, é uma doença extremamente crônica. Freqüentemente, nos estágios iniciais, a sífilis parece ser uma pequena ferida na genitália. Segue-se, então, um longo estágio adormecido em que o indivíduo não aparenta nenhuma doença. A sífilis entra então num terceiro estágio e pode afetar todos os órgãos do corpo, principalmente a aorta – a maior artéria do corpo – o coração e o sistema nervoso central, assim como a medula espinal. Uma vez no terceiro estágio, ela se torna incurável. Antes de chegar a esse ponto, a sífilis pode ser curada, a maior parte das vezes, com um tratamento adequado.

Acredita-se que muitas pessoas que têm AIDS também têm sífilis mas, devido ao enfraquecimento do sistema imunológico, até mesmo um exame de sangue pode ser inadequado para fazer o diagnóstico. Muitos pacientes com AIDS também têm herpes venéreo, clamídia, hepatite e candidíase.

ANÁLISE ENERGÉTICA
Myss

A sífilis é uma anomalia que resulta da negatividade dirigida para si mesmo. A pessoa que se torna suscetível a esse vírus é muito provavelmente alguém com uma história de escolhas pessoais impulsivas e insensatas com relação às suas necessidades emocionais. Devido aos fortes sentimentos negativos dirigidos para si mesmo, o indivíduo tende a não incluir respeito próprio e amor-próprio nas suas atividades emocionais. Na verdade, a negatividade contra si mesmo está freqüentemente associada à sensação de estar "sujo". Sinto que essa associação negativa é resultado de fantasias eróticas que refletem o fato de não dar valor a si mesmo e reforçam a crença de que sexo é "sujo".

Candidíase

Shealy

A candidíase, ou infecção crônica por germes, é uma doença que parece ocorrer em pessoas que fizeram uso de antibióticos e cujo sistema imunológico está enfraquecido. A estomatite é uma forma de candidíase que ocorre na boca e na área da faringe. A cândida pode também infectar qualquer parte do corpo, incluindo a corrente sangüínea, mas é muito mais comum na vagina, na bexiga e no trato intestinal. Geralmente, é tratada com um antibiótico específico, o Nystatin.

O dr. Orian Truss escreveu bastante sobre esse assunto e acredita que é muito comum a candidíase não aparecer num diagnóstico, apesar de ela ser responsável por síndromes incomuns e difíceis de diagnosticar, tais como alergias múltiplas e fadiga generalizada. Truss recomenda tratar esses pacientes com uma dieta com um baixo nível de carboidratos, já que o germe se alimenta deles, e Nystatin em doses mais fortes por até um ano. A comunidade médica em geral não aceitou a candidíase desse tipo como uma doença legítima, embora muitos praticantes de cura alternativa acreditem que ela seja uma doença comum.

ANÁLISE ENERGÉTICA

Myss

Essa doença ocorre principalmente em pessoas que foram psicológica, emocional e fisicamente superativas e estejam precisando seriamente estabilizar sua vida. Assim como o vírus da mononucleose, as mulheres são especialmente suscetíveis a ela, mas por razões diferentes. Enquanto que o vírus da mononucleose se relaciona com questões de segurança emocional, a candidíase corresponde a questões relacionadas com a criação de uma vida estável, especificamente o que é conhecido como "fazer o seu ninho". A tensão que vem do desejo não realizado de fincar raízes e de estabelecer um lar e uma família está diretamente ligado a esse vírus.

A candidíase crônica é uma doença só recentemente reconhecida; minha opinião é que ela, junto com outras epidemias contemporâneas como a mononucleose, reflete com bastante exatidão as tensões, estilos de vida e preocupações desta nossa época.

FRAN

Shealy

Diagnóstico: Infecção vaginal por cândida.

Esta psicóloga de 41 anos sofreu uma cirurgia em 1985 devido a um fibroma no útero. Foi uma cirurgia sem problemas, mas no estágio pós-operatório, ela desenvolveu uma infecção vaginal por cândida que não cedeu com o tratamento comum com Nystatin. Esse tem sido um problema periódico há aproximadamente um ano. A paciente é uma pessoa muito bem-sucedida e com vasta experiência. Ela tem suas frustrações e gostaria de ter tido um filho. Não é casada e já pensou em adotar uma criança.

ANÁLISE ENERGÉTICA
Myss

A situação de Fran é muito comum. Sua luta interior reflete o que muitas mulheres devem confrontar: o dilema de escolher entre ter uma família ou uma carreira. Para ser bem-sucedida profissionalmente, Fran concentrou toda a sua atenção em sua educação e no seu desenvolvimento profissional. Sua vida pessoal e suas necessidades emocionais foram guardadas durante os anos iniciais de sua carreira, mas, com o passar do tempo, parecia que as oportunidades para realização de qualquer uma de suas necessidades pessoais por um marido e por uma família estavam escapando rapidamente. Fran passava por uma séria depressão e tristeza por nunca ter tido um filho. Minha sensação é que mágoa e desapontamento por não ter uma família, junto ao seu medo de não ter mais tempo, foi a origem da tensão que criou não só a candidíase, mas também o seu fibroma no útero.

CARLOTA
Shealy

Diagnóstico: Candidíase e infecção.

Esta jovem senhora de 32 anos veio me consultar com uma história de repetidas infecções na faringe e nas amígdalas (tratadas com antibióticos), febre e profunda fadiga. Ela também tinha um problema de candidíase vaginal. Ela tinha sido tratada pelo menos por quinze vezes com antibióticos por vários anos. Atualmente, ela se encontra em meio a um casamento extremamente insatisfatório, com um homem incrivelmente egoísta, que constantemente diz que ela não é atraente e que ele não a ama.

ANÁLISE ENERGÉTICA
Myss

A origem da tensão de Carlota era obviamente seu casamento infeliz. Seu contato de longo tempo com a candidíase era, em minha opinião, criado como conseqüência de nunca ter estabelecido um lar estável. Seu marido constantemente ameaçava deixá-la e, ocasionalmente, se encontrava com outras mulheres. Pelo fato da auto-estima de Carlota ter sido tão prejudicada devido ao fato de seu marido estar sempre dizendo que ela não era atraente, ela não conseguia desafiá-lo de maneira efetiva, já que temia ser abandonada. Além disso, ela acreditava no marido quando ele dizia que ela não iria encontrar ninguém para casar. Carlota ainda não é capaz de encontrar uma maneira de superar esse desafio.

Infecções Bacterianas

Shealy

Há numerosas infecções bacterianas desde a febre tifóide e a salmonella (que geralmente é contraída através de comida contaminada) até os estafilococos, que são mais freqüentemente conhecidos como espinhas de acne ou furúnculos. O estafilococo é também uma infecção oportunista e é a mais comum depois de uma cirurgia. Como em todas as infecções, ele ataca principalmente quando a pessoa está num estado de fraqueza generalizada.

Outras infecções bacterianas bastante conhecidas são estreptococos (infecção por estreptococos na garganta), que pode provocar a escarlatina, a febre reumática e a artrite reumática; pneumococos, uma causa comum da pneumonia; Hemophilus Pertussis ou coqueluche; Hemophilus influenza; que são agentes infecciosos freqüentes em crianças, Neisseria gonorrhoeae, que causa a bastante conhecida gonorréia, outra infecção venérea; Klebsiella pneumoniae; E. Coli; Shigella; Pseudomonas aeruginosa; Brucella; Clostridium tetani (tétano); Clostridium botulinum (botulismo – envenenamento pelo alimento), Mycobacterium tuberculosis (tuberculose – TB) e Mycobacterium leprae (lepra).

Acrescente-se a essas um grupo de organismos denominados Rickettsia, que incluem o tifo, uma das causas mais comuns de epidemia e de febre das Montanhas Rochosas.*

É interessante observar o que Pasteur disse, em seu leito de morte: "Não é o germe, mas o meio em que ele está." Em outras palavras, parece que esses organismos afetam principalmente pessoas cujo sistema imunológico já esteja enfraquecido devido a um fator emocional ou nutricional.

Acidentes

Shealy

Os acidentes estão entre as cinco maiores causas de doença e de morte. Em geral, eles são considerados resultado de erro humano ou de catástrofes "naturais". Mas é comum a ciência ignorar muitas associações intrigantes.

Por exemplo, pelo menos 80% dos acidentes ocorrem devido a "descuidos" ocorridos quando as pessoas estão com raiva. E parece haver fortes correlações entre biorritmos – os ritmos "naturais" de humor, de força física, de tensão, de criatividade – e a ocorrência de acidentes. Essa pesquisa indica que os acidentes tendem a acontecer mais freqüentemente durante um ciclo biorrítmico negativo ou de baixa energia.

Alguns acidentes são resultado da falta de sono, de drogas, de alimentação insuficiente, e de baixa de açúcar no sangue. Cada um desses fatores provoca uma diminuição

* "Rocky Mountains Spotted Fever": doença grave causada pela mordida de carrapato cujas características são: febre alta, dores nos músculos, nos ossos e nas articulações. Essa doença é encontrada na região próxima às Montanhas Rochosas nos Estados Unidos. Se não for tratada, pode causar a morte. (N.T.)

da coordenação, pouca concentração e incapacidade de concentrar a atenção na atividade do momento.

Uma das principais causas de acidentes graves é o consumo de álcool. E, entre jovens abaixo de quinze anos, acidentes causados *por* alcoólatras são a causa principal de morte.

Como é de se esperar, os fumantes têm um aumento na incidência de acidentes. Dentre os muitos efeitos adversos do fumo está a diminuição da memória e da concentração em pequenos detalhes. Toda a vez que uma pessoa acende um cigarro, a norepinefrina ou "adrenalina" é aumentada em 1,8 vezes e isso causa uma notável tensão ou reação de alarme.

Há também evidência de efeito adverso dos íons positivos do ar sobre o desempenho humano, além de alguns casos de acidentes automobilísticos e aéreos que aparentemente foram resultado da desorientação do piloto provocada pela falta de íons negativos no ar. Os íons negativos geralmente são considerados mais benéficos e intensificam a sensação de bem-estar e de calma da pessoa. Os íons negativos são mais proeminentes em grandes altitudes, nas montanhas por exemplo, ou após uma tempestade.

Numa categoria particular estão os acidentes de trabalho e automobilísticos. Embora muitos médicos tenham a intuição de que um grande número de vítimas de acidentes com veículos e de acidentes de trabalho tentam tirar vantagens econômicas desses acidentes, minha experiência com esses pacientes é de que é muito mais fácil dizer que minhas costas doem do que "meu casamento está desmoronando" ou "Não sou bem-sucedido no trabalho". Acho que o paciente muitas vezes não está ciente das diferenças da origem da dor. Se um pessoa está sofrendo muita tensão no casamento ou no trabalho e um acidente acontece, qualquer que seja a razão que o precipitou, então, para o paciente o acidente é a causa de todos os sentimentos de raiva. Obviamente, o método científico convencional de dar atenção a causas e a efeitos mensuráveis impede considerações sobre as implicações espirituais e metafísicas mais amplas.

JONAH

Shealy

Em dezembro de 1987, um amigo meu se envolveu num acidente com um avião particular. Estavam ele, como passageiro, e o piloto. O tanque de combustível estava com defeito e o avião ficou sem gasolina e caiu. Jonah, que tinha 37 anos, sofreu uma fratura na primeira vértebra lombar com a perda total da sensação e função da bexiga, dos intestinos e da região sexual, sem, no entanto, nenhum outro dano grave no nervo.

No princípio, Jonah não quis fazer uma cirurgia e preferiu retornar à nossa clínica de Springfield para receber cuidados médicos. Ele me pediu para coordenar a cirurgia se esse fosse o caso. Pedi a Caroline que fizesse uma interpretação do caso. Segue o sumário do que ela disse:

> Esse acidente é mais uma experiência de iniciação do que um acidente propriamente dito. Ele agiu corretamente ao preferir não fazer uma cirurgia. Pode demorar até dezoito meses, mas ele irá trilhar o caminho para aprender a se curar.

> Tenho a impressão de que essa é uma experiência sagrada para Jonah. Esse acidente foi invocado como um desafio para ele ver se poderia se tornar um agente da cura. Ele pode, no final das contas, ter a capacidade de Olga Worrall (uma agente da cura de alto prestígio) e se tornar um canal poderoso para as energias de cura.
>
> Ele terá que desafiar o seu ego. Esse é um teste de vontade, de disciplina interior, de fé e de recursos internos. Num ou dois meses, seu ego poderá tentar se manifestar sobre o espírito para voltar a ter controle. Quando ele superar isso, caminhará em direção à verdadeira cura.
>
> Em casos como esse, o acidente serve como um importante teste para iniciar a pessoa em um ordem de consciência mais elevada. Esse é o caso de Jonah.

Percebi então o que Caroline estava dizendo. O acidente era um tipo de programa espiritual "rumo ao exterior", forçando a pessoa a viver aquilo que ela ensina.

Mais tarde, perguntei a Jonah, antes de lhe passar a interpretação de Caroline, em que ele estava pensando e o que estava sentindo antes do acidente. Ele disse:

> O outro homem e eu estávamos expressando o desejo de morrer. Nós nunca fomos capazes de receber amor. Eu tinha medo de estar vivo porque sabia que eu tinha de aprender a ser amado. Mas, no momento do acidente, eu tive uma sensação tranqüila, como se alguma coisa estivesse me preparando. O homem que estava comigo também tinha algo como um desejo de morte. Nós estávamos conversando sobre nossos sentimentos com relação à nossa incapacidade de receber amor, e também tínhamos sentimentos de autopunição precisando ser expressados.
>
> Quando caímos, o piloto tentou segurar o impacto com suas pernas (e teve fraturas graves em ambos os tornozelos). Depois de ter acabado de pensar que ninguém me amava, o primeiro pensamento que tive, imediatamente após o acidente, foi que eu tinha de deixar as pessoas me amarem.

Após ter lido a interpretação de Caroline para Jonah, ele disse: "Tudo isso está juntando as peças do quebra-cabeça." Para Jonah, essa foi uma experiência profundamente transformadora. Sua atitude tem sido incrivelmente positiva. Após ter visto as radiografias, eu o aconselhei a fazer uma cirurgia para aliviar a pressão na espinha dorsal e para fazer uma fusão para que ele pudesse se movimentar com o gesso.

Os cirurgiões deram a ele poucas esperanças de recuperação da função neurológica. Apenas cinco meses depois, no entanto, Jonah tinha pelo menos 85% da função neurológica, com ereções normais e bexiga funcionando normalmente.

ANÁLISE ENERGÉTICA

Myss

Nem todo acidente é uma experiência tão potencialmente rica como a de Jonah. Apesar disso, eu pessoalmente afirmo que acidentes – ou seja, acontecimentos ao acaso com milhares de vítimas – são também eventos co-criados. As respostas emocionais à tragédia e à morte são apenas isso – respostas emocionais. Elas não são evidências de que nós não criamos nossa própria realidade.

Discutir se criamos ou não acidentes é o mesmo que discutir se realmente criamos ou não o câncer. A idéia da co-criação da realidade se mostra em pequenas doses – assim como criamos resfriados, nossa raiva pode fazer com que nos cortemos com a faca de cozinha.

Entretanto, transforme o resultado da co-criação de resfriados para câncer e de facas para aviões e esse princípio é descartado. A razão pela qual essa argumentação se desintegra quando as situações são tão graves, está na confusão que as pessoas fazem com relação à "escolha".

Certamente, ninguém se levanta em uma manhã de segunda-feira e diz "Que lindo dia para se criar um câncer" ou "Acho que hoje vou sair de avião para sofrer um acidente fatal". Isso é absurdo. Mas, mais importante, também não é um retrato exato do nível no qual as escolhas dessa magnitude são feitas.

Escolhas dessa importância são feitas no nível espiritual e, freqüentemente, a mente consciente se mantém alheia a esse processo. Tenha em mente que, desde que a morte é inevitável, por que seria tão inconcebível participarmos na escolha de quando deixar a forma física? A única consideração que torna essa idéia difícil de acreditar é que não temos nenhuma forte evidência do que existe além desta vida. Se soubéssemos o que nos espera, não teríamos dificuldade em acreditar que escolhemos quando retornar para a dimensão não-física.

Eu separo os acidentes em três categorias. Na primeira estão as raras ocorrências, como o acidente de Jonah, que foi, na realidade, uma oportunidade para um final melhor.

Na segunda categoria estão as experiências criadas pela vazão inconsciente de energia negativa, principalmente a raiva e a tensão. Deixar coisas caírem, quebrar objetos, bater o carro, bater o joelho na quina da mesa são todos exemplos dessa categoria de acidentes. Entenda que a pessoa não escolheu conscientemente quebrar um objeto; pelo contrário, o fator da "escolha" se refere à qualidade de atitudes da pessoa, que é sempre determinada pelo indivíduo. Uma atitude de raiva aumenta as chances de acidentes. Nervosismo aumenta as chances de acidentes. Ao permitir que esses tipos de emoções o controlem, você está escolhendo também assumir as conseqüências dessa energia. Nesse caso, as conseqüências são um maior potencial para criar acidentes.

Na terceira categoria estão os acidentes que consideramos tragédias. Nesse caso, a morte ou ferimentos graves ocorrem com uma pessoa ou com inúmeros indivíduos. Como afirmei anteriormente, é um desafio acreditar que nós criamos nossa própria realidade quando o resultado é, do ponto de vista humano, morte ou ferimentos.

Ainda assim, não me é possível descartar os princípios de co-criação simplesmente porque minha mente "racional" não pode encontrar uma explicação suficientemente válida para o trágico resultado. O espírito humano é capaz de fazer escolhas que a mente humana nunca iria considerar. Para mim, o conceito de "acidente" reflete ainda uma outra área daquilo que precisamos aprender sobre nós mesmos. Eu não acredito que haja esse tipo de coisa que chamamos "acidentes". Em vez disso, há apenas experiências e situações que se mantêm inexplicáveis por causa da nossa falta de consciência sobre a dinâmica e sobre os princípios da co-criação.

8

COMO A TENSÃO CAUSA A DOENÇA CRÔNICA

NORMAN SHEALY E CAROLINE MYSS

Tensão Crônica

Shealy

A maioria das doenças que enchem nossos hospitais e provocam enorme frustração nos pacientes e nos médicos são as doenças crônicas, freqüentemente denominadas degenerativas, embora incluam uma ampla variedade de agentes etiológicos.

Se considerarmos que a descrição de Freud sobre o "desejo de morte" universal e a teoria de Eric Berne sobre o Enredo da Vida representam um grande segmento da consciência humana, é incrível que mais pessoas não sejam suicidas. Mesmo as pessoas deprimidas a ponto de "desejarem" morrer não pensam nisso todas as 24 horas do dia. No entanto, há níveis de depressão e de desespero variáveis suficientes em muitas pessoas para criar um estado constante de tensão emocional, psicológica, física e química não resolvidas e desgastantes. Padrões crônicos negativos criam a doença crônica.

Até certo ponto, cada um de nós tem uma "caneca" de reservas de tensão; nossas reservas diferem em força e em tamanho. Além disso, temos vários pontos fracos, como podemos ver no diagrama simples da página seguinte.

Enquanto mantivermos nossa tensão total abaixo do ponto fraco, estamos relativamente "bem". Quando as tensões químicas, físicas e emocionais se aproximam do ponto fraco, desenvolvemos sintomas de doenças. Se excedermos nossa "tolerância", ficamos doentes. Assim, a doença crônica representa o estado de equilíbrio entre estar livre de sintomas e a doença. À medida que aumenta a tensão química, física e emocional, nos tornamos cada vez mais doentes. Quando nosso limite é alcançado, nossa reservas são usadas e morremos. A redução da tensão pode restaurar a saúde se reduzirmos a tensão total a abaixo do nível livre de sintomas.

É crucial para a recuperação da saúde a atenção consciente para controlar a tensão em todos os níveis. Não reconhecer problemas em qualquer um ou em todos os oito níveis de padrões de tensão (ver Capítulo 1) prepara o campo para a doença crônica.

Capacidade de Tensão Química, Física e Emocional

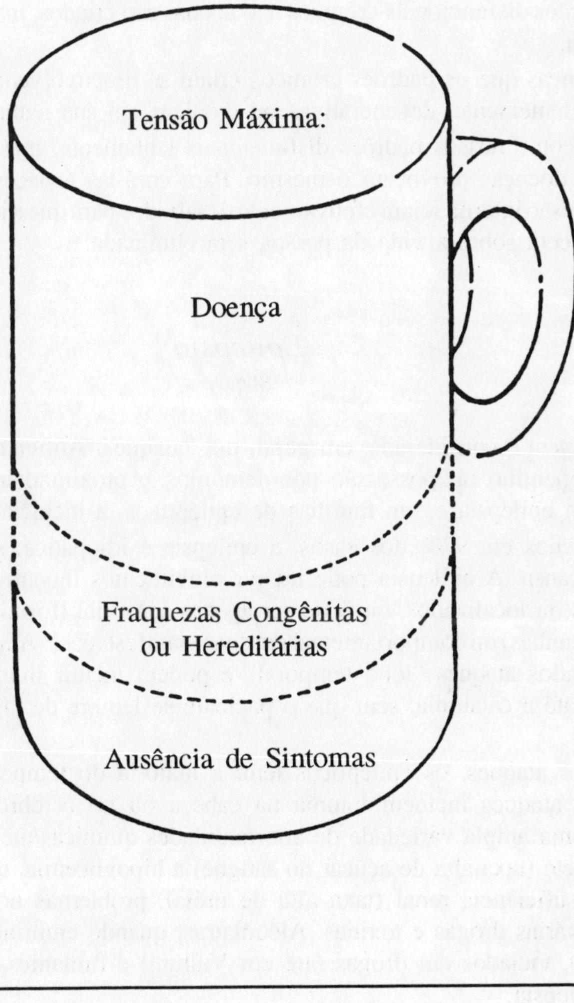

As doenças crônicas se desenvolvem como resultado de padrões emocionais, psicológicos e/ou espirituais crônica ou continuamente disfuncionais, que mantêm fontes de tensão contínuas na vida da pessoa. Esses padrões são freqüentemente inconscientes, significando que eles se misturam naquilo que consideramos nossa personalidade ou natureza básica. Eles são parte de nós mesmos, "a nossa maneira de ser", sobre a qual não costumamos pensar, muito menos reconhecer como disfuncional.

Devido às raízes inconscientes dos padrões crônicos, tensionantes, nós nos sentimos continuamente irritados, com raiva ou ansiosos sem necessariamente saber a causa. Presumimos que a fonte da nossa tensão está "fora", na forma de uma pessoa, de um lugar ou de uma coisa. Em outras palavras, projetamos nossa ansiedade interior em alguma coisa, qualquer coisa que não seja nós mesmos. Essa é a maneira pela qual ciclos de padrões disfuncionais crônicos não apenas são criados, mas continuam a vigorar na nossa vida.

As doenças que os padrões crônicos criam se desenvolvem gradualmente, e são, não surpreendentemente, degenerativas ou crônicas em sua natureza.

Assim como nossos padrões disfuncionais lentamente, mas com certeza, nos esgotam, essas doenças provocam o mesmo. Para curá-las é necessário que os padrões crônicos de tensão interna sejam efetivamente desafiados para que a influência controladora que eles exercem sobre a vida da pessoa seja eliminada.

Epilepsia

Shealy

A epilepsia é considerada, em geral, um "ataque". Antigamente, era considerada um ataque repentino ou possessão por demônios. Aproximadamente uma pessoa em cada cem tem epilepsia e, em famílias de epilépticos, a incidência é de 3%.

Pelo menos em 97% dos casos, a epilepsia é idiopática, significando "nós não sabemos" a causa. A epilepsia pode incluir movimentos incontroláveis dos músculos, generalizados ou localizados, ou pode ser apenas sensorial (formigamento, zumbido ou sensações estranhas) ou comportamental em suas manifestações. Ataques comportamentais são denominados ataques "lobo temporal" e podem incluir inúmeras ações, variando da violência até a catatonia, sem que o paciente se lembre de alguma coisa depois do episódio.

Entre os ataques, os epilépticos têm, a maioria do tempo, EEG's normais. As "causas" dos ataques incluem trauma na cabeça ou no cérebro, derrames cerebrais, infecções e uma ampla variedade de anormalidades químicas/metabólicas. Essa última varia do diabete (taxa alta de açúcar no sangue) à hipoglicemia, quantidade inadequada de cálcio, insuficiência renal (taxa alta de uréia), problemas no fígado (taxa alta de amônia) até várias drogas e toxinas. Alcoólatras, quando embriagados ou em *delirium tremens* (DT), viciados em drogas (até em Valium) e fumantes, todos têm incidência maior de epilepsia.

Em mais de 90% dos pacientes, não pode ser encontrada nenhuma "causa" física para a epilepsia. Mesmo na autópsia, indivíduos com epilepsia há um longo tempo podem ter cérebros perfeitamente "normais", e estudos químicos minuciosos são também, freqüentemente, normais. Assim, a epilepsia é apenas uma "tempestade" elétrica que pode ter sido originada pela tensão psicológica, como se pode ver no caso de estudo dessa doença.

ANÁLISE ENERGÉTICA DA EPILEPSIA

Myss

Do ponto de vista energético, um ataque epiléptico é uma explosão internalizada de sentimentos violentos e de raiva que são ativados quando um indivíduo está amedrontado ou se sente ameaçado. Apesar da natureza incontrolável do ataque, sinto que os ataques epilépticos, freqüentemente, são mecanismos de controle "irracionais". Eles são uma forma de liberar a emoção que a pessoa é incapaz de expressar direta ou conscientemente. Isso não é uma avaliação não compassiva da epilepsia; pelo contrário, é uma interpretação dos "ataques" que revela uma pessoa sobrecarregada por fortes emoções e incapaz de lidar com elas através dos canais normais de expressão.

AL

Shealy

Al é um homem de 29 anos, que começou a ter ataques epilépticos a partir dos dois anos, logo após o nascimento da sua irmã. Ele nunca morou longe dos pais nem teve um emprego devido à sua tremenda dependência dos pais, agora com sessenta anos. Testes neurológicos minuciosos, incluindo CT, MRI e EEG, indicaram funcionamento normal do cérebro.

Consultando Caroline, ela associou os ataques de Al com o nascimento de sua irmã, dando a entender que o nascimento dela fez com que Al se sentisse tão emocionalmente inseguro que ele criou a epilepsia como resposta a isso. Essa disfunção continuou na idade adulta, resultando em um relacionamento totalmente dependente com seus pais. Caroline sugeriu, posteriormente, que os pais de Al insistissem para que ele procurasse um emprego, mesmo que fosse de meio período.

Relatei isso para Al e para seus pais, que estavam no meu consultório. Imediatamente depois de eu lhes passar essa informação, Al teve um ataque generalizado e forte, que demorou vários minutos. Ele ficou em estado de choque por cinco a dez minutos após o ataque.

Seus pais me informaram que nas dezenas de ocasiões anteriores em que fizera exames ou fora hospitalizado, Al nunca tivera um ataque na frente de um médico ou de uma enfermeira. Seus ataques parecem ser sempre precipitados por lutas de poder com seu pai ou por outras ameaças à sua extrema dependência em relação a eles.

ANÁLISE ENERGÉTICA

Myss

Ficou imediatamente claro para mim que Al tinha raiva de ter que dividir seu território emocional com outro ser humano. Obviamente, aos dois anos de idade, ele não tinha capacidade para comunicar seus sentimentos ou mesmo para entendê-los. Seus medos assumiram o controle de suas emoções e isso resultou no desenvolvimento dos ataques epilépticos.

Minha sugestão para que seus pais o *forçassem* a arranjar um emprego significava um passo para ele se tornar independente. Logicamente, se ele fosse capaz de manter um trabalho de meio período, posteriormente ele seria capaz de trabalhar em horário integral. E isso significaria ele ser capaz de viver por sua própria conta. Isso foi tão ameaçador que ele criou um ataque. Para Al tornar-se saudável e capaz é muito mais assustador do que permanecer como epiléptico.

Esclerose Múltipla (EM) e Esclerose Lateral Amiotrófica (ELA)

Shealy

Essas doenças "degenerativas" do sistema nervoso, embora raras, servirão para esta breve análise como exemplos importantes dos "grandes desconhecidos". A ciência médica admite francamente que muitas doenças não têm etiologia comprovada.

Correlatos interessantes com a esclerose múltipla (EM) são o clima, a dieta e o tipo de personalidade. Algumas suspeitas antigas com relação à causa dessas doenças incluem alguns agentes infecciosos, desde espiroquetas até vírus. Acredita-se, entretanto, que algum mecanismo auto-imunológico esteja envolvido; ou seja, o sistema imunológico do corpo *ataca* o próprio sistema nervoso, que é, simbolicamente, um ato bastante autodestrutivo.

O comentário de Edgar Cayce de que a esclerose múltipla representa uma situação em que "a entidade se encontra consigo mesma" é bem interessante. Ele estava se referindo ao que a intérprete Mary Ann Woodward denominou "pagamento do karma" – ou seja, pagar uma pena por comportamento cruel e egoísta. Cayce também se referiu a padrões de comportamento de vidas passadas em sua análise de pessoas com essa doença.

Muitos médicos que tratam pacientes com esclerose múltipla observaram padrões específicos de comportamento. Parece haver uma grande quantidade de raiva reprimida em pessoas que desenvolvem a esclerose múltipla. Esses pacientes costumam ser socialmente educados e agradáveis, ao mesmo tempo que têm um tremendo problema de comportamento passivo-agressivo e de ressentimento com relação a um membro da família, geralmente a figura paterna ou materna.

É interessante notar que, após desenvolverem a esclerose múltipla, esses pacientes freqüentemente começam a agir de uma maneira imatura e infantil. Eles se tornam muito dependentes de alguém para cuidar deles. Muitas vezes, a pessoa que precisa cuidar do paciente é alguém que já tenha lhe dado muito apoio.

Obviamente, essas são generalizações e há certamente exceções. Conheci pacientes com esclerose múltipla que pareciam ter uma relação extremamente amorosa com os pais ou com o cônjuge. Eles não pareciam ter muita raiva reprimida ou um comportamento passivo-agressivo.

Qual é, então, a diferença entre esse paciente com esclerose múltipla e outro que esteja notoriamente perturbado psicologicamente? Por que a esclerose múltipla tende a ocorrer com mais freqüência em climas frios? Por que ela está relacionada com a ingestão de uma dieta gordurosa? Essas são perguntas que a medicina ainda não foi capaz de responder até agora.

ANÁLISE ENERGÉTICA DA ESCLEROSE MÚLTIPLA

Myss

Na maioria dos casos, a esclerose múltipla é resultado de um acúmulo de ressentimento e de medo com relação a quanto a pessoa se sente preparada para as exigências da vida adulta. A dependência é a questão principal, especificamente a pessoa ainda não completou a fase de dependência da infância e está apavorada diante da perspectiva de assumir a responsabilidade pela sua vida.

Essa doença pode se desenvolver em qualquer época da vida da pessoa, ou seja, não aparece necessariamente quando ela entra na vida adulta, o que poderia vir a ser uma conclusão lógica para essa descrição. Certas condições emocionais precisam estar presentes para que essa doença se forme. Essas condições são geralmente uma combinação de uma situação que exige uma maior responsabilidade do indivíduo junto a sentimentos de inadequação muito mais fortes do que as inseguranças comuns. Na minha visão, o que ocorre é que as exigências da situação fazem com que a pessoa volte ao seu território emocional criado na infância, liberando assim todos aqueles sentimentos de dependência e de inadequação não resolvidos. Isso faz com que a mente adulta confronte a mente infantil. A mente adulta se ressente da imaturidade e dos medos da mente infantil e inicia então o processo de ataque a si mesma. O padrão de abandono experimentado durante a infância é repetido agora consigo mesma como alvo de abandono e de ressentimento.

Como Norm observou, há exceções a esse padrão, algumas pessoas que desenvolvem esse tipo de doença não têm um histórico de ressentimento emocional vindo da infância. Ainda assim, um padrão que está presente nas pessoas com quem tive contato é um medo acentuado de assumir suas responsabilidades de adulto. Os sentimentos de inadequação são dominantes mesmo que esses indivíduos tenham recebido apoio na infância.

Creio que nos climas frios o meio ambiente é mais exigente do que nos climas mais quentes, e por isso se torna mais um fator ameaçador para alguém que já tem medo de cuidar de si mesmo. Da mesma maneira, alimentos com maior índice de gordura são consumidos em grandes quantidades em climas frios e contribuem para uma tensão química no organismo que pode vir a estimular o desenvolvimento de estados de depressão e de medo.

KATRINA

Shealy

Esta senhora de 35 anos, mulher de um advogado famoso, tinha uma história de seis meses de progressivas dificuldades neurológicas. Estas incluíam fala inarticulada, visão dupla e dificuldade para andar. Neurologicamente, ela apresentava *nistagmus* (espasmos nos olhos), dificuldade de fala, problemas de coordenação para levar o dedo até o nariz e ataxia (um andar trôpego). Ela também tinha reação de Babinski positiva, ou seja, o dedão do pé involuntariamente se estendia quando a sola do pé era tocada. Isso indicava lesão na região corticoespinal ou no sistema motor entre a espinha e o cérebro.

Ela se sentia muito frustrada, pois seus planos de seguir uma carreira haviam sido adiados em função da carreira do marido. Katrina tinha muita raiva não resolvida com relação a isso, e tentava lidar com essa raiva com meditação e com ioga. Ela foi tratada com *biofeedback* intensivo, sessões de aconselhamento autogênico por duas semanas, e isso a ajudou a ter algumas idéias positivas sobre sua situação.

Durante os dois anos seguintes, entretanto, ela degenerou a ponto de precisar de uma cadeira de rodas e conseqüentemente de uma considerável atenção por parte do marido, o que o obrigou a alterar sua vida profissional em função da doença dela.

Ela posteriormente se submeteu ao tratamento com oxigênio hiperbárico, um dos tratamentos mais controversos para a esclerose múltipla nos dias de hoje. Após esse tratamento, ela teve uma melhora impressionante e nos dezoito meses que se seguiram, Katrina melhorou e estabilizou. Seu problema neurológico é apenas 10% do que era originalmente. Seus filhos cresceram e saíram de casa. Ela e o marido parecem ter agora um relacionamento melhor do que jamais haviam tido.

ANÁLISE ENERGÉTICA

Myss

O caso de Katrina é particularmente impressionante devido ao fato de a esclerose múltipla ser considerada tão freqüentemente como uma doença de final inevitavelmente sombrio.

Ao se casar, Katrina encontrou em seu marido uma pessoa com a qual ela poderia ter um relacionamento de muita dependência. Apesar de se considerar criativa e de ter necessidade de desenvolver seus próprios talentos, é importante observar que ela também via seu desenvolvimento pessoal ligado intimamente e dependente da atenção e da aprovação do marido.

À medida que a carreira dele exigia mais e mais de sua energia, ela recebia menos apoio e atenção. Isso fez com que ela se sentisse isolada e abandonada, o que despertou o seu medo de ser responsável por si mesma junto a sentimentos de inadequação. É importante observar que a raiva que ela experimentou era mais dirigida para si mesma do que para seu marido. Observe também que Katrina queria se libertar de suas limitações e de sua dependência infantil do marido. Quando a atenção do marido retornou, o mesmo aconteceu com sua saúde.

Esclerose Lateral Amiotrófica – ELA ou Doença de Lou Gehrig

Shealy

Semelhante à esclerose múltipla na destruição da região corticoespinal, a esclerose lateral amiotrófica destrói apenas esse sistema. Ela ocorre com mais freqüência em indivíduos no auge da vida, de 35 a 55 anos de idade, sendo quase invariavelmente fatal dentro de um período de cinco anos.

ANÁLISE ENERGÉTICA DA ESCLEROSE LATERAL AMIOTRÓFICA (ELA)

Myss

A coluna espinal é o canal condutor do sistema de força vital dentro e através do corpo. Nesta doença, o corpo gradualmente perde toda a mobilidade. O que se mantém ativo é o cérebro, a inteligência e a percepção.

Esta doença se desenvolve em resposta à necessidade de expansão dos horizontes da pessoa, além da ligação física com a vida para incorporar outros planos e outras dimensões de pensamento à sua realidade. Especificamente, esse é um grande desafio para reavaliar a qualidade da vida interna da pessoa. Esta descrição, de forma alguma, nega o horror de se perder aos poucos o corpo físico; entretanto, o que fica claro em termos de dimensão de energia é que esta doença pode servir ao propósito de expansão da consciência e, através desse processo interior, curar um desequilíbrio que existe dentro das percepções de realidade e de espiritualidade.

O melhor exemplo desse processo é a vida do físico inglês Stephen Hawking. Famoso por desenvolver a Teoria do Buraco Negro, Hawking é considerado o físico mais brilhante desde Albert Einstein. Ele é também famoso por razões médicas, pois desde os vinte anos sofre de esclerose lateral amiotrófica. Ele vive com essa doença há mais de 25 anos, ultrapassando espantosamente a estimativa de um período de vida de cinco anos da ELA. Hawking não apenas convive com essa doença, como também iniciou e deu continuidade ao seu trabalho e à sua pesquisa enquanto ia perdendo sua mobilidade física. Ele trabalha em sua cadeira de rodas há mais de uma década e viaja por todo o mundo divulgando sua pesquisa. Sua esposa Jane comentou em uma entrevista, que ela sente que Stephen "criou" essa doença para se assegurar de que completaria seu trabalho de vida com a certeza de que não seria distraído por nada físico.

Há um propósito para tudo que criamos, mesmo quando o que criamos é uma montanha particular que só nós podemos escalar.

Osteoartrite

Shealy

Já que a osteoartrite afeta 100% dos seres humanos, até certo ponto, sua causa é de considerável interesse. A diagnose da osteoartrite é geralmente feita pelo exame radiográfico das articulações que mostram irregularidades denominadas osteoartrite. Há pouca inflamação, na maioria dos casos, mas um considerável aumento de depósitos de cálcio na cartilagem lesada, condição presente em todas as pessoas em níveis diferentes.

Raramente incapacitante, a osteoartrite é bastante dolorosa em certos casos. Em termos médicos, praticamente nada se sabe sobre sua causa. Geralmente considerada degenerativa ou um desgaste natural, ela é, em parte, genética e ocasionalmente o resultado de um trauma específico na articulação.

Há uma grande suspeita de que haja uma causa metabólica para a osteoartrite, desde distúrbios no metabolismo do cálcio até o equilíbrio ácido (dieta ácida *versus* dieta alcalina). Outras etiologias alimentares são o consumo de carne vermelha, excesso de grãos e alimentos como batata, tomate, pimenta e berinjela.

ANÁLISE ENERGÉTICA DA OSTEOARTRITE

Myss

Todas as formas de artrite são criadas em resposta a sentimentos de irritação, de frustração e de raiva. Em geral, as causas desses sentimentos subjacentes e irritáveis têm que ver com questões de controle. Estes variam desde confrontos menores, que ocorrem no dia-a-dia, até situações mais sérias nas quais a pessoa se torna obcecada em controlar o outro ou consumida pelo ressentimento por estar sendo controlada. A gravidade da situação depende da intensidade e/ou da constância das emoções tensionantes.

A osteoartrite está baseada na irritação e na frustração, da mesma forma que pequenos depósitos de "partículas de energia" são aprisionados nas articulações do corpo. É interessante observar que as articulações afetadas são fortes indicações simbólicas da fonte de tensão, como ilustrado no caso que se segue. É impossível, é claro, atravessar toda uma vida, do início ao fim, sem passar por encontros irritantes com outras pessoas. Quando essas experiências irritantes se acumulam, entretanto, as "partículas" nas articulações também se armazenam chegando ao ponto de doer e inchar.

GERI

Shealy

Esta senhora de 55 anos apresentava uma forte dor no quadril e acentuada doença degenerativa no quadril esquerdo. Tentamos trabalhar com *biofeedback* intensivo e treinamento autogênico ou visualização e, um ano depois, ela sofreu uma cirurgia para colocar uma prótese total no quadril.

Seis meses depois, ela se separou do marido, depois de estar casada por trinta anos, devido a um contínuo sentimento de total falta de amor na relação. Desde então ela tem estado muito bem.

ANÁLISE ENERGÉTICA

Myss

A energia de Geri revelou que ela tinha se tornado obcecada pela raiva com relação ao relacionamento vazio com seu marido. Incapaz de expressar sua raiva, ela internalizou-a a ponto de destruir sua articulação do quadril.

Por que a articulação do quadril e não a das mãos? Creio que a "partícula" de Geri se estabeleceu em seu quadril porque ela sentia que seu marido não era uma pessoa que se importasse com suas carências. Em vez disso, ele queria que ela tomasse conta das necessidades dele. Ela se sentia aprisionada em um relacionamento por razões de segurança financeira. Em outras palavras, Geri sentia que ela não poderia fisicamente "ir embora" do seu casamento, embora emocionalmente ela quisesse o divórcio. Dada a duração do casamento, trinta anos, é óbvio que esse padrão emocional de abandono e ressentimento se desenvolveu gradualmente e era, de fato, crônico em seu relacionamento.

A decisão de Geri de deixar seu marido é representada simbolicamente pela cirurgia, ela tinha escolhido recuperar seu movimento emocional e físico.

Osteoporose

Shealy

Esta é uma doença em que a decomposição do tecido ósseo (perda do cálcio nos ossos) ocorre mais rapidamente do que a reposição. É conhecida como deterioração óssea. A osteoporose é a causa principal de fraturas na bacia e de morte em pessoas mais velhas. Novamente, esse é um processo degenerativo, mais pela idade, intensificado devido a terapia com cortisona, falta de atividade física, pós-menopausa, dieta com muita carne e gordura, baixa ingestão de cálcio e dieta com alta taxa de fósforo. Essa doença está ausente, em grande escala, em pessoas que fazem uma dieta vegetariana e praticam exercício físico.

ANÁLISE ENERGÉTICA DA OSTEOPOROSE

Myss

Esta doença é provocada pela diminuição gradual da energia necessária para gerar a vida. O ato de viver se torna mais e mais exaustivo e extenuante. Conseqüentemente, todo movimento, tanto interno quanto externo, é forçado a dar uma parada. Mais do que qualquer outra coisa, essa doença está associada com o sentimento de que a vida é simplesmente "esforço demais" e, como tal, o corpo físico começa a sentir e a agir como se fosse um objeto precisando ser arrastado. Tornar-se imóvel é a reação natural a esse tipo de exaustão.

Artrite Reumatóide

Shealy

A artrite reumatóide é uma doença auto-imunológica, na qual o corpo ataca as próprias articulações. Uma predisposição genética moderada estabelece o cenário para o desenvolvimento desta doença potencialmente incapacitante, que é freqüentemente precipitada por acontecimentos muito tensionantes na vida de uma pessoa. O tratamento em geral é à base de medicamentos, que provocam mais danos do que a própria doença.

ANÁLISE ENERGÉTICA DA ARTRITE REUMATÓIDE

Myss

Esta doença é gerada pela combinação de raiva crônica e de ressentimento. Especificamente, essas emoções são geradas porque a pessoa se sente controlada pelas necessidades emocionais e/ou psicológicas de alguém com quem está intimamente envolvida. Em geral, o paciente percebe a fonte controladora como uma pessoa que é emocionalmente muito dependente e, por essa razão, ele se sente incapaz de desafiar a dinâmica emocional desequilibrada da relação. Em certo sentido, o paciente, na maioria dos casos, sente como se estivesse preso emocionalmente sem nenhuma alternativa para a liberação emocional que não seja internalizá-la. O paciente percebe que seus movimentos estão sendo limitados devido às exigências da outra pessoa.

JANE
Shealy

Pelo menos algum grau de "reversibilidade" é exemplificado no caso de Jane. Ela veio me consultar para tratar de uma dolorosa artrite reumatóide, após tratamento sem resultados com cortisona e com injeções de ouro.

Ela participou de nosso trabalho intensivo de duas semanas e, no sétimo dia de treinamento, ela me disse que não tinha mais artrite reumatóide. No décimo segundo dia, ela disse:

> "Eu quero lhe contar a causa de minha artrite reumatóide. Sou casada há 28 anos e meu marido tem sido infiel desde que nos casamos. Eu descobri isso quando nosso terceiro filho tinha três anos de idade.
>
> Decidi manter o casamento até nossos filhos crescerem. Quando nosso terceiro filho fez dezoito anos, ele foi convocado e enviado ao Vietnã com seus outros dois irmãos. Eu não podia me divorciar do pai deles enquanto eles estivessem no Vietnã. Foi quando eu desenvolvi a artrite reumatóide.
>
> Quando nossos rapazes voltaram para casa em segurança, eu não podia me divorciar porque eu era uma inválida. Quem iria tomar conta de mim? Eu vivia dizendo para mim mesma: "Se não fosse esse F.D.P., eu não teria essa doença".
>
> O que eu compreendi durante esse trabalho intensivo, foi que meu marido não criou minha doença – eu a criei, através da minha atitude com relação a ele.

Ao se dar conta disso, Jane melhorou. Seus exames de sangue apresentaram resultados normais e ela decidiu que queria ficar com seu marido porque ela o amava, apesar do seu problema.

É importante observar que os médicos não consideram relatos como esse. E eles ignoram a evidência de que pacientes deprimidos desenvolvem exames de sangue positivos para artrite reumatóide, que se tornam normais quando a depressão é tratada com sucesso. É claro, a depressão, assim como o fumo, está relacionada com muitas doenças, portanto seu efeito é mais generalizado e não a "causa" específica. Na realidade, a depressão tem múltiplas causas, algumas das quais são químicas. Mas, com certeza, a maioria das depressões é principalmente emocional e atitudinal.

ANÁLISE ENERGÉTICA
Myss

Jane obviamente achava que era totalmente vitimizada pelo marido. Ela projetou nele sua incapacidade de assumir a sua vida e passou a ressentir-se consigo mesma tanto quanto com o seu marido. O ponto especialmente interessante no caso de Jane é que ela tinha abdicado de seu próprio poder de escolha em função da situação, de seus filhos e de sua dependência de seu marido. Sem a compreensão de que se tem escolha, a pessoa só pode se sentir vitimizada e incapaz de desafiar situações que geram sentimentos negativos tão fortes. Jane internalizou toda a sua raiva e ressentimento não apenas do marido mas de si mesma e de sua fraqueza em lidar com a situação.

Uma vez que ela compreendeu que sua raiva era dirigida contra si mesma, sua capacidade de retomar o seu poder de escolha voltou, assim como a sua saúde. Assim ela poderia retornar ao seu casamento sentindo que dessa vez seria a seu modo.

Espondilite Reumatóide

Shealy

A espondilite reumatóide é uma forma especializada de artrite que afeta principalmente a coluna vertebral e é mais freqüente em homens do que em mulheres. Essa doença pode levar à total fusão da espinha. A artrite reumatóide, por outro lado, é mais comum entre as mulheres.

ANÁLISE ENERGÉTICA DA ESPONDILITE REUMATÓIDE

Myss

Para a maioria dos indivíduos é essencial sentir que sua vida reflete escolhas apropriadas e satisfatórias que eles fizeram com relação ao uso de sua energia. O trabalho ou a carreira da pessoa é irrelevante. A consideração importante é que não importa o que a pessoa faça, ela dá valor a isso.

A ausência do fator escolha com freqüência resulta no sentimento de que a pessoa está "persistindo em fazer alguma coisa" que ela não "escolheu" e, conseqüentemente, nem a tarefa nem ela mesma têm valor.

A espondilite reumatóide é criada como resultado da frustração e da raiva que acompanham a crença de que a vida de alguma maneira determinou as circunstâncias para aquela pessoa sem que ela pudesse escolher. Essa crença causa a desintegração de toda a criatividade e da capacidade de se tentar outra coisa. A pessoa tem o sentimento constante que uma situação lhe foi "atribuída" e ela não pode fazer nada para mudá-la. É uma doença que cresce na autopiedade, e essa atitude é a chave do seu desenvolvimento.

A força vital, ou seja, a energia provedora de vida que corre ao longo da coluna espinal, gradualmente enfraquece e a espinha responde desenvolvendo uma doença que reflete a crença da pessoa de que ela é forçada a permanecer como está.

CHARLES

Shealy

Este homem de 41 anos de idade sentia dor generalizada na espinha devido a uma queda seis anos antes. Ele havia consultado vários médicos que o consideravam hipocondríaco. Entretanto, era bastante óbvio pelo exame físico que ele tinha espondilite reumatóide grave com total fusão da espinha do pescoço até o sacro. Charles fumava um maço e meio de cigarros por dia e trabalhava como cortador de grama. Ele foi colocado em um programa de treinamento autogênico intensivo e *biofeedback*. Em uma semana, sua dor estava totalmente sob controle. Ele também parou de fumar na mesma época. Há três anos sua dor tem sido controlada.

ANÁLISE ENERGÉTICA

Myss

Charles exemplifica o trauma de ter permitido que todas as oportunidades da vida passassem por ele. Ao atingir os trinta e poucos anos, Charles começou a reavaliar o que ele estava fazendo com a sua vida e o que significava a sua situação atual em termos de futuro. Ele concluiu que tinha permitido que a melhor parte de sua vida, ou seja, sua "juventude", passasse e que para um homem de 35 anos havia pouco a fazer para melhorar suas qualificações e mudar o rumo da sua vida.

Essa frustração chegou a ponto de Charles desenvolver sentimentos muito negativos sobre si mesmo e sobre seu trabalho. Ao olhar para o futuro, ele se via apenas decrescendo em vez de desenvolvendo seu potencial. Como resultado de sua preocupação contínua com suas limitações de movimento e de criatividade, sua espinha começou a absorver essa tensão, causando o desenvolvimento da espondilite reumatóide.

Durante duas semanas do programa de retreinamento intensivo, Charles começou a compreender que sua atitude tinha anestesiado sua criatividade e seu poder de escolha. Mesmo a sua "escolha" de parar de fumar representou para ele a retomada das rédeas com relação à sua vida. Em um sentido muito real, o que incrementou seu processo de cura foi ele ter sido capaz de recuperar a esperança e o otimismo, o que o fez encarar o seu futuro de uma maneira que não tinha conseguido visualizar antes.

CLARICE

Shealy

Esta ex-atriz de 33 anos tinha uma história de dor pélvica e nas costas há vinte anos. Ela não tinha um diagnóstico claro, embora ela, de alguma maneira, suspeitasse do problema. Quando criança, ela queria ser uma grande dançarina profissional. Por várias vezes, ela machucou suas costas, o que a obrigou a abandonar o seu sonho. Ela então se voltou para a carreira de atriz e também aí ela se frustrou, devido à sua contínua dor nas costas.

Clarice vem de uma família rica. Seu pai divorciou-se de sua mãe quando ela tinha dez anos de idade, o que a deixou com um sentimento de rejeição com relação ao pai.

Clinicamente, o diagnóstico de espondilite reumatóide estava óbvio quando a examinamos. Ela não tinha nenhum movimento na espinha lombar e uma radiografia revelou que a espinha tinha se fundido da maneira típica da espondilite reumatóide.

ANÁLISE ENERGÉTICA

Myss

Assim como Charles, Clarice é alguém cujos sonhos e ambições, como ela os via, nunca viriam a se realizar. Com o óbvio abandono de seus sonhos de se tornar uma dançarina famosa, seguido pelos seus esforços contrariados de se tornar atriz, a vitalidade criativa de Clarice evaporou. Sem nenhuma dessas profissões, ela não podia se ver caminhando na vida. Qualquer coisa que ela fizesse daí em diante não era nada significativo, eram sobras de suas ambições não realizadas. Ela se sentiu com raiva, enganada pela vida, cheia de autopiedade e vitimizada.

Seu relacionamento com o pai era também um outro fator influente no desenvolvimento de sua doença, já que Clarice procurava ganhar a aprovação de seu pai tornando-se um talento "excepcional" no campo da dança. A falta de apoio do pai foi, sem dúvida, uma grande tensão responsável pela causa básica do número de ferimentos nas costas que ela sofreu durante seus primeiros anos de treinamento.

Lupus Eritematoso

Shealy

Outra das disfunções auto-imunológicas que afeta o colágeno em todo o corpo, o lupus é "primo-irmão" da artrite reumatóide e é potencialmente fatal. O tratamento dessa doença é provavelmente mais arriscado do que o tratamento da artrite reumatóide.

ANÁLISE ENERGÉTICA DO LUPUS ERITEMATOSO

Myss

O lupus tem origem em sentimentos contínuos e intensos de ódio por si e desapontamento consigo mesmo. Esses sentimentos negativos por si mesmo emergem de uma incapacidade de desafiar sua própria fraqueza, principalmente fraquezas que se relacionam com padrões importantes de vida, tais como ser controlado pelas expectativas dos pais ou nunca ser capaz de correr riscos e de seguir seus próprios sonhos. A pessoa vive em um ciclo contínuo, repetindo as mesmas situações frustrantes porque esses padrões de fronteiras ou de limitações artificiais exercem maior controle sobre ela do que sua capacidade de romper com eles.

Esclerodermia

Myss

Geralmente fatal, esta doença também é uma disfunção no tecido conjuntivo, em que o corpo inteiro, da pele até os órgãos mais profundos, se enrijece. Não há um tratamento médico padrão significativo.

ANÁLISE ENERGÉTICA DA ESCLERODERMIA

Myss

Esta doença é criada como o reflexo de uma pessoa obcecada com a inflexibilidade e com a rigidez. O fator obsessão é crucial, já que muitas pessoas experimentam algum nível de inflexibilidade em sua vida. No caso da esclerodermia, entretanto, o indivíduo mantém uma atitude de inflexibilidade por causa do medo de tudo e de todos. O hábito de julgar e uma natureza muito crítica com freqüência acompanham esta doença e essas qualidades promovem a "rigidez da mente". A negatividade que essas atitudes criam, fazem com que a flexibilidade natural do corpo se desintegre, literalmente, como um reflexo da ausência de flexibilidade ou de sinceridade do coração.

POLLY
Shealy

Esta senhora de 62 anos foi trazida à clínica pelo seu marido, pois ele queria tentar uma terapia alternativa para a esclerodermia. Polly tinha sido diagnosticada na Clínica Mayo e tinha apenas 15% da função renal. Ela imediatamente me informou que não iria nem considerar uma mudança de dieta, pois ela detestava verduras e não iria deixar de comer presunto. Ela tinha uma obsessão especial com a necessidade de comer presunto.

Ela não quis considerar nenhuma das alternativas usualmente recomendadas para a esclerodermia: enemas, uma dieta vegetariana, óleo de rícino para o abdômen. Ela concordou em participar do nosso programa de treinamento *biofeedback-Biogenics®*, acompanhada de aconselhamento, e até começou a sorrir um pouco. O maior problema, pelo que percebeu nosso grupo, parecia ser o fato de Polly estar consumida por uma luta de poder crônica com o seu marido.

ANÁLISE ENERGÉTICA
Myss

Polly foi se tornando gradualmente inflexível e muito irritável durante sua vida. Seu marido era um indivíduo dominador e eles tinham um relacionamento no qual o papel de Polly era apoiar as escolhas e atitudes dele. O apoio não era recíproco nesse casamento. Como a necessidade de Polly de ter voz determinante no casamento não podia ser atendida através de uma dinâmica saudável e normal do casal, ela se tornou inflexível e obstinada em áreas em que o marido não podia desafiá-la, tal como sua necessidade compulsiva de comer apenas alguns alimentos. Sua inflexibilidade com relação às suas escolhas de hábitos pessoais era intensificada pela sua raiva por não ter poder sobre questões mais amplas.

Tenho poucas dúvidas se ela estava mantendo seus hábitos alimentares compulsivos como uma reação ao fato de estar sendo manipulada e controlada pelo conselho dos outros. Embora esse aconselhamento tenha sido para o seu próprio bem, talvez seu marido tivesse usado esse argumento, "para o seu próprio bem", muitas vezes para impor sua própria opinião nas decisões. Sua inflexibilidade se tornou seu mecanismo de defesa e, infelizmente, Polly não conseguia mais discernir uma ajuda sincera que lhe era oferecida.

Diabete Melito
Shealy

O diabete é uma das doenças mais comuns. Quando o seu ataque ocorre antes dos 35 anos, também é chamado de diabete juvenil. Acredita-se que esses indivíduos devam tomar insulina pelo resto da vida, embora tenhamos visto alguns pacientes que parecem capazes de escapar da insulina ou de evitá-la, mesmo tendo o diabete juvenil.

O pâncreas, localizado no centro da parte superior do abdômen, é uma glândula endócrina, que produz "hormônios" ou químicos que entram diretamente no sangue, e uma glândula exócrina, que produz enzimas importantes liberadas no intestino para ajudar a digestão de gorduras, de proteínas e de amido. A pancreática "endócrina" é a *insulina*, que ajuda a regular o açúcar do sangue. No diabete, é fabricada insulina inadequada ou há um bloqueio para o metabolismo da insulina.

A forma mais comum é o diabete no adulto, que parece resultar principalmente do ato de comer em excesso, excesso de açúcar ou ingestão de muitas calorias com obesidade generalizada. Quase sempre ela pode ser controlada com uma dieta adequada e com exercício físico, embora muitos pacientes não se sintam motivados o suficiente para fazer isso.

ANÁLISE ENERGÉTICA DO DIABETE MELITO

Myss

O diabete é uma doença relacionada quase inteiramente com questões de responsabilidade. Essas questões têm múltiplas formas. Todas podem ser causas potenciais do diabete:

- Ressentimento por ter que assumir responsabilidade por outra pessoa. A causa desse ressentimento pode estar no fato de o outro se recusar a amadurecer ou não admitir que é irresponsável, fazendo, assim, com que uma pessoa mais responsável arque com todas as responsabilidades.
- Crianças que se ressentem das exigências de um ou de ambos os pais para que cuide deles. Quando o pai não tem maturidade emocional para dar à criança a atenção necessária, e, em vez disso, espera que a criança compreenda e compense a incapacidade dele, essa criança se ressente com essa inversão de papéis e com o óbvio e prematuro final de sua infância.
- Ressentimento por ter que assumir responsabilidade por si mesmo, quando, na sua opinião, alguém deveria assumir essa tarefa. Essa é uma maneira de adiar ou de desconsiderar completamente o próprio processo natural de amadurecimento.
- Impedir que alguém cresça dentro de seu papel natural de responsabilidade pessoal, pois isso ameaça o controle que se tem sobre essa pessoa.
- Estar continuamente arranjando desculpas pelo comportamento e pelas atitudes irresponsáveis de outra pessoa. Quando isso acontece, a pessoa que se desculpa pela outra acaba por se tornar o alvo da energia emocional que seria direcionada para a fonte original.

Todas essas questões de responsabilidade atacam o pâncreas. A razão é que o pâncreas é como o tanque de gasolina de um carro. Ele contém combustível apenas para um motorista. Em outras palavras, a insulina é energia e o corpo produz energia suficiente para as tarefas de apenas uma pessoa. A energia do ressentimento é um sinal para o corpo de que a porção de energia para uma pessoa está sendo usada de maneira inadequada. Esse sinal de ressentimento dá a partida para a produção de insulina (ou energia) em resposta a ele.

EUGENE
Shealy

Este homem veio à clínica aos 35 anos de idade com diabete agudo. Sua taxa de açúcar no sangue era de 350. Suas dificuldades começaram pouco depois que ele perdeu o emprego e entrou em profunda depressão. Sua mãe foi visitá-lo e preparou todas as sobremesas de que ele gostava quando criança. Ele se fartou com as tortas e os doces. Foi diagnosticado diabete agudo e a necessidade de insulina. Ele foi tratado com *biofeedback* intensivo, treinamento autogênico, relaxamento sistêmico e aconselhamento. Foi-lhe recomendada uma dieta de carboidratos e fibras e um programa regular de exercícios. Ele tomou seis tabletes de MyoInositol e seis tabletes de levedo de Brewer por dia.

Não apenas sua taxa de açúcar no sangue voltou ao normal, como também sua taxa de colesterol baixou de 300 para 188. Ele foi capaz de controlar seu diabete completamente.

ANÁLISE ENERGÉTICA
Myss

Certamente é simbólico o fato de que, depois de Eugene perder o seu emprego, sua mãe veio visitar sua criança para "cuidar" para que sua saúde voltasse. Sua reação emocional ao ser despedido desencadeou todas as suas questões relativas ao medo de assumir responsabilidade por si mesmo. Esse episódio, que resultou em um ataque de diabete, foi exatamente como fazer uma jornada emocional de volta à infância. Emocionalmente, Eugene ainda queria estar em casa e ter alguém que cuidasse dele. Ele queria a sua mãe para "resolver todos os seus problemas", o que ela tentou fazer com o açúcar. Obviamente, uma parte dele experimentou um conflito automático quando ele tentou, mesmo por pouco tempo, retornar ao seu estado emocional infantil. A necessidade de ver o que estava fazendo e de admitir que ele mesmo causara a perda do emprego entrava em choque com o seu desejo de retornar emocionalmente à sua infância. O resultado foi a inflamação do seu pâncreas e um ataque agudo de diabete.

Polineuropatia

Shealy

A polineuropatia é uma doença rara e potencialmente séria. A causa mensurável mais comum é o diabete e freqüentemente a polineuropatia começa até dez anos antes de o diabete ser diagnosticado.

A polineuropatia é basicamente a morte ou a grave deterioração de uma variedade de nervos fora da coluna espinal, que pode levar à fraqueza ou à dormência graves. Outras causas são disfunções da tireóide, envenenamento por chumbo e por outros metais pesados, infecções virais e o grande "desconhecido" ou "idiopático". Isso significa, pela minha experiência pessoal, que não podemos encontrar a causa da polineuropatia em pelo menos 50% dessas pessoas. Deficiências vitamínicas, como de Vitamina B12, também podem provocar a neuropatia periférica.

ANÁLISE ENERGÉTICA DA POLINEUROPATIA
Myss

Esta doença é similar ao diabete no que se refere ao medo de assumir responsabilidade pela própria vida. O fator adicional é o medo de ficar só, ser abandonado, que causa o aspecto de dependência característico dessa doença. Freqüentemente, pessoas que desenvolvem essa doença perceberam que elas só podiam contar consigo mesmas, independentemente de serem elas casadas ou solteiras. Parece que o medo de serem abandonadas é como um implante permanente de lentes através das quais elas vêem e vivenciam o mundo.

KAY
Shealy

Esta senhora de 45 anos de idade veio me consultar com uma história de três anos e meio de profunda fadiga, com fraqueza e com dormência do lado esquerdo e sensação de asfixia, assim como perda de sensação quente-frio na garganta, fala inarticulada e perturbação intermitente de visão e dupla visão.

Ela já tinha consultado 21 médicos. Durante o exame, ela apresentou uma acentuada restrição da fala, reflexos mínimos dos tendões, ausência de contrações do tornozelo, diminuição da sensação de vibração e forte diminuição da sensação de picada ou de alfinetada, principalmente na perna direita e no lado direito até o topo da cabeça. Um exame de eletromiografia (EMG) confirmou que ela tinha uma polineuropatia generalizada grave. A paciente pesava 134 quilos e media 1,70 m.

A paciente reagiu bem ao treinamento *biofeedback* intensivo, ao treinamento autogênico, à acupuntura e ao aconselhamento. Ela então passou por um divórcio bastante traumático, mas não apresentou recaída.

ANÁLISE ENERGÉTICA
Myss

O relacionamento de Kay com o seu marido era, obviamente, a fonte principal de sua tensão. Ao se casar, Kay imaginou ter resolvido seu medo de assumir responsabilidade por si mesma. Na realidade, ela era atormentada por medos e inseguranças constantemente. Sua criatividade estava reprimida e ela culpava seu relacionamento com o marido pela sua incapacidade de se expressar.

A obesidade é freqüentemente o resultado da incapacidade de expressar suas próprias energias criativas ou de manifestar fisicamente suas idéias. A inspiração criativa e as idéias são energias, e a energia se expande. Tem que haver um canal através do qual ela possa tomar forma física. Quando não há um canal, a energia se congestiona no corpo, fazendo com que esse corpo retenha gorduras e calorias que iriam ser queimadas no processo criativo. Certamente, a ingestão de calorias é responsável em grande parte pelo ganho de peso da pessoa, mas esse fator emocional é igualmente válido. Kay se tornou obesa como uma reação por se sentir incapaz e inadequada, assim como emocionalmente abandonada. A combinação desses fatores resultou em suas inúmeras doenças, incluindo a polineuropatia.

Cólon Espasmódico

Shealy

O cólon espasmódico é uma disfunção clinicamente interessante, na qual indivíduos variam entre ter diarréia e constipação, ambos associados a cólicas abdominais, gases, indigestão e desconforto generalizado na região abdominal. Não existe etiologia conhecida, embora geralmente esteja presente em pessoas nervosas e ansiosas, cuja dieta é pobre em fibras.

ANÁLISE ENERGÉTICA DO CÓLON ESPASMÓDICO

Myss

O cólon espasmódico é criado como resultado da tensão que acompanha a falta de confiança em si mesmo, de auto-estima e de poder pessoal. Essa área específica do corpo é o terceiro chakra e, como descrito no capítulo quatro, essa região corresponde ao sentimento de bem-estar da pessoa.

Pessoas propensas a ter cólon espasmódico costumam ser facilmente intimidadas pelos outros e têm extrema dificuldade para expressar suas idéias e opiniões. Falar em público é um exemplo perfeito de uma situação que provocaria um cólon espasmódico nessa pessoa.

SARAH

Shealy

Esta senhora de 37 anos estava sofrendo de fadiga profunda, de fraqueza e de diarréia. Ela tinha episódios intermitentes de diarréia e de constipação desde a infância. Ela tem uma história de uso freqüente de maconha, mas mais recentemente isso raramente ocorria. Ela também usou uma vez, no passado, a mescalina. Ela fez inúmeros exames do trato gastrointestinal e nenhuma anormalidade foi encontrada. O cólon espasmódico foi o único diagnóstico médico. A paciente reagiu excepcionalmente bem a doses de óleo de rícino, ao *biofeedback* intensivo, ao aconselhamento e ao treinamento autogênico.

ANÁLISE ENERGÉTICA

Myss

A interpretação energética de Sarah revelou que ela tinha sofrido grandes tensões durante toda sua vida devido ao sentimento de inadequação. Esse sentimento dominava sua mente e, assim, dominava todos os sentimentos de sua vida. Para Sarah, tudo era potencialmente capaz de disparar um ataque espasmódico, desde encontrar novas pessoas até tentar algo novo em sua vida. Sua exaustão era o resultado de se sentir sempre profundamente ansiosa e nervosa, o que é essencialmente contraproducente para o descanso e relaxamento. Ela tinha uma auto-imagem péssima e pouca confiança em ter algo que fosse especial ou único.

Sua reação ao treinamento em *biofeedback*, ao treinamento autogênico e ao aconselhamento possibilitou a Sarah a oportunidade de desafiar suas inseguranças em um ambiente favorável. Isso foi essencial para ela já que era emocionalmente muito frágil.

Hepatite

Shealy

A hepatite é diagnosticada quando há qualquer inflamação no fígado, que provoca, em geral, a icterícia e leva a uma variedade de exames de enzimas anormais no fígado. É mais comumente diagnosticada como o resultado de uma infecção pelo vírus Hepatitis A, que é muito agressivo na Índia e em outros países onde há problemas sanitários e péssimas redes de esgoto. O Hepatitis B, outro vírus, é com freqüência encontrado em homossexuais ou viciados em drogas e pode se tornar uma doença crônica e muito contagiosa. A transmissão do vírus B é feita principalmente através da contaminação pelo sangue ou pelas fezes.

A mononucleose e uma grande variedade de agentes não-virais também podem causar a hepatite. O álcool e muitos medicamentos são tóxicos para o fígado e podem provocar a hepatite ou a cirrose, uma deterioração grave e crônica do fígado.

ANÁLISE ENERGÉTICA DA HEPATITE

Myss

A hepatite é criada como um resultado direto de não ser capaz de processar as toxinas emocionais, principalmente os medos e as inseguranças. Enquanto a disfunção dos rins se relaciona com as toxinas "quentes", tais como a raiva e a fúria, o fígado reage mais a questões emocionais que têm por base medos relacionados com as finanças e a sentimentos de segurança física, tais como emprego ou segurança familiar. Freqüentemente, a ansiedade também está presente, pois a pessoa se sente impotente nessas áreas.

Uma característica das pessoas mais suscetíveis à hepatite é que elas nunca querem ferir os sentimentos de ninguém e, assim, acreditam que não podem discutir assuntos que as estão perturbando. Elas guardam as coisas para si, embora isso as mantenha em um constante estado de tensão emocional. Sua noção de bondade, em outras palavras, é freqüentemente autotóxica.

CHRIS

Shealy

Diagnóstico: Disestesia elétrica pós-hepatite.

Chris é um homem de cinqüenta anos que teve hepatite aos dezoito. Depois disso, ele sofreu de constante formigamento elétrico em todo o corpo, *exceto na genitália*. Ele foi examinado por inúmeros especialistas e nenhuma anormalidade foi encontrada.

Ele tentou dezenas de métodos terapêuticos, incluindo acupuntura, estimulação elétrica transcutânea do nervo (EETN), homeopatia, treinamento biogênico e aconselhamento, todos sem sucesso. Apesar dessa freqüente busca pela cura, ele é um professor universitário excepcional.

ANÁLISE ENERGÉTICA
Myss

Chris é um exemplo clássico de uma alma boa que não pode expressar adequadamente suas necessidades emocionais por medo de causar controvérsia. Essa sensação de formigamento com a qual tem que conviver é a sua corrente emocional fluindo através de seu corpo *sem encontrar uma saída produtiva*. Em outras palavras, seu desejo de guardar suas percepções emocionais para si mesmo criou efetivamente um escudo de energia em torno de seu próprio corpo, no qual, de acordo com sua escolha, ele mantém sua eletricidade emocional apenas para si mesmo. Seu medo de compartilhar bloqueou a dinâmica natural do dar e receber. Sem esse processo, sua energia se torna "carregada", como o ar em um porão fechado. Obviamente, o único canal através do qual ele se sente confortável para expressar emoções é sexualmente, já que este é principalmente um ato físico que "se expressa por ele".

Conclusão

Shealy

Alguns médicos afirmam, ironicamente, que a chave para uma longa vida é adquirir uma doença crônica e então cuidar muito bem dela. A osteoartrite e o cólon espasmódico, por exemplo, raramente reduzem seu período de vida, mas todas as doenças crônicas provocam um certo nível de dor e de sofrimento. Algumas doenças crônicas, tais como a esclerodermia e a esclerose lateral amiotrófica (ELA), reduzem consideravelmente a vida.

O estudo das doenças crônicas é o estudo de nossos padrões negativos crônicos. Sem dúvida, cada uma das pessoas que analisamos poderia ter evitado algum sofrimento se tivesse tido a sabedoria de perceber o que estava criando com sua escolha de ceder à negatividade e ao medo.

9

POR QUE TEMOS DOR CRÔNICA?

NORMAN SHEALY E CAROLINE MYSS

Síndrome de Dor Crônica

Shealy

Todas as pessoas sentem dor de tempos em tempos. Em geral, sente-se dor aguda quando há danos no tecido ou ameaça de dano – cortes, contusões, escoriações, distensão, deslocamento ou fraturas de ossos. Podemos ter problemas de dor que durem de poucas horas a poucas semanas, dependendo do ferimento. Com a cura, a dor desaparece na maioria das vezes. Infelizmente, 5% a 10% dos pacientes, dependendo do tipo de ferimento, seja ele cirúrgico ou não, desenvolvem uma síndrome de dor crônica para a qual não se encontra nenhuma causa "física" aparente.

Atualmente na nossa sociedade, o problema mais comum que incapacita as pessoas, as torna até mesmo inválidas para exercer suas atividades normais, é a dor crônica nas costas. Antes de 1939, a dor nas costas era diagnosticada como uma distensão ou como lumbago. Com o advento do mielograma, uma técnica em raios X na qual um material é injetado no canal espinal para contraste do osso ou do nervo, os neurocirurgiões e os ortopedistas começaram a diagnosticar a dor nas costas, com muita freqüência, como hérnia de disco e, de fato, hoje, o diagnóstico ou é distensão nas costas ou é hérnia de disco. Teoricamente, quando há uma hérnia de disco, deveria haver não só dor na raiz do nervo, mas também uma dormência e fraqueza nesse local. A maioria das pessoas operadas por causa da assim chamada hérnia de disco não tem hérnia de disco. Elas podem ter um disco protuberante ou desgastado, mas não um disco realmente rompido, que pressione a raiz de um nervo. Em 1972, eu revi 250 relatórios originais de cirurgias e de mielogramas e pude observar uma hérnia de disco em apenas 22 casos.

Há dez anos, o mielograma era feito com óleo de semente de papoula iodonizada, injetado na coluna espinal. Um quarto dos pacientes que fizeram um único mielograma desenvolveram aracnoidite, ou apresentaram uma cicatriz inflamatória nas raízes do nervo espinal, que, por si só, já é bastante dolorosa. Mesmo quando há uma hérnia de disco, as melhores estatísticas geralmente apresentam 70% dos pacientes com melhoras significativas após a cirurgia.

Um estudo feito por um ortopedista em Portland, Oregon, relatou que apenas 39% das vítimas de acidentes de trabalho que sofreram uma operação lombar devido a uma hérnia de disco retornaram ao trabalho dentro de um período de dois anos, e mesmo assim, é claro, nem todos ficaram livres da dor.

Mesmo quando a cirurgia é indicada e há realmente uma hérnia de disco, a remoção do disco não necessariamente significa que o paciente irá se livrar da dor. Acho que podemos concluir que, seguramente, no máximo 50% dos pacientes que sofrem uma cirurgia nas costas terminam por se livrar virtualmente da dor após a operação. As cicatrizes pós-operatórias, ou criadas pelo mielograma, ou a recolocação das vértebras com as articulações facetadas, provocando uma síndrome de artrite, são causas físicas comuns da dor lombar pós-operatória.

Cerca de 50% dessas pessoas têm algum tipo de problema relacionado ao recebimento de uma indenização; ou seja, a assim chamada dor nas costas ocorreu no trabalho ou em um acidente. Os outros 50% podem ter apenas atravessado o quarto e tropeçado em um sofá e sofrer uma crise de dor aguda e incapacitante.

Minha impressão é a de que cerca de 70% das pessoas que têm forte dor nas costas, com ou sem a dor ciática, têm um problema que eu denomino síndrome de articulação facetada; ou seja, as pequenas articulações em cada lado da espinha, presentes em cada vértebra e se sobrepondo umas às outras como as telhas de um telhado, "enrijeceram" numa posição anormal e não estão se movimentando adequadamente. Elas podem ser giradas fisicamente de sua posição de alinhamento normal.

Nessas pessoas, uma atenção adequada com uma terapia osteopática manipulativa, ou um bloqueio do nervo feito com a ajuda de um fluoroscópio, será uma excelente solução para a dor. Provavelmente em 20% dos casos, não se trata de articulação facetada, mas de uma rotação do sacro que causou uma síndrome de articulação sacroilíaca. Este diagnóstico é virtualmente desconhecido pela maioria dos médicos alopatas, e provavelmente não mais de 10% dos osteopatas o reconhecem e o tratam. O tratamento adequado, pelo menos nas primeiras semanas, deveria ser uma boa terapia osteopática manipulativa. Caso o sacro tenha sido girado há seis meses, ou mesmo há mais de um ano, é bastante improvável que ele possa ser recolocado mecanicamente na posição correta. Nesse caso, a dessensibilização do nervo seria o tratamento mais indicado.

O problema real da dor crônica nas costas, assim como de outras formas de dor crônica, é que parece haver algum tipo de problema físico precipitante que algumas vezes é adequadamente tratado e outras vezes não. Quando a dor não reage dentro das primeiras semanas, como geralmente se espera, os médicos começam a ficar intrigados e passam a tentar tranqüilizantes ou drogas, o que leva a um círculo vicioso de mais e mais depressão, aumentando a inatividade física devido à dor cada vez maior. Finalmente, os médicos decidem que o paciente é um "velhote" e que a dor é coisa da cabeça dele. Isso provoca uma luta de poder entre o médico e o paciente, freqüentemente envolvendo terceiros – um advogado ou uma companhia de seguros.

Pacientes que fumam são duplamente propensos a ter hérnias de disco e/ou problemas agudos ou crônicos nas costas. As estatísticas indicam que, se um fumante sofre uma cirurgia nas costas, ele tem nove vezes menos chances de recuperação do que um não-fumante. Outros fatores que contribuem para a dor nas costas, tanto a aguda quanto a crônica, são más condições físicas, principalmente músculos abdominais fracos e má postura.

Na dor lombar aguda, a maioria dos pacientes pode ser tratada adequadamente com a acupuntura. É interessante observar que *sir* William Osler, o pai da medicina americana, escreveu em 1912 que o melhor tratamento para o lumbago era a acupuntura.

A acupuntura é o tratamento mais adequado em muitos casos de dor aguda nas costas. Se isso não funcionar, deve ser aplicada a estimulação elétrica transcutânea do nervo (EETN), e, no dia seguinte, submeter o paciente a uma radiografia para que um anestésico local seja injetado nas articulações afetadas. A terapia osteopática manipulativa (TOM) deveria ser considerada o mais cedo possível, mas o espasmo do músculo muitas vezes impede uma correção manipulativa. Assim, acalmando a dor com acupuntura, a estimulação elétrica (EETN) ou um bloqueio do nervo podem fazer com que a TOM se torne mais fácil e mais efetiva.

De acordo com a minha experiência, isso resolve cerca de 99% dos problemas de dor lombar, e se os pacientes fossem tratados rápida e adequadamente dessa maneira, acredito que haveria uma redução de 99% nas cirurgias e provavelmente um número cada vez menor de inválidos por causa desse problema.

Hérnias de disco no pescoço são também diagnósticos freqüentes e o procedimento comum nesses casos é a cirurgia. Se os pacientes não melhoram com a imobilização por meio de um colarinho de gesso ou com o uso da tração cervical, dentro de algumas semanas, eles acabam fazendo um mielograma e sofrendo uma cirurgia. Mesmo nesse caso, acredito que, na maioria das vezes, a dor é causada mais pelo problema das articulações facetadas do que por hérnia de disco.

Em todos os tipos de dor, o medo é o principal fator que pode tornar a dor mais forte ou mais prolongada. É comum o medo de que *alguma coisa* esteja errada, de que um dano físico grave tenha ocorrido. O medo de não poder trabalhar, de não estar seguro financeiramente, de não ser capaz de exercer suas atividades sexuais também são parte da reação emocional inicial e contínua à dor. Muitos "acidentes" de menor importância, que dão início à dor, ocorrem quando a pessoa está preocupada com problemas externos ou com raiva de alguém com quem se relaciona intimamente, como o chefe, colegas de trabalho ou membros da família. Essa preocupação leva a uma falta de atenção ou de cuidado, que provoca acidentes. A maioria das pessoas culpa o acidente, ou o patrão, pela dor. É consciente e inconscientemente mais fácil dizer: "Minhas costas doem" do que admitir "Meu casamento e meu trabalho doem".

A dor física é considerada mais *real* do que a dor emocional, e queixas físicas são mais aceitas socialmente. A crescente atenção que a dor provoca pode suprir a carência que se está sentindo. Esse alimento pode "condicionar" o paciente a continuar sentindo dor para receber "amor", cuidados extras ou privilégios especiais.

Os medicamentos para diminuir a dor e os tranqüilizantes freqüentemente causam depressão, complicando assim um difícil problema social agravado pelas preocupações financeiras que se tem quando não se pode trabalhar. O hábito e a dependência de medicamentos *receitados* são os principais agravantes de um estado de dor incapacitante.

Só quando os problemas psicológicos, sociais e relacionados com medicamentos são resolvidos é que a dor crônica pode melhorar. Aconselhamento matrimonial, familiar e vocacional é freqüentemente indicado para que os pacientes com dor crônica possam se recuperar.

ANÁLISE ENERGÉTICA DA DOR CRÔNICA

Myss

A dor crônica é a área do meu trabalho mais fascinante e mais frustrante. De acordo com a análise energética, a dor crônica se desenvolve como resultado de atitudes e/ou de mecanismos de reação emocional inconscientes, cronicamente negativos, que mantêm uma pessoa continuamente sob tensão. Problemas de atitudes crônicas são especialmente difíceis de lidar devido ao fato de que eles *são* crônicos, ou seja, esses padrões já fazem parte da auto-imagem da pessoa de tal maneira que *ela não mais os reconhece como separados* da sua personalidade. Os padrões crônicos costumam ser chamados de "o meu jeito de ser", e portanto algo considerado impossível de se mudar.

Os mecanismos inconscientes de reação emocional são características comportamentais que se desenvolvem como uma resposta às atitudes crônicas. Por exemplo, uma reação emocional inconsciente muito comum é nos tornarmos defensivos ou emocionalmente fechados quando somos ameaçados. Freqüentemente, nós nem mesmo estamos conscientes da maneira como nossa atitude e nossa linguagem corporal muda quando passamos de uma sensação de segurança para uma de insegurança. Portanto, a partir do momento que nossas inseguranças são ativadas, automaticamente começamos a nos comportar de maneira a nos protegermos.

As atitudes negativas crônicas são igualmente automáticas. O costume de se queixar constantemente ou ter uma visão pessimista da vida pode ter se tornado tão natural para a pessoa que ela não tem consciência dessas atitudes negativas. É muito comum as outras pessoas identificarem as atitudes negativas crônicas de alguém imediatamente.

Padrões, atitudes e comportamentos negativos crônicos criam a dor crônica. Seja a tendência de criticar os outros, ou o hábito de sempre reagir com raiva quando se está aborrecido, seja a negatividade presente em uma atitude geral de pessimismo e de desconfiança com relação aos outros, esses modos de ser crônicos produzem correntes de tensão contínuas que desgastam as emoções e o corpo físico.

Nada é mais difícil de ser identificado do que nossas supostas maneiras "naturais" de ser no mundo, que, na realidade, são padrões essenciais que desenvolvemos para nos ajudar a viver. A grande dificuldade está no fato de que freqüentemente confundimos nossas motivações e necessidades com o nosso comportamento. Acreditamos em nossas motivações para sermos honestos, então como pode o nosso comportamento indicar algo diferente?

Há certas partes do corpo que são especialmente suscetíveis aos padrões negativos crônicos e, assim, à dor crônica: a espinha (desde os ombros e o pescoço até a base da coluna), o estômago (úlceras) e a cabeça (dores de cabeça ou enxaquecas). Do ponto de vista energético, a localização da dor crônica tem um significado.

A espinha é como um termômetro que regula o fluxo de energia por toda a coluna espinal. Simbolicamente (talvez literalmente), a espinha representa nossa capacidade de nos mantermos de pé, de carregarmos nosso próprio peso e responsabilidade. Praticamente tudo aquilo com que lidamos, desde a nossa adolescência e pelo resto de nossa vida, gira em torno de nós mesmos com relação ao mundo exterior. Podemos resolver isso por nós mesmos? Podemos cuidar de nós mesmos e de outras pessoas? Podemos ganhar a vida? Daremos conta das exigências da nossa vida, da nossa profissão, dos nossos relacionamentos?

Todas essas questões e suas conseqüentes pressões afetam nosso corpo físico – principalmente a coluna espinal. Usamos várias expressões para nos referirmos à pressão crescente na área craniana: "explodir de raiva", "perder a calma", alguém que o deixa "louco". Essas formas de expressão deveriam ser reconhecidas como *descrições literais* de como uma situação externa está afetando o fluxo de energia do corpo de uma pessoa, pois, literalmente, esse desequilíbrio de energia é a fonte de enxaquecas e da dor no pescoço. A energia flui até a parte superior da espinha e fica congestionada na área craniana, causando imensa dor.

Padrões emocionais e psicológicos ineficientes podem ser enfrentados e alterados, mas é preciso muita consciência para a pessoa ver a si mesma com lucidez suficiente para poder diferenciar os padrões de comportamento do seu eu mais profundo.

ROBERT

Shealy

Este médico de cinqüenta anos tinha dores no pescoço e na parte inferior das costas desde os dezessete anos, quando sofreu o primeiro de uma série de acidentes de futebol. Ele sofreu duas cirurgias de hérnias de disco lombares, uma em 1967 e outra em 1968. Depois desta última, ele teve uma hepatite pós-transfusão. Em sua última cirurgia lombar, em 1976, foi feita uma fusão da L3 com o sacro.

Em 1973, ele teve uma fusão anterior na C5-6. Em 1982, uma fusão anterior na C4-5. Isso, na verdade, aumentou a sua dor no pescoço, a ponto de ficar incapacitado para o trabalho, 50% do tempo, devido às fortes dores no pescoço e aos espasmos musculares. Ele reagiu muito bem ao nosso treinamento intensivo de duas semanas, que incluiu massagens, estimulação elétrica transcutânea do nervo, treinamento autogênico e *biofeedback*. Ele está trabalhando agora um horário razoável, embora não dentro de sua previsão de mais de sessenta horas semanais.

ANÁLISE ENERGÉTICA

Myss

O sistema energético de Robert revelou que ele sofria de uma "responsabilidade-ite" crônica, tanto que era incapaz de confiar ou de depender de outras pessoas. Em sua mente, se ele não assumisse as responsabilidades, com certeza, tudo sairia errado. Mais ainda, devido à necessidade de se ver como a figura central de autoridade, ele era extremamente crítico com relação às ações e às motivações das outras pessoas.

Ao manter essa natureza invisível de padrões crônicos, Robert acreditava que o seu modo de ser e o que ele fazia e dizia eram aceitáveis porque sua intenção era ser totalmente responsável pelos seus pacientes. Assim, era difícil para Robert olhar para si mesmo e considerar se o seu modo de pensar ou agir contribuía para sua tensão física. A fonte de sua dor, conseqüentemente, tinha de ser *externa* (em outras palavras, culpa de alguém) pois, do seu ponto de vista, suas intenções estavam acima de qualquer censura. Ele não era capaz de olhar além de suas intenções óbvias e de enxergar seu medo e suas inseguranças, que tornavam impossível para ele confiar ou apreciar outra pessoa (as intenções por trás das intenções, por assim dizer). Sua incapacidade de "confiar" nos outros causou padrões contínuos de tensão e distensão em sua espinha, que começaram em sua adolescência e continuaram pelo resto de sua vida.

Quando Robert finalmente começou o programa intensivo de duas semanas, ele teve de confrontar seus próprios padrões e sua própria maneira de ver os outros e de reagir ao estímulo do mundo externo. Ele pôde então começar a compreender como ele facilmente se sentia ameaçado ao ter que delegar autoridade, o que ele encarava como ceder o controle.

MARY BETH
Shealy

Esta senhora de 59 anos tivera dor nas costas durante 26 anos, no mínimo. Ela sofreu sua primeira cirurgia lombar, por causa de uma suposta hérnia de disco, em 1960. Repetiu a operação em 1968 junto com uma fusão. Ela continuou a ter muitas crises de dor na parte inferior e, algumas, na parte superior das costas. Ela também tinha pressão alta, hipotireoidismo (toma 0,195 g de extrato de tireóide) e muitos episódios de depressão grave, que fizeram com que fosse internada várias vezes em hospitais psiquiátricos.

Atualmente, ela raramente se queixa de dor lombar forte e reage intermitentemente a bloqueios de nervos, à acupuntura, ao *biofeedback* e ao treinamento autogênico, algumas vezes passando vários meses com menos dor, antes de uma repentina recaída que requer mais terapia.

ANÁLISE ENERGÉTICA
Myss

Mary Beth é uma pessoa que se debateu durante toda sua vida com desafios relativos ao controle de sua vida e de sua "estrutura". O problema de sua tireóide representa sua batalha pelo desenvolvimento da força de vontade (vide Capítulo Quatro – Quinto Chakra). Nunca foi fácil para ela se afirmar como pessoa e, conseqüentemente, ela sentia que seu direito de ir e vir era controlado e, portanto, limitado pelas exigências dos outros.

A pressão alta indica reações emocionais de raiva e de frustração. A depressão é um problema freqüentemente provocado pelo sentimento de que seu poder de escolha não existe ou está totalmente eclipsado pelas exigências das circunstâncias em que vive. Mary Beth sentia que seu poder de escolha era eclipsado pela sua situação.

Ao aprender métodos alternativos, tais como o *biofeedback*, Mary Beth desenvolveu mecanismos que lhe proporcionaram alternativas para liberar sua frustração que não fosse através da dor nas costas e da depressão, embora ela tenha recaídas ocasionais em seus velhos e familiares padrões.

Dores de Cabeça e Enxaquecas
Shealy

Talvez 50% dos pacientes que sofrem de dores de cabeça muito fortes e incapacitantes tenham enxaqueca. Enxaquecas são dores de cabeça vasculares. Elas tendem a ocorrer mais freqüentemente em mulheres, sendo algumas vezes associadas ao ciclo menstrual e ocasionalmente agravadas pela ingestão de pílulas anticoncepcionais. São freqüentemente associadas a uma variedade de alergias a alimentos, incluindo vinho tinto, queijo, chocolate e trigo, milho, frutas cítricas e ovos.

Anormalidades do metabolismo da serotonina e anormalidades bioquímicas enzimáticas estão presentes em pacientes com enxaqueca. O mecanismo da dor de cabeça parecer ser primeiramente uma vasoconstrição, um estreitamento da artéria criada por algum distúrbio elétrico-químico, seguido de uma dilatação ou alargamento das artérias na base do crânio, que leva à dor de cabeça.

É interessante observar que cerca de 90% dos pacientes com enxaqueca costumam ter mãos muito frias, principalmente durante um ataque da dor. Isso resulta de um distúrbio reflexo no sistema neurovegetativo autônomo, que comprime as artérias das mãos enquanto dilata as artérias da base do cérebro. As veias dilatadas dentro do crânio causam a dor de cabeça. Embora haja inúmeros remédios que são parcial ou temporariamente efetivos no tratamento da enxaqueca, 84% dos pacientes podem conseguir controlá-la totalmente com treinamento de *biofeedback*, em que aprendem a elevar a temperatura das mãos. Isso pode ser conseguido sem nenhum outro tratamento psicoterapêutico. Apesar disso, muitos médicos reconhecem que os que sofrem de enxaqueca costumam ter obsessão por limpeza ou por perfeição. Dores de cabeça também reagem bem à resolução dessa necessidade de perfeição.

ANÁLISE ENERGÉTICA DA ENXAQUECA
Myss

As enxaquecas se desenvolvem em resposta a uma tentativa de controlar as reações emocionais de raiva, de frustração, de ira ou de outras emoções que contenham a mesma qualidade de energia. Por controle, eu quero dizer alguém tentando impedir que uma explosão emocional ocorra externamente, o que faz com que ela ocorra internamente. A necessidade de controle é a principal característica de pessoas com tendência a enxaquecas.

Como mencionei num parágrafo anterior sobre a dor crônica, a energia da raiva, por exemplo, é de movimento rápido. O corpo da pessoa pode literalmente começar a tremer quando está com muita raiva. Quando a energia começa a "correr" de um lado para outro na espinha, ela está procurando uma maneira de expressão. Ao bombardear o cérebro, a energia força a capacidade de raciocínio da pessoa a um sobreesforço, numa tentativa de lutar com a fonte externa da tensão. Quando o poder de raciocínio não consegue lidar com a tensão emocional, algum tipo de explosão se torna inevitável.

Não é de se surpreender que as enxaquecas sejam mais comuns em mulheres, já que as mulheres tendem a ser mais conscientes de sua energia emocional e mais propensas a internalizar suas emoções. Também é mais provável em mulheres a sensação de que suas "opções" em termos de mudar a situação são mais limitadas do que as dos homens.

KATHERINE
Shealy

Esta jovem veio à clínica aos dezesseis anos, sofrendo de enxaquecas incontroláveis que ela acreditava serem provocadas por forte tensão. Há três anos e meio ela vinha sofrendo com essas dores de cabeça. Elas foram controladas totalmente através de aconselhamento, de *biofeedback* e de treinamento autogênico.

ANÁLISE ENERGÉTICA
Myss

A situação de Katherine era bastante típica. Ela se sentia emocionalmente sozinha, incompreendida e com medo de se tornar adulta. Ela sentia não ter nenhuma válvula de escape para seus sentimentos e, principalmente, para lidar com suas inseguranças. Suas enxaquecas começaram logo após ela ter entrado na puberdade e estavam relacionadas com a crescente sensibilidade emocional advinda do ciclo menstrual.

Para Katherine, o aconselhamento foi especialmente benéfico, pois proporcionou meios para ela descobrir que era mais normal do que pensava, ou seja, aquilo que ela achava confuso era o mesmo que todo adolescente achava.

Dor do membro-fantasma
Shealy

A dor incapacitante num membro (perna, braço) amputado é um dos problemas de dor crônica mais interessantes e frustrantes. Antes de nosso trabalho com o treinamento *biofeedback*, não tínhamos encontrado nenhum tratamento efetivo para essa dor-fantasma.

A perda de qualquer parte do corpo tem óbvias implicações na auto-estima. Em uma sociedade em que a beleza física e o poder físico são grandemente apreciados, apenas uma pessoa muito forte pode se adaptar à perda de um membro ou de um seio. A mutilação física de qualquer parte do corpo pode gerar uma grande ansiedade e perda de auto-estima, até em pessoas que estavam anteriormente lidando bem com isso. Uma terapia efetiva deve incluir uma análise completa do conflito emocional criado pela tristeza da perda física.

ANÁLISE ENERGÉTICA DA DOR DO MEMBRO-FANTASMA
Myss

A dor do membro-fantasma é criada como resultado, em primeiro lugar, do fato de a pessoa não lidar bem ou não aceitar as razões pelas quais a amputação ocorreu, e também é um substituto para questões mais reais que se apresentam, que são a vulnerabilidade e a inadequação. Esse tipo de dor é uma clara evidência de que "cortar fora" o problema não resolve a causa do problema.

LOUANNE
Shealy

Esta freira de 66 anos tinha uma história de 26 anos de grande dor como resultado da amputação de uma perna. Na realidade, a dificuldade começou em 1942, quando ela sofreu uma cirurgia no joelho em virtude de um problema de artrite crônica. Ela então passou por uma tentativa de fusão do joelho esquerdo que falhou. Depois disso, ela teve a perna amputada.

Ela também sofreu uma cordotomia (corte da metade anterior da medula espinhal) em 1950, que não aliviou a dor. Sua dor foi totalmente controlada com a acupuntura, com o bloqueio de nervos locais, com treinamento autogênico e com *biofeedback*. Ela tem uma prótese desde então e tem estado bem há cinco anos.

ANÁLISE ENERGÉTICA
Myss

A tensão da irmã Louanne tinha profunda ligação com a vida dentro do convento. O controle e as exigências de obediência, padrão para uma vida religiosa, criaram um enorme ressentimento nessa senhora, ligado aos seus medos relacionados com a dependência. Primeiramente, isso criou a artrite localizada no joelho, uma indicação do crescente e, literalmente, incapacitante nível de tensão na vida dela.

O tratamento cirúrgico da artrite não incluiu aconselhamento. Portanto, a tensão persistiu, resultando na amputação da perna. Fisicamente, irmã Louanne se tornou tão incapacitada quanto se sentia emocionalmente.

A dor fantasma continuou por 26 anos. Durante esses anos, ela foi incapaz de superar sua sensação de ser vulnerável e, portanto, de ser controlada. Observe que essas sensações eram crônicas em irmã Louanne. Sem dúvida, ela tinha problemas de dependência antes de entrar para a vida religiosa. Sua situação como freira serviu como uma circunstância onde suas inadequações vieram à tona.

Seu tratamento terapêutico foi efetivo principalmente porque seu sofrimento emocional foi admitido e reconhecido como uma tensão autêntica.

Dor Miofascial (dor num feixe de músculos)
Shealy

Uma das mais frustrantes formas de dor é um problema denominado dor miofascial, uma enfermidade dolorosa que envolve principalmente os músculos das costas.

Ela costuma ocorrer em pessoas que não estejam dormindo bem ou que têm o quarto estágio do sono interrompido. Esse estágio corresponde ao sono profundo ou restaurador, e é interrompido por quase todos os tranqüilizantes, principalmente pelo Valium, pelo benzodiazepine, e pelas pílulas para dormir. É interessante observar que indivíduos que fazem muitos exercícios aeróbicos quase nunca apresentam essa dor e parecem não sofrer de dores musculares advindas do sono inadequado.

ANÁLISE ENERGÉTICA DA DOR MIOFASCIAL
Myss

Essa disfunção tem sua raiz na necessidade de bloquear os sinais que a mente inconsciente envia para a mente consciente. Durante um sono normal e saudável, muitas das tensões do dia-a-dia são "processadas" através dos sonhos. Essa é a maneira com que a natureza faz uma manutenção diária no sistema de gerenciamento da tensão.

O fato de a pessoa bloquear essa função indica que ela não quer lidar conscientemente com as tensões que estão ocorrendo em sua vida. O bloqueio cria a dor nas costas ou ao longo da coluna espinhal. Na linguagem energética, todos os chakras ao longo da coluna ficam congestionados, devido ao desejo de *não enfrentar as razões que criam a tensão em suas vidas.*

CHARLENE
Shealy

Esta pessoa de 45 anos tinha um problema de escoliose e de dor miofascial. Charlene se considerava saudável até o dia 24 de maio de 1984, quando sofreu um acidente automobilístico. Isso exacerbou uma dor no pescoço existente há muito tempo. Ela vinha tendo problemas há pelo menos 23 anos com essa dor no pescoço, que necessitava de tratamentos quiropráticos. O acidente ocorreu quando bateram na traseira do seu carro, quando ela parou para fazer uma curva. Após esse episódio, ela passou a sentir uma dor intensa no pescoço e entre as omoplatas. Os problemas principais pareciam ser uma leve escoliose e uma grave síndrome de dor miofascial. Ela não fuma. Ela reagiu muito pouco à fisioterapia intensiva, ao *biofeedback* e ao treinamento autogênico.

ANÁLISE ENERGÉTICA
Myss

O campo energético de Charlene revelou que ela tinha dificuldade crônica com questões de auto-afirmação e de responsabilidade por si mesma. Isso criou obstáculos contínuos para ela em suas atividades profissionais diárias e em sua vida pessoal. Seu sentimento de inadequação fez com que se esforçasse mentalmente para obter reconhecimento, sem dar muita atenção ao seu desgaste emocional. Ela se sentia reprimida em sua criatividade e incapaz de corresponder às suas próprias expectativas. Ela sofria continuamente com a tensão, pois era incapaz de relaxar.

Para mim, o fato de Charlene ter sofrido um "acidente" é significativo em sua situação. Se considerarmos a maneira como criamos a realidade a partir do nosso sistema energético, notamos que Charlene se tornou um sistema frenético de energia. Ela não era mais capaz de processar sua tensão de uma maneira produtiva ou clara. Energia frenética cria acidentes como um modo de fazer parar a atividade do pensamento fragmentado.

Mesmo com a terapia, Charlene não conseguiu liberar seus processos internos tensionantes, pois acreditava que se ela aprendesse a relaxar, o seu mundo inteiro desmoronaria.

FRANK
Shealy

Este executivo de trinta anos desenvolveu uma dor no ombro direito, após uma partida de tênis. Nos meses subseqüentes, essa dor se espalhou atingindo toda a parte superior do corpo, incluindo o peito, os ombros e os braços. Suas mãos se tornaram extremamente frias e alguns médicos diagnosticaram distrofia do nervo simpático. Quando o examinamos, entretanto, não havia evidência de distrofia, que significaria que a pele tinha realmente sofrido mudanças graves devido à restrição do sangue das veias para as mãos. Ele tinha mãos frias, mas não o tempo todo. Quando suas mãos estavam suadas, não havia mudanças reais nos tecidos. Ele era extremamente indiferente a todas as modalidades usuais de terapia, feitas em uma clínica especializada em dor crônica. É interessante observar que havia problemas psicológicos muito graves envolvendo um provável casamento.

Sob o meu ponto de vista, seu maior problema parecia ser uma crise existencial por não ter nenhum ponto de referência para a espiritualidade em sua vida.

ANÁLISE ENERGÉTICA

Myss

Frank parecia ser um superempreendedor altamente qualificado. Sob essa aparência, entretanto, era um homem repleto de inseguranças sobre realizar e competir no mundo externo. Suas qualificações levaram todas as pessoas em seu meio a desenvolver altas expectativas com relação a ele.

Como Frank tinha tantas capacidades e talentos óbvios, ele concentrava toda a sua atenção em sua vida externa. Ele dava pouca atenção a considerações mais profundas, tais como questionar e desenvolver seus valores pessoais e espirituais. Em resumo, aparentemente ele estava bem, mas interiormente ele estava vazio. Quanto mais se esperava dele em termos de profissão e de responsabilidades pessoais, mais ele perdia a força sob o peso de suas inseguranças.

Sua falta de desenvolvimento interior revelou uma crise existencial. Frank teve que confrontar o fato de que ele não tinha nenhuma idéia do porquê e o que ele estava fazendo, o que o motivava, quais eram os seus valores, qual era o significado de sua vida. Na realidade, tão despreparado ele estava para uma introspecção que achava difícil até mesmo reconhecer que essa era a raiz de sua crise. Como Norm descreveu, sua dor continuou apesar de todas as formas de tratamento.

Dor Pós-Cirúrgica

Shealy

A dor pós-cirúrgica, que persiste por meses ou anos após a cirurgia, pode ocorrer em qualquer tipo de operação cirúrgica. Essa dor pode surgir até mesmo após uma pequena cirurgia. Há alguns componentes físicos nessa dor: os nervos sensoriais foram danificados, perturbando o equilíbrio normal das fibras nervosas proprioceptivas (aquelas que nos dizem que nosso corpo está bem). Indivíduos que têm grandes problemas sociais e/ou psicológicos parecem ter mais probabilidade de desenvolver essa dor persistente. Eles são também, mais do que qualquer outro, os pacientes que mais se preocupam com a sua dor.

ANÁLISE ENERGÉTICA DA DOR PÓS-CIRÚRGICA

Myss

Em meu trabalho, tenho visto a dor pós-cirúrgica se desenvolver como resultado de alguma forma de falha emocional/psicológica com relação à própria cirurgia. Essa falha pode, em primeiro lugar, ser o resultado do medo residual de ter que enfrentar a cirurgia. Pode também ser provocada por não se ter suficiente confiança na necessidade da cirurgia ou na própria equipe médica. Ou pode ser o resultado da remoção ou correção da manifestação física da tensão, sem se ter considerado as tensões emocionais ou psicológicas subjacentes.

À medida que aprendemos mais sobre os níveis sutis do ser humano, talvez tenhamos alguma luz sobre a necessidade de humanização da cirurgia. Como ainda temos que reconhecer a realidade do nível de "energia" do ser humano, ainda não temos consciência das necessidades do nível de energia do ser humano em termos de uma cirurgia.

Imagine, só para efeito de discussão, que estivéssemos 25 anos à nossa frente, no futuro, e que tivéssemos desenvolvido uma sensibilidade com relação à realidade e uma consciência dos campos energéticos. Nós iríamos reconhecer que anestesiar o corpo não faz o espírito adormecer. Em vez disso, ela alerta e envolve o espírito na atividade operatória.

Um ritual, se você quiser, ou um reconhecimento de que o eu interno do paciente precisa ser incluído na atividade cirúrgica, deveria ocorrer *antes* da cirurgia. Uma meditação feita pela equipe médica e pelo paciente talvez seja uma maneira de se conseguir isso.

Certamente, o que se sabe sobre a "consciência" dos pacientes em coma prova que o espírito permanece alerta apesar das limitações do corpo físico.

MARIA

Shealy

Esta senhora de 39 anos tinha uma forte dor abdominal há doze anos, após um diagnóstico de atresia (estreitamento grave) congênita do duto biliar. Ela tinha sofrido várias intervenções cirúrgicas para corrigir esse problema, antes de nós a examinarmos. Embora o estreitamento do duto biliar tivesse sido corrigido, ela continuou com uma dor intensa e tinha grandes problemas desde essa época com a dependência de remédios e de narcóticos. Em várias ocasiões, a dor foi bastante reduzida pelo treinamento autogênico, *biofeedback*, acupuntura, aconselhamento e abandono das drogas.

Mais recentemente, a colchicine intravenosa diminuiu consideravelmente a sua dor (a colchicine é comumente usada para gota, mas é também um poderoso antiinflamatório).

ANÁLISE ENERGÉTICA

Myss

A análise energética de Maria revelou que a causa básica de sua tensão era sua incapacidade de lidar com as mais essenciais exigências da vida, a começar pela sua própria segurança física. A tensão de Maria era como um novelo de lã emaranhado, mostrando que ela tinha, se é que tinha, um mínimo sistema de apoio efetivo em sua vida. Ela era uma "preocupada" crônica, nunca sendo capaz de confiar totalmente em si mesma ou nos outros. A preocupação crônica destrói as áreas do segundo e do terceiro chakras; formando uma congestão que vai crescendo, fazendo a pessoa se sentir como se tivesse um nó nas entranhas.

Maria era incapaz de desafiar e se libertar de seu estado crônico de preocupação e de tensão. Apesar das cirurgias, seu emocional permaneceu doente e, portanto, sua dor continuou por anos a fio.

Síndrome da Articulação Temporomandibular (SAT)

Shealy

A dor na articulação temporomandibular é uma das causas mais comuns de dor de cabeça e da dor de ouvido. Ela ocorre devido à tensão muscular crônica nos músculos do maxilar, acompanhada de ranger de dentes e de irritação na articulação que usamos para falar e mastigar. Essa é a articulação da mandíbula que fica em frente ao ouvido. Freqüentemente esses pacientes forçam seus dentes contra as raízes e têm múltiplos problemas dentários. Além disso, eles sempre têm algum nível de tensão emocional.

ANÁLISE ENERGÉTICA DA SÍNDROME DA ARTICULAÇÃO TEMPOROMANDIBULAR

Myss

As causas de tensão nos músculos do maxilar são inúmeras, embora elas todas resultem de bloqueios relacionados com o uso da força de vontade e com a auto-expressão.

Uma fonte dessa tensão é a incapacidade de articular verbalmente o que a pessoa precisa dizer. Seja esse bloqueio causado pelo medo de rejeição, de crítica ou por insegurança devido ao medo de perder a sua base (segurança física), a tensão física e o ranger dos dentes estão presentes.

Outra fonte dessa tensão é que ranger os dentes, assim como roer as unhas ou mascar chicletes se tornam hábitos inconscientes para liberar a tensão. Outra fonte ainda é que a área do maxilar se torna um receptáculo das energias de raiva e de frustração, segurando as "palavras" que a pessoa gostaria de dizer para alguém mas não pode, qualquer que seja a razão.

Sempre que o poder de escolha da pessoa, seu desenvolvimento pessoal em termos de auto-expressão ou sua expressão criativa são reprimidas, há um resíduo negativo e isso pode se alojar na mandíbula. Essa disfunção é muito comum já que as questões que a criam são também muito comuns.

JULIE

Shealy

Esta senhora de 42 anos tinha dor generalizada na espinha dorsal, no pescoço e na cabeça. Essa dor tinha se instalado lentamente em um período de vários anos. Ela é muito inteligente, bem casada, e uma perfeccionista em seu trabalho como professora universitária. Embora sua dor torácica tenha reagido bem ao treinamento *biofeedback* e a um intenso programa de tratamento de dor, as dores de cabeça não cederam até que foi feito um aparelho dentário, que consiste num molde plástico para ser usado na boca durante a noite. Isso impedia que ela rangesse os dentes durante o sono.

ANÁLISE ENERGÉTICA
Myss

A tensão de Julie estava quase totalmente relacionada com a sua luta por reconhecimento e por autoridade em sua posição profissional. Ela reprimia seus comentários e suas opiniões devido à sua insegurança básica pelo medo de perder sua posição ou, no mínimo, de arriscar e perder direitos ou uma promoção. Apesar de Julie ser, com toda certeza, profissionalmente qualificada, ela tinha que enfrentar políticas no emprego e uma certa falta de apoio devido ao fato de ser uma mulher em um ambiente acadêmico extremamente competitivo.

Observações Finais
Shealy

Pacientes com dor crônica continuam sendo um dos problemas mais frustrantes para os médicos. Estima-se que haja pelo menos vinte milhões de americanos que sofrem de dor crônica. Pelo menos dois milhões destes têm dor nas costas incapacitante.

Outros, apesar de não ficarem tão incapacitados, sofrem com a dor em maior ou menor grau. Eles podem ter artrite de vários tipos ou dores pós-cirúrgicas ou pós-acidentes. A maneira ideal de trabalhar com esses pacientes, do ponto de vista médico, é enviá-los para uma clínica geral de dor se não reagem dentro de no máximo quatro semanas à terapia tradicional e aos trabalhos individuais costumeiros.

Em uma clínica geral da dor, os pacientes irão se beneficiar de um trabalho em grupo integrado, que inclui terapeutas bem treinados em fisioterapia, aconselhamento, acupuntura, estimulação elétrica transcutânea do nervo, massagem, correção de postura, terapia manipulativa osteopática, treinamento *biofeedback*, programa de desintoxicação de drogas e complementação nutricional.

Dos pacientes que passam por esse programa em nossa clínica, 90% melhoram durante uma sessão intensiva de duas semanas, embora alguns deles não continuem a seguir aquilo que lhes foi recomendado. Apesar disso, 70% das pessoas que estavam inválidas, em alguns casos há muitos anos, têm uma notável melhora e se mantêm bem quando feito o acompanhamento, até três anos mais tarde.

10

ORIGEM DAS DOENÇAS MENTAIS E EMOCIONAIS

NORMAN SHEALY E CAROLINE MYSS

O que é Tensão Mental e Emocional

Shealy

Em geral, as chamadas doenças mentais ou psicológicas são consideradas neuroses ou psicoses. Neurose é uma doença não acompanhada por nenhuma mudança física aparente no sistema nervoso e com sintomas de histeria, de ansiedade, de obsessão, de compulsões e de muitas disfunções depressivas.

A psicose, por outro lado, é uma perturbação mental muito mais séria, na qual a pessoa perde contato com a realidade e com as funções cognitivas usuais. A psicose inclui aquelas coisas comumente denominadas "insanidade": esquizofrenia, psicose maníaco-depressiva, melancolia involutiva, paranóia e psicose senil.

As doenças que se encaixam em algum lugar entre a psicose e a neurose são denominadas psiconeuroses ou problemas comportamentais de má-adaptação moderada. Nesse caso, há uma perda mínima de contato com "as visões da realidade popularmente aceitas". Os pacientes psiconeuróticos freqüentemente reconhecem que suas reações são inadequadas. No final da lista de psicoses está a psicopatia, indivíduos que não têm nenhuma consciência, não aprendem com as experiências e cometem crimes sem nenhuma preocupação.

De uma maneira crescente, está sendo descoberto que há anomalias bioquímicas em pacientes com várias doenças mentais ou psicológicas. É comum, por exemplo, em pacientes que sofrem de depressão, as glândulas supra-renais diminuírem a produção de cortisona. Em alguns pacientes deprimidos, entretanto, as glândulas continuam a produzir cortisona e "adrenalina". Isso os mantém em constante estado de alarme, que é a reação básica à tensão.

Do mesmo modo, alguns pacientes com depressão bipolar ou maníaco-depressiva não têm a reação normal ao hormônio estimulador da tireóide, significando que a glândula tireóide e a glândula pituitária estão "funcionando" independentemente uma da outra.

Mais significativo ainda é que as pessoas deprimidas que observamos têm deficiência de beta endorfinas, o narcótico natural do corpo. Por outro lado, aqueles indivíduos que estavam deprimidos e também muito agitados tinham um alto nível de beta endorfinas. Baixos níveis de serotonina e altos ou baixos níveis de norepinefrina são outras descobertas comuns em pacientes com depressão. A serotonina é um químico que facilita a transmissão da informação entre as células nervosas. Deficiências de serotonina, encontradas em 40% dos pacientes com dor crônica, levam à depressão, à insônia e até à dor. O triptofan, um aminoácido essencial e fundamental para a produção da serotonina, é deficiente em 79% dos pacientes com dor crônica. Outro grupo de químicos, as catecolaminas, atua na reação básica de tensão. Esse grupo inclui a dopamina (elevada em pessoas com pânico e com ansiedade profunda), a norepinefrina, que faz o coração disparar e aumenta a pressão do sangue, e a epinefrina ("adrenalina"), que também acelera os batimentos do coração e aumenta a pressão do sangue. Altos níveis de catecolaminas são uma reação à tensão. Baixos níveis indicam que a pessoa está exausta ou deprimida.

Aprendi na escola de medicina que 99% de todos os pacientes que têm impotência sexual tinham uma disfunção psicológica. É interessante observar, entretanto, que um relatório no *Journal of the American Medical Association* indica que 78% dos homens com impotência tinham disfunções hormonais que iam desde baixos níveis de testosterona e anomalias da função tireoidiana até altos níveis de prolactina, o químico comumente relacionado com o aumento do leite no peito. (Pode-se apenas especular sobre o significado metafísico de tão inadequada fisiologia.)

Um mês depois desse relatório ter sido publicado, o *Journal of Clinical Hypnosis* publicou um artigo relatando que pacientes portadores dessas disfunções endócrinas recuperaram sua potência e seus níveis hormonais normais, com o uso da hipnose. Em nenhuma outra situação a interação entre a mente, o corpo e o espírito está mais óbvia do que nas doenças mentais e psicológicas.

E em nenhuma outra área da medicina moderna existe maior controvérsia do que nesse campo das doenças "emocionais". O desafio para os médicos é aceitar as doenças emocionais como "reais". Talvez, apenas quando isso for totalmente aceito pelos médicos, iremos reconhecer que não se pode "curar" emoções com remédios ou com cirurgia. Pode-se anestesiar, pode-se suprimir e reprimir emoções com remédios e cirurgias mas não se pode curar a disfunção básica. De igual importância é o fato de que há um componente emocional, tanto como fator precipitante quanto como agravante, em *toda* doença.

Por exemplo, mesmo o indivíduo mais saudável pode sofrer um "acidente" e quebrar a perna. A cura de sua perna irá depender, entre outros fatores, da força, da vitalidade e da saúde emocional da pessoa. Se o indivíduo costuma ficar deprimido ou negativo ou preocupado e nervoso, há possibilidade de a fratura não ser curada ou de surgir uma dor prolongada apesar da cura sèr levada a cabo.

Os médicos aceitam há muitos anos que a úlcera péptica seja uma doença física quando há realmente um "buraco" na parede intestinal. Um aumento na acidez gástrica que provoca mal-estar é muitas vezes considerado uma reação da tensão. Na realidade, considera-se que a úlcera péptica tem origem muito *mais* na tensão do que estritamente em causas físicas, exceto em poucos indivíduos com predisposição familiar para essa doença em particular.

A artrite reumatóide é outra doença em que distúrbios mentais e emocionais significativos são fatores precipitantes fortes. Assim, quando o paciente desenvolve essa doença potencialmente incapacitante, com testes sangüíneos positivos indicando o fator reumático, ela é aceita como mais "real" do que apenas a dor sem "prova" de mudanças físicas.

Há alguma diferença entre um fator reumático elevado, uma alta taxa de açúcar no sangue e dor, como doenças "reais"? Os médicos geralmente aceitam um alto fator reumático como uma anormalidade "legítima". Do mesmo modo, no diabete, inicialmente, a única "descoberta" pode ser uma elevada taxa de açúcar no sangue. O diabete é considerado uma doença "real". Em outras palavras, a alta taxa de açúcar no sangue é indicativo de um problema genuíno no corpo. Embora essa doença possa ser resultante do hábito de fumar, beber café, de um acidente grave ou uma de injeção de cortisona, a taxa alta de açúcar pode também ser causada por problemas emocionais.

Embora mãos frias não sejam necessariamente uma doença, elas demonstram uma "reação de tensão", uma resposta do sistema nervoso solicitando ao sistema neurovegetativo autônomo um método de alarme. Fatores reumáticos elevados, taxa elevada de açúcar no sangue e mãos frias representam reações à tensão emocional.

Certamente, a elevação da taxa de açúcar no sangue não "prova" que o paciente tem diabete. Nem mãos frias "provam" que a pessoa tem um problema físico significativo. Da mesma forma, um "ataque emocional" do coração não é considerado legítimo até que o coração realmente passe a funcionar de modo falho. Infelizmente, no caso de um ataque do coração, por exemplo, no momento em que uma artéria é fechada pode ocorrer uma séria incapacidade ou até a morte. Nesse momento, a atenção médica está totalmente concentrada no ato heróico de salvar a vida do paciente.

Pior ainda, parece que grande parte do tempo, mesmo depois de intervenções como a cirurgia coronária, muito pouca atenção é dada ao desgaste emocional que criou a doença. Dado o fato de que a doença de coração foi também provocada por uma combinação de predisposição genética, dieta, peso, falta de exercícios ou fumo, um fator extremamente importante é também o componente emocional. Tratar uma doença do porte da oclusão coronária com uma cirurgia, sem que haja uma significativa orientação e aconselhamento posterior, é quase tão prejudicial quanto tentar tratar a febre da meningite com aspirina sem curar a infecção com os antibióticos adequados.

Em nenhuma área da medicina a influência da tensão é tão ignorada quanto no trabalho da dor crônica. A dor freqüentemente cria mudanças no sistema nervoso simpático (sistema neurovegetativo autônomo), no fluxo do sangue para a pele e na sua distribuição geral pelos órgãos internos.

Sir Charles Scott Sherrington, um dos grandes fisiologistas, demonstrou nos anos 20 que há reflexos viscerocutâneos e reflexos cutaneoviscerais, ou seja, fortes reflexões elétricas entre os órgãos internos e a pele e vice-versa. Esses reflexos são "reais", mas são elétrico-químicos. Eles são mutáveis, significando que as conexões elétrico-químicas não são, necessariamente, fisicamente permanentes. Quando houve danos em uma área, seja na pele ou em um dos órgãos ou nas estruturas internas, o distúrbio no reflexo elétrico-químico pode se tornar permanente e muito difícil de ser revertido.

Quando as pessoas sofrem um trauma significativo no corpo, seja uma pequena fratura ou um acidente violento, não é raro que o sistema neurovegetativo autônomo fique desajustado. Com muita freqüência, a pele, em algumas regiões do corpo, pode ficar extremamente fria e adquirir um tom azulado ou descolorido.

Outras áreas podem apresentar uma temperatura acima do normal. Durante as últimas duas décadas, uma técnica denominada termografia foi amplamente usada para demonstrar essas mudanças de temperatura. Infelizmente, advogados e médicos sem conhecimentos sobre neuroanatomia e neurofisiologia costumam não compreender a importância de se interpretar termogramas.

O que um termograma mostra são as mudanças no fluxo do sangue, normalmente áreas onde há diminuição do fluxo (áreas frias) mas, ocasionalmente, áreas onde há aumento do fluxo (áreas quentes). Ambas as mudanças na temperatura da pele são fisicamente reais. Elas podem ser percebidas pelo tato. Também podem ser medidas com termômetros elétricos, colocados na pele, ou fotografadas pelo termograma. Essas diferenças de temperatura são reações à tensão *emocional*, que está afetando o corpo físico.

A interpretação dos dados do termograma feita por alguns médicos e por advogados levou a reivindicações de que esses dados representam danos na raiz do nervo. Na realidade, não se pode nunca interpretar um termograma como uma prova inequívoca de que há um "dano" nas raízes do nervo. O que se pode afirmar, entretanto, é que ele mostra distúrbios ou reflexos de problemas centralizados nas partes em que a pele está excepcionalmente quente ou fria. Em sua maioria, esses distúrbios são agravantes criados pelo problema emocional e, provavelmente, pela preocupação do paciente com relação à área afetada.

Esses relatórios são tão reais quanto uma taxa elevada de açúcar ou uma pequena anomalia elétrica em um eletrocardiograma. Mudanças fisiológicas são *reais*, mas estão sujeitas a variação e são potencialmente reversíveis. Como em todas as doenças, essas mudanças são também bastante influenciadas pela tensão química. Mas no fundo, todas as doenças são resultado da tensão, embora as reações possam ser emocionais, químicas ou físicas.

Quando os médicos começarem a aceitar a realidade do problema emocional como uma influência profunda em toda a doença, e também a legitimidade das mudanças fisiológicas de base emocional (elétrico-químicas), nós iremos entrar verdadeiramente em uma nova era de compreensão na medicina.

Análise Energética das Doenças Emocionais

Myss

A área das doenças mentais e emocionais é sem dúvida a mais complexa. Esta área é também a que mais desafia o "modelo" médico tradicional do ser humano. O que acontece "dentro da cabeça" da pessoa é território totalmente subjetivo. À parte das influências quantificáveis da genética, dos desequilíbrios neurológicos, fisiológicos e químicos, dos ferimentos, dos acidentes ou dos abusos, os demais fatores que influenciam o bem-estar mental e emocional de uma pessoa têm que ver com a dimensão não quantificável das necessidades emocionais e das doenças pessoais.

Análises contemporâneas da origem da doença psicológica e do seu "significado", e também tratamentos terapêuticos eficientes são inúmeros, variando desde a análise tradicional até a terapia da Gestalt e assim por diante. Não há nenhuma escola de análise e de interpretação psicológica que seja reconhecida como a principal autoridade por todos os profissionais de psicologia e de psiquiatria. O que é reconhecido dentre as diferentes linhas da psicologia são teorias e técnicas que têm "validade" para eles, mas nenhuma é considerada o padrão da "mais exata verdade".

Por que isso? Se na medicina física pode-se chegar a um acordo em tantas coisas, por que há tanta variedade e discrepância na área das doenças mentais e emocionais?

Acredito que tanto o paciente quanto o terapeuta existem em mundos subjetivos. Em outras palavras, da mesma forma que um paciente escolhe uma forma de terapia que combine com as suas necessidades, com as suas crenças e com a sua personalidade, assim também os terapeutas se dedicam a uma escola (ou escolas) de psicoterapia que reflete suas crenças pessoais. Um terapeuta que acredita em vidas passadas, por exemplo, dificilmente se tornaria um analista freudiano.

E a "realidade" das crises espirituais? De real sofrimento místico? O trabalho clássico de São João da Cruz intitulado *A Noite Escura da Alma* esboçou, no século XII, as dificuldades psicológicas pelas quais uma pessoa certamente passaria durante a procura de sua ligação com o divino.

As crises espirituais não tiveram uma justa representação no mundo clássico da psicanálise. Na realidade, elas têm sido desacreditadas e até consideradas uma psicose. A análise tradicional se assemelhou ao desenvolvimento da medicina tradicional pelo seu enfoque científico e clínico. As crises espirituais, portanto, pertenciam a uma instituição espiritual, o que, a propósito, não significava que elas eram reconhecidas como um sofrimento humano legítimo. Afinal, reconhecer uma crise espiritual como real pressupõe um reconhecimento "oficial" de um Princípio Divino atuando dentro deste Universo e a crença na existência da alma. Esses dois critérios simplesmente não podem ser provados cientificamente.

Quando comecei este trabalho, eu, pessoalmente, não podia aceitar a influência de vidas passadas. Eu considerava que toda doença mental e emocional tinha origem nesta existência e era um complexo entremeado de experiências infantis de influências ambientais e da qualidade das crenças da pessoa. Embora eu acreditasse na existência da crise espiritual, supunha que apenas aqueles que estavam conscientemente envolvidos em suas vidas espirituais, como pessoas pertencentes a comunidades religiosas, eram candidatos a uma "crise espiritual" genuína.

Meu trabalho provocou a reestruturação e a expansão de minhas idéias a esse respeito. Atualmente, eu aceito totalmente que uma pessoa possa ter uma crise interna profunda, e muito real, originada em uma outra existência que não esta. Embora ainda permaneça obscuro para mim como exatamente essa influência aparece nesta existência, mesmo assim eu percebo, algumas vezes, imagens e informações, em meio a milhares de interpretações que faço, indicando que nós realmente existimos dentro de um processo contínuo de evolução consciente que inclui a experiência de múltiplas existências.

Minha compreensão sobre quem teria uma crise espiritual foi, da mesma forma, completamente reestruturada. A crença de que apenas as pessoas envolvidas na vida religiosa poderiam passar pela "noite escura da alma" mudou a ponto de agora eu acreditar que a conhecida "noite escura" acontece na vida de todas as pessoas, em algum momento da vida, sem exceção.

Enquanto antes eu acreditava que uma pessoa tinha de entrar numa comunidade religiosa para ter essa experiência, agora eu compreendo que o que abre as portas para esse processo não é o local físico onde a pessoa se encontra ou a força para fazer os votos religiosos, mas as perguntas que a pessoa tem a coragem de fazer mental, emocional e espiritualmente. Qual é o sentido da minha vida? Com que propósito eu nasci? Deus existe? Por que eu estou passando por determinadas situações? Por que eu não consigo encontrar alguém que me ame?

Para mim, essas não são perguntas banais. Elas são mudanças profundas que revelam os sons da alma. E, em minha experiência, estou ainda para encontrar uma pessoa que não tenha se questionado sobre esses assuntos, dentro do seu contexto de vida. Como somos pessoas vivendo em uma cultura que dá mínima atenção para a crise espiritual, o "sofrimento da alma" é o último lugar em que o paciente ou o terapeuta irá procurar pelas causas básicas da angústia. Embora isso esteja começando a mudar de alguma forma com o advento de terapias mais ligadas ao espiritual, ainda temos um longo caminho a percorrer antes que a crise espiritual seja considerada tão legítima quanto uma crise de rejeição paterna, por exemplo.

Numa observação menos etérica, debates sobre doenças mentais e emocionais sempre incluem o reconhecimento da influência das emoções reprimidas e/ou prejudicadas, em particular, a raiva, a culpa e o medo. A psicologia descreve síndromes em termos de repressão, de supressão e de desassociação – todos eles se referem a características específicas de comportamento.

Em termos de energia, essas síndromes são descritas como "bloqueios de energia" que indicam que uma "congestão" está ocorrendo na consciência da pessoa. O processamento normal de dados emocionais e psicológicos está sofrendo interferência ou está sendo conduzido de tal maneira que os bloqueios estão causando problemas no corpo físico. Sob o ponto de vista energético, a ligação entre a congestão e o problema físico é claramente evidente.

Embora essas duas descrições possam parecer indicar padrões idênticos, há diferenças que merecem ser observadas. Sob uma perspectiva intuitiva, a sensibilidade que uma pessoa tem à luz, ou ao som ou com relação aos campos de energia dos outros, é, antes de tudo, visível e, em segundo lugar, é considerada uma disfunção "legítima" que indica desequilíbrios elétricos no campo de energia da pessoa, que causam uma tensão interna genuína.

Embora a psicologia convencional possa tratar da neurose que resulta desses tipos de sensibilidade, ela também poderia se dispor a considerar essas sensibilidades como o *resultado* de uma neurose, e não a *causa* da neurose.

Muitas vezes percebi que o campo de energia de uma pessoa é contaminado pela poluição ambiental, pelo ar ou pela água tóxica, ou até mesmo pela ingestão de pesticidas. Esses poluentes físicos realmente afetam o sistema nervoso da pessoa e, mais significativamente, elevam os níveis de ansiedade e de tensão. Esses fatores, entretanto, não são oficialmente reconhecidos como "toxinas emocionais" (significando que não há meios de quantificar os efeitos desses poluentes) e, assim, o comportamento anormal que eles geram teria que ser creditado a uma outra fonte que não a poluição tóxica.

Da mesma forma a depressão e muitos outros sofrimentos psicológicos são tidos como resultado de desequilíbrios químicos e *nem* sempre como conseqüência de uma tensão externa ou de uma anomalia da personalidade.

Outra diferença que vale a pena notar é a contribuição que a intuição pode oferecer quando se estuda mais a fundo os efeitos de emoções fortes sobre o corpo físico. Estou me referindo ao fato de identificar a variação das emoções (raiva, medo, etc.) e sua intensidade e perceber como esses fatores contribuem para a formação de doenças específicas.

Norm ponderou inúmeras vezes, por exemplo, a razão pela qual a raiva causa câncer num paciente e neurose em outro. Quais são os fatores que determinam esses dois resultados diferentes? É possível identificar a "qualidade" das emoções a um tal ponto que pudéssemos determinar claramente o que certas emoções são capazes de criar? E de que "modo"?

No Capítulo Seis, mencionamos o caso de Mark, um homem que morreu de câncer no cólon. Eu podia "ver claramente" que ele estava desenvolvendo um câncer antes de a doença se apresentar fisicamente no corpo dele. Posteriormente pude "ver claramente" que ele iria morrer. Eu baseei minha análise e meu prognóstico do destino de Mark em minha compreensão *técnica* da energia que me forneceu os dados, e não em uma "visão" intuitiva. A energia tem variações de densidade e quanto mais "densa" ou "pesada" ela é, mais perto essa energia está de se fundir totalmente com a matéria física.

Prognósticos não são nada mais do que a capacidade de identificar e de interpretar a causa e o efeito naturais de padrões de energia que uma pessoa põe em movimento através de suas escolhas pessoais. A natureza da energia humana, como espero que possamos um dia compreender, é uma ciência em si mesma. Na realidade, é a ciência da criação. A contribuição que a intuição pode dar para o estudo dos poderes criativos das emoções e de suas ligações com a doença é potencialmente imensa.

Os seguintes casos não são nada mais do que uma pequena amostragem das principais doenças mentais e emocionais.

GLORIA

Shealy

Esta senhora de 66 anos estava sofrendo de uma forte dor na região do reto, do períneo e na região pubiana. Isso começou em 1965, quando ela sofreu uma mastectomia do lado esquerdo, devido a um câncer, seguida da remoção dos ovários. Embora o câncer não tenha retornado, a paciente tinha dores fortes e incapacitantes no reto desde essa data.

Mais tarde, Gloria sofreu uma histerectomia, uma laparotomia exploratória e até uma colostomia temporária, tudo isso para tentar aliviar a sua dor. Ela toma Valium há muitos anos e, mais recentemente, começou a tomar Xanax.

Em sua vida pessoal, Gloria tem muitos problemas conjugais. Ela tem grande dificuldade para aceitar o fato de que seu marido se preocupa mais com o trabalho do que com a doença dela. Ela se recusou a tomar antidepressivos e não quer abandonar o Xanax. Sua reação à acupuntura, à estimulação elétrica transcutânea do nervo, ao *biofeedback* e ao treinamento autogênico foi mínima.

Embora pudéssemos incluir esse caso no capítulo sobre dor crônica, me parece, após trabalhar com mais de cinco mil pacientes com dor, que aqueles que têm dor intensa na área genital ou retal têm problemas psicológicos bastante preponderantes.

ANÁLISE ENERGÉTICA
Myss

Gloria é uma pessoa obcecada pela necessidade de controlar e de punir. Seu corpo produziu uma doença após a outra nas áreas do primeiro, do segundo e do terceiro chakras – todas elas indicando que ela se sentia compulsivamente insegura para assumir responsabilidade por si mesma e que tinha medo do abandono. Assim, ela se tornou doente para poder controlar seu marido através da culpa e da necessidade. Quanto mais culpa e simpatia Gloria pudesse inspirar, mais ela acalmava seu medo de que o marido a abandonasse.

Não é de admirar que ela não cooperasse com qualquer técnica de autotreinamento ou de autocura. Para Gloria, tornar-se saudável era uma proposta muito ameaçadora. Significava liberar todos os mecanismos de controle e, emocionalmente, isso não era aceitável para ela.

PATRICIA
Shealy

Esta senhora de 38 anos sofria de grave sangramento no útero. Quinze anos atrás tinha sido diagnosticado um tumor no ovário esquerdo. Ela tinha feito duas curetagens devido a esse sangramento. A segunda vez que foi examinada, estava sangrando muito há dois dias. Ela não fuma. Ela já fez uso de várias drogas e maconha no passado, mas parou há oito anos. Atualmente está casada com o seu terceiro marido. Devido à esse sangramento intenso, ela foi enviada a um ginecologista. Ela tinha um útero aumentado, sua hemoglobina estava aproximadamente 50% normal e ela sofreu uma histerectomia total para "curar" o sangramento.

Esta paciente e seu marido não quiseram fazer o tratamento conosco na clínica. Em minha opinião, o que Patricia tinha era, antes de tudo, um grave problema psicológico.

ANÁLISE ENERGÉTICA
Myss

Enquanto Norman considera o problema de Patricia como um intenso sofrimento psicológico, eu o interpreto como um grave abuso psicológico. Sua análise energética indica que ela tem uma história de agressões emocionais e, por vezes, de agressões físicas. Sua auto-estima foi destruída de tal maneira que ela não controla mais nenhum aspecto de si mesma.

Em minha opinião, seus problemas físicos, todos localizados em seus órgãos femininos, indicam que, emocional e psicologicamente, essa mulher se sente constantemente violentada. Ela é totalmente controlada pelos homens em sua vida, e apesar de seus divórcios – todos por causa de abuso – ela ainda tem que lidar com sua consciência de vítima e com sua profunda falta de poder pessoal e de auto-estima.

DANIEL
Shealy

Este homem de 44 anos se queixava de ter um sistema nervoso fraco e de ser incapaz de atuar sexualmente. Isso começou na mesma época de seu divórcio, há sete anos. Seu divórcio foi devido a uma insatisfação com a sua vida e ao fato de ele e sua esposa, com quem estava casado há oito anos, estarem caminhando em direções diferentes.

Ele se envolveu com outra mulher e se tornou ainda mais descontente com sua vida. Seu divórcio foi muito sofrido, e ele admitiu ter ficado extremamente deprimido por causa de sentimentos de culpa com relação à separação.

Embora ele fosse capaz de se excitar sexualmente, ele sentia que até mesmo a excitação sexual o deixava exausto. Se ele tivesse sexo e um orgasmo, ficava totalmente exaurido e prostrado.

ANÁLISE ENERGÉTICA
Myss

A interpretação da energia de Daniel revelou que ele tinha um profundo ressentimento com relação às mulheres, por acreditar que elas eram "exploradoras" e sempre manipuladoras. Ele se sentia explorado em seu casamento e emocionalmente dominado por sua esposa.

Ao desfazer seu casamento, Daniel teve que confrontar sua própria fraqueza e dependência com relação às mulheres. Ele vive em uma contínua luta de poder com elas. Essa luta se manifestou tanto física quanto simbolicamente em sua disfunção sexual.

SANDY
Shealy

Esta mulher de 39 anos se queixava de uma forte dor nas nádegas e na vagina. Ela era (e até este momento, ainda é) totalmente incapaz de ter uma relação sexual devido à dor excruciante. Embora outros médicos não tenham achado nenhuma causa para a dor, ela tem, de fato, uma torção de uma parte do sacro, que aparentemente ocorreu há pelo menos dez anos devido a uma queda sobre as nádegas. Provavelmente, essa torção não é corrigível fisicamente. Ela tem feito tratamento intensivo na clínica especializada em dor através da terapia manipulativa e dessensibilização dos nervos, mas ainda continua moderadamente incapacitada devido à dor.

ANÁLISE ENERGÉTICA
Myss

A energia de Sandy revelou que ela tinha sido molestada sexualmente quando criança e, mesmo adulta, ainda não consegue lidar com essa lembrança. Sua experiência de violência sexual fez com que associasse qualquer ato sexual com dor e com a perda de si mesma. Na minha opinião, a única maneira de Sandy se libertar da dor é através de uma terapia intensiva em que ela finalmente se livre da lembrança e das emoções de raiva que se alojaram em sua área vaginal.

WILLIS

Shealy

Este é um caso clássico de neurose causada por acidente de trabalho. Willis sofreu ferimentos leves durante o trabalho devido a uma queda. Isso ocorreu quando ele trabalhava como advogado numa sede do governo na Califórnia. Ele recebeu uma pensão por invalidez permanente em função de uma reação psiconeurótica. Ele não demonstrou nenhum interesse em voltar a qualquer forma de trabalho produtivo e reclama constantemente do abuso do sistema. Eu mostrei a ele que esse mesmo "sistema" lhe dá apoio enquanto ele se recusa a trabalhar.

ANÁLISE ENERGÉTICA

Myss

Willis era (e ainda é) um homem que se recusa totalmente a assumir qualquer responsabilidade por si mesmo. Desde os tempos de criança, ele tinha um baixo desempenho (a seus olhos) que o impedia de atingir seus objetivos. Ele culpava várias pessoas por esses fracassos, desde seus pais e professores até seus chefes.

Achei interessante o fato de ele trabalhar num órgão do governo, pois a seu ver ele era prisioneiro de sua própria natureza. Freqüentemente, tinha pensamentos violentos com relação aos outros, embora, ao mesmo tempo, imaginasse que tinha um grande potencial como líder e que era uma figura que inspirava autoridade.

Ele acreditava que, se tivesse uma chance, seria uma autoridade. Entretanto, o problema de Willis é nunca ter trabalhado para realizar aquilo que imaginava. Ele tinha grandes sonhos e uma ambição medíocre. Mas suas maiores dificuldades eram as suas atitudes com relação ao que o mundo devia a ele. Ele se ressentia com as realizações das outras pessoas e constantemente tinha uma visão negativa e desconfiada dos outros.

Já que o mundo devia se encarregar de lhe dar o sustento, uma indenização trabalhista era para ele o modo perfeito de agir "com sucesso" em sua vida mal-sucedida. Ela dava a ele uma razão legítima para não trabalhar e nunca desafiar suas próprias limitações.

WARREN

Shealy

Este homem de 36 anos sofreu de depressão durante a maior parte da vida. Seu pai era um ministro fundamentalista. O paciente tinha problemas graves para se relacionar socialmente. Ele nunca ficava num emprego por mais de alguns meses. Embora seja casado e tenha quatro filhos, ele tem fantasias homossexuais e provavelmente teve pelo menos um caso homossexual, pelo qual se sente extremamente culpado. Aconselhamento prolongado e medicamentos antidepressivos não trouxeram nenhuma melhora.

ANÁLISE ENERGÉTICA
Myss

Está óbvio que a fonte da depressão de Warren é sua sexualidade e sua incapacidade de se aceitar como é. Seu caso é importante, não por ser complicado, mas porque sua situação é bastante comum. Warren não tem auto-estima e nem amor por si mesmo. Sem essas qualidades, mesmo no nível mínimo, a cura é quase impossível.

Sua incapacidade de manter um emprego, ou seja, de sentir-se bem-sucedido financeiramente, está diretamente relacionada com sua incapacidade de se aceitar sexualmente. Conforme demonstramos no Capítulo Quatro, o segundo chakra, localizado na região sexual do corpo, está relacionado com questões de poder, de sexualidade, de dinheiro e de controle. Esse chakra diz respeito diretamente à luta interna de Warren e, portanto, todas as questões relacionadas com ele (dinheiro, poder) estão presentes em sua vida. E, mais interessante ainda, a falta de auto-estima que Warren sente está refletida em cada uma dessa áreas, todas deficientes: ausência de poder material, ausência de sucesso financeiro e ausência de aceitação sexual.

RENÉE
Myss

Conheci esta mulher num seminário. Ela era tímida e retraída. Comentou que tinha um forte sangramento vaginal que não parecia ter uma razão psicológica.

Ao fazer a interpretação, tive a intuição de que alguma coisa estava tentando tirar os filhos dela. Perguntei sobre isso, e ela disse que ela e o marido eram membros praticantes de uma religião cujos praticantes deveriam liberar suas crianças para um programa de treinamento, organizado pela instituição religiosa, quando atingissem a idade de cinco anos.

Ela e o marido tinham três filhos, nas idades de sete, cinco e dois anos. Eles tinham concordado com essa prática ao entrar para a religião há muitos anos, antes de terem os filhos. Quando o mais velho completou cinco anos, ela convenceu o marido a mantê-lo em casa com eles até que o irmão completasse essa idade, quando então ambos poderiam ir juntos.

A verdade era que ela não queria mandar nenhum de seus filhos para o tal programa. Ela sentia que as crianças estavam sendo "arrancadas dela". Ela contou que tinha conversado muito com o marido sobre seus sentimentos com relação a isso, mas ele achava que, já que eles tinham alcançado certa posição dentro da comunidade religiosa, eles tinham que cumprir com o compromisso tomado para dar bom exemplo. Sua frustração e sensação de não ter escolha para determinar o destino dos filhos resultaram na criação do sangramento vaginal, simbolicamente uma ilustração muito forte do seu trauma emocional.

Mais tarde, encontrei Renée e o marido e expliquei a origem da tensão dela. Conversamos sobre a necessidade crucial de as crianças permanecerem em casa e também sobre a natureza dos compromissos espirituais. Os pais concordaram então em manter as crianças em casa.

Mal de Alzheimer

Shealy

Este é o dos problemas mais comuns do envelhecimento, embora possa ocorrer com pessoas mais jovens. Basicamente, ele consiste na degeneração do cérebro, especialmente da parte do cérebro relacionada com a memória (o hipocampo). Sabe-se que há uma alta concentração de alumínio no cérebro de pacientes com o mal de Alzheimer. Não se sabe se isso é um excesso da toxicidade ou se é um efeito indireto do alumínio depositado no tecido lesado.

Alguns cientistas acham que há um tipo de vírus lento ou uma infecção viral crônica associada a esta doença. Não há tratamento médico conhecido, embora alguns terapeutas acreditem que uma série de terapia de quelação seja benéfica em 50% dos casos. A quelação consiste em injetar na veia o EDTA, um químico que, de acordo com alguns terapeutas faz a quelação, ou filtragem de metais pesados, tais como o cádmio, o arsênico e o alumínio, e também retira depósitos de cálcio das artérias. Altas doses de lecitina e um programa de complementação vitamínica podem ajudar alguns portadores do mal de Alzheimer. Isso não foi confirmado em um estudo comparativo.

ANÁLISE ENERGÉTICA DO MAL DE ALZHEIMER

Myss

Somos uma espécie tribal. Com isso quero dizer que até o final do século passado, quando a mobilidade do indivíduo aumentou, nós permanecíamos, em geral, muito ligados às nossas famílias. À medida que mais e mais pessoas mudavam para longe de seus núcleos familiares, ocorreu uma quebra na ordem natural familiar.

Repentinamente, os membros mais velhos da nossa família se confrontavam com o abandono nos anos finais da vida, com a perda da autoridade e de privilégios, e perda de seu valor como pessoa, uma vez que não eram mais produtivos. De chefes de família respeitados eles passam a ser um peso para a família, cujos membros ficam a discutir de quem deve ser a responsabilidade de cuidar deles. Em muitos casos, o abandono é ainda mais grave, já que a quebra da unidade familiar freqüentemente corta os laços afetivos devido à falta de familiaridade entre as gerações.

Em minha opinião, doenças como a de Alzheimer estão diretamente relacionadas com a desintegração da unidade familiar e dos laços de segurança que antes se estendiam naturalmente desde o nascimento até a morte. O medo de ter que se manter na velhice e a exigência de permanecer forte, produtivo e financeiramente seguro até o último dia de sua vida trazem uma dimensão inteiramente nova à tensão do envelhecimento em uma sociedade que não está ajustada para lidar com os mais velhos.

Com as estruturas mais tradicionais se desintegrando, os valores antes associados aos membros mais velhos do grupo foram completamente desconsiderados. Como nossos valores agora se concentram com muita intensidade no fato de permanecermos jovens, financeiramente seguros e com vitalidade, o envelhecimento se tornou algo negativo – a ser adiado tanto quanto pudermos. Os mais velhos, que antes eram considerados os guardiães da sabedoria dentro de um grupo, se tornaram agora os membros dependentes da família, com necessidades que muito interferem na estrutura de vida dessa família.

O mal de Alzheimer cresceu na mesma proporção em que esses padrões da nossa sociedade iam se modificando. A perda da lucidez por parte dos membros mais velhos da nossa família é uma indicação de que a pressão para se manter jovem, financeira e fisicamente independente, aliada à perda do significado do processo de envelhecimento, resultou em uma incapacidade de lidar com as expectativas advindas da quebra de nossas estruturas grupais.

O medo de rejeição, de ter que provar continuamente o próprio valor durante a maturidade, quando isso deveria ser reconhecido, é a causa básica da necessidade de se tornar inconsciente e completamente dependente. Assim, se a pessoa idosa se defronta com um futuro em instituições, o processo de ser e permanecer institucionalizada e abandonada ocorre inconscientemente.

Minha opinião é que essa doença, assim como outras na nossa sociedade, deveria ser considerada como uma das doenças do inconsciente coletivo. As pressões do envelhecimento descritas anteriormente se infiltram na nossa vida, não obstante nossas unidades familiares individuais. Em outras palavras, mesmo se um pai ou mãe está rodeado de filhos amorosos, a própria sociedade exerce bastante pressão devido a esses valores, amplamente difundidos e que freqüentemente enfraquecem a segurança emocional da unidade familiar. Portanto, o desejo da pessoa de provar o seu valor à medida que envelhece é uma tensão tão real numa família amorosa quanto para alguém que está envelhecendo a milhares de quilômetros do membro familiar mais próximo. Nós, como indivíduos, não existimos e, na verdade, não podemos existir isolados dos males do nosso ambiente social/físico ou da nossa sociedade. Somos iguais.

Considere também que o aumento do número de divórcios e de casamentos subseqüentes criaram uma pressão extra, pois há muitos idosos por unidade familiar. A linhagem familiar foi, em muitos casos, diluída até o ponto em que os laços de sangue praticamente desaparecem. Filhos e netos crescem em ambientes onde os membros familiares mudam freqüentemente. Então, como irão se desenvolver laços de sangue e de lealdade profundos? Os relacionamentos, como aprendem rapidamente essas crianças, se fazem e se desfazem muito facilmente. Um casal de avós começa a parecer muito com outro, e o ciclo de ligação e de separação acaba tendo como resultado a total falta de vínculos.

Outra crise social é o paradoxo criado pela necessidade de se prolongar a vida tecnologicamente até o último suspiro possível. Isso entra diretamente em conflito com o fato de que nós não valorizamos essas mesmas vidas prolongadas. Aplaudimos nossos avanços tecnológicos, no entanto, enfrentamos o custo financeiro desse empreendimento em uma sociedade que não sabe como lidar com o produto final – mais idosos.

Norm mencionou que há uma possibilidade de o mal de Alzheimer ser provocado por um vírus de desenvolvimento lento. Minha experiência me ensinou que vírus se desenvolvem em pessoas cujo senso de segurança e de bem-estar é ameaçado. Sob a ameaça da insegurança, os mecanismos de defesa de uma pessoa estão trabalhando constantemente e sob tensão. Estar na defensiva não é apenas uma sensação consciente de uma pessoa em um relacionamento pessoal ou profissional ou em uma briga de rua. É também, e geralmente, uma condição crônica que permeia a consciência da pessoa a ponto de o sentimento de insegurança se tornar uma segunda natureza. As pessoas não são mais capazes de compreender que a motivação subjacente para a maioria, se não todas, das suas atividades é a insegurança crônica e a necessidade de provar seu próprio valor até o fim da vida.

Conforme minha experiência, a insegurança crônica desgasta e destrói o sistema imunológico. Assim, a possibilidade de o mal de Alzheimer ser causado por um vírus de desenvolvimento lento é bastante provável, especialmente pelo fato de o processo de envelhecimento e dos medos inerentes a esse processo serem também "de desenvolvimento lento".

E quanto aos jovens que desenvolvem o mal de Alzheimer? Há casos de indivíduos na faixa dos quarenta anos, que desenvolvem essa doença. Continuo afirmando que as mesmas pressões existem como causa básica, apesar da idade cronológica da pessoa. Não é diferente de outras situações comuns em que doenças que tendem a atacar pessoas mais velhas, tais como ataques do coração, ocorrem em pessoas na faixa dos vinte anos.

Sob o meu ponto de vista, a "cura" para o mal de Alzheimer pode algum dia ser encontrada em uma vacina, mas uma vacina não irá curar a tensão que está por trás da doença, nem os números crescentes de idosos que têm dificuldade de lidar com a pressão de se manterem jovens enquanto envelhecem. Da mesma forma, livrar nossas ruas das drogas não irá solucionar o problema maior que é: Como curar nossos filhos que foram fragmentados e desestruturados devido à desintegração da unidade familiar?

Há ainda uma interpretação mais metafísica para o mal de Alzheimer que vale a pena mencionar. Sob o ponto de vista metafísico o mal de Alzheimer, assim como outras doenças mentais, tais como algumas formas de esquizofrenia, estados catatônicos, coma e autismo, é considerado como um estado alterado de consciência. Certamente, esse não é o mesmo tipo de estado alterado provocado por alucinógenos ou por experiências místicas. Entretanto, essa posição é válida por trazer em si a idéia de que esses estados de consciência não cabem na definição daquilo que é considerado estado de consciência "normal".

Assim sendo, a questão metafísica é: Por que um indivíduo iria sair de seu estado "normal" de consciência para entrar em um estado alterado?

Considere que mesmo estados alterados de consciência são sistemas de percepção. Que o indivíduo não pode se comunicar normalmente é fato, mas a desestruturação da comunicação indica necessariamente que a capacidade de perceber informações vindas de estímulos internos e externos é deficiente? A pergunta é: "Essa mudança no nível de consciência permite que o indivíduo receba dados e estímulos de canais não acessíveis à consciência normal do homem?" Se isso é possível, então que formas de estímulo estão sendo percebidas e com que objetivo?

Pode-se apenas especular sobre esses estados de consciência, mas devemos reconhecer que, pelo menos, muitas coisas sobre a natureza do inconsciente do homem permanecem desconhecidas. É compreensível que haja suposições de que a consciência esteja ausente em indivíduos com doenças mentais. Esses indivíduos, muito freqüentemente, não são independentes e, em alguns casos, seu comportamento pode causar danos e até ser perigoso para os outros.

No entanto, como nos casos do mal de Alzheimer, de coma e de autismo, poderia haver a possibilidade de estar ocorrendo um processo relacionado com o crescimento espiritual da pessoa, e esse processo é tal que obscurece a consciência "normal". Da mesma maneira que a pessoa deve sair do estado de consciência normal, através do sono, para entrar em estado de sonhos, talvez em alguns dos casos, nesses tipos de doença, o indivíduo saia de sua consciência normal para ter acesso a processos de desenvolvimento espiritual dos quais nós, até agora, não temos nenhum conhecimento. E assim, podemos apenas imaginar que o estado de consciência em que a pessoa se encontra é deficiente e aparentemente sem "objetivo", no sentido em que entendemos essa palavra. Esses estados não têm "objetivo funcional", com certeza, mas e se o objetivo de sair da associação com a consciência comum for de natureza espiritual?

O fato de essa possibilidade não ter sido considerada seriamente, pelo menos pelos profissionais clínicos tradicionais, não significa que ela não valha a pena ser explorada com seriedade. Tenha em mente que a total dimensão da espiritualidade das experiências espirituais não tem legitimidade na psicologia clínica e na análise psiquiátrica, não tendo sido, portanto, jamais estudada. Talvez quando viermos a saber mais sobre nossa natureza espiritual, pesquisas com relação a essa dimensão serão efetuadas.

Os seguintes relatórios de casos de mal de Alzheimer não necessitam de explicação individual, já que são todos variações sobre um mesmo tema.

LEONA
Shealy

Esta senhora de 40 anos tinha graves problemas de perda de memória. Um exame CAT mostrou uma atrofia cerebral generalizada, passando de leve a moderada. Tendo como base a sua perda de memória e esse exame, chegou-se a um diagnóstico de mal de Alzheimer. Na verdade, nos dois anos posteriores, a doença não progrediu, mas ela não é capaz de agir nem de viver por conta própria.

PAULINE
Shealy

Esta senhora de 75 anos apresentou perda de memória acentuada. Ela tem uma longa história de mais de trinta anos de distúrbios psicológicos sérios e de depressão. Ela tomou inúmeros antidepressivos, com benefícios mínimos. No passado, ela teve pelo menos duas séries de tratamentos com choques elétricos. Há dois anos, ela vem sofrendo rápida perda de memória e da capacidade de agir, que progrediu para um estado de incontinência e de total desorientação, sendo preciso tratá-la como um bebê.

CLARENCE
Shealy

Este homem de 76 anos de idade foi trazido pela sua filha que estava preocupada com o fato de ele estar com o mal de Alzheimer. Basicamente, ele demonstrava uma grave perda de memória, apesar de apresentar apenas uma atrofia mínima no seu exame do cérebro, a despeito de essa perda de memória estar acontecendo há vários anos. De um ponto de vista clínico, suspeitava-se dc Alzheimer, mas não se podia confirmar o diagnóstico.

Álcool e Drogas

Shealy

Anne Schaef, em seu famoso livro *Co-dependence*, enfatizou que a sociedade, como um todo, é viciada. Considere os vários tipos de vícios: nicotina (pelo menos 25% dos adultos); álcool (15% ou mais dos adultos, entre eles muitos também fumam); narcóticos (10% a 15% dos americanos); açúcar (15% a 50% dos americanos). Considere também o número de pessoas viciadas em televisão e em outros hábitos não-estimulantes.

Parece que pelo menos 15% dos americanos têm problemas graves de vícios, que os psiquiatras de hoje acreditam ser um defeito metabólico inerente ou uma doença. Essas pessoas simplesmente "não podem parar" uma vez que comecem a beber, a fumar ou a usar drogas. Um treinamento do comportamento extensivo e psicoterapia são essenciais para essas pessoas. Elas precisam de um contínuo reforço do comportamento isento de vício, tal como o *Programa de Doze Passos para Alcoólicos Anônimos*.

ANÁLISE ENERGÉTICA DOS VÍCIOS

Myss

Os vícios são a experiência mais forte que podemos ter de algo externo exercendo controle sobre nós. Eles são um estudo do poder pessoal e do desenvolvimento da força de vontade da pessoa. Nós formamos padrões de vício em resposta a experiências emocionais dolorosas, assustadoras e particularmente difíceis de lidar, tais como abuso sexual ou mental.

Nessas situações, nós nos retraímos para nos proteger daquilo que estamos experimentando, muitas vezes porque é muito difícil saber como reagir efetivamente quando o trauma acontece. Aprender a reagir de uma maneira produtiva e saudável geralmente ocorre *depois* que acumulamos traumas que precisam ser curados. Quando compreendemos que *fomos feridos e precisamos nos curar*, então somos capazes de aprender como fazer escolhas que levem ao aumento do poder pessoal e não a mais abusos.

Localizada entre as experiências traumáticas e o caminho do fortalecimento pessoal está a dimensão dos vícios, em que lembranças dolorosas, baixa auto-estima e sentimentos de culpa, raiva, medo e ódio de si mesmo são anestesiados por necessidades e substâncias, por hábitos e por relacionamentos que criam a ilusão de autocontrole e de segurança.

Na realidade, vícios são afirmações que as pessoas fazem com relação àquilo com que não podem lidar. Conforme a minha experiência, a maioria dos vícios está baseada em traumas emocionais que resultaram em sérios danos à auto-estima e ao valor próprio da pessoa.

Eu pessoalmente acredito que muito mais de 15% dos americanos são viciados. Isso pode ser um dado correto em termos de drogas e de álcool, mas esses não são as únicas formas de vícios que devem ser considerados problemas sérios.

Pensamentos e padrões de comportamento negativos também são formas de vício. Podemos nos tornar viciados em perder o controle, por exemplo, pois a liberação da raiva dessa maneira pode fazer a pessoa se sentir temporariamente fortalecida. Podemos nos tornar viciados em certos padrões que nos permitem pensar que controlamos outras pessoas. As formas de comportamento viciado que podemos criar são infinitas. Nessa categoria, eu poderia dizer que a maioria das pessoas tem um ou dois vícios.

Não é de se surpreender que a cura de vícios seja uma tarefa muito difícil para o viciado. Parece praticamente impossível abandonar um vício sem um sistema de apoio que reconheça o problema emocional que o indivíduo tem que enfrentar e sem um método eficiente para desenvolvimento do amor-próprio, que é certamente o maior desafio.

ANDY
Shealy

Este médico de 34 anos nos pediu ajuda para superar o vício de quinze anos por drogas e por narcóticos. Ele já tinha feito um tratamento anterior e tinha voltado quase imediatamente a fumar maconha e a tomar Darvon. Fizemos um trabalho de duas semanas ensinando-o sobre autocontrole e sobre técnicas de percepção. Em um mês, ele teve uma recaída. Um ano depois, ele voltou para outra sessão de duas semanas e há um ano se livrou das drogas.

ANÁLISE ENERGÉTICA
Myss

Cada vez mais, verificamos em nossa sociedade que vícios e abusos sexuais e físicos não são produtos de situações de baixa renda, como anteriormente se supunha. A situação de Andy se tornou típica em nossa cultura.

Andy sentiu que era dificílimo lidar com a tensão, muito antes de se tornar médico. Ele se tornou um viciado quando ainda era estudante para conseguir dar conta de seus estudos. Também contribuiu para isso o fato de que usar drogas era socialmente popular.

Andy achava tão difícil lidar com a tensão porque a origem dessa tensão era o seu medo de não atender às expectativas e de falhar num campo muito competitivo. Ele precisava projetar uma imagem de autoconfiança e as drogas o ajudavam a conseguir isso e a convencê-lo de que ele tinha tudo sob controle. Na realidade, Andy tinha tudo "anestesiado" e não sob controle.

Andy conseguiu se livrar do vício porque ele finalmente foi capaz de enfrentar o fato de que tinha um problema com seu bem-estar emocional. Como ele aprendeu a reconhecer o que sentia, ele aprendeu a responder aos seus sentimentos com um autêntico controle interno e a desafiar suas necessidades de se drogar para lidar com as tensões da vida.

Síndrome do Pânico
Shealy

A síndrome do pânico está entre os tópicos mais comuns atualmente na medicina. De fato, se você considerar o estado do planeta, será muito fácil concluir que todos nós deveríamos estar em pânico ao ver como a sociedade está doente. Essas pessoas que sofrem de ataques incapacitantes de pânico têm acentuado aumento da dopamina, que parece trazer à tona sentimentos opressivos de que não se é capaz de enfrentar a vida. O pânico representa a ansiedade em último grau – ansiedade que está totalmente fora de controle e que não tem uma "razão" evidente.

ANÁLISE ENERGÉTICA DA SÍNDROME DO PÂNICO

Myss

Considere as exigências, diretas ou implícitas, de nossa sociedade para cada um de nós. Quando somos adolescentes, recebemos, através de vários canais, mensagens muito claras de que para ser bem-sucedida, a pessoa deve ser: magra, rica, atraente, poderosa, sexualmente ativa ou sexualmente aberta, segura de si, invulnerável, capaz de lidar com todas as formas de desafios pessoais e profissionais e ter uma profissão interessante. Em nenhum lugar dessa lista estão os valores da sabedoria, da integridade, da natureza amorosa, do não-criticismo, do pensamento lúcido e da preocupação com o bem-estar dos outros.

As pessoas se tornam incapazes de lutar quando os seus recursos internos não são suficientemente fortes e bem desenvolvidos para manter uma capacidade saudável de desafiar seus próprios medos. Em outras palavras, em um ataque de pânico, os medos da pessoa se tornam mais reais do que a capacidade de reconhecê-los como medos e assim desafiá-los com os seus recursos internos. É um tipo de "sobrecarga no circuito" que está se tornando comum em nossa sociedade de uma maneira alarmante.

Os ataques de pânico podem vir repentinamente, sem nenhum aviso e sem uma história prévia de ansiedade. Num caso, uma mulher acordou uma manhã emocionalmente em pânico e não conseguiu sair de casa. Durante os quatro anos seguintes, ela permaneceu em casa. Posteriormente, ela entrou em contato com um terapeuta especializado em doenças de pânico e reaprendeu a voltar a participar no mundo. Foi um processo de "reentrada" gradual que incluiu exercícios como ir até a esquina e voltar, ir até a mercearia. Para pessoas com a doença do pânico, esses exercícios incrivelmente simples representam um enorme desafio, pois a sensação de vulnerabilidade e o medo do perigo em potencial são paralisantes.

Ao readquirir seu equilíbrio interno, essa mulher comentou que nunca tinha imaginado quanto os seus medos consumiam cada uma de suas ações. Ela descreveu a origem de seus ataques de pânico da seguinte maneira: seu eu inconsciente tinha assumido o "controle" sobre sua mente consciente e, de repente, não importava o quanto ela tentasse se lembrar que estava segura, suas emoções continuavam a reagir como se sua vida estivesse em perigo. Inconscientemente, ela sempre tinha sentido que sua segurança estava ameaçada, e quando sua capacidade de manter esses sentimentos sob controle se exauriu, seus medos a dominaram.

BRUCE

Shealy

Este homem de 54 anos veio à clínica por estar sentindo um pânico moderado, ter pressão alta e dor no pescoço. Ele tinha feito, anteriormente, uma fusão na coluna cervical que, no entanto, não aliviou essa dor. Sua pressão sangüínea não era bem controlada, apesar de ele usar uma variedade de medicamentos.

Depois de duas semanas de treinamento intensivo de *biofeedback* e de autocontrole, assim como um aconselhamento de manutenção por mais de seis meses, todos os seus sintomas desapareceram. Ele não tem mais ataques de pânico, sua pressão está sob controle e a dor no pescoço é aliviada por massagens freqüentes.

ANÁLISE ENERGÉTICA
Myss

Todos podemos esperar entrar em um processo de reavaliação pessoal em algum momento entre os quarenta e os cinqüenta anos. Freqüentemente chamada de "crise da meia-idade", esse processo é real e não apenas a compreensão de que se está mais perto do fim da vida do que do início.

Durante esses anos, os sinais do processo de envelhecimento se tornam aparentes ao se perceber a resistência física e as mudanças no próprio corpo. Esse é um momento em que as pessoas começam naturalmente a revisar suas prioridades com relação à maneira em que estão investindo suas energias.

Com freqüência, um sentimento de inadequação aparece, principalmente nos homens, devido à competitividade do mundo dos negócios, em que os executivos de meia-idade são substituídos por pessoas mais jovens e com salários menores.

Bruce é um homem que teve ataques de pânico como resultado de sentimentos de inadequação para atender às exigências de sua vida. Seu *medo* de perder o controle se tornou a *experiência* de perder o controle. Todas as inseguranças que o tinham motivado em seus vinte, trinta e quarenta anos pareceram explodir de uma só vez em sua consciência, deixando-o emocionalmente perturbado.

O período de aconselhamento de seis meses, juntamente com o aprendizado de um gerenciamento autocontrolado do corpo, permitiu que Bruce recuperasse sua autoconfiança e aceitasse essa fase da vida. O aconselhamento lhe deu uma oportunidade para completar o processo de reavaliação de maneira que ele pudesse se sentir bem consigo mesmo e com sua vida novamente.

Conclusão

Nossa sociedade tem muitas doenças. Parece incompreensível podermos separar as fortes pressões do nosso estilo de vida fragmentado, das doenças que produzimos, que indicam tão claramente nossa incapacidade de lidar com as exigências do nosso mundo atual.

Doenças como o mal de Alzheimer, a AIDS, o vício em drogas, a depressão profunda e outras, espalhadas por todo o mundo, são doenças do nosso consciente coletivo. Os tratamentos bem-sucedidos começam com a compreensão da origem da doença. Nosso estilo de vida, em grande maioria, se tornou muito extenuante para a criação de uma saúde perfeita.

Curar as doenças do inconsciente coletivo de nossa sociedade e de nosso mundo é provavelmente muito mais um sonho do que uma realidade. O máximo que podemos fazer realisticamente é nos curarmos e, assim, curarmos o que está à nossa volta. Estaremos sempre, sem dúvida nenhuma, confrontando desafios, portanto, permitam-nos pelo menos lutar por desafios que valham a pena. Grande parte da dor e do sofrimento que fazem parte da nossa experiência humana é desnecessária. A luta de tantos séculos pelos direitos humanos, por exemplo, é um sofrimento desnecessário. Podemos lutar pela igualdade entre os povos.

A fome é desnecessária. Vícios em drogas e álcool, abusos contra crianças e violência são desnecessários. Esses são obstáculos que podem ser superados.

E muitas doenças são necessárias. Ao aprender mais sobre os efeitos físicos da tensão emocional, teremos o poder de nos libertarmos da dor.

III

TENSÃO: O DENOMINADOR COMUM A TODAS AS DOENÇAS

11

A BAIXA AUTO-ESTIMA LEVA A CONFLITOS SEXUAIS

NORMAN SHEALY

Os conflitos sexuais e a sexualidade são a raiz da maioria dos problemas da sociedade. A baixa auto-estima originada por esses conflitos leva à competição física e econômica, ao poder político repressivo, ao salário diferenciado para as mulheres, ao estupro, ao divórcio, à prostituição, ao crime, às drogas e à doença.

Respostas irresponsáveis e insensatas a sentimentos sexuais podem ser o fator mais crítico em toda luta de poder, tanto nas sociedades primitivas quanto nos países mais civilizados. E sentimentos de inadequação sexual são incontroláveis em homens e em mulheres.

Ao examinar conflitos de poder sexual, estou interessado, principalmente, em levá-lo a pensar nas conseqüências de valores e de comportamentos conflitantes, de desejos reprimidos e de atos dissimulados.

Durante pelo menos cinco mil anos, os homens dominaram virtualmente, reprimiram tudo o que era feminino e competiram entre si para determinar quem era mais forte e mais poderoso. A maioria das religiões do mundo denegriu as mulheres, enquanto exaltavam um Deus masculino, dando poder aos homens para dominar a família, a igreja, a sociedade e o governo – todos centros de poder, em outras palavras.

Essas atitudes "machistas" levaram à difusão da repressão sexual, à frustração sexual e ao duplo padrão de comportamento sexual. Há um código de comportamento sexual hipócrita que a sociedade acata na Igreja e na lei civil. Nossas regras religiosas e legais proclamam:

- Os homens são *superiores* às mulheres e devem ser os senhores dos negócios, do governo, da igreja, do lar, da esposa e dos filhos.
- O contato sexual só é aceitável:
  a. com alguém do sexo oposto, ou
  b. na união matrimonial
- A masturbação é pecado ou prejudicial à saúde.

Essas três "leis" são a raiz de praticamente toda a hipocrisia e angústia social e pessoal. Vamos examinar o conceito número um: Os homens são superiores às mulheres e devem ser os senhores dos negócios, do governo, da igreja, do lar, da esposa e dos filhos.

Hipocrisia número um

No momento que decide ter um filho, a maioria das mulheres e dos homens reza para ter um menino. Reinados e casamentos podem acabar se a esposa não gera o tão desejado herdeiro homem. A mulher é culpada se nasce uma menina, embora seja o esperma do homem que determina o sexo.

No momento do nascimento, a menina é inferiorizada e o menino venerado como mais poderoso e mais útil do que qualquer mulher, incluindo sua mãe. Assim, espera-se que os filhos homens expressem as fantasias e os objetivos não cumpridos da esposa-mãe, que não tem nenhum valor, exceto como criada do marido e de seu filho "superiores". Até mesmo um casal bem-ajustado vive em uma sociedade em que esses conceitos coletivos são a base da baixa auto-estima em ambos os sexos.

A contribuição de Freud para a perpetuação dessa tradição é imensa. Ele acreditava que uma mulher só podia ter "uma satisfação ilimitada em sua relação com o filho". Através dele, ela poderia "transferir ao filho a ambição" que ela não tinha sido capaz de alcançar (devido à dominação do homem). Freud também acreditava que nenhum casamento era seguro "até que a esposa tivesse dado um filho ao seu marido".

Ao longo da História, as mulheres têm recebido um salário baixo e sempre menor do que o dos homens para o mesmo trabalho. Os maridos têm determinado se suas esposas podem comer, vestir, criar ou se comunicar. A educação lhes tem sido negada, já que o seu principal papel é serem babás e criadas. O direito de voto lhes foi negado, mesmo muitos anos após a "libertação" dos escravos negros e da garantia de seu poder de voto.

Mulheres têm sido estupradas e então acusadas de serem as sedutoras. As prostitutas têm sido presas enquanto os homens que as sustentam são apenas "bons garotos cometendo suas diabruras de juventude". Os homens espalharam a idéia de que uma vítima de agressão sexual (estupro), na verdade, provocou isso atiçando e seduzindo os homens. Os homens dizem que as mulheres estupradas sentiram prazer no ato. É improvável que algum homem possa sentir prazer com a força física, principalmente quando aplicada em sua genitália.

A Igreja tem sido dirigida por homens que exigem que os homens sejam os senhores da casa. Esses dirigentes assassinaram mulheres que cometeram adultério e absolveram os homens; também pregam que Deus é um homem e matam em guerras santas aqueles que não seguem os preceitos da sua Igreja. Por centenas de anos, a Igreja Católica foi exclusivamente dirigida por homens que deveriam ser celibatários, mas que freqüentemente fornicavam ou praticavam a homossexualidade, pecado mais proibido ainda. O advento do Protestantismo não mudou de modo significativo essa repressão, e a questão do celibato na Igreja Católica ainda permanece, no mínimo, discutível.

A competição entre os homens é inevitável e muito incentivada. A competição é o princípio-guia do comportamento moral, intelectual, econômico, criativo e sexual. A superioridade masculina deve ser provada continuamente, ano após ano. A sociedade exige o impossível de cada homem, ser superior a todos os outros homens e mulheres.

Como desde o nascimento eles são considerados superiores e poderosos, aos homens não é permitido dúvidas nem demonstrações de que são menos "machos" que outros homens. Essa competitividade impede que os homens desenvolvam relações interpessoais íntimas com outros homens ou com mulheres. O aspecto da competitividade é o resultado do condicionamento da sociedade e não originalmente de natureza hormonal.

Marc Fasteau, em seu livro *The Male Machine* faz várias observações reveladoras sobre os homens, baseadas no clima de hipocrisia que existe na nossa sociedade, por exemplo, "A máquina masculina é um tipo especial de ser humano, diferente de mulheres, de crianças e de homens que não estão à sua altura".

A visão de Fasteau sobre o comportamento masculino e sobre os problemas sociais decorrentes desse comportamento é insuperável. Ele diz, por exemplo, que os homens são tremendamente orientados para o trabalho, sempre competitivos, sempre em guarda. Wilhelm Reich, um dos maiores psiquiatras de todos os tempos, criou o conceito das couraças, isto é, a rigidez do músculo é usada para proteger a vulnerabilidade da pessoa. Nesse aspecto, o homem tem virtualmente uma couraça completa, bloqueando qualquer sentimento pessoal.

De acordo com Fasteau, as relações dos homens com outros homens são distantes, baseadas no respeito pelo poder e pela autoridade, e nunca íntimas. A idéia de intimidade de um homem com outro é repulsiva. A estima masculina é mantida apenas quando ele é o melhor dos homens ou quando tem o poder de atrair a atenção das mulheres e de dominar os outros homens.

As mulheres, diz ele, são criadas que banham os homens com seu amor e com sua devoção, senão veneração, e lhes proporcionam alívio sexual. Publicamente, os homens são o protótipo de virtude e de respeito pelo "sexo frágil", mas não toleram nenhum questionamento que parta de mulheres ou de homens cujo poder ou posição social seja inferior ao deles.

O resultado mostrado em toda essa pesquisa é uma vida pessoal superficial e vazia para os homens, levando muitos deles a repetidas crises existenciais. Em outras palavras, os homens tentam evitar confrontar seus medos através de disputas, dos esportes, do álcool, da maconha ou "bancando o durão". Eles evitam a todo custo a exposição de até mesmo a mais leve fraqueza. Os homens compensam com "minha teoria está acima da sua" em todos os níveis da vida.

O maior tabu para a maioria dos homens, diz Fasteau, é ser vulnerável – em nenhuma circunstância eles podem expressar fraqueza ou necessidade pessoal. O sexo, no entanto, é uma experiência em que os homens podem exibir e exibem alguma emoção – a maioria das vezes luxúria e um pretenso interesse por todas as mulheres atraentes que passem por sua imaginação.

Rollo May afirmou que "sexo é uma necessidade, mas eros é um desejo". A parte eros do sexo é a sensualidade, que está quase totalmente ausente na maioria dos homens. Rollo May, mais adiante, define eros como "sentir as intenções e os significados pessoais do ato (sexual)". Muitos homens são incapazes de se relacionar sexualmente com mulheres e de participar como iguais na iniciação aos prazeres do sexo.

Desde o nascimento ensinam aos meninos que o homem é superior. Muitas meninas, por um certo tempo, querem ser meninos, mas muito poucos meninos querem ser meninas. E, na verdade, se os meninos demonstrassem esses sentimentos, isso seria considerado um problema. As principais diferenças entre homens e mulheres parecem ser quase todas produto de um condicionamento social.

Depois que o homem sai da adolescência, o trabalho se torna a maior prova social do poder masculino. Futebol, boxe e luta romana são os melhores esportes na adolescência, e os atletas profissionais dessas áreas ganham fortunas. A guerra também está relacionada com a necessidade de os homens se testarem. De fato, os homens parecem ser fascinados pela violência. Agressividade e produtividade são forças motrizes daquilo que Fasteau chama de "a máquina masculina".

O órgão sexual masculino é o símbolo supremo do poder. E como em qualquer outro aspecto da vida masculina, a competição pelo tamanho e pela resistência é forte. Assim, o tamanho do pênis é um fator principal de insegurança e de ansiedade entre os homens. Praticamente todos os homens se preocupam com a possibilidade de ter um pênis pequeno. De fato, talvez esse seja o "maior medo do homem".

Esse medo baseia-se no conhecimento inadequado dos fatos físicos. Nos relatórios Kinsey, 30% dos homens brancos tinham um pênis ereto de menos de 15,2 cm de comprimento, e em 54,4% deles mediam menos de 15,9 cm (a média era de 15,6 cm em brancos e 16,4 cm em negros). Noventa e oito por cento de brancos tinham pênis com menos de 20,3 cm e apenas 0,8% acima de 20,3 cm. Apesar desses fatos, a literatura pornográfica, e mesmo a "pornografia leve" prega que o pênis tem 60 cm de comprimento, é duro como aço e pode manter seu desempenho durante toda a noite. Essas fantasias são caricaturas que alimentam o medo de inferioridade dos homens e estimulam a competição.

É também óbvio que os homens têm grande desconfiança das mulheres, até mesmo quando eles têm relacionamentos positivos e um grande respeito por elas. Esse antigo problema data dos tempos bíblicos. Por exemplo, Eva nasceu, supostamente, da costela de Adão, e, portanto, não poderia ter vindo a existir não fosse pelo homem. Isso parece ser uma tentativa dos homens de ter algum controle sobre o processo de nascimento, proclamando-se pai e mãe das mulheres.

Às mulheres é concedida, no Velho Testamento, a maldição de "dar à luz e sofrer". Essa anarquia moral continua a fazer da mulher a sedutora sexual original, mergulhando a humanidade no sofrimento ao tentar Adão para comer da árvore do conhecimento.

Freud, entre outras de suas visões pervertidas do sexo, enfatizou que os homens têm mais prazer no sexo do que as mulheres. Como ele poderia saber isso se era impossível de sondar já que ele não parece ter tido conversas intelectuais importantes com mulheres, nem mesmo remotamente bem ajustadas? E, é claro, foi Freud quem criou a teoria de que as mulheres sofrem com a "inveja do pênis". O que nunca foi falado, passados mais de trinta anos da sua morte, é que Freud tinha um amante homossexual. Parece que era ele quem tinha inveja do pênis.

As mulheres sempre foram exploradas no mercado de trabalho. Elas recebem aproximadamente 60% do que os homens pelo mesmo trabalho. O trabalho de crianças e de mulheres foi introduzido durante os estágios iniciais da Revolução Industrial, quando os homens eram mais requisitados em trabalhos que exigiam certo talento. Esse diferencial persiste até hoje.

O campo médico também perpetuou outras notáveis hipocrisias e ataques às mulheres. Existe até um cirurgião que fez inúmeras clitoridectomias em mulheres para impossibilitar o excitamento sexual, que, segundo ele, causava "loucuras, cataplexia, histeria, epilepsia e outras doenças".

Nos anos 50, um grupo de ginecologistas, obviamente dominado por homens, propôs que toda mulher acima da idade de ter filhos deveria fazer uma histerectomia, e houve alguns deles que, certamente, trabalharam duro para fazer mais do que isso. Imagino quantos homens estariam ansiosos por ter seus testículos removidos ao atingir uma idade em que não podem mais gerar filhos.

Não é de se espantar que as mulheres tenham raiva. É interessante observar que, com esse cenário, não é surpreendente o fato de as mulheres terem aprendido tão pouco sobre sua própria sexualidade, porque mesmo a sexualidade das mulheres tem sido comumente descrita apenas por homens que pouco sabem o que dizem, já que não ouvem as mulheres o suficiente.

Entretanto, em geral, as mulheres não julgam as outras pessoas pela sua sexualidade ou imaginam que todos os relacionamentos interpessoais sejam sexuais, como os homens fazem. Assim, como quase todas as pessoas que discutiram necessidades e preferências, Schaef acredita que "a relação sexual e o orgasmo são muito menos importantes do que o toque, o afago, o carinho e o abraço. Na verdade, parece que as mulheres freqüentemente participam do ato sexual apenas porque essa é a única maneira de receberem carinho e de serem tocadas".

Talvez uma das razões pelas quais o homem não gosta de ser tocado é que parece, não só para as pessoas mas até mesmo para os macacos, que quando duas pessoas se encontram, a primeira delas que tocar a outra ganha poder e controle sobre a situação.

Acrescente-se ao ressentimento da mulher o fato de que, tão logo ela tenha um filho homem, ela deva ensinar a essa criança que ela é um ser humano superior (pelo menos, à mãe e às mulheres). Obviamente, as mães têm que ter uma grande dose de raiva e de hostilidade reprimidas sob seus instintos maternais naturais. Na nossa sociedade, as mulheres têm "valor" apenas quando são capazes de ter filhos. Uma mulher estéril é considerada quase como uma semeadura improdutiva.

É incrível como um relacionamento amoroso pode continuar a existir nessa área de hostilidade aberta e reprimida. É claro, as crianças reagem às muitas experiências dolorosas e humilhantes dessa sociedade. Devido ao conflito entre homens e mulheres, as crianças freqüentemente são joguetes nesse campo de batalha aberto ou reprimido entre os pais, e isso certamente provoca o medo e a raiva. Isso também significa que, em meio a tanto conflito, o amor tem uma enorme dificuldade para ser uma força dominante na vida de uma pessoa. E, é claro, as crianças são expostas aos estereótipos e aos modelos de papéis sexuais desde o nascimento.

Há uma citação de Dorothy Sayers em *Masculine/Feminine* editado por Betty e Theodore Roszak, em 1969, que diz:

> Provavelmente, nenhum homem se preocupou em imaginar como sua vida lhe pareceria estranha se ela fosse avaliada apenas em termos de sua

masculinidade. Se tudo o que ele escrevesse, dissesse ou fizesse tivesse de ser justificado pela referência à aprovação feminina, se ele fosse forçado a se ver, todos os dias, não como um membro da sociedade, mas meramente como um membro *viril* da sociedade; se o centro da sua preocupação com o vestir fosse a braguilha; se sua educação fosse dirigida para torná-lo um amante espirituoso e um humilde pai de família; se seus interesses fossem controlados para serem naturais apenas se fossem sexuais; se ele fosse aborrecido pelo contínuo conselho de como dar um toque masculino à sua datilografia, como aprender sem perder seu encanto masculino, como combinar a pesquisa química com educação, como jogar bridge sem levantar a suspeita de impotência. Suponha que seja dito para um homem "e por que você deveria encher a sua linda cabecinha com preocupações políticas?"

De uma maneira muito interessante, Sayers enfatizou que as mulheres tinham muito mais poder e igualdade na época medieval, pois elas controlavam muitas manufaturas, incluindo "fiação, tecelagem, panificação, fabricação de cerveja, destilaria, perfumaria, preservação de alimentos em conservas" – onde elas trabalhavam com seu intelecto e com as mãos, e também dirigiam a criadagem da casa.

Pelo menos houve algum aumento de competitividade quando os homens assumiram esses trabalhos industrializando praticamente todos eles. O fato de ficar com a "cabeça vazia e as mãos ociosas", criado por essa mudança, fez com que os homens invejassem o lazer das mulheres ao mesmo tempo que as desprezavam.

Quase todos os autores enfatizaram que, para uma mulher, a relação sexual é mais de natureza espiritual e é a sua própria razão de ser. Muito depois que o ato é completado, o relacionamento da mulher com o homem continua. As mulheres têm um interesse muito maior na atratividade, na personalidade, no lar, na família e nas outras pessoas, enquanto os homens estão muito mais interessados na segurança, na forma física, no dinheiro e no sexo.

Pelo menos algumas mulheres estão conscientes de que a "posição missionária", tão comum no sexo, é também uma posição de domínio do homem. Algumas mulheres têm argumentado que o próprio casamento é um tremendo veículo para a perpetuação dessa dominação masculina sobre elas.

Masters e Johnson, é claro, demonstraram que há um aspecto em que as mulheres têm melhor desempenho do que os homens: em sua capacidade de ter orgasmos múltiplos. Outro fato igualmente devastador para o ego dos homens é que os orgasmos mais intensos experimentados por mulheres que responderam às pesquisas foram produzidos através de estimulação manual durante a masturbação, e orgasmos muito menos intensos foram experimentados durante o ato sexual.

A idéia, perpetuada por Freud, de que a sexualidade e o orgasmo femininos eram vaginais ajudou a manter as mulheres sexual, econômica, social e politicamente inferiores aos homens, já que até o clitóris, a contraparte feminina do pênis, não era considerado importante para o orgasmo feminino. Assim como a maioria dos comentários de Freud sobre sexo, esse também estava totalmente errado.

Até agora, grande parte da discussão relaciona-se com a perspectiva masculina da sexualidade. Vale a pena observar que as mulheres estão mais preocupadas com o carinho e com o amor verdadeiro do que com os aspectos físicos da relação sexual propriamente dita. Mesmo nesta era da assim chamada liberação feminina, a maioria das mulheres não parece estar tão interessada em relações promíscuas e rápidas quanto parecem estar os homens. Parece que as mulheres procuram relacionamentos extraconjugais principalmente por causa da falta de amor e de problemas de comunicação com o seu esposo.

Hipocrisia número dois

Examinemos agora a segunda grande hipocrisia: o contato sexual é aceitável apenas com alguém do sexo oposto ou com o seu cônjuge.

O conceito de exclusiva heterossexualidade é outra mentira social. Alfred C. Kinsey fez o primeiro estudo científico da excitação hetero-bi-homossexual. Ele pediu aos homens que se avaliassem em uma escala de 0 a 6 com relação à capacidade de excitação sexual. Zero significava capaz de ser excitado *apenas* por alguém do sexo oposto. Seis significava capaz de ser excitado *apenas* por alguém do mesmo sexo. Na idade de quinze anos, 70% dos homens tinham se permitido alguma atividade homossexual. *Essa é a norma.*

E uma evidência impressionante é que, em condições de privação, tais como exército ou prisão, a homossexualidade se torna a "escolha" de uma imensa maioria. Mais ainda: mesmo numa sociedade "normal", 37% dos homens depois da adolescência tiveram pelo menos uma experiência homossexual.

Assim, a não ser que essa necessidade seja reprimida pela sociedade adulta, é mais provável que ocorra o interesse homossexual. E uma significativa pluralidade (37%) de adultos realmente se entrega a atos homossexuais. Obviamente, uma imensa maioria (70%) é *capaz* de ser bissexual.

A "exigência" da sociedade para que as pessoas evitem o sexo até o casamento é tão universalmente ignorada quanto ridícula. Pelo menos 75% dos adolescentes nos Estados Unidos têm, muito regularmente, relações sexuais. A gravidez na adolescência e o aborto são tristes subprodutos da nossa cultura sexual aberta.

A exigência religiosa e legal de monogamia é subvertida quase da mesma maneira. Pelo menos 58% dos homens, e presumivelmente mulheres, têm casos extraconjugais. Provavelmente como resultado da lei civil e religiosa, muitos casamentos sofrem com isso. Assim, apesar da preponderância de 58% de comportamento, a causa mais comum do divórcio é a infidelidade.

Nos seres humanos, o poder de criar foi ofuscado pelo poder de dominar. Com relação ao sexo e à sexualidade, a sabedoria está quase totalmente ausente na espécie humana. O que deveria ser óbvio é ignorado; ou seja, praticamente não há aulas no sistema escolar americano que preparem os jovens para a paternidade. Se quisermos atingir equilíbrio e saúde em termos de sexo e de sexualidade, devemos ter um sistema educacional que prepare jovens desde o jardim de infância até a universidade para seus papéis de pais, ensinando-os a responsabilidade de serem pais e o respeito saudável pelo sexo e pela sexualidade.

A terceira hipocrisia

A terceira grande hipocrisia social é que a masturbação é pecado ou prejudicial à saúde. Essa lei nega o aspecto mais básico da natureza humana e da sexualidade: a tendência natural de se explorar o próprio corpo e de se permitir sensações de prazer.

É comum meninos nascerem com uma ereção e meninas com lubrificação vaginal, indicando excitação sexual. O prazer da sensação sexual é tão óbvio para qualquer ser humano que a tendência infantil de manipular a genitália deveria ser considerada natural. Até mesmo os manuais de escoteiro, pelo menos nos anos 40, mentiam abertamente (assim como a sociedade) ao dizer que a masturbação provocava todo tipo de doenças, incluindo cegueira e loucura. Muitos cientistas modernos consideram a masturbação saudável e desejável. Alguns até acreditam que ninguém pode satisfazer o outro sexualmente a não ser que possa satisfazer a si mesmo.

Pelo menos 98% dos homens admitem a prática da masturbação depois do casamento, principalmente se a mulher estiver grávida, doente ou ausente. A maioria das mulheres se masturba em algum período da vida, mas parece menos preocupada com a sensação sexual do que os homens.

De um ponto de vista filosófico e imparcial, a maturidade sexual inclui um ego pessoal – a força que permite à pessoa primeiro desenvolver a capacidade de usufruir sua própria resposta sexual livremente através da masturbação. Quando essa capacidade pessoal é realizada adequadamente, a pessoa pode encontrar, de tempos em tempos, outras pessoas pelas quais se sente atraída.

Algumas vezes essa atração é física, outras vezes é emocional ou mental e, raramente, é espiritual. Dos milhares de pessoas que encontramos, um número muito pequeno será tão compatível que exista a possibilidade de uma forte atração sexual.

Teoricamente, essa atração pode ser por pessoas de qualquer sexo e é concebível que o gozo sexual, a forma mais pura de comunhão espiritual, possa ser "normal" com qualquer sexo. Se feito nesse nível de troca espiritual, ele pode ser natural. De fato, a expressão sexual sem amor, respeito e carinho, seja hetero ou homossexual, é por si só hipócrita.

Na realidade, mulheres que aceitam o sexo com um marido que desprezam podem estar provocando um conflito espiritual maior do que uma prostituta. Pelo menos, na prostituição, os termos estão claramente entendidos.

Da mesma maneira, a promiscuidade homossexual com inúmeros parceiros por semana é impossível de ser compreendida sob uma perspectiva espiritual. Se o sexo é uma comunhão espiritual verdadeira, ele merece o mesmo cuidado e devoção que uma meditação.

Conclusão

Como você pode reconhecer agora, pelos extensivos comentários acerca da tensão e da doença, a ampla variedade de conflitos representados pelas atitudes da sociedade com relação ao sexo proporciona um terreno fértil para a raiz de todas as doenças: a baixa auto-estima. Enquanto nós não respeitarmos todos os homens e mulheres, fortalecendo cada um com atributos únicos e igualmente válidos, todos nós individualmente, e a sociedade como um todo, iremos sofrer.

Assim como em todos os outros aspectos da vida, a saúde sexual exige o reconhecimento do espírito como o princípio-guia. Em nenhuma outra área do comportamento a Regra de Ouro é tão necessária. Se a sociedade e os indivíduos desenvolverem um comportamento espiritual-sexual, então as bases para a saúde se solidificam.

Com relação aos oito padrões de disfunções tratados no Capítulo Um, considere o seguinte:

- Conflitos sexuais pessoais e sociais são causa freqüente de tensões não resolvidas.
- Crenças negativas: mulheres não são tão boas quanto os homens; os homens devem ser supermachos e bem-dotados.
- O sexo é ligado ao “amor” para as mulheres, mas não para os homens.
- A preocupação masculina com problemas sexuais de menor importância (tamanho do pênis).
- As mulheres são humilhadas em todos os níveis da sociedade.
- Em muitas pessoas, a expressão sexual não é saudável.
- A sociedade, ao supervalorizar o macho e humilhar a mulher, provoca a baixa auto-estima e a falta de sentimento.
- Espera-se que as mulheres sejam boazinhas e que os homens nunca chorem.

12

A DOENÇA PSICOSSOMÁTICA É DOENÇA DE TENSÃO

NORMAN SHEALY

O dr. Elmer Green, da Menninger Foundation, enfatizou que se é que doença psicossomática existe, deve haver também a saúde psicossomática. Infelizmente, o termo psicossomático tende a ser interpretado tanto pela medicina quanto por leigos como um "defeito essencialmente psicológico, uma falha básica da personalidade, que a pessoa escolhe propositalmente". Como 95% das pessoas nos Estados Unidos nascem fisicamente saudáveis, imaginamos que elas também nasçam mentalmente saudáveis.

O pessimismo, por exemplo, é quase sempre o resultado de ter nascido em uma família em que as circunstâncias criam esse complexo de personalidade bem cedo na vida. Assim, se os pessimistas ou otimistas são "feitos" ou criados pelo ambiente familiar, deveria ser possível, em qualquer idade, converter um pessimista em um otimista. A evidência de que a saúde é o resultado de uma atitude positiva e das escolhas que fazemos com relação ao nosso estilo de vida é assombrosa.

Pessoalmente, eu prefiro o conceito de Doença de Tensão ao de Doença Psicossomática. Hans Selye, o maior pesquisador no campo da tensão, demonstrou que uma variedade de mudanças químicas acompanham a tensão. Mais importante ainda, ele provou que uma reação de tensão resulta de uma pressão física, química ou emocional excessiva.

Sempre que o corpo está sobrecarregado química, física ou emocionalmente, isso causa um estado de *alarme* que resulta numa complexa interação que eu denomino o ciclo da tensão:

O Ciclo da Tensão

TENSÃO

Pressão arterial, o *pulso* acelera → *Cérebro*
Libera hormônio adrenocorticotrópico (ACTH)
(Estimula as glândulas supra-renais)

↓

Betaendorfina
(Narcótico natural)

↓

Prostaglandina E1
(Antiinflamatório natural)

↓

Serotonina
(Acelera a capacidade de comunicação das células nervosas)

← *Glândulas supra-renais*,
Liberam Epinefrina
(Adrenalina) cortisona

↑

Sistema Nervoso Simpático,
Libera Norepinefrina

↑

Fígado,
Libera açúcar armazenado no sangue

↑

Pressão arterial, o *pulso* acelera

Este é o ciclo "lutar ou fugir". Se nós reagirmos fisicamente para "queimar" os elementos químicos da tensão, os dados são relativamente poucos. Se falharmos em dissipar os elementos químicos através de exercício físico ou de relaxamento profundo, que também agem para diminuir o açúcar no sangue, a epinefrina e a norepinefrina, então o ciclo continua:

Pâncreas libera a insulina → A insulina ou a baixa de açúcar no sangue levam à *Tensão*

Selye demonstrou que a reação de alarme pode ser provocada por:

Químicos tais como:

- Nicotina
- Álcool
- Cafeína
- Açúcar
- Alimentação com muita gordura
- Venenos (poluição, DDT, etc.)

Tensão Física, principalmente:

- Sedentarismo
- Acidentes
- Mudanças de Pressão Atmosférica

Emoções:

Medo
Raiva
Culpa
Depressão
Ansiedade

Ele também demonstrou que níveis baixos de tensão individuais que não causam uma reação de alarme são *aditivos*. Por exemplo, um cigarro provoca uma reação de alarme, mas umas poucas tragadas não. Uma xícara de café provoca uma reação de alarme, mas uns pequenos goles não. Um martini provoca uma reação de alarme, mas um trago não. Entretanto, umas poucas tragadas do cigarro, combinadas com uns pequenos goles de café e uma pequena dose de martini, tudo de uma só vez, *irão* produzir uma reação de alarme.

Quando a mesma tensão se repete freqüentemente, nós *nos adaptamos* e respondemos menos intensamente; *mas* essa adaptação diminui a nossa tolerância por uma nova tensão. Assim, podemos nos adaptar ao café, ao açúcar, ao álcool e à nicotina; mas nos tornamos menos capazes de tolerar a tensão emocional ou física. A adaptação contínua leva a uma má-adaptação ou à doença.

Ao focalizar a nossa atenção sobre a tensão emocional, neste capítulo, é importante lembrar que nossa tensão total é aditiva, e que a maneira como reagimos emocionalmente é constantemente influenciada pela tensão induzida quimicamente (café, açúcar, etc.) e pelo nosso nível de exercício físico.

No livro *Cancer, Stress and Death* (organizado por Gene Tache, Hans Selye e Stacey B. Day, livro da série Sloan Kettering Institute Cancer), Selye conclui que a exposição a uma variedade de fatores de tensão pode induzir um desenvolvimento maligno, principalmente em pessoas que estão predispostas e em condições adequadas (ou "inadequadas") de tensão química. Os autores, que escrevem do centro de pesquisas de câncer mais reconhecido publicamente, enfatizam que, embora não esteja cientificamente "provada acima de qualquer dúvida, a evidência levanta a hipótese de que a tensão sistêmica pode influenciar" o aparecimento do câncer. Eles também afirmam: "Está claro, portanto, que com base na evidência histórica e circunstancial – e mais recentemente através de dados experimentais e de ensaios *in vitro* – existe uma ligação direta entre reações imunológicas anormais, o crescimento de tumores malignos, e várias formas de distúrbios emocionais e a tensão." Em outras palavras, a tensão é a causa principal do câncer.

No seu livro *The Role of Medicine: Dream, Mirage and Nemesis*, Thomas McKeown, um professor de medicina social e um médico extraordinário, enfatiza que, em todos os países desenvolvidos o comportamento pessoal "com relação a dieta, a exercícios, ao fumo, ao álcool e às drogas é agora mais importante ainda do que a provisão de alimentos e o controle de riscos". Poucas doenças são irreversíveis no momento em que surgem. O dr. McKeown diz que no futuro será a modificação dos hábitos de saúde, mais do que intervenções nos mecanismos da doença, que irá levar a mais saúde e à longevidade. "O tratamento da doença estabelecida, embora importante para os pacientes, geralmente não restaura a normalidade e a qualidade de vida, e o desenvolvimento atual em saúde deve-se à prevenção da doença muito mais do que o tratamento adotado." A seu ver, o papel da medicina é "a prevenção da doença e da morte prematura e o cuidado com o doente e o incapacitado".

Em 1986, Carla A. Kubitz e alguns colegas demonstraram uma diferença marcante na IGA salivar (uma medida da função imunológica) com relação a altos níveis de tensão sobre os quais a pessoa sente que não tem controle. É interessante notar que ela também descobriu que no período pré-menstrual as mulheres apresentam níveis mais baixos de IGA, indicando que nesse período sua imunidade está mais baixa, assim como sua resistência à tensão. Ligado ao fato de que as mulheres costumam ficar emocionalmente mais instáveis nessa época, os ciclos hormonais normais contribuem também para a chamada "doença psicossomática".

Pesquisas feitas na última década demonstraram de maneira convincente que o cérebro é capaz de regular todas as funções do corpo, e esse controle é capaz de ser exercido voluntariamente. Assim, o sistema nervoso central (a mente) é agora considerado como o principal contribuinte para a doença. Muitas pessoas, incluindo médicos, não querem aceitar esse fato porque "se o cérebro tem tal poder sobre o que acontece no nosso corpo, *então deveríamos ter que observar nossas atitudes se quisermos ser ajudados*" (ênfase minha).

Tem sido demonstrado de maneira bastante convincente que certos níveis de anticorpos diminuem quando a pessoa tem necessidade de poder e de dominação, e aumentam pelo amor, pela intimidade e pela aproximação. Talvez uma das mais paradoxais recusas em reconhecer o efeito da atitude sobre a saúde seja um artigo no *Journal of Preventive Medicine* de 1987, em que os autores concluem que uma atitude positiva não tem nenhuma influência estatisticamente significativa sobre a longevidade em pessoas que tiveram um ataque do coração, enquanto que os hábitos de vida tais como fumo, drogas, exercícios inadequados e uma dieta pobre têm. *Acho a atitude dos autores absolutamente incompreensível, pois é precisamente a atitude dos pacientes que determina se eles irão ou não modificar esses hábitos que ameaçam suas vidas!*

É importante reconhecer que não é a tensão em si, mas a reação à tensão ou a sensação de que a tensão é incontrolável que faz com que ela seja prejudicial. Muitos autores enfatizaram que é difícil "passar tuberculose, resfriado, ou uma hepatite infecciosa para alguém". Até os agentes cancerígenos (químicos que parecem induzir mudanças cancerosas nas células) são inadequados para produzir por si mesmos a doença, a não ser que sejam *co-fatores. A tensão total e a atitude são os co-autores principais.* A doença não é tanto o efeito de germes externos nocivos, mas o resultado de fatores internos que regulam a homeostase ou o equilíbrio do metabolismo. A mente e o comportamento são contribuintes comuns para a doença.

Inúmeros estudos indicam que, aproximadamente, metade de todas as doenças e dois terços de todos os dias "insuportáveis" resultam em doenças em cerca de um quarto dos indivíduos, aqueles com maior tensão. Em outras palavras, pessoas que estão "insatisfeitas e descontentes" têm muito mais doenças do que as outras. Os que estão freqüentemente doentes têm um moral mais baixo, que precede sua doença há longo tempo, e também estão insatisfeitos no trabalho. Eles tendem a perceber os acontecimentos, tanto no trabalho quanto em casa, de maneira muito mais tensa do que os outros.

Num excelente estudo na Harvard Medical School, os pediatras Roger Meyer e Robert Haggerty estudaram dezesseis famílias, ao todo cem pessoas, pelo período de um ano. Eles descobriram que tanto a doença causada por estreptococos quanto as respiratórias eram quatro vezes mais comuns após episódios considerados pelas famílias como tensionantes. Fatores cognitivos e emocionais, ambos induzidos mentalmente, estão igualmente implicados na ativação dos vírus.

Pessoas que têm dificuldades para competir na vida diária têm probabilidade de aumento dos níveis do fator reumatóide e dos anticorpos antinucleares encontrados na artrite reumatóide. Pessoas deprimidas também têm probabilidade de produzir o fator reumatóide. Quando a depressão é tratada adequadamente, o fator reumatóide, um complexo imunológico encontrado no sangue, desaparece.

Quando os índios americanos foram obrigados a se mudar para reservas, a taxa de mortalidade devido à tuberculose e a outras doenças cresceu muito, apesar de os burocratas afirmarem que estavam oferecendo "um padrão de vida mais alto". Não é a tensão da mudança mas a sensação de não ter controle sobre sua vida que parece ter sido o principal fator debilitante. Indivíduos que migraram de Portugal para o Canadá, por exemplo, convencidos de que sua mudança significava um novo trabalho e um futuro melhor, tiveram uma real melhora de saúde.

Se a tensão causa ou não a doença, ela parece ser, de maneira bem ampla, o resultado de como nós vemos as dificuldades ou reagimos a elas. A sensação de controle em nossa vida pode evitar que nossa tensão química se desequilibre e produza a doença. O sentimento de receptividade à mudança e uma atitude de envolvimento melhoram nossa resistência à tensão e à doença, enquanto que uma sensação de abandono deprime o sistema imunológico. A crença de que devemos ter poder e domínio também afeta negativamente nosso sistema imunológico. A hostilidade, a desconfiança e o cinismo contribuem para o risco da ateroesclerose e de problemas do coração. A hostilidade e a raiva levam a uma superprodução de hormônios relacionados com a "cortisona", que alteram o sistema imunológico, e com a serotonina, o principal químico que atua no sono, no humor e na dor.

Suzanne Kobasa e Salvatory Maddey, da University of Chicago, trabalham extensivamente com as diferenças entre as pessoas desanimadas e as audazes. Aproximadamente metade dos duzentos executivos da Illinois Bell Telephone Company tinha numerosos sintomas, mas a outra metade aparentava pouca reação à tensão. *As pessoas mais saudáveis consideravam a mudança como uma oportunidade para o crescimento e para uma nova experiência. As que sentiam a mudança como uma ameaça à segurança eram as que ficavam doentes.*

Os indivíduos que têm o senso de controle pessoal e do desafio como seu compromisso de vida têm noção do significado de direção e de estímulo, e sobrevivem à maioria das tensões. Aqueles que têm noção da importância e do valor daquilo que fazem e um propósito têm muito menos sintomas e doenças. Se, por outro lado, a pessoa vê a tensão como algo "inevitável" e o desafio como uma experiência negativa, então o desafio se torna uma tensão e tem um efeito negativo sobre o corpo.

De acordo com Kobasa e Maddey "crença e controle, compromisso e desafio" são as chaves para a "resistência psicológica". O senso de controle pessoal é essencial para lidar efetivamente com os acontecimentos e para permanecer saudável. O controle mais poderoso é, na verdade, cognitivo, ou seja, é a capacidade de avaliar mentalmente uma situação difícil de maneira a reduzir a tensão. Ao escolher nossa *reação* diante de acontecimentos hostis, nós controlamos o poder deles sobre nós e, portanto, minimizamos qualquer efeito prejudicial. Assim, precisamos aprender a interagir com os fatos e com os efeitos nocivos, encarando-os com otimismo.

Lidar bem com as dificuldades e ter saúde psicossomática significam encarar os problemas com otimismo diminuindo assim a tensão e a reação de alarme que eles provocam; agir positivamente para mudar ou se adaptar à situação; minimizar a reação de tensão por meio de exercícios físicos e relaxamento profundo.

É a *reação crônica à tensão, com aumento da norepinefrina, a "adrenalina", e da "cortisona", ou glucoesteróides, que afeta o sistema imunológico*. As células T, assim como as células assassinas naturais, são deprimidas pela ansiedade e pela necessidade de dominar os outros. Quanto mais nos sentimos aborrecidos ou quanto mais pessimistas somos, menos e mais anormais serão nossas células T, células assassinas naturais. Em outras palavras, toda função do sistema imunológico é inibida pela tensão negativa.

Robert Good, fundador, presidente e diretor do Memorial Sloan Kettering Cancer Hospital, enfatizou que "uma atitude positiva" e "um modelo mental construtivo" aumentam nossa capacidade de resistir às infecções, às alergias, ao câncer e às doenças auto-imunológicas, enquanto a depressão enfraquece essa capacidade. Foi demonstrado que a norepinefrina, o principal fator químico da tensão, ou "adrenalina", bloqueia a capacidade de nossas células brancas de matar as células de tumores. Pessoas cínicas ou hostis têm um nível de ateroesclerose mais alto e uma maior incidência de ataques cardíacos. Na Universidade da Carolina do Norte, médicos que têm uma "pontuação de hostilidade maior" têm quatro vezes mais probabilidade de ter um ataque do coração e seis vezes mais de morrer em decorrência disso do que aqueles que bloqueiam essa influência negativa. Cientistas da Duke University descobriram que a hostilidade, a raiva, o cinismo e a desconfiança levam a uma taxa maior de mortalidade. As pessoas com maior pontuação de hostilidade têm uma taxa de mortalidade 64 vezes maior do que aquelas com uma pontuação menor!

Assim, a saúde é controlada pelo nosso cérebro, pela nossa mente e pela nossa atitude, que, por sua vez, controlam os químicos mediadores da tensão. Tanto o excesso de norepinefrina, causado pela ansiedade, quanto o baixo nível de norepinefrina, causado pela depressão, são prejudiciais. Um excesso de dopamina, o precursor da norepinefrina, é encontrado na esquizofrenia e em ataques de pânico, a deficiência da serotonina é encontrada na depressão.

Muitas anormalidades neuroquímicas significativas ocorrem na depressão. É interessante observar que pessoas que têm o hábito de beber muito e os alcoólatras que tendem à depressão profunda também têm altos níveis de produção de cortisol, que leva à distribuição anormal de gordura pelo corpo e à pressão alta, assim como a um sistema imunológico enfraquecido. Outros neuroquímicos em desequilíbrio em quase todas as doenças são acetilcolina, o químico básico do sistema nervoso parassimpático, que é deficiente em algumas células nervosas no mal de Alzheimer. Baixos níveis de serotonina ou seus subprodutos são encontrados em pacientes suicidas e em alcoólatras.

A alimentação também influencia profundamente o humor. Uma dieta tipicamente americana, com muita gordura, açúcar e sal, e deficiente em fibras, vitaminas, minerais, carboidratos e ácidos oleosos essenciais, pode produzir uma variedade de mudanças mentais, incluindo hostilidade e hiperatividade, assim como depressão, mas pode também produzir acentuada fraqueza no sistema imunológico. É interessante notar que descobrimos que indivíduos agitados e deprimidos ao mesmo tempo têm uma acentuada elevação de narcóticos naturais, betaendorfinas, que podem causar um enfraquecimento na resposta imunológica e acelerar o desenvolvimento de tumores, se há câncer, ou tornar alguém "suscetível" ao câncer.

A qualidade de nossos relacionamentos tem muito mais que ver com a freqüência com que ficamos doentes do que com os genes, com a dieta, com o ambiente e com a fisiologia básica. Por exemplo, as taxas mais altas de tuberculose são encontradas entre os mais pobres, ou seja, de nível social mais baixo e com menor apoio. Indivíduos que sentem falta de um controle interno ou de um apoio externo, têm a taxa mais alta de acidentes e de doenças mentais. Na Inglaterra, trabalhadores civis com a taxa mais alta de mortalidade por ataques do coração são aqueles que têm o menor contato social com vizinhos, com parentes ou com amigos.

O sentimento de permanência e de continuidade, de ligação ao lar ou à religião diminui o efeito das experiências negativas e promove o bem-estar. Os indivíduos que têm muitas ligações sociais, incluindo casamento, amigos, contatos com parentes e participação em igrejas têm taxas de mortalidade mais baixas e índices de saúde mais altos. Mulheres que são socialmente isoladas correm um risco muito maior de morrer de câncer. Até mesmo o apoio de chefes e de colegas de trabalho foi identificado como fator que melhora a saúde e reduz a incidência de doenças do coração, de úlceras, de doenças respiratórias crônicas e de erupções de pele.

Aqueles que têm uma forte ligação com a Igreja têm menos doenças do coração, enfizema, cirrose, pressão alta e até Papanicolau anormal. Em Israel, os homens tinham duas vezes mais probabilidades de sofrer de *angina pectoris* quando não sentiam amor e apoio em sua relação matrimonial. Até mesmo fatores negativos, tais como pressão alta e níveis de colesterol altos, não eram tão importantes quanto o amor e o apoio de uma esposa.

No caso de mulheres sob grande tensão, elas têm um terço a menos de complicações na gravidez se têm um bom sistema de apoio social e um casamento feliz. Um forte sistema de apoio social melhora o sistema imunológico. Até mesmo fatores simples, como visitas recebidas em uma casa de repouso três vezes por semana, produziram um aumento nas células T das pessoas, reduzindo portanto a possibilidade de infecções e de outras doenças.

Nas mulheres, um bom casamento está associado de maneira significativa à melhoria da função imunológica. E essas mulheres que têm um casamento feliz ficam menos deprimidas e têm um sistema imunológico mais eficiente. Ter um sistema de apoio com animais parece ser benéfico. As pessoas que têm um alto senso de poder pessoal ou de controle interno e se consideram capazes de alterar ou de influenciar uma situação, em vez de se sentirem à mercê dela, realmente criam e fazem melhor uso de seu apoio social do que os outros.

Allen Langer, psicólogo de Harvard, e Judith Roden, psicóloga de Yale, demonstraram que a taxa de mortalidade dessas pessoas que exercitam uma forte responsabilidade por si mesmos e tem uma visão positiva é a metade da taxa dos demais. O sentimento de uma capacidade interior para controlar nossa vida diminui os efeitos de muitas outras formas de tensão. Esse sentimento de controle interno está profundamente relacionado com o bem-estar psicológico e físico. Em mais de 35 situações controladas, os estudos científicos demonstraram que o treinamento para aumentar o apoio emocional e o relaxamento e exercícios diminuem o período de estada em hospital, aceleram a recuperação e levam a uma pressão sangüínea mais baixa e a menos complicações hospitalares. É claro, os pacientes com dor crônica que estão treinando para ter um diálogo interno positivo têm uma acentuada diminuição na dor comparados com aqueles que continuam com o pensamento negativo.

Muitas pessoas, mesmo aquelas portadoras do vírus da AIDS, nunca manifestam os sintomas, *e cada vez mais acredita-se que as emoções, atitudes e crenças são os fatores principais para determinar se as pessoas expostas à AIDS desenvolvem ou não a doença.* Os que desenvolvem a AIDS são os que têm um nível mais alto de situações não resolvidas e tensionantes imediatamente anterior ao surgimento da doença. Uma correlação significativa foi encontrada em pacientes de AIDS, entre a sobrevivência e o senso de controle interno. Sobreviventes da pneumonia pneumocística, a principal causa de morte em pacientes de AIDS, são muito mais otimistas e procuram mais apoio dos outros para solucionar seus problemas. Os que morreram eram mais passivos e desamparados.

O fato de que nenhuma doença, infecciosa ou não, pode ser explicada estritamente com base num germe ou em algum outro agente único, deixou a medicina sem uma teoria adequada para a doença. Assim, a medicina não é capaz de dizer quem corre o risco de ter uma doença em particular e em que circunstâncias indivíduos com predisposição irão desenvolver essa doença. O campo da medicina como um todo ignora influências psicossociais e, assim, é responsável pela crise atual por que passa. Continuamos a expandir a tecnologia, que aumenta custos, enquanto ignoramos as causas básicas, tais como baixa auto-estima, fumo e atitudes em geral.

A hostilidade ou a desistência, um sentimento de abandono, enfraquecem o sistema imunológico e aumentam o risco da doença. Esse padrão de vítima passiva é o que a pesquisadora Joyce Solomon chamou de "personalidade predisposta à imuno-supressão". Estudos com cadetes de West Point indicaram que os indivíduos que têm uma atitude positiva têm menos probabilidade de desenvolver a mononucleose. Os que são perfeccionistas e se esforçam muito para serem sempre os melhores são os mais susceptíveis à mononucleose. Esse esforço excessivo aumenta a catecolamina, ou a produção de adrenalina e a produção de cortisona. Também enfraquece o sistema imunológico.

Até aqueles indivíduos que têm repetidas incidências de herpes simples ou labial têm altos índices de ansiedade e de culpa. É interessante notar que, nessa doença, assim como em muitas outras, o vírus pode ser ativado produzindo o herpes labial por sugestão durante a hipnose. Estudantes têm maior incidência de "aftas" durante a época de exames. Pessoas que têm humores negativos e infelizes e depressão têm muito mais aftas.

Diários extensivos de saúde de 589 adultos em Detroit mostraram que o "mau humor provoca problemas físicos". A solidão e a tensão, em geral, são os principais problemas. O herpes venéreo, primo do herpes labial, também ocorre muito mais comumente em pessoas que têm humor negativo e falta de um sistema de apoio social. O mau funcionamento das células T essenciais ocorre em casos de depressão, de tensão, de ansiedade, de hostilidade e de fadiga. As bactérias latentes e os vírus no câncer podem ser ativados por humores negativos e tais reações à tensão. Até mesmo cáries dentárias incidem mais em indivíduos que se sentem sob tensão crônica, e a bactéria na saliva diminui quando eles relaxam.

Em alunos de medicina que aprenderam técnicas de relaxamento, as células T aumentaram e o nível de aumento podia ser realmente previsto de acordo com a "freqüência com que eles praticavam o relaxamento". O choque devido à morte do cônjuge enfraquece acentuadamente o sistema imunológico, e os sobreviventes sofrem diminuição da atividade dos linfócitos até mais de um ano após a morte do(a) esposo(a). Sabemos que Pasteur, em seu leito de morte, afirmou que não é o germe mas o "solo" ou meio onde ele cai e se instala que determina se a pessoa irá ou não desenvolver a doença.

A maioria dos indivíduos em nossa cultura, se testados, iria mostrar uma reação positiva à tuberculose e apresentar anticorpos ao vírus da hepatite, embora nunca tenha desenvolvido nenhuma dessas doenças. Isso indica que, sob circunstâncias comuns, pessoas que não estão sob grande tensão podem desenvolver uma reação imunológica protetora e evitar uma doença séria. Mesmo durante epidemias de gripe, aqueles que estão mais tensos psicologicamente, com moral mais baixa, têm uma incidência maior e casos mais graves de gripe, assim como maior duração da doença.

O grau de satisfação que derivamos do trabalho e da vida pessoal influencia a nossa saúde. Os menos felizes no trabalho ou em casa fumam mais, bebem mais e sentem uma tensão maior e, naturalmente, têm mais doenças.

Os que adotam as expectativas da Máquina Masculina têm maiores aborrecimentos e insatisfações na vida. Isso porque esses indivíduos têm dificuldade para expressar seus sentimentos, sendo assim mais limitados emocionalmente. Eles têm uma expressão mais restrita de afeto, de ternura e de aconchego, e são muito mais preocupados com o sucesso, negligenciando os relacionamentos interpessoais e os compromissos familiares. Pessoas que têm esses valores e crenças com relação ao papel masculino estão predispostas a sentir mágoa e insatisfação face a um alto nível de tensão. Por outro lado, aqueles que têm atitudes mais favoráveis e positivas são, conseqüentemente, mais saudáveis. A satisfação no trabalho é até mesmo uma maneira de prever o tempo de vida e a saúde da pessoa.

Há grande evidência, no caso de morte inesperada ou repentina, de que esses indivíduos que tinham "decidido que a vida é tão insuportável a ponto de cometer suicídio" tendiam a estar deprimidos há semanas e até mesmo há meses. O psiquiatra Eric Berne enfatizou a importância do enredo da vida – indivíduos estabelecem a idade e a causa da morte, freqüentemente antes da idade de dez anos! Esse problema de abandono, de depressão ou de "desistir de tudo" é encontrado em 80% das pessoas que sofrem de uma ampla variedade de doenças, desde colite a esclerose múltipla e câncer. Mesmo um resfriado pode ser a reação de uma atitude fraca e de desistência. *Alguns cientistas concluíram que 70-80% de todas as doenças estão amplamente relacionadas ou são precedidas pela síndrome da desistência.* Esse estado mental obviamente não é constante. Ele vai e volta, aparece e some, mas o tema predominante é o de desamparo provocado pela crença de que não há solução para o problema. No *diabetes mellitus*, foi descoberto que uma sensação de desamparo e de desesperança está relacionada com o aparecimento e agravamento da doença. *Considerando o alto índice atual de suicídios em crianças abaixo de dez anos idade*, até o diabete "juvenil" provavelmente está associado com algum grau de desistência.

Muitos estudos confirmam a influência do desamparo e da desistência para curar a doença. É importante reconhecer que não se trata apenas de uma questão de assumir responsabilidade pessoal. Essas pessoas que ficam deprimidas e doentes com freqüência costumam se culpar. Portanto, não é o fato de assumir responsabilidade para fazer algo com relação a isso que parece mais importante. Essas pessoas que são basicamente pessimistas, têm uma incidência muito maior de câncer associada à baixa função imunológica das células T e das demais células assassinas naturais. Em mulheres que sofreram mastectomia devido ao câncer, aquelas que assumem o controle de seu comportamento e de seu estilo de vida mudando seus hábitos e desenvolvendo uma atitude mais positiva têm um índice de sobrevivência mais alto.

A síndrome da desistência, da depressão e do desamparo está relacionada com muitas doenças e, naturalmente, como a maioria dos outros fatores, começa na infância. Pessoas que perderam a mãe antes dos onze anos de idade têm muito maior risco de depressão depois do que a experimentada em outras perdas.

Até mesmo assistir a um bom filme melhora a função imunológica. Estudantes que assistiram a um filme sobre Madre Teresa tiveram uma resposta salivar IGA aumentada. Pessoas que têm intimidade com outro ser humano também têm níveis mais altos de anticorpos IGA e menos doenças sérias. Pessoas que procuram amizade e relações interpessoais em geral são mais saudáveis. Pessoas "apaixonadas" têm menos resfriados e um sistema imunológico mais ativo. Elas também têm níveis mais altos de endorfinas e menos consciência da dor. Até coelhos que são cuidados com carinho e com quem os donos conversam têm menos ateroesclerose com uma dieta rica em gorduras do que aqueles que não são mimados. Mulheres que têm um mínimo de ternura e de amor das enfermeiras deixam o hospital mais cedo e se recuperam mais rapidamente depois de uma cirurgia, do que aquelas que não recebem carinho. Algumas pessoas afirmam que "o amor é mais importante do que uma vida saudável". Esse efeito parece vir através da melhoria do sistema imunológico. Em pessoas mais velhas, "amar e ser amado" parece ser um fator-chave para a longevidade. Essas pessoas que vivem até os cem anos de idade ou mais têm mais vivacidade, um propósito mais amplo, um impulso maior e mais felicidade em geral. Coisas simples, tais como ter uma vista agradável do quarto do hospital, fazem com que as pessoas se recuperem mais rapidamente depois de uma cirurgia e necessitem de menos medicamentos para controlar a dor.

Até pessoas que fumam, comem demais e praticam outros hábitos menos saudáveis têm uma diminuição no risco de doenças se têm um forte sistema de apoio. Há realmente evidências consideráveis de que "o amor é mais importante do que uma vida saudável". No meu estudo sobre cem freiras aposentadas, 68 tinham mais de oitenta anos e dezoito tinham mais de noventa. Todas, com exceção de uma que tinha 100 anos, pareciam estar em boas condições de saúde. A maioria dessas freiras estava acima do peso, não praticava exercícios físicos e gostava de cafeína, de chocolate e de açúcar. Entretanto, elas estavam extremamente felizes com seu estilo de vida e, obviamente, vivendo mais do que muitos fora do convento. Ser entusiasmado em vez de cínico e hostil é importante. Pessoas que vivem mais tempo têm mais esperança, mais senso de ordem, de controle e de significado. *Mas uma atitude mental positiva e esperança podem ser cultivadas por meio de treinamento.* Mesmo em pacientes que tiveram câncer, há um significativo aumento da longevidade se eles desenvolvem um forte sentimento de otimismo e de esperança. Os otimistas têm um risco menor de morrer, mesmo frente a exames de laboratório "objetivos" que comprovam suas más condições de saúde. Pessoas que costumam "acreditar" que sua saúde é excelente têm apenas um terço do risco daqueles que acham que sua saúde é fraca.

Em outro estudo, a taxa de mortalidade entre homens "pessimistas com relação à saúde" era duas vezes maior do que os "otimistas com relação à saúde", e a diferença é cinco vezes maior em mulheres! O otimismo também aumenta a recuperação após a cirurgia. A atitude positiva e o otimismo estão associados com um bom casamento e, como falamos antes, a satisfação no casamento é um significativo prognóstico de saúde física, psicológica e do sistema imunológico. Como diz um provérbio popular, "a felicidade vem de dentro". A felicidade parece resultar do otimismo, de uma relativa ausência de cinismo, um sentimento de significado da vida e um sentimento de controle pessoal sobre os fatos.

Esses indivíduos que têm um maior envolvimento com religião também têm o risco de morte prematura reduzido. Isso é mais bem exemplificado pelos mórmons e adventistas do sétimo dia, ambos praticantes de melhores hábitos de saúde.

O senso de humor também melhora a saúde. Indivíduos que riem regularmente têm os anticorpos IGA aumentados, e aqueles que usam o humor como uma maneira de lidar com a tensão têm uma maior concentração de anticorpos. Algumas pessoas descobriram que o riso é tão efetivo quanto o treinamento *biofeedback* para reduzir a tensão; e, é claro, o conhecido livro de Norman Cousin *The Anatomy of an Illness* enfatiza sua recuperação de uma doença séria, espondilite reumatóide, usando altas doses de vitamina C intravenosa e risadas. Até Freud tinha uma melhor visão do humor do que do sexo! Ele achava que o humor poderia "tirar a dor de situações difíceis". Raymond A. Moody, um grande pesquisador de experiências de quase-morte, enfatizou que o humor aumenta a nossa "vontade de viver".

O fator placebo

Talvez o aspecto mais interessante da saúde psicossomática seja os placebos ou "pílulas de açúcar" que não fazem nada. O dr. Herb Benson, de Harvard, demonstrou que nenhum tratamento para a *angina pectoris* é mais eficiente do que um placebo. E em alguns estudos, em que o médico tinha uma forte crença numa terapia especial, 80% a 90% da eficiência era atingida. No entanto, quando eram feitos estudos imparciais, controlados, do tipo *double-blind*, o tratamento era considerado tão eficiente quanto o placebo.

Quando as pessoas "acreditam" que mudanças aconteceram no corpo, o processo de autocura é iniciado. *Sir* William Osler afirmou há muitos anos que "muito mais importante do que aquilo que o médico faz é a crença dele e do paciente naquilo que ele (médico) faz". A grande maioria dos remédios tem menos efeito do que os placebos. Ou seja, mesmo em estudos da média, os placebos tem uma eficiência de 35% enquanto que muitos remédios têm uma eficiência de apenas 40-50%, o que significa que eles são apenas 5-10% mais eficientes do que os placebos, além de ter freqüentemente "efeitos colaterais" adversos em 25% das pessoas. Após uma cirurgia coronária, 60% daqueles cujo angiograma mostra a passagem *fechada, sem fluxo portanto*, têm seus sintomas minimizados porque "acreditam" que a operação teve êxito.

Os efeitos do placebo encontram-se em todas as doenças desde a artrite reumatóide até o câncer. Até no câncer, a quantidade de morfina usada ou necessária é bastante reduzida com o uso de placebos. A reação da pele à tuberculina, o teste de tuberculose, pode ser alterada pela crença da pessoa. Aqueles que esperam que a sua reação seja negativa têm maior incidência de reação negativa do que os outros. Pelo menos trinta estudos do tipo *double-blind* demonstraram que o Valium não é mais eficiente do que um placebo no tratamento da ansiedade, e, no entanto, o Valium é o remédio mais prescrito para esse problema.

Há placebos positivos e placebos negativos. Uma visão pessimista do paciente e do médico pode aumentar o sentimento de desamparo e o curso final de muitas doenças. Mesmo sob anestesia, pacientes que ouvem comentários negativos na sala de operação têm potencial para uma série de complicações e para depressão após a cirurgia. Com relação à maconha e ao álcool, indivíduos que "esperam" ficar "altos" têm mais probabilidade de ficar assim do que os outros. A morfina, um dos melhores narcóticos, é efetiva em apenas 70% dos problemas de dor, enquanto que um placebo, se reforçado pela crença do médico e da enfermeira, pode ser 50% eficiente ou mais. Mesmo em exemplos graves como a dor do câncer, ferimentos por armas de fogo e a dor do ataque do coração, os pacientes respondem favoravelmente aos placebos. Em um estudo, pelo menos 90% dos pacientes com câncer tiveram uma diminuição significativa da dor ao receberem um placebo pelo menos uma vez.

Um uso clínico interessante de placebo é o exemplo que se tem de pacientes que monitoram sua pressão sangüínea. É dito a eles que o fato de controlar regularmente a pressão baixa o seu nível. Os pacientes que acreditam nisso parecem adquirir autocontrole e experimentam um efeito benéfico sobre a pressão. Qualquer coisa que pareça aumentar nas pessoas o sentimento de controle pessoal, seja ela amor, fé ou apenas simples atitudes cognitivas positivas, parece também aumentar a autocura. Pessoas que acreditam que podem lidar com seus problemas, mesmo aquelas que têm artrite, melhoraram o sistema imunológico, têm menos dor e inchaço nas articulações e uma reação melhor das células T. Mesmo numa doença congênita grave como a ictiose, em que a pele parece escamas de peixe, a hipnose levou a uma melhora de 60-70%. Sob hipnose, os pacientes apresentaram um aumento marcante no funcionamento imunológico com melhora na reação das células T. Fé e crença, assim como a hipnose, todos melhoram o sistema imunológico, embora um indivíduo fácil de hipnotizar não necessariamente tenha uma atitude naturalmente positiva.

A probabilidade de que aquilo que se acredita verdadeiro realmente influencie aquilo que se torna verdadeiro é uma lição impressionante que aprendemos com os placebos. As pessoas acreditam que tomar uma pílula traz alívio e elas têm pouco interesse pelos aspectos farmacológicos da pílula. Assim, grande parte da resposta de cada remédio não é o efeito do seu princípio "ativo", mas o efeito naquilo que o indivíduo acredita. O tempo de reação e a força são sensíveis a placebos, assim como o pulso, a pressão sangüínea, a dor, a memória da rotina e o relaxamento. Os placebos, então, representam uma poderosa possibilidade de tratamento para uma ampla variedade de problemas psicológicos e fisiológicos.

É interessante observar que os "efeitos colaterais" dos placebos são muito parecidos com os do remédio ativo. Pacientes relatam sintomas que variam desde sonolência a dores de cabeça, nervosismo, insônia, náusea e constipação, mesmo quando lhes é dado o placebo inativo. Há até evidência de que visitas médicas conduzidas pelo cirurgião-chefe podem levar a complicações cardíacas, incluindo morte súbita.

Alguns indivíduos reclamam que "o fenômeno placebo tem sido o modo de cura dominante ao longo da história da medicina. De maneira simplista, a crença adoece, a crença mata, a crença cura". A idéia de que as crenças e as expectativas fazem adoecer e matam é demonstrada adequadamente em muitas publicações. De maneira semelhante, as atitudes têm o poder de curar.

Um dos mais dramáticos estudos do placebo de todos os tempos data de 1958, quando Diamond, Kettle e Crockett fizeram uma operação cirúrgica placebo, uma das poucas intervenções cirúrgicas com um enfoque experimental. Em pacientes selecionados ao acaso, eles simplesmente abriram e fecharam a pele e os compararam com aqueles pacientes que tinham sofrido uma operação, então na moda, a de ligar a artéria mamária interna, que alimenta o peito, mas não tem efeito no coração. Eles descobriram que "100% dos pacientes de controle, não-ligados, e apenas 76% dos pacientes ligados relataram diminuição da necessidade de nitroglicerina e aumento de tolerância a exercícios". Esses pacientes tratados com a operação placebo permaneceram bem pelo menos por seis até oito meses. Aqui novamente está uma indicação do entusiasmo do médico combinado com a crença do paciente criando uma resposta que não é igualada por nenhum remédio!

Algumas pessoas acreditam que os placebos deveriam ser usados como um tratamento alternativo "quando a medicação ativa é contra-indicada ou quando ela é de efeito muito lento". Naturalmente, a informação mais importante nos estudos sobre placebo é que o paciente que tem um alívio significativo, embora às vezes breve, tem um tremendo potencial para controlar o sintoma com alguma forma de treinamento mental e de autocontrole. Uma resposta positiva a placebos indica que nesse paciente em particular, a expectativa, a esperança, a fé e a crença são os ingredientes mais importantes. Isso indica que o paciente tem recursos internos para controlar o problema sem uma intervenção arriscada. É essencial reconhecer o valor considerável do placebo para que ele possa vir a ser usado mais amplamente.

É interessante que a maioria dos tratamentos que passaram a ser aceitos, durante os últimos 150 anos, pelos médicos em geral, foi relegado à categoria de placebo depois de uma avaliação adequada. A maioria dos remédios utilizada atualmente tem um efeito farmacêutico mínimo, mas geralmente tem "efeitos colaterais" prejudiciais e perigosos. Na verdade, até a FDA estima que pelo menos 35% de todos os remédios atualmente no mercado não têm reação comprovada acima dos placebos.

Em resumo, nós somos aquilo que pensamos que somos. Nossa crença e nossa atitude básica parecem ser os fatores mais importantes que afetam nossa saúde. Conhecendo todos os fatos, podemos escolher uma atitude que leva à doença ou à saúde. Vamos escolher com sabedoria.

IV

COMO CRIAR A SAÚDE

13

MANTENHA-SE SAUDÁVEL

NORMAN SHEALY E CAROLINE MYSS

Uma vez que a pessoa esteja saudável no momento do nascimento, como acontece com aproximadamente 95% dos americanos, parece que a alimentação, o exercício físico e a atitude mental são os principais determinantes de como esse estado de saúde continuará. Obviamente, é a atitude mental que, no final das contas, determina não só o que comemos mas se nos exercitamos ou não, se fumamos, se bebemos em excesso ou se mantemos nosso peso dentro do normal ou não. Descobriu-se que a expectativa da média de vida dos indivíduos poderia ser aumentada em doze anos se eles tivessem apenas sete hábitos básicos de saúde. Estes são:

1. Fazer três refeições por dia.
2. Tomar o café da manhã diariamente.
3. Dormir sete a oito horas diariamente.
4. Fazer exercícios físicos pelo menos três vezes por semana (de uma hora de duração).
5. Evitar o fumo.
6. Manter o peso dentro de 10% do ideal.
7. Diminuir o consumo de álcool (máximo de 10 doses por semana).

O Chefe da Saúde Pública dos Estados Unidos enfatizou, em ordem de importância, que a doença é o resultado de:

1. Fumo.
2. Consumo excessivo de álcool.
3. Obesidade.
4. Consumo excessivo de gordura, de sal e de açúcar.
5. Exercício físico inadequado.
6. Não usar cinto de segurança ou não observar os limites de velocidade.

Note a semelhança das duas listas. Observe que todos esses fatores são controlados por atitudes.

A medicina técnica chegou quase tão longe quanto podíamos esperar para melhorar a saúde, e a esmagadora maioria das doenças atualmente é o resultado de escolhas pessoais e de hábitos de saúde.

O dr. James Michael McGinnis, Diretor do Departamento de Doença e Prevenção e Promoção de Saúde dos Estados Unidos, enfatizou a necessidade de "redobrar nossos esforços para convencer os americanos de que as idéias de promoção da saúde não são uma moda passageira." Thomas Dybdahl da *Prevention Magazine*, que faz uma pesquisa anual desde 1984, afirmou que "em áreas-chave tais como dieta, exercício e controle de peso, há ainda muito espaço para melhorias". Infelizmente, a medicina virtualmente ignora a alimentação e, nos últimos anos, tem prestado mínima atenção ao comportamento; nas últimas décadas, tem até minimizado a ênfase sobre a higiene.

O dr. George Solomon da Universidade da Califórnia, que cunhou o termo psiconeuroimunologia, afirmou que toda doença é o resultado da interação entre muitos fatores – genéticos, endócrinos, nervosos, imunológicos e comportamentais-emocionais. "Essa estrutura conceitual foi defendida por pioneiros como George Engel e Jonas Salk. Também foi percebida por clínicos sábios desde tempos ancestrais – desde práticos da medicina ayurvédica, na Índia de dois mil anos atrás, até Hipócrates, Galeno e Osler."

A alimentação

Os americanos provavelmente gastam mais tempo, energia e dinheiro em alimentação e programas nutricionais do que em todos os outros esforços para melhorar a saúde pessoal. São feitas mais solicitações para dietas e suplementos nutricionais do que P. T. Barnum poderia imaginar.

A dieta do americano comum consiste de 45% de gordura, 12% de proteína, 18% de açúcar, 18% de farinha branca (amido processado) e apenas 7% de carboidratos. O ideal é 10% a 20% de gordura, 10% de proteína e 70% a 80% de carboidratos. Uma variedade de dietas com baixa gordura e outras alternativas são empurradas pela propaganda e pelos seus seguidores, com muito pouca evidência científica de sua eficácia. Na verdade, não consigo encontrar nenhum nutricionista competente que recomende um estudo adequado para determinar uma dieta ótima. Nós simplesmente não sabemos as medidas essenciais para provar se uma dieta é boa ou má.

Alguns dos planos mais amplamente elogiados, que acredito sejam bons, são os seguintes:

A DIETA MACROBIÓTICA

A dieta macrobiótica consiste de no mínimo 50% (de cada refeição) de grãos de cereais integrais cozidos, incluindo arroz integral, painço, cevada, milho, aveia integral, farelo de trigo, centeio ou trigo-mouro. Uso ocasional (uma ou duas vezes por semana) de arroz integral doce, talharim de trigo integral, trigo integral ázimo, pão integral, bolos de arroz, farelo de trigo, biscoitos de aveia, semolina, milho, flocos de centeio, cuscus, seitan e fu.

Aproximadamente 5% da dieta diária pode ser constituída de sopa (uma ou duas xícaras) na forma de *miso* ou *tamari*, com uma grande variedade de legumes.

Aproximadamente 25 a 30% de cada refeição macrobiótica deve consistir de legumes, dois terços dos quais podem ser fritos, levemente cozidos, fervidos ou assados. O outro um terço dos legumes pode ser comido cru.

Aproximadamente 5 a 10% da dieta diária deve consistir de feijão cozido e de frutos do mar. Os feijões mais adequados são o azuki, as ervilhas e as lentilhas verdes, com outras variedades usadas ocasionalmente.

Um máximo de 5 a 10% da dieta deve consistir de frutas, de nozes, de bebidas e de "adoçantes" naturais. As pessoas são aconselhadas a comer frutos do mar *wakkame* diariamente e recomenda-se que usem ameixas *umeboshi*, pó de frutos do mar, sementes de gergelim assadas, sal marinho e *tekka*.

Bebidas recomendadas para essa dieta são banchá tostado, chá de brotos *kukicha*, chá de arroz, chá de cevada torrada, chá de dente-de-leão e café de grãos de cereais; mas não é permitida cafeína.

O óleo de gergelim é permitido para cozinhar.

A água recomendada é a água de poço ou de nascente.

Uma pequena quantidade de peixe branco é permitida uma vez por semana.

A DIETA PRITIKIN

A dieta Pritikin destaca carboidratos e fibras e reduz gorduras, proteína animal, sal e carboidratos simples como o açúcar. Essencialmente, a dieta Pritikin proíbe totalmente carne vermelha, óleos, açúcar, sal e gema de ovo. A dieta permite a maioria das frutas e dos legumes em quantidades relativamente ilimitadas, a maioria dos grãos e de massas de grãos integrais, farinha de trigo, farinha de araruta e amido de milho, farinha de milho ou de arroz, farinha de mandioca, leite em pó sem gordura e nozes. Também permite requeijão seco, iogurte sem gordura, leite desnatado ou sem gordura, pipoca, tortilhas de milho e peixe assado ou cozido. Na versão mais estrita da dieta (para as pessoas com doença grave do coração) apenas 50 g de peixe por semana. Com exceção da dieta estrita, pequenas quantidades de peixe, até 100 g por dia, e aproximadamente a mesma quantidade de peito de frango são permitidas. Nenhum tipo de óleo de cozinha, manteiga ou "cobertura" são usados.

O PLANO MCDOUGALL

Esta é a única dessas dietas especializadas que é de um médico. O dr. McDougall é residente da faculdade do Medical College da Universidade do Havaí. Sua dieta é estritamente vegetariana, o que significa nenhuma carne vermelha, carne de aves, peixe, laticínios e ovos, e limita significativamente "açúcares simples". No plano McDougall, não mais do que 5% do total de calorias deve vir da gordura. Os "adultos saudáveis muito ativos, ou mulheres grávidas ou que estão amamentando podem aumentar essa porcentagem para 15%". Legumes com índice alto de gordura incluem *tempeh*, germe de trigo, soja, tofu, sementes de girassol, manteiga de amendoim, amêndoas, coco, azeitonas c ólco vegetal. Obviamente, todos os produtos de animais têm gordura. O dr. McDougall enfatiza que todos os tipos de gordura afetam os hormônios, particularmente os níveis de prolactina, estrógeno e testosterona, em parte porque dietas com índices altos de gordura animal estimulam o crescimento de bactérias que produzem hormônios no intestino grosso e porque a obesidade também afeta esse nível. A menopausa ocorre aproximadamente quatro anos mais tarde com uma dieta com alto índice de gordura; os períodos menstruais são mais espaçados, mais longos, pesados e dolorosos quando a ingestão de gordura é alta; e há um acentuado aumento de câncer no seio e no cólon à medida em que o conteúdo de gordura na dieta aumenta.

A DIETA HAAS – COMER PARA VENCER

O dr. Haas, um nutricionista, propõe uma dieta que consiste de carboidratos complexos ou amidos, que devem abranger 60 a 80% das calorias diárias; carboidratos simples ou doces são 5 a 10% das calorias diárias; proteínas, animal e vegetal, um total de 10 a 15% das calorias diárias; e gordura, animal e vegetal, está entre 5 a 20%.

Essa dieta consiste em grande parte de batatas, coberturas com manteiga ou requeijão, ou iogurte com baixa ou nenhuma gordura, cebolinhas, pimenta ou temperos granulados; grãos de qualquer tipo; massa de grão integral; pequenas quantidades de requeijão e de iogurte; até uma xícara de legumes por dia; até quatro ovos brancos por dia sem as gemas; aproximadamente 75 g de salmão, de cavala, de lagosta, de peru ou de frango por dia; frutas frescas até duas por dia; legumes crus ou cozidos no vapor sem limite de quantidade com exceção do abacate, do palmito, das sementes, das nozes e das azeitonas; até um copo de 100 ml de vinho ou 350 ml de cerveja branca ou 50 ml de bebida alcoólica mais forte; e, uma vez que se tenha chegado ao peso e desempenho ideal, pode-se aumentar a ingestão diária de frango, de peixe ou de peru para 120 g. Ele então permite também carne de boi, de porco ou de vitela uma vez por semana no lugar do peixe ou do frango.

REVERSÃO DA DOENÇA CARDIOVASCULAR

Grande parte da discussão científica relativa à alimentação foi resultado do trabalho iniciado no final dos anos 40 e começo dos anos 50 sobre ateroesclerose ou endurecimento das artérias. Acredita-se amplamente que a quantidade de gordura na dieta influencia tanto a ateroesclerose quanto os níveis de colesterol no sangue. Mais recentemente, o dr. Dean Ornish da University of California, San Francisco, demonstrou em pacientes a reversão da doença na artéria coronária com uma combinação de dieta com baixa gordura, meditação e exercício. A dieta que ele recomendou é compatível com a Dieta Macrobiótica, a Dieta Pritikin, o Plano McDougall, a Dieta Haas e a Dieta Isenta de Gordura.

SUPLEMENTOS ALIMENTARES

Quando se trata de suplementos alimentares, a situação é ainda mais difícil. Parece óbvio que a maioria dos alimentos é deficiente em minerais porque nosso solo tem sido radicalmente esgotado. E com a tensão de todos os tipos (fumaça, poluição, social etc.), nós necessitamos de mais vitaminas e minerais. Mas quanto de quê?

Se 45% de gordura é excessivo, qual é o ideal? E se há uma faixa, como a pessoa escolhe?

Se 18% de açúcar (35 a 42 colheres de chá por dia) é muito, quanto é “seguro”?

Se 18% de farinha branca é muito, quanto é "seguro"?

Há relativamente pouca diferença nas quatro dietas resumidas aqui e essas são, de fato, ideais para a maioria das pessoas. Como resultado disso, tentei integrá-las naquilo que chamo de a Dieta Isenta de Gordura.

A DIETA ISENTA DE GORDURA

Criada por C. Norman Shealy, M.D., Ph.D.

Princípios:

1. Isenta de gorduras, manteiga, margarina ou óleo.

2. *Diminuir* alimentos gordurosos tais como:
   Manteiga de amendoim
   Queijo
   Laticínios
   Ovos
   Carnes e peixes de todos os tipos (carne de boi, porco, frango, etc.)

3. Planeje a alimentação *diária* para que ela contenha *um máximo* de 20 g de gordura dos alimentos com alto índice de gordura. Exemplos:

Bife magro	13,5g
Queijo Cheddar	9,5 g
Leite 2%	4,0 g
Leite 1%	2,0 g
1 ovo	7,0 g
Frango (sem pele)	4,0 g
Requeijão	1,0 g
Salmão	7,0 g
Ricota	3,0 g

   Em caso de dúvida pesquise!

4. *Evite:*

Bacon	Carnes enlatadas
Presunto	Carnes congeladas

5. Coma à vontade alimentos ricos em amido (Carboidratos complexos):

Aveia	Batatas
Trigo	Batatas-doces
Arroz	Abóbora
Milho	Massas, especialmente integrais, grãos incluindo arroz, milho, soja, semolina, espinafre
Cuscuz	
Bulgur	
Painço	
Trigo sarraceno	
Centeio	

6. Aprenda a temperar com ervas, especiarias e molhos sem gordura.

DIETA ANOPSON (ALIMENTOS CRUS)

A dieta Anopson consiste de apenas alimentos crus em seu estado natural, escolhidos, por "instinto", ou seja, pelo cheiro e pelo gosto. Teoricamente, a pessoa deve ter grandes variedades de alimentos crus disponíveis, para cheirar cada um deles e comer aquele que mais lhe apetece e continuar comendo esse alimento até o momento em que o gosto mudar de saboroso para desagradável. Essa dieta consiste numa grande variedade de alimentos crus, frutas frescas, qualquer legume agradável ao paladar, ovos crus, sementes e nozes cruas, e carne crua de todos os tipos variando de peixe e aves até carnes vermelhas. Os criadores desta dieta não recomendam comer carne de porco crua até que se completem três meses de dieta, após os quais eles afirmam que o sistema imunológico da pessoa está tão fortalecido que ela fica virtualmente resistente a todas as infecções e infestações de parasitas. Nenhum alimento pode ser batido no liquidificador, secado, cozido ou moído. Não é preciso comer as cascas da banana ou da laranja, mas, em geral, a maioria dos alimentos é comida *au naturel*.

Quando a competência imunológica está enfraquecida, eu acredito que a dieta Anopson é a ideal. Entretanto, seria melhor seguir primeiro uma das outras dietas, seja a Macrobiótica ou a Isenta de Gordura e, após um mês ou dois, tentar a Anopson por um período de quatro a seis semanas. A base simples da Dieta Anopson é comer tantas frutas frescas e saborosas quanto possível, tantos legumes quanto a pessoa quiser e complementar isso com ovos crus, peixe cru (Vermelho, Cioba e peixes de mar são bastante saborosos para se comer crus e provavelmente seguros, mas não tenho certeza quanto às outras carnes), nozes e sementes cruas, especialmente de caju e de amêndoas. Esses são complementos adequados para a Dieta Anopson e penso que se a maioria das pessoas comer uma quantia razoável de peixe, de nozes e de sementes, elas irão melhorar sua saúde com esse tipo de dieta. Mas se o sistema delas estiver muito "intoxicado" por maus hábitos cumulativos, fumo e uma dieta inadequada, elas podem ter muito mais sintomas e, portanto, eu provavelmente escolheria um dos outros programas nutricionais acima mencionados.

O PREPARO PARA UMA DIETA DE VIDA

Este programa nutricional criado por Harvey e Marilyn Diamond é um dos mais populares na História deste país. Três milhões de livros foram vendidos. Ele se aproxima da Dieta Anopson mais do que qualquer uma das outras, mas limita ainda mais a combinação de alimentos. De acordo com esses autores, você deveria comer nada mais do que frutas frescas ou sucos de frutas frescas da hora em que você acorda até o meio-dia. Do meio-dia até a noite, você pode comer legumes praticamente sem limite, tanto quanto possível crus, ou você pode almoçar um "sanduíche balanceado" que consiste de pão integral com vários legumes e brotos. Para jantar é permitido ou amido de qualquer tipo, incluindo batatas, arroz, etc., mais legumes, ou carne, especialmente frango ou peixe, mais legumes, mas nunca combinando amidos com carne. É amplamente aceito que essa dieta faz perder peso e aumenta a energia.

Uma importante consideração a fazer é com relação ao álcool. Em geral, ele não é saudável para ninguém e as pessoas deveriam minimizar a ingestão de álcool; ou seja, um máximo de dez doses por semana. Se você tem algum tipo de doença, nenhuma quantidade de álcool pode ser considerada segura ou razoável.

Em regra, não mais do que duas xícaras de qualquer bebida com cafeína deveriam ser tomadas por dia. Soda e refrigerantes também deveriam ser evitados. Água de boa qualidade deveria ser bebida em proporção ao peso da pessoa: metade do peso em libras, mas convertido em onças. Ou seja, uma pessoa pesando 75 quilos deveria beber 2 litros de água por dia.

Finalmente, quando se fala de nutrição, é preciso incluir a questão dos complementos alimentares. Teoricamente, se alguém tem uma dieta excelente e não está exposto a uma grande poluição ambiental ou a outra tensão, não são necessários complementos alimentares. Infelizmente, a maioria das pessoas mora em cidades poluídas, bebem água poluída, estão expostas a fumaça de cigarros, gases de óleo diesel e de outros produtos de petróleo e provavelmente têm uma alimentação deficiente em vitaminas e especialmente em minerais. Eu, pessoalmente, tomo um complexo mineral com multivitaminas.

Exercícios físicos

Alongamento (calistenia ou *hatha yoga*), fortalecimento (musculação, levantamento de peso) e fortalecimento cardiovascular (atividades aeróbicas), todos são exercícios úteis e saudáveis. Todas as três formas de exercício fazem com que você se sinta bem física e mentalmente. Eles aumentam a produção de betaendorfina (o narcótico natural). Todas as três formas reduzem significativamente a tensão. O exercício aeróbico tem sido pesquisado extensivamente e a atividade aeróbica aumentada leva à melhoria do funcionamento fisiológico: diminuição do índice de descanso do coração, aumento do colesterol HDL, diminuição do colesterol, diminuição do açúcar no sangue, baixa a pressão sangüínea, etc. Não foram feitos estudos similares de maneira tão completa para os exercícios de alongamento e de fortalecimento muscular. Há muitas evidências de que o exercício aeróbico diminui o risco de ataque do coração e algumas evidências de que ele melhora a saúde, a longevidade e a sensação de bem-estar. Não sabemos se o exercício físico é essencial ou não para a saúde e para a longevidade em todas as pessoas. Ou seja, se você tem uma atitude excelente, come bem e/ou tem bons genes (escolheu bem os seus pais), o exercício irá criar uma saúde melhor e uma vida mais longa? Sob um ponto de vista de saúde/longevidade, você pode substituir exercícios e alongamento ou musculação por aeróbica? Provavelmente *qualquer* exercício é melhor do que nenhum e faz a pessoa se sentir melhor.

EXERCÍCIO FÍSICO – ALONGAMENTO

O sedentarismo produz tensão e a nossa sociedade não incentiva a atividade física. Automóveis, escadas rolantes, elevadores e até "esteiras rolantes" em aeroportos são sinais de "progresso". Nossas primeiras sugestões para a forma física são:

1. Ande sempre que possível, principalmente se o seu destino está a menos de um quilômetro e meio. Mais do que isso, considere o uso de uma bicicleta.

2. Suba e desça escadas sempre que possível. Se você exercitar isso gradualmente, facilmente você será capaz de subir pelo menos dez lances de escada. Em muitos prédios, isso significará economia de tempo também!

Andar e subir escadas é igualmente alongamento e fortalecimento cardiovascular. Mas mesmo quando feitos intensivamente, eles não são adequados para manter o corpo flexível. Cada articulação, músculo ou tendão necessita de uma série de movimentos diariamente. Os seguintes exercícios simples podem ser feitos em dez ou quinze minutos. Comece com uma repetição; cada semana aumente uma repetição, chegue a dez de cada um. Respire vagarosa e profundamente, expirando durante a parte mais difícil do exercício.

Pescoço – gire a cabeça *devagar* em todas as direções, no sentido horário e no sentido anti-horário, alongando (sem forçar) até o limite.

Ombros e braços – Encolha os ombros e volte em um movimento suave, leve e relaxe. Levante os braços sobre a cabeça, baixe-os até o nível do ombro e faça círculos com as mãos e braços, primeiro em uma direção e depois na direção oposta.

Tronco – Fique de pé, ereto e incline o corpo para um lado e para o outro. Volte à posição ereta. Mantendo os pés no chão, alinhados, incline o corpo tanto quanto possa para um lado e para o outro. Volte à posição ereta. Deixe a cabeça e o tronco cair suavemente para a frente, bem soltos, alongando tanto quanto possa. A cada dia ou semana procure alongar um pouco mais.

Pernas e quadris

1. Deitado de costas, com um joelho dobrado, levante a outra perna estendida até onde possa; desça a perna até o chão; repita com a outra perna.
2. Puxe um joelho em direção ao peito, então vire o joelho para o lado de fora, segure o pé com as duas mãos enquanto estende o joelho para o lado; estique a perna gradualmente; repita com o outro lado.

Coluna

1. Deitado de costas, dobre os joelhos com os pés no chão; levante as nádegas o mais alto que puder; abaixe lentamente.
2. Fique de quatro; estique suas costas para cima, em arco, enquanto inclina sua cabeça para frente; levante a cabeça para cima enquanto arqueia suas costas para baixo (nádegas para cima).

EXERCÍCIOS FÍSICOS – FORTALECIMENTO DO CORAÇÃO

No início deste século, o trabalho da maioria das pessoas era braçal; atualmente, nem mesmo os que trabalham na terra fazem exercício físico suficiente. Mas o exercício pode e deveria ser divertido. Os requisitos mínimos para um exercício para o coração são apresentados a seguir. Em geral, é melhor fazer um exercício regularmente, mas vários grupos podem ser combinados. *De qualquer forma, comece bem lentamente* e vá aumentando gradualmente até a quantidade final recomendada; leve pelo menos dezesseis semanas para chegar ao máximo; se você tem mais de quarenta anos e não faz exercícios regulamente, leve de 24 a 32 semanas para chegar ao máximo.

Andar
Comece andando 400 metros no seu ritmo.
Vá aumentando (no período de 16 a 20 semanas) até 6 quilômetros em 59 minutos, 5 vezes por semana.
Jogging
Use um trampolim (comece com 1 minuto) ou um colchonete no chão. Comece com 1 minuto no seu ritmo. Vá trabalhando lentamente para chegar a 20 minutos, 5 dias por semana, correndo pelo menos 180 passos por minuto.
Bicicleta
Comece com 3 quilômetros com tranqüilidade, no seu ritmo. Trabalhe lentamente para chegar a 16 quilômetros em 50 minutos, 5 dias por semana (20 semanas para chegar a isso).
Squash ou handball
Só comece se você puder andar bem (e desenvolveu lentamente) 6 quilômetros em 59 minutos. Comece com 30 minutos, 3 vezes por semana. Vá desenvolvendo lentamente até 60 minutos, 5 vezes por semana.
Escadas
Comece com um lance de escada no seu ritmo. Exercite até 50 lances de subida e descida, tão rapidamente quanto possa, 5 dias por semana (20 semanas para se chegar a isso).
Natação
Comece com 100 m no seu ritmo. Vá melhorando até 1.000 m em 30 minutos, 5 vezes por semana. Leva-se pelo menos 16 semanas para isso.
Saltos
Fique ereto, dobre os joelhos aproximadamente 1/4 a 1/2 de inclinação (semi-agachado) enquanto balança seus braços para frente; pule para cima e para baixo, lentamente, aumentando a velocidade. Comece com 1 minuto diário. Vá exercitando lentamente para chegar a 20 minutos, 5 vezes por semana, pulando tão rapidamente e sem se cansar demais. Leva-se no mínimo 15 semanas para chegar ao máximo.

AUTOCONTROLE MENTAL

Alguma forma de treinamento do autocontrole mental faz parte de todas as principais religiões e sociedades. A meditação faz parte tanto do Cristianismo quanto do Judaísmo ou do Budismo. O treinamento da auto-hipnose e do relaxamento são de igual maneira universais. A sociedade moderna americana parece ter abandonado essas técnicas mais do que qualquer outra sociedade na História.

Por mais de oitenta anos, estudos científicos extensivos têm confirmado essa sabedoria perene. Virtualmente, cada função fisiológica é melhorada com muitas formas de treinamento do autocontrole. Pelo menos 80% de todas as doenças reagem bem ao autocontrole, muito melhor do que a remédios ou cirurgia, sendo muito mais seguro do que qualquer outra terapia conhecida. Nas últimas décadas, o treinamento *biofeedback* fez com que as técnicas de autocontrole fossem aceitas. A temperatura da pele, um reflexo da circulação, é uma das funções mais fáceis de se regular. Ela acelera o aprendizado do controle de enxaquecas e de pressão alta. A realimentação do EEG (medida da atividade das ondas cerebrais) ajuda principalmente as pessoas com pensamentos obsessivos e aqueles que sofrem de epilepsia. A realimentação do EMG (medida da tensão muscular) ajuda principalmente para melhorar o torcicolo e outras formas de tensão muscular. Mas o *biofeedback* apenas reforça a consciência sensorial ou a realimentação interior. É a prática regular do treinamento autogênico (tal como usado na Biogênese) que é essencial para que o treinamento do autocontrole seja bem-sucedido.

Para melhorar e restituir a saúde e tratar a doença, física, mental e emocionalmente, não há outra maneira que se compare ao valor do treinamento do autocontrole.

Para um relaxamento básico, apenas fique em uma posição confortável, feche os olhos e respire lentamente, repetindo a cada inspiração "Eu estou relaxado".

Memorize as seguintes frases e, com os olhos cerrados, repita cada uma delas lentamente doze a quinze vezes:

Meus braços e pernas estão pesados e aquecidos.

Meu coração bate tranqüila e regularmente.

Minha respiração é livre e fácil.

Meu abdômen está aquecido.

Minha testa está fresca.

Minha mente está tranqüila e quieta.

Esse tipo de "terapia autogênica", feita por um período de seis meses, traz um notável senso de equilíbrio e estabilidade.

COMO LIDAR COM O MEDO – O EQUILÍBRIO DAS EMOÇÕES

Há apenas uma emoção realmente negativa: o medo. Como Franklin D. Roosevelt afirmava eloqüentemente: "A única coisa da qual devemos ter medo é o próprio medo." A raiva é uma das reações ao medo. Quando uma pessoa ou um acontecimento o ameaça e você fica com medo de perder a vida, dinheiro, amor ou sente uma injustiça moral, você pode vir a reagir com raiva. A próxima vez em que sentir raiva, apenas pergunte a si mesmo o que você está com medo de perder.

Qualquer que seja a situação, entretanto, você só tem quatro maneiras possíveis de reagir ao problema emocional:

1. Continuar com raiva ou chateado, o que é cometer suicídio de uma maneira socialmente aceitável.
2. Reivindicar seus direitos, tentando encontrar uma solução positiva.
3. Separar-se da pessoa ou da situação com alegria. Se você não se separa com alegria, você ainda está aborrecido e não ganhou nada com a separação.
4. Aceitar e perdoar. Algumas vezes precisamos reconhecer que não somos perfeitos e que os outros também não são, mas que o valor do relacionamento é maior do que os seus aspectos negativos e as suas limitações. Aprender a aceitar e perdoar verdadeiramente, sem ressentimento, é uma característica de grande maturidade.

Muitas pessoas em nossa sociedade acreditam que a tensão social é o maior problema de saúde dos americanos. Como enfatizamos em outros trabalhos, a alimentação e o exercício físico são igualmente importantes no equilíbrio das emoções. A boa alimentação em que se evita açúcar, farinha branca e outros alimentos congelados, e se consome uma ampla variedade de alimentos naturais, ajuda a evitar o medo irracional e a raiva. Da mesma forma, o exercício físico ativo ajuda a estimular a homeostática ou o mecanismo de equilíbrio do corpo e diminui a tendência de se aborrecer com problemas relativamente sem importância.

Há porém lugar para a indignação justificada. Há situações em que a pessoa tem o direito e, de fato, a responsabilidade de se mostrar ofendida ou magoada, e de reivindicar seus direitos e exigir que o outro mude. Se isso não é possível, então tente se acalmar, feche os olhos, relaxe, equilibre os sentimentos dentro de você, e então pergunte a si mesmo: A situação ou problema é tão grande que eu não posso tolerar ou aceitar de forma alguma, e tenho que me livrar dele? Se assim for, separe-se dele com alegria por ser capaz de tomar essa decisão inteligente.

Se essa separação não lhe parece necessária ou possível, então pergunte a si mesmo: Eu posso aceitar e perdoar realmente as limitações do outro, porque vale a pena continuar o relacionamento? Se a resposta é sim, então perdoe *verdadeiramente* e sua raiva será *liberada*.

A culpa é outra reação ao medo. Sempre que ficamos com raiva suficiente para querer ferir alguém ou quando tememos não ter atingido nossas "expectativas" podemos nos sentir culpados. Você não precisa se sentir culpado nunca se você sempre faz o melhor que pode. O passado não pode ser mudado, mas reconheça que você pode mudar sua reação, sua atitude e seu comportamento. Contanto que você seja o mais produtivo e amoroso possível, você não precisa se sentir culpado. (Nós sempre damos aos nossos pacientes broches com a inscrição "Inocente".)

A depressão é uma reação fortíssima ao medo na qual nos sentimos desvalorizados e tão amedrontados que nos entregamos ao que Freud denominava "desejo de morte".

A ansiedade é um medo não definido ou medo de um ou mais assuntos de menor importância. A prática regular de uma boa alimentação, exercícios físicos adequados e exercícios de autocontrole são a melhor forma de lidar com a depressão e com a ansiedade.

Sintonia espiritual

Uma vez equilibradas as emoções, você está pronto para sintonizar seus ideais internos – sua sintonia pessoal com A Regra de Ouro. Esse é o momento para se concentrar no perdão, na tolerância, na compaixão, na alegria, na fé, na esperança e no amor, invocando esses princípios em todos os aspectos de sua vida, reconhecendo a sabedoria de sua alma ou espírito e o poder do amor de Deus.

CRIE UM LOCAL SAGRADO

A principal contribuição simbólica para o autocontrole mental é ter um espaço pessoal reservado que seja limpo, intocado. Mesmo que seja apenas um pequeno canto de um aposento, é bom que seja um local só seu, onde ninguém mais entra e onde você possa colocar símbolos religiosos ou qualquer outro objeto pessoal, que irradie para você uma sensação de segurança. Nesse espaço, você poderá sentar-se em posição de lótus ou em uma pequena almofada, mantendo a coluna ereta, e praticar exercícios mentais de autocontrole. Embora seja impossível eliminar os sons vindos de fora, é agradável ter o som de uma música tranqüilizante. Certifique-se também de que o ar seja o mais puro possível. Se necessário, use um purificador de ar e não permita que se fume nesse ambiente. Queimar incensos ou acender velas é muito bom para criar um clima próprio nesse local sagrado. Criar um espaço como esse, onde você possa estar realmente sozinho, é um complemento ideal para a saúde mental.

Outras alternativas para a manutenção da saúde

Cinesiologia – Este sistema usa a força muscular testada pelo examinador, para avaliar o efeito dos pensamentos, dos alimentos, dos complementos alimentares e dos remédios. Os entusiastas da cinesiologia afirmam que tudo pode ser testado dessa maneira. Se é bom para você, os músculos estão mais fortes, se é mal, os músculos são mais fracos. Há pouca avaliação científica e quantificável para confirmar essas afirmações. Os efeitos são, em geral, muito passageiros (um minuto aproximadamente).

Acupuntura – Com mais de quatro mil anos, a acupuntura baseia-se no conceito da energia circulante no corpo, que é pragmática, prática e funcional. Nos últimos vinte anos, extensivas pesquisas científicas demonstraram de maneira consistente efeitos significativos da acupuntura sobre uma ampla variedade de parâmetros psicológicos. Tendo praticado a acupuntura por vinte anos, eu a considero a alternativa mais ampla e benéfica à medicina alopática. É benéfica em pelo menos 85% das doenças, mas é limitada em 15% das pessoas que estão seriamente doentes fisicamente ao procurarem cuidados médicos. Para infecções, grandes traumas, câncer e problemas corrigíveis com cirurgias, a acupuntura tem pouco a oferecer. Para doenças de tensão e aquelas ainda na fase de mudanças químicas ou elétricas, a acupuntura é, provavelmente, o melhor tratamento. É insuperável, por exemplo, no tratamento da esterilidade masculina.

Rolfing – Ida Rolf criou um novo conceito de doença. Para ela, a doença é criada quando o tecido conjuntivo entre os músculos não desliza suavemente. Uma massagem muito profunda e algumas vezes dolorosa é usada para corrigir esse problema. Acredito que ela seja usada principalmente em pessoas com emoções reprimidas, para liberar as aflições.

Feldenkrais – Moshe Feldenkrais desenvolveu um conceito de integração neuromuscular que envolve reflexos de postura anormais como os principais aspectos da patologia. A teoria é brilhante. Na prática, parece-me ser mais útil em doenças do cérebro e da coluna, que causam descoordenação e convulsões.

Ervas – Algumas ervas são muito valiosas e algumas levaram a descobertas de princípios ativos que se tornaram remédios. O digitalis, por exemplo, vem da dedaleira. Muitas das afirmações feitas em publicações não têm estudos científicos que as apóiem. Sem dúvida, muitos outros remédios serão descobertos ainda se as ervas forem estudadas adequadamente.

Quiroprática e Manipulação Osteopática – A osteopatia começou há quase cem anos com o médico Andrew Taylor Still, tendo sido rejeitada desde o início pela medicina alopática. Embora a manipulação das articulações, dos músculos e dos tendões seja usada há mais de mil anos, a osteopatia trata de uma maneira muito mais organizada e científica e é de grande utilidade em problemas de coluna. Eu não gostaria de praticar sem uma boa consulta osteopática.

Em 1985 eu sofri uma torção sacral aguda. Precisei de três osteopatas para colocar meu osso sacro no lugar, mas o alívio foi instantâneo. Tenho certeza que a medicina alopática não teria tido nada a me oferecer, já que os médicos alopatas nem mesmo reconhecem essa situação muito comum de rotação do osso sacro.

A medicina quiroprática foi iniciada por uma pessoa não treinada que usou a sua intuição após uma experiência de duas semanas como paciente de Andrew Taylor Still. A quiroprática desenvolveu seus programas educacionais e ganhou pontos decisivos na luta contra sua eliminação pela medicina organizada. Mesmo dentro da profissão de quiroprático, há duas importantes linhas de pensamento: aqueles que são "diretos", que acreditam apenas na manipulação; e aqueles que são "mesclados", que incorporam praticamente tudo que é não cirúrgico e não farmacêutico. Um quiroprático bem treinado e sensitivo pode ajudar a curar muitos problemas diferentes, mas principalmente aqueles que envolvem dor originada por problemas em qualquer ponto da espinha ou das articulações sacroilíacas.

Minha filha tinha escoliose aos treze anos, e um cirurgião ortopedista recomendou que ela usasse um colete. Um quiroprático maravilhoso, dr. Fred Barge, trabalhou em sua coluna durante um ano e depois disso continuou com um programa adequado de exercícios, evitando assim a necessidade de ela usar qualquer tipo de colete ou de sofrer uma intervenção. Tive subluxações agudas nas articulações das costas, que foram corrigidas, geralmente com um simples ajuste feito por um quiroprático competente.

Radiônica – Basicamente, um recurso mântrico ou psíquico que permite ao praticante adivinhar sugestões para diagnósticos e para tratamento. Não há estudos científicos sobre isso sendo, em geral, encarado pela ciência como charlatanismo. Se o praticante tiver uma boa intuição essa técnica provavelmente irá funcionar.

Iridologia – Foi feito apenas um estudo científico que não demonstrou eficácia deste tratamento. A tese dos iridologistas é que eles podem ver descolorações e outras mudanças na íris que permitem um diagnóstico específico. Acredito que qualquer bom iridologista – se existe algum preciso – é um bom intuitivo.

Fibras Sintéticas e Influências Eletromagnéticas – John Ott e outros apresentam uma significativa evidência científica do efeito adverso sobre a saúde de muitas vibrações sintéticas. Essas incluem luzes fluorescentes, aparelhos elétricos (circuito de mais de 60W), TV, microondas, etc. Ott demonstra também os efeitos prejudiciais das fibras sintéticas, tais como poliéster, acrílico, etc., até mesmo alguns casos de impotência sexual criados por fibras sintéticas em roupas de cama e de dormir. Há também muitas afirmações acerca dos efeitos adversos das ondas FEB (Freqüência Extrabaixa) supostamente enviadas aos EUA pela Rússia.

O que falta são estudos comparativos e porcentagens de pessoas afetadas. Em outras palavras, somos todos afetados de maneira adversa, em maior ou menor intensidade, por esses aspectos de vibração relativamente *sutis*? Em caso afirmativo, até que ponto deveríamos nos proteger? Uma pessoa consciente de sua saúde *deveria evitar* totalmente, ou quase totalmente, a televisão, os materiais sintéticos e microondas?

Cristais coloridos – Há um excesso de folclore com relação às afirmações sobre os efeitos dos cristais coloridos e de vários tipos de pedras sobre a saúde. Estudos científicos afirmam que a cor realmente afeta o humor. Além disso não há evidências contra nem a favor de tais afirmações. Em que medida a *cor* influencia o humor e/ou a saúde? Os cristais podem *realmente* afetar nossa saúde?

(Comentário de Caroline Myss) O fato de ter sido provado que cores afetam nosso humor sugere uma ligação à nossa qualidade de saúde, já que nosso humor tem uma forte influência sobre a nossa saúde. A terapia de cores, assim como a terapia de sons, pertence à medicina da dimensão da energia. À medida em que aprendemos mais sobre nossa natureza sutil e nosso campo áurico, sem dúvida iremos aprender mais e apreciar a influência curativa do uso da luz (cor) e do som.

Astrologia – As influências astrológicas fazem parte da cultura popular há milhares de anos. Há alguma evidência acerca das influências dos signos solares, dos signos ascendentes e dos signos lunares sobre a nossa personalidade. Parcialmente relacionadas com o biorritmo (o mês lunar coincide com um dos ciclos), as influências astrológicas podem não ter tanta influência quanto nossos pais, mas qual é o seu papel na saúde?

(Comentário de Caroline Myss) Para mim, as influências astrológicas são autênticas, mas não como é imaginado pelas pessoas que encaram a astrologia como previsão do futuro. A astrologia não é adivinhação. É o estudo das influências das energias dos planetas em todo o sistema de vida, incluindo a vida humana. É sabido que somos parte de um todo. É natural que partes individuais desse todo irradiem certas qualidades. As influências astrológicas não controlam a vida da pessoa: elas meramente indicam potenciais e possibilidades.

Eu, pessoalmente, li mapas astrais de pessoas cujas influências astrológicas indicavam fraquezas potenciais em certas partes do corpo. Isso significa que, se elas ignorassem as necessidades de seus corpos, mentes e espíritos, a doença iria ocorrer mais provavelmente nessas partes do corpo. Isso não quer dizer que a doença está destinada a ocorrer nessas partes do corpo.

Nós sempre temos o poder de fazer escolhas. Se bem compreendida, a astrologia é um excelente instrumento para a compreensão das propriedades das energias que influenciam a nossa vida.

Como criar a saúde

Em resumo, criar saúde é fácil. É necessário um conjunto de hábitos muito simples e seguros:

No nível físico

1. Evitar o fumo.
2. Evitar ou minimizar o consumo de álcool (máximo de dez doses por semana).

3. Comer uma variedade de alimentos saudáveis (diminuir a gordura, o sal, o açúcar e a cafeína).
4. Tomar o café da manhã diariamente.
5. Fazer três refeições por dia.
6. Fazer exercícios físicos adequadamente.
7. Manter o peso dentro dos 10% do ideal para sua altura e constituição física.

No nível energético

8. Resolver e eliminar a raiva, a culpa, a depressão, a ansiedade e o medo diariamente. Nunca ir dormir com rancor.
9. Praticar o relaxamento e o equilíbrio mental psicológico trinta minutos por dia (Biogênese).
10. Treine-se para resolver todo conflito emocional.
11. Tenha uma atitude positiva.
12. Crie um local sagrado onde possa praticar a sintonia espiritual.

14

TORNAR-SE UM ESPÍRITO ELEVADO

CAROLINE MYSS

É fato: nós criamos a qualidade da nossa saúde. Mesmo que algumas pessoas só aceitem essa premissa no que se relaciona com a criação do resfriado comum ou de uma dor de cabeça tensional, ainda assim, é um começo para a compreensão de como a emoção da pessoa afeta o corpo físico. Mais importante ainda, essa aceitação é o primeiro passo crucial para a mudança de consciência com relação à compreensão da interdependência de todos os sistemas de vida.

Para aqueles que podem e já aceitam essa premissa, esse também é apenas o primeiro passo. Na realidade, a direção que tomarmos é potencialmente muito mais importante do que o reconhecimento básico da responsabilidade pessoal sobre a criação da saúde. O que estamos aprendendo agora em termos do poder criativo de nossas emoções e pensamentos representa uma *mudança fundamental* em nossa estrutura conceitual coletiva da própria realidade, e se estende bem além de nossa vida individual.

Através do estudo de como o nosso processo interior afeta a nossa forma física, estamos aprendendo que realmente criamos o que chamamos de realidade física. Nós influenciamos os fatos, as condições climáticas, a ecologia, a geografia e a política. Nós influenciamos o tipo de oportunidades que aparece em nossa vida e criamos nossas circunstâncias financeiras pessoais. Nós influenciamos, em outras palavras, individual e coletivamente, tudo o que vivenciamos.

As pessoas que são capazes de entender que elas é que dirigem a sua realidade aumentam consideravelmente sua capacidade de curar qualquer doença, pois não podem mais ser vitimizados pela idéia de que a doença ocorre ao acaso, sem uma justa causa. Elas são capazes de entender que, se participaram na criação da doença, podem participar na recriação da saúde. E quando se curam, essas pessoas retêm um reconhecimento instintivo sobre o próprio processo de criação – a saber: se eles criaram a matéria que é o seu corpo físico, eles também criam a matéria do seu ambiente e, portanto, de todo o campo de força da vida. Em outras palavras, o ensinamento de "aquilo que está em um está no todo" se tornar uma verdade viva porque foi vivenciada pessoalmente através da recriação da "terra", que é o seu corpo.

A doença não é o único caminho para essa descoberta. O fato é que a vida de cada pessoa está sendo atingida, de alguma forma, por uma crise que não é solucionável através do "pensamento comum", ou seja, o uso de uma solução efetiva anterior para resolver novos problemas. As crises atuais são muito mais intensas do que aquilo que tínhamos de enfrentar em décadas passadas.

A dissolução da unidade familiar e de relacionamentos duradouros, o grande aumento de consumo de drogas e de álcool, de traumas na adolescência (tais como a gravidez na adolescência, abusos sexuais, crescentes índices de analfabetismo, etc.) e de doenças sérias com altos custos para tratamento, para enumerar apenas alguns de nossos problemas atuais, são indicações de que o "pensamento comum" não mais produz resoluções efetivas.

Nosso processo de pensamento, baseado em padrões de raciocínio familiares e desgastados, se tornou obsoleto. Não sendo mais capazes de responder às tensões de nosso mundo, estamos produzindo soluções a longo prazo para problemas (tais como poluição e extinção de espécies) que precisam desesperadamente de respostas mais imediatas e efetivas. Seja a crise uma epidemia, tal como a AIDS, ou uma situação política tensa, o pensamento comum da medicina tradicional ou da política global não é mais suficientemente abrangente para lidar com esses desafios.

Quando o pensamento comum não pode mais acomodar as exigências dos tempos, novos paradigmas no pensamento conceitual devem ser procurados com relação à natureza e ao espectro da crise. Nós precisamos compreender o fato de que todas as crises são agora em proporção global e não se limitam mais aos limites nacionais. Assim, devemos criar um paradigma de pensamento conceitual que inclua o mundo todo em vez de apenas algumas nações. Isso é idêntico à transição de pontos de vista que ocorre entre a medicina tradicional (com a visão das partes do corpo como separadas) e o modelo holístico, que envolve o tratamento do ser humano como um todo.

A premissa de que nós criamos nossa própria realidade como partes individuais de um campo de força de vida interligado representa uma linha de raciocínio mais elevada, que é capaz de produzir soluções para os desafios do nosso mundo. Que todos os sistemas são interdependentes é uma idéia que está aparecendo agora em nosso mundo através de todos os canais possíveis: saúde, ciência, ecologia, economia, governos, assim como movimentos internacionais para a preservação do planeta contra desastres nucleares e ecológicos.

Essas idéias têm poder suficiente para transformar o nosso modo de vida e a maneira como entendemos a realidade. Elas são realmente tão poderosas que se deve considerar a razão de elas estarem agora penetrando em cada nível de vida. Assim como alicerces sendo construídos para uma espécie inteiramente nova, devemos perguntar "Quem é o arquiteto desse projeto e qual o objetivo disso? Seria possível estarmos sendo direcionados pela Orientação Divina para entrar em um processo de transformação que assegure a sobrevivência da vida neste planeta?"

A passagem para o terceiro milênio

Ao nos aproximarmos do ano 2000, não podemos deixar de nos surpreender com o que significa entrar num novo milênio. Muitos chamam o século XXI de Nova Era, destinada a ser uma época de iluminação e de avançada compreensão espiritual. Previsões afirmam que as doenças serão compreendidas totalmente como desequilíbrios de energia e a cura será então um processo muito mais delicado de manipular o corpo etérico através do uso de cristais, do som e da cor.

Outros antecipam os anos vindouros em termos muito mais pragmáticos. Eles acreditam que esses anos, particularmente as próximas duas décadas, serão uma época de grande e dramática transição, literalmente falando, uma época de limpeza. Algumas das previsões incluem mudanças catastróficas na Terra, secas, fome, epidemias, colapso do sistema bancário internacional e a probabilidade de desastres nucleares.

Qual o cenário mais provável? Ou ambos têm um elemento de possibilidade? Embora não seja realista *prever* o amanhã, é possível verificar as áreas de crise e *projetar possíveis resultados*, já que estamos, de fato, criando nosso futuro através da maneira como reagimos aos nossos desafios atuais.

Uma olhada no futuro

A história do nosso planeta é turbulenta. Todas as nações e povos da Terra conheceram em alguma época a guerra, a fome, as epidemias, a doença e o domínio de sistemas desumanos de governo.

Essas condições, como sabemos, ainda existem. O nosso "pensamento comum" nos permite ver tais condições como problemas humanos tristes mas crônicos. Nós nos anestesiamos face ao fato de que o poder destrutivo subjacente a cada um desses problemas tem aumentado dramaticamente. Antes, a guerra, as pragas e as epidemias ficavam contidas ou localizadas em áreas específicas do mundo. Agora, cada um desses problemas, tem conseqüências a nível global. Está claro que, embora sempre tenhamos enfrentado esses problemas, nós aumentamos sua capacidade destrutiva de tal maneira que nossa sobrevivência depende agora da sua eliminação *total*.

Considere que o aparecimento de armas nucleares não mudou apenas o estilo da guerra, mas elevou a guerra a um horror que resulta em aniquilação global. Cada área em conflito no planeta pode potencialmente explodir em uma crise nuclear mundial.

A epidemia da AIDS se espalhou virtualmente por todos os países da Terra, tornando-se a primeira crise de saúde global. Se anteriormente as crises de saúde se limitavam a certas áreas, a mobilidade dos seres humanos trouxe esse vírus para o palco mundial.

A fome, a miséria e a inanição estão ocorrendo em proporções extremas devido a uma incapacidade de enfrentar efetivamente as causas básicas desses males.

Os desequilíbrios ecológicos contribuem como outro importante fator para a condição altamente instável da Terra e, assim como a crise nuclear, não existiam quarenta anos atrás. Um desequilíbrio crucial existe agora na ordem natural da vida. A chuva ácida, a poluição, os pesticidas e outras substâncias tóxicas influenciaram na liberação de grandes quantidades de veneno no ambiente, excedendo a própria capacidade da Natureza de manter o equilíbrio do ambiente.

Colapso dos elementos essenciais da vida

Considere a situação dos elementos essenciais da vida: o ar, a água, a terra e o fogo. O ar está cheio de agentes venenosos tão perigosos que morar em cidades grandes, como Los Angeles e Nova York, tem o mesmo impacto sobre o pulmão humano quanto fumar um maço de cigarros por dia. As correntes de ar agora carregam poluição nuclear. O vazamento na usina nuclear de Chernobyl contaminou o hemisfério norte. A radiação desse acidente nuclear foi responsável pela contaminação do leite das vacas até Minnesota. Os carneiros da Escócia estavam tão contaminados que sua carne e produtos derivados não puderam ser consumidos.

Nossas fontes de água estão carregadas de produtos químicos. Não há nenhum rio que não esteja poluído nos Estados Unidos. As substâncias tóxicas jogadas nas águas estão causando a morte de centenas de milhares de criaturas marinhas, como é evidente na baía de Chesapeake, conhecida por seus níveis altíssimos de poluição. A chuva ácida é ainda outro fator contribuinte para os níveis de toxicidade da água que bebemos.

A própria Terra atingiu um nível de toxicidade tão alto que as culturas de certas áreas agrícolas estão em perigo, se não já totalmente prejudicadas. O uso prolongado de pesticidas, de herbicidas e de fertilizantes resultou em um perigo tão sério para a Terra que os próprios alimentos cultivados são agora tóxicos, tendo absorvido os venenos da terra.

O buraco na camada de ozônio destruiu o escudo protetor da atmosfera, fazendo com que os raios de sol, fonte natural de vida, o elemento do fogo, se tornem um risco real para a saúde. O câncer de pele, associado a uma exposição exagerada à luz solar, tem agora maiores probabilidades ainda de se desenvolver. Outros desequilíbrios criados pela destruição do ozônio são inevitáveis.

As crises que têm sido criadas e continuam a ser criadas por essas tensões ambientais, estão destruindo a vida em uma proporção incompreensível para a maioria das pessoas. Estimativas de grupos ambientais afirmam que mil espécies são extintas por ano. Essa é a medida trágica do resultado final de se viver inconscientemente nesta Terra.

Não podemos mais subestimar o significado literal e simbólico do fato de que todos os elementos essenciais à vida – TODA A VIDA – se tornaram tóxicos. Somos feitos dos mesmos ingredientes. Somos ar, água, terra e fogo. A realidade é que estamos agora vivendo em uma condição muito frágil.

O caminho da sobrevivência: a escolha responsável

Os processos do pensamento comum não irão solucionar nossas crises globais nem os desafios pessoais contemporâneos. Nosso sistema perceptivo precisa ser elevado e transformado em um nível mais alto de raciocínio, que possibilite uma mudança em nosso sistema dc valores, deixando as necessidades individuais e se voltando para as necessidades do todo.

Como isso é feito? Certamente, é ingênuo pensar que os seres humanos irão em massa acordar subitamente e modificar seu estilo de vida e valores para refletir novas prioridades, baseadas na responsabilidade de uma visão de vida mais ampla. E, no entanto, inteiramente sob outra perspectiva, há um tipo de processo de seleção natural ocorrendo que pode muito bem ser direcionado para se chegar a esse despertar.

Recentemente, um grande número de pessoas uniram suas forças em resposta às preocupações mundiais. Para enumerar apenas alguns exemplos: o *Aid to Africa* – uma reação internacional à grande fome que ocorre na Etiópia; o *Greenpeace* e o *Save the Whales* – organizações internacionais formadas para proteger o "direito à vida" do planeta e de suas criaturas; o PETA – Grupo para o Tratamento Ético dos Animais; o *Planetary Citizens* – organização que objetiva unir todas as pessoas do planeta num trabalho em rede; *The Rain Forest Action Network* – organização para despertar a consciência com relação aos trágicos efeitos da destruição das florestas tropicais.

A lista de tais organizações, baseadas nas preocupações com relação à qualidade de vida, poderia formar um livro. O que elas representam é um movimento significativo, acontecendo em um nível básico, para assumir maior responsabilidade pela boa qualidade de vida neste planeta.

Um movimento igualmente impressionante está acontecendo no campo da saúde. A pesquisa científica para a cura do câncer apresentou uma quantidade notável de dados indicando quais alimentos e produtos químicos são cancerígenos. Da mesma forma, a pesquisa sobre os efeitos de certos alimentos sobre o coração e sobre a pressão alta, tais como o sal, o açúcar, o colesterol, as gorduras e a carne vermelha, resultou no aumento do nível de consciência de milhões de pessoas em termos de compreender a contribuição da dieta para a saúde. E essa pesquisa vem das comunidades médicas e científicas tradicionais.

Junto à pesquisa vinda do campo holístico, que aponta os efeitos das atitudes e crenças sobre a qualidade da saúde, o resultado dessa onda de pesquisa é o que agora estamos experimentando com o grande aumento do número de pessoas, em nossa sociedade, conscientes e dispostas a cuidar da saúde. Até os comerciais anunciando cereais para o café da manhã apresentam agora pessoas praticando o *jogging* antes de tomar um saudável café da manhã composto de grãos ou de granola (também disponíveis com sal e com açúcar reduzidos).

Maratonas tornaram-se comuns neste país, como é demonstrado pelo aumento impressionante de confecções e marcas de roupas esportivas, sapatos e outros itens específicos. Centros de saúde apareceram em praticamente todas as cidades do país. O fumo foi proibido em vôos domésticos e na maioria dos escritórios.

Em outras palavras, *a consciência de saúde veio para ficar*. As pessoas começaram a se preocupar em viver, em pensar, em respirar e em comer de modo responsável. Isso não é uma moda passageira, trazida pelo advento do pensamento holístico. Essas mudanças representam a mudança das prioridades humanas fundamentais em que a escolha pessoal responsável se tornou valiosa.

Mudanças como essas podem ter alguma influência nas crises políticas e sociais que enfrentamos? Quanto a pessoa deve mudar para fazer alguma diferença?

Não há provavelmente uma maneira de medir realmente os efeitos que as nossas escolhas têm sobre a qualidade total da nossa vida ou da vida das pessoas que nos rodeiam. No entanto, é intrigante seguir a reação de causa e efeito em cadeia que elas desencadeiam na vida de uma pessoa.

Eu encontrei John em uma conferência muitos anos atrás. Ele era obviamente um esportista. Era também um corredor. E vegetariano. Estava envolvido em várias organizações planetárias e era um contato central que parecia conhecer todo mundo no campo da Nova Era. Além disso, ele era um homem de negócios bem-sucedido, tendo ganho uma fortuna substancial na área imobiliária. Em resumo, ele era uma pessoa marcante. Mas, mais impressionante ainda era sua história, principalmente pela sua simplicidade e pelo seu processo gradual de conscientização.

Quando era um gigante na área imobiliária, John era um fumante inveterado e gostava de beber. Ele lutava com a pressão alta e com um ligeiro problema de peso. Ele admitiu não ter nenhum interesse em outra coisa que não fosse dinheiro e poder. Certamente, ele nunca participava de conferências cujo objetivo fosse elevar o nível de consciência da humanidade.

Seu quadragésimo aniversário, ele se lembra, apanhou-o de surpresa. Ao se olhar no espelho, viu um homem que aparentemente tinha envelhecido da noite para o dia. Ele não gostou do que viu e, então, imediatamente decidiu começar a correr.

Nesse mesmo dia ele comprou o seu primeiro par de tênis e "bufou e arfou", como ele mesmo descreve, por exatamente cinco quarteirões. Ele sabia que, se quisesse correr efetivamente, teria que deixar de fumar. E assim o fez.

Após dois meses, aproximadamente, de corrida disciplinada, John estava percorrendo quase cinco quilômetros por dia. Seu corpo estava ganhando resistência e força e ele estava começando a se sentir mais vibrante e cheio de vida como há anos não se sentia. Ele então começou a tomar consciência da sua alimentação. Interessou-se por um programa nutricional mais equilibrado e, assim, parou de consumir carne vermelha, produtos químicos, açúcar, gorduras e álcool.

Em quatro meses, John tornou-se um vegetariano convicto. Seu interesse em nutrição levou-o a ler sobre dietas alimentares mais balanceadas. Numa livraria, ele escolheu uma revista chamada *Vegetarian Times*, pensando que era uma revista de receitas.

Pela primeira vez na vida, John leu sobre estilos de vida alternativos e foi apresentado a um tipo de pensamento espiritual que nunca tinha encontrado antes. Ele já tinha abandonado há muito tempo a religião e não sentia que o "assunto Deus" tivesse alguma importância na vida de alguém, "principalmente", ele acrescentou, "se esse alguém estivesse interessado em dinheiro, como eu estava".

O que chamou a atenção de John, mais do que ele imaginava, foi a idéia da meditação. Como ele descreveu, decidiu tentar simplesmente porque o artigo dizia que a meditação era uma boa maneira de minimizar os efeitos da tensão no corpo. Havia, entretanto, um problema: John não sabia como meditar e nem conhecia ninguém que o fizesse.

Ele voltou à livraria, comprou cinco livros sobre meditação e, enquanto o vendedor preenchia a ordem de compra, John perguntou em voz baixa: "Você conhece alguém que ensine isso?" O vendedor mostrou-lhe um jornal com anúncios de terapeutas locais e professores de várias práticas alternativas. Nessa mesma noite ele telefonou para alguém listado como professor de meditação e, assim, começou seu caminho na trilha espiritual.

Desde então John mudou os interesses de sua vida de maneira que eles refletissem suas crenças espirituais. Seus investimentos de tempo, de energia e de dinheiro são dedicados a mudar a qualidade de vida neste planeta.

A história de John é bem mais típica do que extraordinária. Precisa-se apenas de *uma* ação consciente para colocar em movimento a energia da transformação, como a decisão de começar a correr. Não importa que se tome a decisão conscientemente. A decisão de John de começar a correr foi motivada pelo desejo de retardar o processo de envelhecimento e não de se tornar uma força espiritual no planeta.

Mas qualquer decisão em que a pessoa esteja assumindo maior responsabilidade pela qualidade de sua vida *inevitavelmente leva à expansão da consciência dessa pessoa.* O processo de causa e efeito tem inteligência própria, levando a pessoa continuamente em direção a dimensões mais amplas de escolha pessoal e de autofortalecimento.

Esse processo ocorre na vida de milhões de pessoas. Cada pessoa que tenha feito mesmo uma coisa simples, como tirar o açúcar da dieta diária ou deixar de fumar, já se colocou no caminho para uma consciência mais ampla. Embora não caminhemos todos no mesmo ritmo, o caminho que trilhamos é idêntico. Inevitavelmente, uma vez que você assuma a responsabilidade pessoal por você mesmo, por mínima que esta seja, você não pode voltar atrás. A forma de pensamento da responsabilidade pessoal se implanta firmemente na nossa consciência e, desse momento em diante, ela surgirá para você em toda oportunidade.

É dessa maneira que a mudança está acontecendo no planeta: pessoa por pessoa, escolha por escolha. Mudanças radicais não têm origem em visões que vêm dos céus. São graduais, mas os efeitos são, de fato, radicais.

Para onde vai tudo isso? Isso irá trazer a paz?

Cada pessoa que desperta para um nível mais alto de responsabilidade pessoal se torna mais uma voz pela paz nesse planeta, mesmo se essa voz nunca seja ouvida em público. Os efeitos de se tornar uma pessoa consciente de sua saúde resultarão automaticamente na criação de uma pessoa consciente da paz. A razão disso é que é impossível ser ao mesmo tempo hostil e completamente saudável. Assim como John, mesmo se o seu interesse seja impedir o seu processo de envelhecimento, inevitavelmente você será levado a descobrir o seu eu interior.

E então é apenas uma questão de tempo para você compreender que suas emoções afetam o seu corpo. Todo exercício de corrida e toda alimentação saudável que você consome não irão compensar os efeitos de uma natureza emocional hostil e contaminada. Assim, a recompensa por se tornar pacífico e mentalmente tranqüilo é um corpo saudável e um planeta saudável e em paz. A paz, em outras palavras, é construída com o despertar de cada pessoa para se tornar totalmente saudável e fortalecida.

Há ainda outro benefício em se tornar consciente. Essa é a única garantia de imunização contra os vírus que assolam atualmente o planeta. Como um processo de seleção natural e global, todas as crises representam oportunidades de assumir mais responsabilidade pela qualidade de vida no planeta.

Não importa se a pessoa reage melhorando sua saúde pessoal ou concentra sua energia para salvar as florestas tropicais da América do Sul. O que está em jogo é o fato de cada um de nós reagir de alguma forma para ajudar a cura da Terra. Cada reação contribui com um ato de energia positiva que cura o conjunto da vida – incluindo os elementos essenciais – o ar, a água, a terra e o fogo.

Isso representa, na minha opinião, um esforço global para curar o sistema imunológico do planeta. E ao reagir assim, cada pessoa que assume mais responsabilidade pela qualidade de vida, seja a nível individual ou global, atinge a auto-imunização.

Enfim, o que está surgindo com essa resposta global às crises é uma espiritualidade unificada que reconhece e admira o caráter sagrado de tudo que tem vida. Por meio da necessidade de nos unirmos como seres humanos para sobreviver como espécie, estamos criando uma espiritualidade baseada em princípios universais e na compreensão de que nós criamos nossa realidade, a nível pessoal e global.

Nossos pensamentos são reais. Eles têm energia e essa energia cria. Ela cria a matéria que é o nosso corpo e cria a matéria que forma nossas experiências e nosso planeta. Viver de acordo com essa verdade requer uma espiritualidade diferente dessa que tem sido praticada pelas massas neste planeta. Nós atingimos um momento da nossa evolução no qual devemos *humanizar o sagrado e diminuir a distância entre a inteligência não-física e a física. Essa é a maneira de ver do espírito elevado.*

Torne-se um espírito elevado

O princípio da cura – daquilo que cria e mantém a saúde e a vida – é espiritualidade em movimento. A criação da nossa própria realidade é a atividade da espiritualidade em movimento.

Mesmo se a pessoa não consegue aceitar a existência de um Deus ou de alguma forma de Inteligência Divina, a evidência que ilustra a ligação entre as emoções humanas e a condição do corpo físico é uma prova tangível de que a energia de nossa consciência é real. E mais do que real, é uma força criativa.

O que essa informação tem a nos oferecer em termos de como vivemos nossa vida? No mínimo, ela sugere que viver inconscientemente, ou seja, ignorando o que estamos pensando, sentindo e portanto criando é perigoso para nossa saúde, sem mencionar as outras áreas de nossa vida. Simplesmente não é produtivo negar seu próprio poder. Na verdade, é derrotar a si próprio.

A outra opção, a mais elevada, é aprender a viver conscientemente, desenvolvendo capacidades de consciência e de percepção que libertem definitivamente a pessoa da sensação de ser vítima ou de ser controlada pelos desafios da vida. Esse poder pessoal transforma a consciência humana comum em uma força que irradia graça e beleza.

A presença de uma pessoa cujo espírito é verdadeiramente "elevado" é inconfundível. Essas pessoas projetam uma energia que comunica que "visitantes que passam por seus campos de energia" são bem-vindos e estão seguros. As barreiras usuais criadas pela segurança humana estão ausentes.

Esse tipo de consciência é campo fértil para as sementes do amor incondicional, uma atitude de não-julgamento e de aceitação de tudo o que tenha vida. Isso é o que significa ser um espírito elevado – uma pessoa que despertou para a compreensão de que ela é criadora e, portanto, age para honrar esse poder através de uma vida de amor, de sabedoria e de compaixão. Essa pessoa é um exemplo do que Abraham Maslow chama de "auto-realizada". Estes são os mansos, e eles irão, de fato, "herdar a Terra".

Princípios para viver como espírito elevado

Tornar-se um ser humano consciente é um trabalho de tempo integral. Algumas vezes, você poderá se arrepender de ter iniciado esse trajeto porque ter consciência não torna necessariamente sua vida mais fácil. Na realidade, é mais provável que ela traga desafios aparentemente monumentais. Ver claramente, ter uma visão interior suficientemente clara para penetrar nas ilusões que outras pessoas ainda mantêm, pode ser desanimador.

Da mesma maneira, escolher um caminho de consciência não é um exercício intelectual. É uma disciplina viva, verdadeira e constante. Se você escolhe acreditar que você cria a sua própria realidade, essa maneira de ver as coisas não inclui nenhum tempo livre. Você terá de viver sempre de acordo com ela, não importa qual seja a situação, o desafio. Na verdade, o seu intelecto não será o seu oponente nesse caminho – os desafios virão de suas emoções. É no seu reservatório emocional que estão o medo, a insegurança e as qualidades menores. Curar essas limitações internas será o seu desafio, sempre.

Uma palavra de advertência é necessária aqui. A energia espiritual não é adquirida acidentalmente. Não obstante as informações que você envia para o cérebro, e a sua capacidade de entender intelectualmente as tradições místicas budistas, zen ou cristãs, o intelecto não é páreo para a alma. Sua vida irá mudar com toda certeza se você direcioná-la para o despertar espiritual. A sabedoria da sua alma tomará a direção da sua vida e suas necessidades menores, aquelas originadas pelo medo ou pela ilusão, caminharão ao lado "de carona" até que você esteja preparado para abandoná-las.

E, finalmente, não há retorno. Uma vez que você aceitou a jornada para se tornar inteiro, para se tornar um espírito superior, você não pode voltar atrás. Você não pode se tornar "inconsciente" novamente. Você pode entrar num desvio ou dois, mas não pode liberar a consciência uma vez que ela se tornou parte de você. Ela é sua por toda a eternidade.

É inevitável que todo ser humano se torne um "espírito elevado". Como é dito de maneira tão bela em *Course in Miracles*, "Não é uma questão de *se*, é uma questão de *quando*".

Oferecemos as seguintes sugestões para aqueles que estejam no caminho para tornar-se Espíritos Elevados:

- Os valores pessoais devem ser baseados na verdade de sua origem. Você é espírito. Você faz com que a energia tome forma de acordo com os seus pensamentos, sentimentos e palavras, e você é responsável pela qualidade daquilo com que você contribui para a criação da vida. É, portanto, de seu melhor interesse assim como do interesse de outros criar com amor e sabedoria. Mantenha suas palavras, pensamentos e emoções claros e honestos.
- Princípios Universais servem como orientação para a criação: causa e efeito, o que está em um está no todo, manifestação é o resultado da intenção. Esses, e todos os outros Princípios Universais, são seus instrumentos de poder. Quanto mais você conhecer e compreender os Princípios Universais mais forte e poderoso você se tornará.
- Cada pessoa que entra na sua vida é o reflexo de algum aspecto do seu próprio ser. Da mesma forma, você também é o reflexo de cada pessoa. Se você é atraído pelas qualidades positivas, ou repelido pelos traços negativos, você está apenas vendo a si próprio. Esse reflexo é difícil de ser visto claramente porque sua profundidade geralmente é escondida pela personalidade do indivíduo. Se você puder olhar além dos traços da personalidade, você irá se ver nas motivações, nos medos, nas forças e na compaixão mais profundas da pessoa. Portanto, culpar os outros não tem nenhum sentido.
- Todas as barreiras artificiais que separam a unidade essencial da vida deveriam ser desconsideradas. Fronteiras entre as nações, que afirmam que certas pessoas são diferentes das outras, são obsoletas, sem sentido e servem apenas para separar as pessoas. A lealdade é à própria vida. A vida não tem fronteiras. Ela se desenvolve em qualquer lugar onde exista amor.
- Da mesma forma, as fronteiras atualmente existentes entre todos os outros reinos de vida – animal, mineral e vegetal – também são barreiras artificiais que impedem o respeito, a comunicação entre as espécies e a ligação emocional. Toda a vida têm consciência.
- O que está em um está no todo. Aplique esse ensinamento na sua vida e em tudo o que você criar, compreendendo que toda ação positiva e negativa que você coloca em movimento afeta toda a vida.
- O tempo e o espaço não existem na dimensão do pensamento. Os pensamentos viajam num instante. Portanto, aprenda a pensar como um sistema de comunicações em vários níveis, em que uma atividade como a cura a distância pode ser realizada.
- Como pensamentos são poder, desenvolva um sistema regular de controle de qualidade em você mesmo. Quando sentir que há muita negatividade no seu sistema, faça alguma coisa para se curar imediatamente. Preste atenção à lei de causa e efeito, e estude as conseqüências de suas ações, de suas palavras e de seus pensamentos, compreendendo sempre que *você* é o criador que está por trás daquilo que você está estudando.

- Cure sua inclinação para a violência em toda e qualquer forma: ações, atitudes, palavras, hábitos e pensamentos. Nossa natureza violenta cria a política violenta, as armas e todas as ações e interações humanas violentas. Todos temos a violência dentro de nós. Nosso mundo é um mundo violento e essas inclinações penetram em nós através do próprio ar que respiramos. Lembre que a violência alimenta a doença e destrói o sistema emocional humano.
- Estude os desejos que o controlam, e lute para se libertar de qualquer coisa artificial que exerça poder sobre você: drogas, álcool, hábitos negativos, medos – qualquer coisa que faça com que você perca o poder.
- Lembre sempre que você está constantemente curando. O processo de cura é um *verbo (ação) e não um substantivo (coisa)*. Seu corpo está reagindo a cada segundo aos seus pensamentos, sentimentos, emoções e experiências. A saúde não é uma condição permanente a não ser que você crie isso a cada dia.
- Quando for necessário tempo para curar, faça-o gentilmente. Curar apenas através da força de vontade, através da determinação, sem compaixão por si mesmo é uma forma de auto-infligir violência. Não se ressinta com o seu corpo por ele fraquejar; aprenda com a experiência para que ela não tenha que se repetir. Confie no processo de cura. Ele tem uma inteligência própria. Aprenda a ouvir as necessidades do seu corpo e do seu espírito. Acima de tudo, valorize a sua saúde e o seu bem-estar como sua primeira prioridade. Respeite-se.
- Defina muito bem no coração seus princípios espirituais. Conheça e seja claro naquilo em que você acredita. Não aceite crenças sem questionar. Mantenha a atenção em você mesmo e não nos outros.
- Diariamente, reserve um tempo para sua prática espiritual. A meditação e a prece são fundamentais. Aprenda a ficar quieto e a ouvir a voz interior da sua alma.
- Acima de tudo, pratique o amor. O amor incondicional requer o máximo de esforço e obtém o máximo de recompensa.

Teilhard de Chardin disse que, quando descobrirmos a maneira de amar verdadeiramente, teremos descoberto o poder do fogo pela segunda vez.

A decisão de se tornar *espiritualmente elevado* vale o esforço. A pessoa colhe as recompensas da saúde, da sabedoria e da compaixão e se torna um instrumento de paz. Muitas vezes na nossa história, fomos abençoados com pessoas de visão, com pessoas que podiam ver claramente que o sofrimento intenso e a destruição no nosso mundo eram desnecessários. Se pudéssemos ver através de olhos que não estivessem cegos pelo medo, poderíamos descobrir soluções para todos os problemas do mundo. Poderíamos descobrir como ser seres globais, compartilhando um planeta, um modo de vida.

Que nós possamos descobrir o poder do fogo pela segunda vez e, ao fazer isso, nos curarmos, curarmos nosso planeta e entrar no século XXI como uma comunidade global de *espíritos elevados*.

MÃOS DE LUZ

Barbara Ann Brennan

Este livro é de leitura obrigatória para todos os que pretendem dedicar-se à cura ou que trabalham na área da saúde. É uma inspiração para todos os que desejam compreender a verdadeira essência da natureza humana.
ELISABETH KUBLER-ROSS

Com a clareza de estilo de uma doutora em medicina e a compaixão de uma pessoa que se dedica à cura, com quinze anos de prática profissional observando 5000 clientes e estudantes, Barbara Ann Brennan apresenta este estudo profundo sobre o campo energético do homem.

Este livro se dirige aos que estão procurando a autocompreensão dos seus processos físicos e emocionais, que extrapolam a estrutura da medicina clássica. Concentra-se na arte de curar por meios físicos e metafísicos.

Segundo a autora, nosso corpo físico existe dentro de um "corpo" mais amplo, um campo de energia humana ou aura, através do qual criamos nossa experiência da realidade, inclusive a saúde e a doença. É através desse campo que temos o poder de curar a nós mesmos.

Esse corpo energético – pelo qual a ciência só ultimamente vem se interessando, mas que há muito é do conhecimento de curadores e místicos – é o ponto inicial de qualquer doença. Nele ocorrem as nossas mais fortes e profundas interações, nas quais podemos localizar o início e o fim de nossos distúrbios psicológicos e emocionais.

O trabalho de Barbara Ann Brennan é único porque liga a psicodinâmica ao campo da energia humana e descreve as variações do campo de energia na medida em que ele se relaciona com as funções da personalidade.

Este livro, recomendado a todos aqueles que se emocionam com o fenômeno da vida nos níveis físicos e metafísicos, oferece um material riquíssimo que pode ser explorado com vistas ao desenvolvimento da personalidade como um todo.

Mãos de Luz é uma inspiração para todos os que desejam compreender a verdadeira essência da natureza humana. Lendo-o, você estará ingressando num domínio fascinante, repleto de maravilhas.

EDITORA PENSAMENTO

LUZ EMERGENTE

A Jornada da Cura Pessoal

Barbara Ann Brennan

O primeiro livro de Barbara Ann Brennan — *Mãos de Luz*, publicado pela Editora Pensamento — consagrou-a como uma das mais talentosas mestras da atualidade no seu campo específico de atuação. Agora, neste seu novo livro há muito esperado, ela continua sua pesquisa inovadora sobre o campo energético humano e sobre a relação de nossas energias vitais com a saúde, com a doença e com a cura.

Com base em muitas das novas descobertas que ela fez na sua prática diária, a autora mostra de que modo tanto os pacientes como os agentes de cura podem ser energizados para entender melhor e trabalhar com o nosso poder de cura mais essencial: a luz que se irradia do próprio centro da condição humana.

Nas suas várias partes, este livro explica como e por que a imposição das mãos funciona; descreve o que um curador pode ou não fazer para beneficiar as pessoas, ensina a forma básica de uma sessão de cura e como uma equipe constituída por um curador e um médico pode funcionar com resultados excelentes; apresenta depois o conceito do sistema interno de equilíbrio e mostra como podemos desenvolver doenças quando não seguimos a orientação desse sistema; transcreve a seguir uma série de interessantes entrevistas com pacientes que ajudam a explicar o processo de cura de um modo muito simples; explica o modo como os relacionamentos podem afetar a saúde, tanto positiva como negativamente, e propõe, para finalizar, maneiras práticas de criar relacionamentos saudáveis, além de mostrar a conexão entre saúde, doença e cura com o processo criativo.

O livro traz, ainda, uma série detalhada de casos clínicos esclarecedores, propõe exercícios, além de incluir ilustrações em preto e branco ou em cores para a melhor compreensão do texto.

Apresentando os aspectos práticos e teóricos desse novo campo de pesquisa, Barbara Ann Brennan coloca-se na liderança da prática da cura na nossa época.

EDITORA CULTRIX

A DOENÇA COMO CAMINHO

Thorwald Dethlefsen e *Rüdiger Dahlke*

Dizemos que a saúde é o nosso bem mais precioso. Então, qual o sentido da doença na nossa vida?

Para os autores – o psicólogo Thorwald Dethlefsen e o médico Rüdiger Dahlke – não existem "doenças", mas uma única doença ligada inseparavelmente à "imperfeição" humana, e que se revela através de diferentes sintomas.

Neste livro eles mostram um caminho para detectar o significado mais profundo das doenças com base na idéia de que todo sintoma é um alerta da alma para uma carência essencial. A compreensão dos diversos sintomas clínicos — elencados nos índices que constituem a última parte do livro — abre para cada um de nós um caminho novo que nos leva de uma forma mais rápida à conquista do autoconhecimento.

A Doença como Caminho destina-se às pessoas que estão preparadas para abandonar as noções tradicionais sobre doenças e buscam analisar mais profundamente a verdadeira natureza das mesmas.

* * *

De Thorwald Dethlefsen, a Editora Cultrix/Pensamento publicou *O Desafio do Destino* e *Édipo – O Solucionador de Enigmas*. De Rüdiger Dahlke, publicou *Mandalas – Formas que Representam a Harmonia do Cosmos e a Energia Divina*.

EDITORA CULTRIX

DIFERENTES FORMAS DE CURA

Betty F. Balcombe

Betty Balcombe é escritora dotada de qualidades paranormais e professora muito conhecida nos círculos que estudam e pesquisam os diversos aspectos da paranormalidade. Neste livro, ela compartilha com o leitor sua experiência sobre o que significa ser paranormal e mostra como ele pode desenvolver sua capacidade de curar e sua sensibilidade.

Lendo *Diferentes Formas de Cura*, o leitor aprenderá

- a entender o que é a energia e a trabalhar com ela;
- a fazer uso de diferentes formas de cura;
- a desenvolver sua habilidade psíquica e sua sensibilidade em tudo o que diz respeito à adivinhação, ao tarô, aos pêndulos, às varinhas de radiestesia, aos sonhos e seus símbolos, à premonição e à PES (Percepção Extra-Sensorial);
- a trabalhar com vidas passadas e com viagens fora do corpo;
- a obter uma consciência mais ampla e um maior entendimento acerca do propósito da vida.

Escrito para atender aos pedidos dos inúmeros alunos e seguidores da autora em todo o mundo, este livro é um guia prático e inspirador para todos os interessados em se dedicar à cura e em melhorar sua qualidade de vida.

EDITORA PENSAMENTO

CURANDO COM AMOR

Um Programa Médico Inovador para a Cura do Corpo e da Mente

Leonard Laskow, M.D.

Curando com Amor é um livro que contém informações e orientação para um programa que seu autor chama de *cura holoenergética*. Esse programa visa demonstrar como juntar o poder integral do nosso ser — mãos, coração e consciência superior — para curar a nós mesmos e aos outros. Aqui se encontram técnicas eficazes e fáceis de serem aprendidas e que já transformaram muitas vidas por todo o mundo.

* * *

"Sem medo de engajar sua capacidade de analista e de paranormal no sentido de ajudar seus pacientes, o dr. Laskow escreve um livro bem documentado e que oferece técnicas não-agressivas que conscientemente recorrem ao poder de cura do amor. Recomendo este livro para todos os profissionais da área da saúde e ao público em geral."

Dolores Krieger, autora de *Therapeutic Touch: How to Use Your Hands to Heal*

"Uma nova medicina está surgindo, uma forma de cura que enfatiza o poder da consciência humana. Pelo fato de uma ciência legítima estar por trás desse desenvolvimento, ela não desaparecerá, mas exigirá toda a nossa atenção. O dr. Laskow é "um médico de verdade", um dos arquitetos dessa nova medicina baseada no poder da mente. Neste livro, ele descreve o poder de cura do amor, do sentido de unidade e de totalidade. Se você ainda acha que esses conceitos são apenas uma meia-ciência ou uma moda passageira, este livro mudará o seu modo de pensar. Trata-se, sem dúvida, de uma contribuição de grande importância."

Larry Dossey, autor de *Reencontro com a Alma — Uma Investigação Científica e Espiritual*, Editora Cultrix

Leonard Laskow, M.D., estudou na Escola de Medicina da Universidade de Nova York e no Centro Médico de Stanford. É membro do American College of Obstetrics and Gynecology e vem organizando seminários sobre cura e autocura por todo o mundo.

EDITORA CULTRIX

CURA E TRANSFORMAÇÃO

Dr. Michael Greenwood
Dr. Peter Nunn

O QUE AS PESSOAS ANDAM DIZENDO A RESPEITO:

"*Cura e Transformação* nos leva a transcender nossos conceitos habituais sobre certo e errado, bem e mal, alegria e sofrimento, dor e ódio, e nos mostra que a verdadeira cura tem de envolver uma alegre reconciliação e uma coexistência viva com os pólos de opostos que tornam a vida uma experiência repleta de significado."

Deepak Chopra, M.D., autor de *Ageless Body, Timeless Mind* e de *Quantum Healing*

"Neste século, a ciência mostrou que o bom senso não é um guia confiável para se entender como as coisas funcionam. Em *Cura e Transformação*, os drs. Michael Greenwood e Peter Nunn mostram por que se deve usar da mesma cautela quanto ao fato de nos sentirmos bem e de superarmos as doenças. É por isso que este livro é uma contribuição importante."

Larry Dossey, M.D. autor de *Reencontro com a Alma*, publicado pela Editora Pensamento

"*Cura e Transformação* é um livro interessante que estimula o raciocínio. Eu o recomendo, particularmente, para aqueles cuja vida de trabalho inclua exposição à dor crônica e à doença."

Humane Medicine, Canadian Medical Association

"Se você atende pacientes que não reagiram a outros tratamentos, ou se tiver uma doença crônica, leia este livro. *Cura e Transformação* entrelaça ciência e mitologia de um modo que desafia a medicina convencional. O resultado é um livro envolvente, difícil de ser deixado de lado."

American Journal of Acupuncture

EDITORA CULTRIX